SABINA SPIELREIN:
UMA PIONEIRA DA PSICANÁLISE

Blucher

SABINA SPIELREIN

Uma pioneira da psicanálise

OBRAS COMPLETAS – VOLUME 2

Organização, textos e notas

Renata Udler Cromberg

Tradução

Renata Dias Mundt

Colaboração

Sabine Richebächer

Sabina Spielrein: uma pioneira da psicanálise. Obras Completas, volume 2.

Editora Edgard Blucher Ltda.

Série Psicanálise Contemporânea
Coordenador da série Flávio Ferraz
Publisher Edgard Blücher
Editor Eduardo Blücher
Coordenação editorial Jonatas Eliakim
Produção editorial Luana Negraes
Preparação de texto Sonia Augusto
Diagramação Negrito Produção Editorial
Revisão de texto Maurício Katayama
Capa Leandro Cunha
Imagem da capa Carta de Sabina Spielrein sobre cartas russas (2021), Fabio Praça

Blucher

Rua Pedroso Alvarenga, 1245, 4º andar
04531-934 – São Paulo – SP – Brasil
Tel.: 55 11 3078-5366
contato@blucher.com.br
www.blucher.com.br

Segundo o Novo Acordo Ortográfico, conforme 5. ed. do *Vocabulário Ortográfico da Língua Portuguesa*, Academia Brasileira de Letras, março de 2009.

Dados Internacionais de Catalogação na Publicação (CIP)
Angélica Ilacqua CRB-8/7057

Sabina Spielrein : uma pioneira da psicanálise (Obras Completas, volume 2) / organização e textos por Renata Udler Cromberg; tradução de Renata Dias Mundt; colaboração de Sabina Richebächer. São Paulo : Blucher, 2021.
560 p.: il. (Série Psicanálise Contemporânea / coordenação de Flávio Ferraz)

Bibliografia
ISBN 978-65-5506-176-5 (impresso)
ISBN 978-65-5506-177-2 (eletrônico)

1. Psicanálise. 2. Spielrein, Sabina, 1885-1942 – Ensaios – Análise e crítica. 3. Psicanalistas – Europa. I. Cromberg, Renata Udler. II. Spielrein, Sabina, 1885-1942. III. Mundt, Renata Dias. IV. Ferraz, Flávio. V. Série.

21-2626 CDD 150.195

Índice para catálogo sistemático:
1. Psicanálise

A Fábio Pires Praça

*A Carla Tennenbaum, Roberta Tennenbaum,
Julia Cromberg Teixeira, Fernando de Novaes
Oliveira, Manu Tennenbaum de Novaes Oliveira
e Ulli Tennenbaum de Novaes Oliveira*

*A Mayra van Prehn Praça, Moira Van Prehn Praça,
Tarik Van Prehn Praça, Lea Perfetti e também
Luca, Gabriel, Arjuna, Satya, Zion e Sage*

In memoriam

*A Dora Kojuchnik Udler, Selman Udler, Maria Udler
Cromberg, Salvador Cromberg, Ita Zaguer Kronberg,
Herman Kronberg, David Krasilchik, Elisabeth Goldfarb,
Regina (Raíssa) Schnaiderman e Rosa Ferreira da Silva.*

Nota editorial

A publicação desta coleção com as obras completas de Sabina Spielrein é uma homenagem à importância pioneira e um resgate dessa figura ímpar da história da psicanálise. Organizada em três volumes comentados e analisados por Renata Udler Cromberg, a coleção é baseada na tese de doutorado *O amor que ousa dizer seu nome: Sabina Spielrein, pioneira da psicanálise*, apresentada no Instituto de Psicologia da Universidade de São Paulo em abril de 2008. Todos os ensaios e artigos foram publicados originalmente em revistas de psicanálise e psicologia entre 1910 e 1931. O primeiro volume é composto por uma introdução que apresenta Spielrein e seus primeiros ensaios: a tese médica *Sobre o conteúdo psicológico de um caso de esquizofrenia*, de 1911, *A destruição como origem do devir*, de 1912, e *A sogra*, de 1913. Traz também uma carta de Sabina a Carl G. Jung, expondo sua concepção do aparelho psíquico. O segundo volume é composto por ensaios sobre o conhecimento do psiquismo infantil, a origem da linguagem, o pensamento e a noção de tempo na criança: *Contribuições para o conhecimento da alma infantil* (1912), *A origem das palavras infantis "papai" e* "*mamãe*" (1922), *Algumas analogias entre o pensamento da criança, o do afásico e o pensamento subconsciente* (1923), *O tempo na vida psíquica subliminar* (1923) e *Desenhos de olhos abertos e fechados* (1931), além de 27 artigos curtos escritos entre 1913 e 1931. O terceiro volume será composto pela publicação dos quatro diários de Sabina Spielrein conhecidos até agora e por três análises: da relação amorosa, amistosa e intelectual entre ela e Jung, por meio de correspondência trocada entre eles em dois períodos, de 1908 a 1912 e de 1917 a 1919, da relação de amizade e confiança profissional entre ela e Sigmund Freud, a partir da correspondência trocada entre 1909 e 1923, e das possíveis causas do esquecimento da importância e do pioneirismo de Sabina Spielrein na história da psicanálise.

Agradecimentos

A Renata Mundt, coautora do projeto Sabina Spielrein. Sem sua primorosa tradução, esta obra não poderia existir. Amiga generosa, recebeu-me em Hannover e foi comigo a Berlim para garimparmos a passagem de Sabina por lá.

A Sabine Richebächer, que fez a maior pesquisa em fontes primárias sobre Sabina Spielrein, publicada também em português, abriu portas e indicou caminhos na minha viagem de pesquisa, oferecendo seu material de arquivo, um artigo para ser publicado e sua amizade generosa.

A Nelson da Silva Junior, que acolheu generosamente meu projeto de pós-doutorado, facilitando ao máximo minha trajetória de pesquisa.

A Flávio Ferraz por ter sustentado mais uma vez meu desejo de ter este livro publicado com um acolhimento que abriu portas.

A Adela Stoppel de Gueller, que generosamente acolheu com entusiasmo o meu convite para prefaciar este livro.

À editora Blucher e a Eduardo Blücher, Jonatas Eliakin, Luana Negraes, Sonia Augusto e equipe editorial pelo acolhimento profissional, caloroso, eficiente e valorizador do trabalho de cultura do autor.

Ao Departamento de Psicologia Social do Instituto de Psicologia da Universidade de São Paulo e a Belinda Mandelbaum, que avaliou generosamente meu trabalho e atendeu com presteza todas as necessidades administrativas do pós-doutorado.

A Zelia Ramozzi-Chiarottino, cuja presença em minha formação como psicóloga e em meu doutorado e cujo incentivo à publicação da obra de Sabina Spielrein em vários volumes foram um guia para meu desejo que se transformou no pós-doutorado.

Aos Archives Institut Jean-Jacques Rousseau e Elphège Gobet e também aos Archives Jean Piaget, Marc Ratcliff e Katalin Haymoz pela calorosa e generosa recepção em Genebra.

A Tania e Marc Hendriks pela estadia acolhedora em Ferney-Voltaire, o que tornou Genebra possível para a pesquisa.

A Joana Setzer, Felipe Massao Kuzuhara e Hyo Yoon Kang, cuja generosidade tornou Londres possível para a pesquisa.

A Paulo Sérgio de Souza Jr e Claudia Berliner pela pronta ajuda companheira nas traduções em francês.

A Graça Bandeira e Núcleo de Pesquisas do EPSI, Eugênio Canesin Dal Molin, Marcus Vinicius Neto Silva (que me presenteou com o livro fundamental para a pesquisa da psicanálise na Rússia), Camila Terra, Samanta Antoniazzi, Fátima Caropreso, Taya Soledad e grupo Arbeit, Aline Sanches, Denise Hausen e Sergio Gomes, cuja paixão e interesse comum em Sabina Spielrein e sua obra promovem trocas frutíferas.

Ao Grupo de Estudos Clínicos, Cristiane Curi Abud, Christiana Freire, Rodrigo Blum e Roberto Villaboim por estimular em mim o desejo de falar sobre o amor que ousa dizer seu nome, começando por Sabina Spielrein.

A Michael Plastow, psicanalista, psiquiatra, colega e amigo da Austrália, amante da língua portuguesa que conquistou por meio da Bossa Nova, cujos escritos originais sobre Sabina Spielrein alimentaram este livro, pelo reconhecimento do meu projeto.

A Angie Oña, atriz esplêndida, autora de *Ser humana*, dirigida por Freddy González, por ter utilizado tão lindamente o meu trabalho de modo artístico, e por ambos terem me proporcionado uma noite mágica ao exteriorizar a Sabina da minha imaginação no palco em Montevidéu com sucesso, sendo largamente premiado.

A Caio Padovan pelo precioso material enviado gentilmente de Paris.

A Daniela Smid, Lucia H. Y. de Paiva e Aline Souza Martins pela entrevista na série *Psicanálise e Política*, que divulgou a pesquisa.

A Andrea Tocchio, André Gomes, Francisco Capoulade e Águeda Amaral pela entrevista na série *Os psicanalistas e suas análises*, que divulgou a pesquisa.

A Norma Melhorança pelo podcast que divulgou a pesquisa.

Ao *Conexões Clínicas*, site de Bruno Esposito, Tomás Bonomi e Bruno Mangolini, pela divulgação da pesquisa.

A Daisy Lino e TRIEP por quererem saber de Sabina Spielrein.

A Francisco Capoulade, Associação Campinense de Psicanálise, Associação Livre e Tykhe pelo convite a expor este livro em um Café Lacaniano.

Ao Departamento de Psicanálise do Instituto Sedes Sapientiae, em especial ao grupo Winnicott e Decio Gurfinkel pelo apoio irrestrito e acolhimento ao meu trabalho

Ao Espaco Psicanalítico (EPSI) de João Pessoa pela valorização e acolhimento do meu projeto e da minha pessoa ao longo de tantos anos, fundando o primeiro núcleo de estudos de Sabina Spielrein.

Ao Centro de Estudos Psicanalíticos de Porto Alegre, em especial a Aline Pinto da Silva e Luciana Redivo Drehmer pela difusão e interesse na produção deste livro que me permitiu formular um capítulo dele ao realizar conferências durante o período de pesquisa.

À Formação Freudiana do Rio de Janeiro e a Chaim Samuel Katz, que sempre se interessaram pelo meu trabalho e me proporcionaram a oportunidade de falar sobre ele quando eu o estava formulando.

A Márcia Teixeira e Instituto Scientia pela acolhida generosa ao meu trabalho, durante todos estes anos, nos cursos e seminários.

Ao Grupo Brasileiro de Pesquisas Sándor Ferenczi e a Adriana Barbosa Pereira pela oportunidade de fala e escrita.

A Silvana Rabello (*in memoriam*), que sempre se interessou por meu trabalho, divulgou-o e escreveu uma belíssima tese que o alimentou.

Aos colegas do Curso de Teoria Psicanalítica do COGEAE/PUC de São Paulo, que sempre valorizaram, acolheram e divulgaram minha pesquisa.

À Nebulosa Marginal por difundir em curso a obra de Sabina Spielrein.

A Alcimar Alves de Souza Lima e Luís Serguilha pelas oportunidades que abriram para eu falar sobre minha pesquisa.

A Darcy Haddad Daccache pelo ambiente acolhedor ao trabalho clínico e teórico. A Flavia Steuer pelo virtual ambiente acolhedor.

Aos D&D ou É o amor que tem para dar, amigos unidos e escolhidos por Silvana Rabello para cercá-la de cuidados, que, no trabalho de luto, construíram a mais divertida e sincera rede de amigos que, cotidianamente e online, tornou mais suportável a quarentena da pandemia.

A Silvia de Oliveira, Maria Aparecida da Silva e Ilda Jesus de Sousa, amigas da vida cotidiana.

A Cristina Magalhães e Sergio Kon, pelas conversas amigas e esclarecedoras que me propiciaram um rumo editorial.

À Associação Internacional para Estudos sobre Spielrein (International Association for Spielrein Studies), em especial a sua presidente Klara Nazskowska, por ter me aceitado como pesquisadora membro junto aos pesquisadores internacionais.

A Luís Carlos Menezes, Dominique Touchon, Silvia Alonso e Wilma Swarc, que propiciaram passagens em mim.

Renata Udler Cromberg

Conteúdo

Prefácio

Adela Judith Stoppel de Gueller

Despertam de um profundo sono de mais de cem anos esses belos textos adormecidos. Que boa surpresa ter em mãos esse tesouro deixado por Sabina Spielrein e estar diante dele de olhos bem abertos!

Sua publicação não serve apenas para completar lacunas da memória. Trata-se muito mais de ressignificar a história, de entender as razões do apagamento desses textos na psicanálise e do que eles têm a acrescentar. Que lugar tem essa mulher na história da psicanálise? Como nos permite avançar o ato de voltar ao passado?

Seus escritos têm um frescor, uma autenticidade e uma coragem que dificilmente encontramos na literatura psicanalítica atual. Como outros textos desse período germinal, anterior à divisão por linhas teóricas e por especialidades, eles transpiram liberdade, não precisam se encaixar em determinada orientação, não seguem caminhos predefinidos e abrem novas sendas no campo que hoje denominamos *trabalho interdisciplinar*.

Neste volume, há desde relatos autobiográficos a relatos clínicos, textos que tratam da infância à vida adulta, da neurose à psicose, da afasia à infância, da linguística ao sonho, da aquisição de conhecimento ao saber da mitologia, do símbolo ao significante. Sabina Spielrein incursiona na linguística comparada, dialoga com autores de outros campos do saber e discute questões que continuam sendo extremamente atuais: como a criança começa a falar? Ela tem necessidade de comunicação? É a linguagem anterior ao pensamento? Quem cria a linguagem verbal, o adulto ou a criança? De que ferramentas dispomos para decifrar os símbolos? Por que as crianças não reproduzem as palavras de modo exato, mas as transformam? Como um som se transforma num significado?

Tal como vimos no recente filme *Um método perigoso*, de David Cronemberg (2012), Sabina Spielrein ficou conhecida como a mulher que flertava com dois gigantes: Carl Jung e Sigmund Freud. Foi também entre eles que gravitaram seu pensamento, sua vida e sua obra. Foi corajosa para criar para si um espaço entre eles, enfrentou preconceitos e resistências até cavar um lugar de enunciação e conseguir que Freud a reconhecesse como autora. Mesmo depois da ruptura entre Jung e Freud, Sabina continuou a se corresponder com ambos durante anos. Para os freudianos, era junguiana demais. Para os junguianos, uma traidora, por ter permanecido próxima de Freud. Brian Skea[1] afirma que ela propôs o conceito de inconsciente coletivo quatro anos antes de Jung, e Marthe Robert[2] diz que, no artigo "A destruição como origem do devir" (1912),[3] ela antecipa o conceito de pulsão de morte, palavra por palavra.

Quando Jung e Freud se afastaram definitivamente, Sabina insistia em mostrar que suas obras podiam dialogar e para isso fez

---

1 Skea, B. Sabina Spielrein: Out from the shadow of Jung and Freud. *The Journal of Analytical Psychology*, v. 51, n. 4, pp. 527-52, out. 2006.

2 Robert, M. *The psychoanalytic revolution: Sigmund Freud life and achievement*. New York, Harcourt, Brace & World, 1966.

3 Cronberg, R. U. (org.). *Sabina Spielrein: uma pioneira da psicanálise*. Obras Completas, v. 1. São Paulo, Blucher, 2021.

uma teoria do simbolismo que as integrava. Apesar do longo esquecimento dos escritos de Sabina, Lev Vygotsky e Jean Piaget[4] beberam dessa fonte, criando caminhos que preservaram, recriaram e diversificaram suas ideias.

Sendo a segunda mulher a se tornar analista, depois de Margarethe Hilferding e antes de Hermine Hug Hellmuth, Sabina estava rodeada por homens, alguns claramente misóginos. Em seu primeiro pronunciamento, a Eva da psicanálise, Margarethe Hilferding, sacudiu uma plateia de onze homens ao afirmar: "Não há amor materno inato".[5] Hilferding estranhou que algumas mães que esperavam ansiosamente seu bebê não sentissem nenhum amor quando ele nascia, chegando mesmo a sentir rejeição e a ter ideias infanticidas. Esse sentimento, que reativamente podia virar amor exagerado, reprimia desejos de destruição. Margarethe disse então que só se o bebê se tornasse objeto sexual da mãe seria amado por ela. Assim, a sexualidade ficava situada na base do amor (materno). As pulsões eróticas – e não o instinto – eram necessárias para que se estabelecesse uma ligação entre o pequeno recém-nascido e sua mãe.

No mesmo dia em que Hilferding se desligou da Sociedade Psicanalítica de Viena, em 11 de outubro de 1911, entrou Sabina Spielrein, a segunda mulher a ser aceita como membro. Hoje é possível pensar que, depois de onze anos, em 1922, Sabina construiu, em conexão metonímica com a fala de Margarethe, o que se tornaria um de seus trabalhos mais instigantes: "A origem das palavras infantis 'papai' e 'mamãe': algumas observações sobre diversos estágios no desenvolvimento da linguagem", em que reflete sobre o nascimento da criança para a palavra, ou seja, situa o segundo

---

4 Em 1921, Piaget foi paciente de Sabina durante oito meses, com sessões diárias.

5 Nunberg, H.; Federn, E. *Minutes of the Vienna Psychoanalytic Society*. New York, International Universities Press, 1974, v. 3, p. 114.

nascimento: a transformação do ser humano em ser falante. Hilferding da perspectiva da mãe e Spielrein da da criança sublinham a construção do laço simbólico que precisa ser estabelecido entre os seres de linguagem, ou seja, o preço pago pela desnaturação. Sabina o faz ao conectar o surgimento dos primeiros vocábulos ao ato de mamar: *mmmmm*, *mamamama* e *mamãe* surgem em contiguidade com a separação do corpo materno. Quando a boca fica vazia e o peito se recorta do corpo do bebê, estão dadas as condições simbólicas para que *lalangue*, como mais tarde a chamará Lacan, trace bordas entre o corpo da mãe e seu filho. Numa operação semelhante ao *kirigami* japonês, a palavra recorta o peito da boca, originando dois corpos que vão se separando e criando as condições para o surgimento do grito como apelo. A amamentação/o desmame, o sugar/chuchar em presença ou ausência do seio/leite se torna para os seres falantes matriz e apoio para o surgimento da linguagem falada.

Sabina, assim como Margarethe, destaca o *prazer* no ato de mamar. Esta para fazer surgir dali o amor, eros, e o possível recalque concomitante; aquela para fazer emergir dali o prazer da língua, que está na base tanto da constituição do sujeito quanto da sustentação pelo analisante da associação livre no decorrer de um tratamento. "A criança não tem nenhuma dificuldade de dizer tudo que se passa em sua cabeça, como demandamos de nossos sujeitos durante a psicanálise", diz Sabina em "Algumas analogias entre o pensamento da criança, do afásico e o pensamento subconsciente" (publicado no Capítulo 34 deste volume). *Mamama* se tornará *bláblábla* e justificará um tratamento do *parlêtre* pela fala.

Como, além de psicanalista, Sabina foi musicista, ela pôde considerar a importância do ritmo, da melodia, da mímica e dos gestos na comunicação e colocar esses elementos na base do surgimento da palavra. As primeiras emissões vocais e a entoação do cuidador são marcadores afetivos decisivos na comunicação, assim como choros e risos são elementos fundamentais da linguagem. Nessa mesma linha, ela propôs que a compreensão da fala para a criança fosse pensada como vindo primeiramente pela entoação (prosódia) do cuidador: "A linguagem melódica, a música, em sua forma mais primitiva de ritmos e inclinações sonoras, antecede amplamente a linguagem verbal" ("A origem das palavras infantis 'papai' e 'mamãe': algumas observações sobre diversos estágios no desenvolvimento da linguagem", Capítulo 31 deste volume). Embora muitos desconheçam essa origem, os textos que constam neste volume permitem reconhecer suas valiosas contribuições para a clínica com bebês.

Sabina se surpreende com a frequência e a semelhança que há entre os fonemas que evocam a mãe e o pai em diferentes línguas e os trata como se fossem vestígios de uma língua universal perdida, a língua de Adão, o que a leva a procurar as razões dessa universalidade. Para isso, transita entre a psicanálise, a linguística, o que mais tarde será a psicolinguística e a filosofia da linguagem.

Ao falar da linguagem prosódica e do "manhês", assim como da importância do prazer da lalação, fundamentais hoje em dia para identificar patologias graves do desenvolvimento psíquico, Sabina antecipou as teorizações que agora sustentam a chamada clínica do laço: "mães e amas se adaptam instintivamente à disposição produtora da criança, criam empatia com a pequena psique, em seu próprio estágio de desenvolvimento infantil, que faz com que falem por um impulso inconsciente na direção da criança".[6]

Hoje sabemos que crianças hospitalizadas por longos períodos ou institucionalizadas precisam tanto de cuidados médicos

6 Cromberg, R. U. *O amor que ousa dizer seu nome: Sabina Spielrein, pioneira da psicanálise.* Tese (Doutorado em Psicologia Social) – Instituto de Psicologia, Universidade de São Paulo, São Paulo, 2008, p. 242.

quanto de um engajamento amoroso do cuidador; na falta deste último, a criança pode começar a apresentar menos vitalidade, deixar de se comunicar e ficar retraída, e é impossível saber se esse quadro se desenvolverá como um fechamento autístico ou como depressão. Essas experiências revalorizam a importância que Sabina Spielrein já tinha outorgado à associação prazerosa do ato de mamar com as primeiras emissões vocais como a entoação – marca afetiva da comunicação –, fundamentais também para a constituição da subjetividade.

O psicanalista húngaro René Spitz, que dirigiu a pesquisa sobre o hospitalismo, é um dos poucos a reconhecer o trabalho pioneiro de Spielrein sobre as origens da linguagem. Em *O não e o sim: a gênese da comunicação humana*, menciona textos de Hug Hellmuth de 1919 e 1921 que versam sobre a ontogênese da comunicação verbal e não verbal, anteriores ao de Sabina, mas com uma visão "adultomórfica". Outros trabalhos importantes, como *Linguagem infantil e afasia* (1969), de Roman Jackobson, também não mencionam os textos de Sabina Spielrein como precursores, apesar de o campo de estudo ser o mesmo de "Algumas analogias entre o pensamento da criança, do afásico e o pensamento subconsciente" (1923), o que confirma a tese de Renata Cromberg sobre o injustificado esquecimento da Sabina Spielrein pela história da psicanálise até o final dos anos 1980.

Outro gigante que teve marcada influência nas elaborações de Sabina foi Eugen Bleuler, diretor da Clínica Universitária de Burghölzli e seu orientador na tese de doutorado em medicina, intitulada *Sobre o conteúdo psicológico de um caso de esquizofrenia (*Dementia praecox*)*. Foi Bleuler quem levou a psicanálise para Burghölzli em 1904, ano em que Sabina ingressou na clínica para se tratar, ficando aos cuidados do jovem Jung. Ele chegou a ser codiretor de *Jahrbuch für psychoanalytische und psychopathologische*

Forschung, revista criada por Freud em 1908 e na qual Sabina publicaria seu doutorado.

Dois significantes desse mestre percorrem as reflexões de Sabina e de vários outros psicanalistas que passaram por ali, como Karl Abraham e Sophie Morgenstern: esquizofrenia e autismo. Enfatizo que se trata de dois significantes porque o significado, a extensão e o lugar de ambos mudaram sensivelmente nesses cem anos de circulação discursiva. Já vimos emergir o primeiro no título da tese da Sabina. O segundo seria indissociável da concepção de linguagem e de pensamento de Sabina que Bleuler elaborava em interlocução com Jung e com Freud.[7]

Em 1908, Bleuler cunhou a palavra *esquizofrenia*, composta do prefixo *esquizo* (do grego *schizein* – clivar, fender) e de *-frenia* (do grego *phrenós* – pensamento, mente, alma, espírito, mente e até razão),[8] para substituir a demência precoce de Kraepelin. O termo, que exprime a ideia de um "pensamento clivado" ou de "um sujeito dividido", é resultante da influência de Freud sobre Bleuler. Ele chegou a afirmar que nas esquizofrenias não era absolutamente necessário supor um processo patológico físico; podia ser que toda a sintomatologia fosse determinada psiquicamente. Com essas ideias, Bleuler funda o que hoje conhecemos como psiquiatria dinâmica.[9]

---

7 Para uma análise detalhada dessa elaboração, ver Thomas, M.-C. *Genealogía del autismo: Freud, Bleuler, Kanner*. Córdoba, Babel, 2014.

8 *Phréne* passa para o latim como *phrenesis* ("delírio"). Um termo diretamente associado em nossa língua é "frenesi", que o latim tomou do grego φρενήρης (*phrenesis*), composto por: φρήν (*phren* = "entranhas", "alma", "mente"). Vincula-se à raiz indo-europeia *g^{w}hren- ("alma", "mente", "pensar").

9 Pereira, M. E. C. Bleuler e a invenção da esquizofrenia. *Revista Latinoamericana de Psicopatologia Fundamental*, v. 3, n. 1, pp. 158-63, 2000. Disponível em: https://www.scielo.br/pdf/rlpf/v3n1/1415-4714-rlpf-3-1-0158.pdf. Acesso em: 9 jun. 2021.

Bleuler esteve em Burghölzli desde 1898 até sua aposentadoria, em 1927, e fez desse hospital um dos lugares mais renomados da psiquiatria mundial. Foram alguns de seus assistentes Karl Abraham, Ludwig Binswanger, Carl Gustav Jung, Eugène Minkowski, Moshé Wulff, Sophie Morgenstern e Sabina Spielrein, que, depois de estudar medicina, voltou como médica psiquiatra para praticar a psicanálise. Em 1930, Jacques Lacan também esteve dois meses ali[10] e, voltando a Paris, passou a usar o termo *autismo* no sentido que lhe dava Bleuler e incorporou de modo antropofágico o sujeito dividido, que se tornou um dos seus conceitos fundamentais.

Mais do que um quadro específico, as esquizofrenias se tornaram em Burghölzli um grande guarda-chuva, semelhante ao que foram as neuroses para Freud. Por isso, Bleuler falava delas no plural. Assim como Freud distinguiu as neuroses narcísicas das neuroses de transferência, Bleuler subdividiu as esquizofrenias em três grandes tipos: a forma paranoide, a forma catatônica e a forma emocional, ou hebefrênica. No terceiro grupo, incluía as histerias que havia estudado com Freud. O próprio Jung diagnosticou Sabina com uma histeria grave e com uma demência precoce, segundo consta em seu prontuário, o que contribuiu para estigmatizá-la e apagar por décadas a riqueza de seu pensamento. Valha este parêntese para sublinhar como os diagnósticos podem mudar com as épocas e os territórios e ainda, particularmente em nosso campo, servir como nomes que apagam a produção de um sujeito.

O significante *autismo*, que Sabina recolhe para pensar o desenvolvimento da linguagem, condensa complexas questões que Bleuler debatia com Freud e com Jung. O texto "Os dois princípios do funcionamento psíquico" (1911) é a resposta com que Freud marca sua posição e suas diferenças com ambos. Simplificando o raciocínio freudiano, Bleuler, nesse mesmo ano, em *Demência*

---

10 Nesse momento, o diretor era Hans Maier.

precoce, o grupo das esquizofrenias, substituiu o princípio do prazer pelo pensamento autístico e o princípio de realidade pelo pensamento realista[11] e afirmou que estava chamando de *autismo* o mesmo que Freud denominava *autoerotismo*. Por isso, quando em 13 de maio de 1907 lhe chegou uma carta contando que Bleuler substituíra o termo *autoerotismo* por *autismo* ou *ipsismo*, Freud comentou com Marie Bonaparte, anos mais tarde, que nunca uma heresia o havia transtornado tanto!

Diferentemente da imagem que construímos a partir do autismo de Leo Kanner (1949), cuja característica predominante é o déficit afetivo, o autismo de Bleuler, embora com o prazer extirpado, é carregado de afetividade. Passado mais de um século, sabemos que a extração cirúrgica de eros do autoerotismo teve muitas consequências teóricas e clínicas e que o significante "autismo" – originalmente um traço que adjetivava as esquizofrenias – se transformou hoje num grande guarda-chuva chamado "espectro", que engolfou o leque do qual se originou.

Na teorização da Sabina sobre a linguagem, é possível notar como ela recolheu os significantes oriundos de Freud, Bleuler e Jung. Segundo ela, a linguagem da criança passa por três estágios: o autista, o mágico e o social. As primeiras palavras do bebê decorrem do prazer de emitir sons. Originam-se nesse período o prazer da língua, o prazer de balbuciar e o prazer de falar. Na fase mágica, não há diferença entre palavra e ato; as palavras são tomadas como nossa conhecida abracadabra – daí que as crianças considerem que seus pedidos deveriam funcionar como uma varinha de condão, que realiza seus desejos imediatamente. Vemos ali uma elaboração que se aproxima de "Totem e tabu" (1913), em que se equiparam o modo de funcionamento psíquico dos povos originários com o

11 Bleuler, E. *Dementia precox oder Gruppe der Schizophrenien*. Leipzig/Wien: Deuticke, 1911.

modo de funcionamento psíquico das crianças. Na fase social, a partir dos 6 anos, a linguagem passa a ter a finalidade da troca com os outros, a palavra se separa da fantasia e da magia.[12]

Sabina é de um tempo em que, no campo da psicanálise com crianças, não havia o lado de Anna Freud e o de Melanie Klein e, rigorosamente, não havia uma psicanálise de crianças. O que havia era uma interrogação sobre se a psicanálise poderia ser "aplicada" a crianças e, para enfrentar esse desafio, os psicanalistas questionavam e faziam experiências psicanalíticas com os próprios filhos. Diferentemente de outros – como Jung, que em *Conflitos da alma infantil* não revela que a criança de quem fala é Agatha, sua primogênita –, Sabina não esconde a relação que tem com Renatinha, sua filha mais velha. Registra suas primeiras falas e suas perguntas sobre teorias sexuais e escreve vários artigos a partir desse precioso material: "mamãe, engole-me sem me mastigar; então você vai morrer e eu saio de você" disse Renatinha quando estava com quase 5 anos, "porque uma menininha surge dentro da mamãe e não o inverso, a mãe dentro da menininha?". É mais uma demonstração do quanto Sabina entrou na psicanálise de corpo e alma. Sua postura faz contraponto à da terceira psicanalista mulher, Hermine Hug Hellmuth, que se recusava a mostrar seu envolvimento pessoal e escondeu até o trágico fim de seus dias que o *Diário de uma jovem adolescente de 11 a 14 anos* era um relato autobiográfico. Diferentemente também de Anna Freud e de Melanie Klein – aquela a falar de sua análise como se se tratasse de uma paciente adolescente e esta a esconder que Fritz era seu filho –, Sabina fala em primeira pessoa tanto de suas lembranças infantis como de sua maternidade, sem esconder sua implicação pessoal.

Essa mãe até agora não reconhecida da psicanálise que se ocupa de crianças abre um campo de investigação pouco explorado

12 Skea, B. *Op. cit.*

sobre esse início tão instigante, conturbado e criativo da psicanálise. As pesquisas iniciais de Sabina deixaram sementes que brotaram em territórios que hoje são autônomos, como a educação, o pensamento, a linguagem e a psicanálise. Tudo indica que voltar a esses textos inaugurais pode favorecer o diálogo interdisciplinar, tão importante na atualidade, e ser de interesse para fonoaudiólogos, psicolinguistas, pedagogos, psicanalistas, estimuladores precoces e outros que ousem se aventurar.

São Paulo, junho de 2021

1. Apresentação: a origem da linguagem, do pensamento e da simbolização infantis

Renata Udler Cromberg

> *Sabina Spielrein pressentiu a linguagem como lugar de advento do sujeito.*[1]

Este livro traz a contribuição pioneira de Sabina Spielrein (1885--1942) no campo da origem da linguagem, do pensamento e da imagem corporal e visual na constituição do processo de simbolização e no campo da psicanálise com criança. São 31 escritos que completam a publicação em português da obra de Sabina Spielrein, que tem a publicação de seus três primeiros ensaios no Volume 1 destas Obras Completas. A obra escrita e publicada de Sabina Spielrein, portanto, compõe-se de 34 textos conhecidos até agora. Eles são acompanhados de ensaios que situam o ambiente em que foram escritos, sua posição geográfica no trajeto da sua história pessoal e familiar, bem como da história das instituições psicanalíticas, educacionais e de saúde nas quais trabalhou em Berlim,

1 Sabina Spielrein a pressenti le langage comme lieu d'avènement du sujet. In Guibault, M.; Nobécourt, J. *Sabina Spielrein, entre Freud et Jung*. Paris, Aubier Montaigne, 1980, p. 9.

Lausanne, Genebra, Moscou e Rostov-sobre-o-Don, além de algo sobre a história política do período que abrange sua vida como psicanalista e médica, durante a qual escreveu. Ao final, são apresentadas reflexões sobre a contribuição pioneira de Sabina Spielrein.

A autoria de Sabina Spielrein foi efeito do fim de sua análise com Carl Gustav Jung (1865-1961). Sigmund Freud (1856-1939) interferiu na relação entre Jung e Sabina de uma forma que permitiu a ela transferir seu desejo erótico para a escrita de sua própria "*poesie*", sua obra. Esta era a metáfora que adotava quando queria falar de seus encontros amorosos e de intercâmbio intelectual com Jung. Após sua análise, tornou-se médica, psicanalista, membro da Sociedade Psicanalítica de Viena e, depois, da Sociedade Psicanalítica de Moscou, pesquisadora e escritora de 1910 a 1931. Em meu trabalho de reflexão, a história de vida de Sabina Spielrein em seu percurso psíquico, emocional, profissional e social e as condições históricas, sociais, institucionais e culturais de seu tempo, que contribuíram para o esquecimento de sua obra e de sua importância para a psicanálise, proporcionaram a moldura daquilo que pretendo destacar: *a importância de sua obra pioneira*. Tornar-se autora, ser escritora da própria vida implica uma transformação da pulsão e das marcas erógenas: deixar de ser corpo-objeto da escrita do pai para ser escritora da própria vida. A função abstrata do pai pode aparecer quando podemos escrever em nome próprio, assumindo a própria vida, ecoando a própria palavra internamente e para as gerações seguintes, possibilitando subjetivação, diferenciação e singularização.

O Volume 1 destas Obras Completas trouxe os três primeiros ensaios de Spielrein e uma carta. Nesse primeiro período, seu lugar de pioneira surgiu ao formular: 1) em "Sobre o conteúdo psicológico de um caso de esquizofrenia", de 1911, por meio da análise do discurso de uma paciente esquizofrênica, que seu conteúdo tinha um sentido afetivo sexual. Com isso, tornava-se parte da Psiquiatria Nova, psiquiatria dinâmica influenciada pela psicanálise e que tinha em Eugen Bleuler (1857-1939) seu principal expoente; 2) em "A destruição como origem do Devir", de 1912, a existência do componente destrutivo da pulsão sexual, afirmando, nove anos antes de Freud, a existência de uma pulsão de morte que produzia dinamicamente a transformação, o devir e, estaticamente, o masoquismo primário, o gozo na dor; 3) em "A sogra", de 1913, uma formulação sobre o masculino e o feminino e a empatia materna; 4) na carta a Jung, de 20 de dezembro de 1917, uma metapsicologia psicanalítica própria, baseada principalmente em Freud.

Os textos e ensaios deste segundo volume são apresentados em ordem cronológica e logo após a apresentação do ambiente na cidade em que ela estava morando. Em "Ambiente Berlim", temos a publicação de "Contribuições para o conhecimento da alma infantil" (1912), em que ela analisa o surgimento dos medos infantis, o sofrimento sintomático, relacionando-o à curiosidade sexual e às fantasias e teorias que geram, bem como às representações sexuais inconscientes e às raízes de angústia que suscitam, além de trazer uma rica ilustração da onipotência infantil. Demonstra sutilmente que o interesse pelo trabalho científico e intelectual é derivado da curiosidade sexual. Antes dessa obra, apenas Freud, com o caso do pequeno Hans, e Jung, com o caso da pequena Anna, haviam tomado essa iniciativa. Esse texto colocou Sabina Spielrein no lugar de pioneira da análise com crianças, ainda que ela mesma, em um artigo de 1927, tenha mencionado Hermine Hug-Helmuth (1871-1924), a terceira mulher a pertencer à Sociedade Psicanalítica de Viena, como primeira analista infantil. De qualquer maneira, com esse artigo, ela entra no campo científico ao qual vai dedicar grande parte de sua atividade profissional durante a vida. Sabina Spielrein foi a primeira psicanalista de crianças na história da psicanálise e a primeira a escrever artigos sobre a psique infantil baseados em observações e tratamentos de crianças. Na visão que vigorou até recentemente no campo psicanalítico, a filha de Freud, Anna Freud (1895-1982), figurava como a fundadora da psicanálise de crianças, e Melanie Klein (1882-1960) vinha em seguida. Mas a primeira contribuição sobre a análise de crianças na história psicanalítica foi de Spielrein com esse escrito publicado no terceiro número do *Zentralblatt*, em 1912. Somente dez anos depois apareceu a primeira comunicação de Anna Freud, que se tornou membro da Sociedade Psicanalítica de Viena em 13 de junho de 1922, apenas uma semana antes de Lou Andreas-Salomé. Sete anos após o artigo de Spielrein, houve a primeira comunicação de Melanie Klein. Isso ilustra o esquecimento de seu pioneirismo que vigorou por mais de meio século.

Os outros artigos são notas, observações e conversas com crianças e seus sonhos, questões de análise infantil e a análise de sonhos: "Amor maternal" (1913), "Autossatisfação na simbologia do pé" (1913), "Sonho com 'padre Freudenreich'" (1913), "O trauma em 'O Duelo' de Kuprin" (1913), "Simbologia animal e fobias no caso de um menino" (1914), "Dois sonhos sobre a menstruação" (1914), "O nome esquecido" (1914). "A destruição como origem do devir" (1912) e "A sogra" (1913) também foram publicados quando ainda estava morando em Berlim.[2]

A independência de seu pensamento e a recusa em tomar partido nas disputas masculinas foi uma de suas qualidades mais marcantes. Nunca se furtou a se afirmar na política da teoria, com seu pensamento e voz, na busca de reinvenções transdisciplinares da psicanálise. Após o início da Primeira Grande Guerra, partiu para a Suíça, retirando-se, logo após, da prática psicanalítica por cinco anos, para ressurgir como analista e pesquisadora do psiquismo

2 Publicados em Cromberg, R. U. (org.). *Sabina Spielrein: uma pioneira da psicanálise.* Obras Completas, v. 1. São Paulo, Blucher, 2021.

infantil em 1920. Ela ficou sozinha com a filha em território suíço por nove anos, atravessando a Primeira Guerra Mundial, a Revolução de 1917 e a Guerra Civil Russa. Não era comum haver mulheres profissionais nos círculos intelectuais da Suíça. E os tempos difíceis da Primeira Guerra não favoreciam o trabalho científico.

Em Lausanne, fez uma pausa em suas atividades como psicanalista. Dedicou-se a estudar contraponto e composição. A importância de sua vocação musical e a presença da música em sua vida pessoal e familiar foi tão grande que suas filhas Renata, nascida em 1913 em Berlim, e Eva, nascida em 1925 em Rostov-sobre-o-Don, foram ambas consideradas excelentes musicistas, tendo estudado no Conservatório Musical de Moscou, tornando-se uma violinista e a outra violoncelista, quando adultas. Durante os cinco anos em Lausanne, Sabina Spielrein observou e anotou o desenvolvimento e a maneira como se davam as aquisições de linguagem de Renatinha (como a denomina em seus ensaios). Isso colaborou para que Spielrein pensasse no papel das linguagens não verbais – o ritmo e a melodia como precursores da linguagem verbal e sempre presentes junto das linguagens visual, tátil e gestual, além do papel importante da arte e da música para as pessoas e os povos. Neste período, foram publicados dois artigos seus: "Uma sentença inconsciente", de 1915, e "As manifestações do complexo de Édipo na idade infantil", de 1916.

Foi então uma Sabina Spielrein bastante mudada que resolveu sair de Lausanne e, ativamente, por desejo próprio, retomar seu ofício de psicanalista e se inscrever no Congresso de Haia, sua primeira participação em um congresso de psicanálise, para apresentar uma abordagem teórica sobre o surgimento da linguagem na criança, até então inédita tanto no campo da psicanálise quanto no campo da psicologia ou da educação infantil e também no campo da ligação da psicanálise com a linguística. Baseava-se nas observações realizadas de sua filha. Superada a transferência a Jung, apropriada de sua própria concepção sobre a constituição do psiquismo, pôde recuperar sua própria voz e ser útil como desejava para a causa psicanalítica em um campo no qual seria uma das pioneiras: a psicanálise infantil. Essas observações eram também a continuação de seu interesse e elaboração da questão sobre a formação de símbolos e sobre a relação da palavra com a vida pulsional, iniciada em seus dois primeiros trabalhos.

A palestra de Spielrein denominada "Sobre a questão da origem e do desenvolvimento da fala articulada" é conhecida inicialmente pelo resumo publicado nos Anais do Congresso. O resumo apresenta um esboço visionário de uma teoria da construção da linguagem e do significado do aleitamento e do ato de sugar no desenvolvimento da criança, além de diferenciar as linguagens que não têm por objetivo a comunicação com outras pessoas, autistas e mágicas, daquelas que visam à comunicação, as linguagens sociais. Além disso, ela postula pela primeira vez o surgimento da linguagem infantil a partir da relação entre a mãe e o bebê. A publicação do resumo de sua fala inédita expressa sua posição de que a linguagem infantil e suas transformações nascem não apenas de um desenvolvimento psicológico, mas da falta ligada ao inconsciente, falta ligada à percepção do objeto de desejo que proporciona prazer derivado do ato de mamar e é percebido no exterior de si, na passagem do autoerotismo a um heteroerotismo (erotismo voltado para o outro) incipiente.

A decisão de Sabina Spielrein de ir para Genebra em 1920 a convite do Instituto de Psicologia Experimental e de Investigação do Desenvolvimento Infantil Jean Jacques Rousseau, após o Congresso de Haia – em vez de voltar para a Rússia ou morar novamente em Zurique –, deve-se a uma intuição de que um momento histórico único estava acontecendo nessa cidade francófona. O francês já era seu terceiro idioma, depois do russo e do alemão, e era a língua com que se comunicava com sua filha. Ela queria estar presente no local onde acontecia a maior revolução na instituição de uma plataforma educacional internacionalista e pacifista após a Primeira Guerra Mundial. Essa era a realização de seu desejo de estar em contato com pessoas, livros e experiências que lhe permitissem pesquisar, refletir e trabalhar de acordo com os seus ideais científicos. Lá, encontraria o terreno teórico, conceitual e de prática interdisciplinar no desenvolvimento da linguagem e pensamento nas crianças para continuar a realizar o seu projeto investigativo psicanalítico teórico sobre a formação de símbolos por meio das reflexões sobre a origem da linguagem.

O Instituto, que vinha se tornando rapidamente o maior centro pedagógico do mundo, fora fundado em 1912 por Édouard Claparède (1873-1940) e Pierre Bouvet (1878-1965) e era o que havia de mais avançado à época na formação de educadores, na realização de pesquisas nas áreas de psicologia e pedagogia e incentivo a reformas educativas.

Em 1922, a palestra que Spielrein apresentou em Haia transformou-se em um novo grande e inédito trabalho detalhado, "A origem das palavras infantis 'papai' e 'mamãe': algumas observações sobre diversos estágios no desenvolvimento da linguagem". Ela parte da necessidade primária que a criança tem de contato físico e comunicação. Ao que parece, a mente rica, criativa, cheia de *insights* e profundamente sensitiva que Sabina Spielrein deixaria impressa em seu artigo foi muito estimulada pelo trabalho no Instituto, o qual aumentou a sua familiaridade com um extenso número de autores e teorias sobre a formação da linguagem na criança e estimulou sua postura de valorização da observação espontânea das crianças como método de demonstração de suas ideias. Esse trabalho e a vivência em um ambiente inovador e livre no incentivo da pesquisa a estimularam a defender o ponto de vista psíquico e emocional na gênese dos processos de linguagem e pensamento a partir da psicanálise.

Jean Piaget (1896-1980), que chegou em 1921 ao Instituto, começou a trabalhar com ela em uma teoria sobre a formação dos símbolos, teoria que não veio à luz conjuntamente, já que ambos tomaram caminhos diferentes na compreensão do símbolo. Em 1922, Piaget fez, por sua vez, uma comunicação no VII Congresso Psicanalítico Internacional, realizado em Berlim, ao lado de Freud, e assistido por Spielrein, intitulada "O pensamento simbólico e o pensamento da criança", germe do que seria o seu primeiro e importante livro *Linguagem e pensamento na criança*. Spielrein apresentou, no mesmo congresso, "Uma contribuição psicológica para o problema do tempo". Foram publicados dois ensaios seus que resultaram de contribuições das discussões de suas ideias com o linguista Charles Bally e com Jean Piaget, respectivamente, "O tempo na vida psíquica subliminar" e "Algumas analogias entre o pensamento da criança, do afásico e o pensamento subconsciente", ambos contribuições importantes no campo nascente da psicolinguística.

A atividade científica de Spielrein se ampliou enormemente em Genebra. Ela acreditava que as pesquisas sobre psicologia infantil poderiam dar contribuições fundamentais à psicanálise. Mas se o ambiente intelectual e de pesquisa prática e clínica foi rico para Spielrein, se ela se engajou na experimentação com as crianças da Maison des Petits, escola criada e apoiada pelo Instituto Rousseau, se tratou pacientes com problemas sérios de linguagem, afetados por traumatismos cranianos ou problemas de saúde cerebral, foi também em Genebra que teve contato com a linguística nascente. Isso se deu principalmente por meio do linguista Charles Bally (1865-1947), a quem agradeceu explicitamente a interlocução no segundo dos três trabalhos pioneiros sobre linguagem, tempo e pensamento que escreveu nos três anos nos quais esteve na cidade.

Em seu artigo "O tempo na vida psíquica subliminar" (baseado em sua conferência no Congresso de Berlim, em 1922, "Contribuições psicológicas sobre a noção de Tempo"), de 1923, Sabina Spielrein usou suas habilidades em línguas estrangeiras para comparar as formas de expressar o tempo em russo, francês, alemão e inglês, e para demonstrar como os tempos verbais expressam uma vinculação entre tempo e espaço no pensamento inconsciente. Ela se pergunta: quem criou a linguagem verbal? Foi o homem adulto ou a criança? A criança é capaz de criação espontânea na linguagem ou ela simplesmente se apropria da linguagem verbal fornecida pelos adultos, deformando-a? Ela convoca as experiências psicanalíticas para auxiliar sua busca por uma resposta a essa questão polêmica e não solucionada. Assume, de saída, uma posição que liga o surgimento da linguagem ao inconsciente.

A criança é, segundo sua predisposição, um ser social que possui uma necessidade de comunicação? Se ela herdou a necessidade de comunicação e faz parte das populações falantes, então também herdou a necessidade da linguagem, necessidade essa que faz com que queira aprendê-la e criá-la. Ela se refere à "linguagem" no sentido usual, ou seja, linguagem como meio de comunicação, o que ela não era originalmente. Naturalmente os adultos acorrem em auxílio da pequena psique em sua luta, estimulando o desenvolvimento dos mecanismos linguísticos, já preparados por hereditariedade, por meio de seus discursos imitados pela criança. E se adequam à sua capacidade de criação linguística: eles procuram compreender a pequena psique e encontram o material para tanto já pronto nas profundezas da sua própria psique, em seu próprio estágio de desenvolvimento anterior, o que permite que falem com a criança devido a um impulso inconsciente.

Vemos que ela assume aqui a linguagem conceitual recém-criada no campo da linguística que distinguia a fonética da linguística propriamente dita: fonemas, sons labiais e dentais, fonologia. Ela foi a primeira psicanalista a fazer a ligação entre psicanálise e linguística, a partir dos textos de Freud, e formular suas próprias ideias sobre a linguagem.

Preferindo estudar o trabalho do intelecto em vez do inconsciente, Jean Piaget analisou-se por oito meses, todos os dias às 8 horas da manhã, com Sabina Spielrein durante o ano de 1921. Segundo ele mesmo, a análise terminou por iniciativa dela, que dizia que ele não estava disposto a fazer análise, mas só a discutir teorias. Ambos continuaram uma intensa troca intelectual.

Spielrein acreditava que as pesquisas sobre a psicologia infantil poderiam trazer contribuições essenciais à psicanálise. Freud (1856-1939) ficou muito animado com o fato de Spielrein voltar a trabalhar cientificamente em Genebra e publicar análises infantis. São dezoito artigos publicados.

Em um primeiro grupo estão: a) uma resenha escrita sobre um artigo do irmão Isaak Spielrein (1891-1937), "Sobre números difíceis de serem memorizados e problemas aritméticos". Apesar de ter sido publicada em 1920, essa resenha foi escrita ainda em Lausanne. Durante a Primeira Guerra, os irmãos discutiam questões científicas por carta; b) "Literatura russa", que traz uma lista comentada dos principais livros e artigos publicados na Rússia entre 1909 e 1914, e as principais traduções da obra freudiana no mesmo período, visando sua divulgação entre os psicanalistas do Ocidente; c) "Suíça" é um relatório sobre as atividades da Sociedade Psicanalítica de Genebra fundada em 1920; d) "Quem é o autor do crime?" é um artigo de crítica da peça *O comedor de sonho* (*Le Mangeur de rêve*) de Henri-René Lenormand (1882-1951), estudioso de psicanálise que chegou a participar do Groupe Psychanalitique

International de Genebra. Spielrein escreveu um longo artigo que ocupou toda a segunda página do *Journal de Genève*, em 15 de janeiro de 1922.

Em um segundo grupo estão artigos sobre comentários infantis baseados em observações e registros verbais que Spielrein reuniu da primeira infância de sua filha Renata, acerca da sexualidade infantil, da curiosidade, da diferença sexual anatômica entre meninos e meninas, das teorias sexuais infantis, além de relatos de experiências e análises com crianças realizadas no ambulatório do Instituto Jean Jacques Rousseau: a) "As três questões"; b) "O pudor na criança"; c) "A mulher fraca"; d) "Erotismo oral recalcado"; e) "A teoria de Renatinha sobre o surgimento do homem"; f) "Análise rápida de uma fobia infantil", que se baseia na exposição de um caso de Sabina Spielrein durante uma aula em que demonstra seu trabalho analítico feito em conjunto com o exame físico e a aplicação do teste de inteligência de Binet-Simon; g) "Um tipo espectador", e o artigo citado por ela e não localizado ainda, "Ações simbólicas da castração na idade infantil".

Em um terceiro grupo estão artigos que têm os sonhos como tema central: a) "Sonho com selo postal"; b) "Estrelas cadentes em sonho e em alucinação"; c) "O automóvel – símbolo da potência masculina".

Em um quarto grupo temos artigos teóricos sobre a origem da linguagem infantil, do pensamento infantil e da noção de tempo: a) "A origem das palavras infantis 'papai' e 'mamãe': algumas observações sobre diversos estágios no desenvolvimento da linguagem"; b) "O tempo na vida psíquica subliminar"; c) "O processo reflexivo em uma criança de dois anos e meio", conferência realizada em Zurique a convite de Emil Oberholzer (1883-1958) e anunciada no *Neue Zürcher Zeitung*; d) o artigo que deu sequência a essa conferência, "Algumas analogias entre o pensamento da criança, do afásico e o pensamento subconsciente".

Sabina Spielrein deixou Genebra rumo a Moscou em 1923, após entusiásticas cartas de seu pai argumentando que ela poderia desenvolver suas pesquisas e trabalhar sob o novo regime bolchevique sob o comando de Lenin, trazendo sua contribuição. A sociedade psicanalítica local estava florescendo sob a direção de Moshe Wulff (1878-1971) e Ivan D. Ermakov (1875-1942). Ali ela poderia colocar suas ideias em prática no campo educacional, no ensino e na formação em psicanálise, bem como na construção de laboratórios psicanalíticos. Freud a apoiou e sugeriu que pusesse seu nome no cabeçalho das cartas, reconhecendo que poucas mulheres o faziam e que Sabina Spielrein, como mulher, havia conquistado um endereço no mundo intelectual e de trabalho maciçamente masculino.

Quando Spielrein voltou à U.R.S.S., inicialmente a Moscou, era uma época de abertura para o Ocidente, da nova política econômica de Lenin e de importantes experimentos em todos os campos da vida russa. O capítulo "Ambiente em Moscou" dá o enquadre histórico político do florescimento da psicanálise nesse clima. Em Moscou, Sabina Spielrein-Scheftel ocupou três postos em 1923: o de colaboradora científica no Instituto Psicanalítico Estatal, o de consultora médico-pedagógica da Terceira Internacional (uma espécie de vila de crianças) e o de diretora do Departamento de Psicologia Infantil da Primeira Universidade de Moscou. Há ainda a direção da famosa creche psicanalítica, ou jardim de infância psicanalítico, ou simplesmente Casa Branca – nome devido ao edifício onde ficava instalada –, oficialmente denominada Lar Experimental para Crianças, criada em 1921. Ermakov convidou Spielrein para trabalhar ali como diretora imediatamente após sua chegada. Ela era a psicanalista com melhor formação na U.R.S.S.

e por isso colaborou em todas as comissões importantes da Sociedade Psicanalítica. Corresponsável pelo programa de cursos científicos do Instituto Psicanalítico Estatal, seu Seminário de Análise Infantil – sobre problemas básicos da psicanálise para iniciantes – era o mais concorrido, com 30 participantes. Na área de cursos científicos de psicanálise para médicos, pedagogos, psicólogos e estudantes, dava aulas semanais de uma hora de duração sobre psicologia do pensamento subliminar. A partir do início de 1924, Sabina Spielrein trabalhou também como assistente científica na Seção de Psicologia do Instituto de Filosofia Científica.

Em 1924, após a morte de Lenin, Sabina Spielrein voltou para sua cidade natal, Rostov-sobre-o-Don, no Cáucaso Setentrional, onde reencontrou seu marido e deu à luz sua filha Eva, em 1926. O ambiente em Rostov-sobre-o-Don e a luta de Sabina Spielrein pela psicanálise no norte do Cáucaso, na União Soviética sob o governo de Stalin, são apresentados em "'Eu anseio por me reunir a todos vocês...' Uma carta de Sabina Spielrein-Schaftel (Rostov sobre o Don) para Max Eitingon de 24/08/1927", escrito por Sabine Richebächer. Sabina trabalhava em dois lugares: como pedóloga[3] no ambulatório escolar profilático de Rostov e na policlínica psiquiátrica, onde tratava de crianças e adultos. Em palestras e cursos, em publicações e congressos, posicionou-se como defensora decidida da psicanálise nas controvérsias cada vez mais acirradas quanto à relação entre o freudismo e as ciências de inspiração marxista. A confiança de Sabina Spielrein e sua crença no futuro valor de seu próprio trabalho e na capacidade de sobrevivência da psicanálise permaneceram intactas, mesmo com todas as tensões e problemas profissionais e privados.

---

3 O conceito de *pedologia* aparece em 1900, criado por Stanley Hall. Era uma ciência prática e interdisciplinar do desenvolvimento infantil que se baseava em conceitos pedagógicos, psicológicos, psico-higiênicos e psicanalíticos.

Spielrein escreveu três textos em seu período russo, de 1923 a 1931, ano da proibição da psicanálise: "Alguns aportes sobre a vida infantil", texto escrito entre 1927 e 1928, em que ela traz exemplos do atendimento de crianças entre 8 e 13 anos em seu consultório no ambulatório. O único texto em russo é "Sobre a palestra do dr. Skalkovsky", de 1929, fruto de sua palestra no I Encontro de Psiquiatras e Neuropatologistas do Cáucaso Setentrional no mesmo ano, a partir de suas investigações clínicas e pesquisas resultantes delas na policlínica psiquiátrica onde trabalhava. "Desenhos infantis de olhos abertos e fechados: investigações sobre as representações subliminares cinestésicas", publicado em língua alemã em 1931 na revista *Imago*, graças à tradução para o alemão realizada por seu pai, foi o último ensaio sobre psicanálise a sair da União Soviética e é fruto de suas pesquisas e de uma conferência realizada no inverno de 1928 na Sociedade Pedológica na Universidade do Cáucaso Setentrional, em Rostov-sobre-o-Don, tratando da investigação das experiências cinestésicas sobre a estrutura do pensamento.

Em nenhum outro lugar do mundo a psicanálise se estabeleceu institucionalmente tantas vezes. O capítulo "O arco histórico da psicanálise na Rússia" apresenta os seis períodos, de 1909 a 1989, que enquadram no tempo a importância do trabalho pioneiro de Spielrein e seu esquecimento pela história do desaparecimento e proibição da psicanálise na União Soviética de 1931 a 1989.

Finalmente são apresentadas minhas reflexões sobre o trabalho de Spielrein que a colocam como pioneira da psicanálise de crianças em três capítulos, os quais se referem a três momentos diferentes. No primeiro momento ("Sabina Spielrein, pioneira da psicanálise de crianças"), os objetivos de seus textos são: 1) comprovar a sexualidade infantil por meio dos sintomas, inibições, sonhos e brincadeiras infantis, bem como das manifestações de linguagem; 2) comprovar o papel das teorias sexuais infantis e da curiosidade infantil na aquisição sublimatória de conhecimento; 3) observar e relatar a ocorrência de símbolos, gestos e brincadeiras que mostrem a presença de uma diferença sexual, construindo uma visão sobre o complexo de Édipo nas crianças e sobre a percepção por elas da masculinidade e da feminilidade; 4) mostrar a relação da sexualidade com as gônadas sexuais produtoras de hormônios em sua manifestação nos caracteres secundários; 5) comprovar a relação, mas também a diferença entre as manifestações sexuais na infância e na idade adulta; 6) mostrar o surgimento dos sentimentos de pudor, repugnância e medo em crianças, frutos do recalque de representações sexuais.

No segundo momento ("A origem da linguagem infantil: Spielrein, Piaget e Vygotsky"), vemos como seus principais trabalhos teóricos escritos no período de Genebra demonstram uma consciência implícita da absoluta necessidade de inserir a teoria psicanalítica nas novas descobertas da psicologia do desenvolvimento e da linguística. Eles provam também que ela possuía as qualidades intelectuais necessárias para moldar tal síntese. Com a sua partida para a Rússia, em 1923, a importante tarefa que ela apenas começara só viria a ser retomada décadas depois no campo psicanalítico. De 1920 a 1923, entre o estudo do *fort/da* de Freud, os estágios da linguagem de Spielrein e as hipóteses de Piaget, estudadas e desenvolvidas com plena liberdade no campo da psicologia experimental, foi formado o caldo original que deu origem às reflexões sobre psicanálise e linguagem que se desdobraram no conceito da psicologia genética como campo de saber separado da psicanálise. Finalmente apresentam-se as diferenças e semelhanças de seu pensamento com Lev Vygotsky (1896-1934) e Piaget, pioneiros do estudo do pensamento e da linguagem infantil, apontando a sua importância no inconsciente literário desses pensadores por terem participado da transmissão do seu saber psicanalítico antes da elaboração de suas próprias ideias.

O terceiro momento da trajetória de pioneira da psicanálise com crianças ("Considerações sobre a teoria sobre a formação do símbolo de Sabina Spielrein") dá-se entre 1923 e 1931 na União Sóviética. O seu último artigo publicado na *Imago*, em 1931, é "Desenhos infantis de olhos abertos e fechados. Estudo sobre as representações cinestésicas subliminares". Ele sequer foi publicado originalmente em russo, nessa época de construção da crítica e proibição da psicanálise. Esse artigo contém a elaboração final das reflexões de Spielrein sobre a origem do pensamento e do símbolo e permite, *a posteriori*, retomar, a partir dele, as etapas anteriores de sua elaboração, uma possível teoria sobre a formação do símbolo que ela nunca escreveu como tal, apesar de anunciá-la desde 1920. Para ela, o pensamento lógico-abstrato não é um estágio superior do pensamento que elimina os estágios anteriores, mas é acompanhado em paralelo por um pensamento orgânico, imagético, cinestésico-visual, enraizado no corpo e em sua percepção pela psique que impede uma desconexão corpo/mente, mundo interno/mundo externo. Ela diferencia pensamento corticado e pensamento descorticado, tomando emprestados termos que evidenciam sua vocação transdisciplinar de integrar a psicanálise e alguns conhecimentos da neurociência então disponíveis. O pensamento corticado une o córtex, sede do pensamento consciente lógico-racional, pensamento direto que lida com a realidade exterior, ao subcórtex, sede do pensamento não consciente, subliminar, não direto, cinestésico-visual, ligado às sensações e afetos e ao inconsciente.

Nesse derradeiro ensaio, ela faz estudos sobre representações cinestésicas subliminares, tentando detectar a influência das experiências cinestésicas sobre a estrutura de nosso pensamento por meio de dezessete exemplos de desenhos de crianças de olhos abertos e fechados. Ela formula a sua teoria da formação do símbolo e da representação e reafirma a terminologia psicológica corrente como superior à terminologia reflexológica que tentava se impor como hegemônica. A partir da pergunta "Como pensamos?", ela mostra o papel fundamental do pensamento cinestésico-visual e o papel da imagética no processo de pensamento. Ela traz exemplos de cooperação do ato de pensar verbal e imagético e fala da importância do desenho e do desenho de olhos fechados tanto para o diagnóstico como para a prevenção de sofrimento psíquico, mencionando também seu uso pedagógico. Ao nosso pensamento lógico-abstrato, geralmente expresso de forma verbal, corresponde o pensamento "alucinatório imagético" ou "orgânico" que decorre sincronicamente a ele. Spielrein sugere aqui um processo hierárquico de simbolização e uma origem composta dos símbolos: orgânicos, inconscientes, subconscientes. Nós podemos observar fragmentos desse pensamento nos casos em que, por algum motivo, a acuidade de nossa atividade mental consciente se reduz, como em sonhos, em estados de exaustão, doenças psíquicas, intoxicações e outros casos semelhantes.

Podemos ver o quão original e atual é o ensaio de Spielrein. Seu pensamento teórico-clínico fundamenta e antecipa conceitos que aparecerão alguns anos mais tarde no campo da psicanálise como integração somato-psíquica, imagem inconsciente corporal e mentalização. A atualidade do ensaio e da reflexão sobre a importância do cinestésico e do visual, e da função de ensinar as crianças a verem se sobressai quando pensamos no contexto atual em que há uma revolução tecnológica, com a internet, computadores e celulares, que trouxe a questão da imagem virtual – e os riscos de desconexão com a visão do mundo externo e da diminuição da interação com o outro não virtual – ao primeiro plano, trazendo à tona a discussão da mudança do modo de pensar, do pensamento por imagens e a discussão do quão regressivos ou progressivos seriam esse fenômeno e suas consequências, quando o visual se sobrepõe às interações em presença, em que se sente o próprio corpo e a presença corporal do outro.

O capítulo final ("As considerações sobre a Ética da psicanálise de Sabina Spielrein") foi inspirado em uma conferência sobre Ética e Psicanálise que Spielrein apresentou em março de 1914 na Sociedade Psicanalítica de Berlim, em meio a um clima tenso de debate sobre as ideias de Jung que se estendeu por várias sessões e terminou no aniquilamento científico dele. Ela certamente enviou a conferência para Jung, o qual elogiou sua coragem em uma anotação encontrada atrás de uma carta sua devolvida por Jung – conforme ela sempre lhe pedia, para que pudesse estar de posse de suas reflexões, para seu processo de construção de pensamento. Essa conferência, cuja transcrição ainda não foi encontrada, e o fato tão significativo de seu tema ter se dado após o enfrentamento de Spielrein do término da relação transferencial amorosa com Jung, o que a levou a se tornar autora e psicanalista freudiana, trouxe o desejo de destacar a ética psicanalítica que perpassa seus escritos. Para ela, na prática psicanalítica importava mais a compreensão intuitiva da pessoa adoecida que a classificação, porque ela pensava a psicoterapia como arte da cura, na qual a experiência científica seria apenas um guia. Sabina Spielrein afirma a importância da escuta do paciente e da não intervenção do analista, sobretudo na análise de crianças, em que estar atenta à conexão entre os distúrbios do pensamento e os núcleos de representações recalcadas não era indício de uma psicanálise pedagógica, muito pelo contrário. Há uma renúncia a explicações verbais, concentrando-se na influência da atuação da manifestação do que foi recalcado. Além disso, é de grande atualidade a maneira com que a autora aborda diferentes patologias com combinações de técnicas diferentes, reunindo diferentes pioneiros da psicanálise, recriando abordagens clínicas e conceitos a partir disso. Aponta, por fim, toda uma flexibilidade da psicanálise ao se adaptar a restrições de tempo e espaço, a diferentes patologias, a diferentes idades e ambientes institucionais.

Sabina Spielrein nos deixa um devir pela maneira com que foi força instituinte, guerreira três vezes de maneira transdisciplinar com a psiquiatria, com a educação e com a neurociência, campos nascentes que ela pôs em contato de maneira inédita, preservando a psicanálise como a força imanente central dos desdobramentos de suas criações, trazendo compreensões inéditas da loucura, da linguagem e do pensamento infantil, formulando uma teoria da simbolização entre o corpo e o pensamento para torná-lo vivo, simultaneamente singular e universal, inventando formas terapêuticas, criando na atualidade renascida e renovada de sua obra novos devires.

2. Ambiente Berlim

Renata Udler Cromberg

Uma placa gravada em acrílico testemunha hoje que Sabina Spielrein morou na Thomasiusstrasse, número 2, uma rua com lindos edifícios de quatro andares em estilo *art nouveau* que termina às margens do arborizado rio Spree, em Berlim. Para esta casa, ela se mudou em 1º de agosto de 1913, sua segunda residência desde a vinda a Berlim em 1912.

Dra. Sabina Spielrein

Psicanalista, pedagoga e médica

(7/11/1885 Rostov/Don – 14/08/1942 Rostov/
Don) viveu nesta casa com seu marido
Pawel N. Scheftel e sua filha Renate.
Paciente, aluna e colega de C. G. Jung

Membro da Associação Psicanalítica
de Viena fundada por S. Freud

Psicanalista professora da Associação
Psicanalítica Russa

Com seu trabalho sobre a "Destruição como origem do devir" (1912), ela se destacou como pensadora independente, criativa e perspicaz.

Ela e suas duas filhas foram fuziladas por nacional-socialistas.

Sociedade Alemã de Psicologia Analítica (DGAP)

No prédio ao lado, tropeçamos nas chamadas *Stolpersteine*, ou as pedras de tropeço, memoriais às vítimas do nazismo, um projeto[1] de Gunter Denning, artista alemão. Elas são pequenas placas douradas, incrustadas nas pedras das calçadas em frente da última morada, que trazem gravadas, de forma sucinta, o nome da pessoa perseguida pelos nazistas, seja judeu ou membro de outra minoria étnica, como os ciganos ou mesmo alemães que, aos olhos dos nazistas, tivessem razão para serem discriminados. Ali consta onde essas pessoas nasceram e morreram após serem assassinadas, deportadas ou terem fugido. A intenção do artista foi devolver o nome a essas vítimas que, quando presas num campo de concentração, eram resumidas a um número. As pessoas tropeçam com "o coração e a cabeça" e, ao ler as placas, fazem uma mesura simbólica para as vítimas. Um dito do *Talmud*, o livro sagrado judaico, diz que uma pessoa só é esquecida quando seu nome for esquecido.

No quarteirão da casa de Sabina há 15 conjuntos de placas. No prédio ao lado do seu, oito *Stolpersteine* falam do destino dos moradores. Uma das placas diz: "Viveu aqui Liselotte Voss, nascida Katz em 1911, deportada em 12 de março de 1943, assassinada em Auschwitz". Assim, a placa em homenagem a Sabina na rua

1 O projeto iniciou-se em 1993, mas foi oficializado em 2000. Em 2017, havia 61.000 *Stolpersteine* em 1.200 lugares na Alemanha e outros países. Qualquer pessoa pode requisitar uma, mediante uma taxa modesta.

Thomasius, não fala de sua última morada física, mas abriga um destino simbólico, marcando seu nome junto aos que foram assassinados pelos nazistas pelo simples fato de serem judeus, o que foi o seu destino e o de suas filhas.

Mas, na época que a habitou, esta foi uma casa de nascimentos. No apartamento em que morou com Pavel, iniciou-se um casamento e, logo depois, nasceu sua filha, de parto normal em casa: Irma Renata Scheftel. O nome Irma foi escolhido por Pavel, e Renata, por Sabina, pois ela quase abortara a criança, envolta em conflitos que habitavam seu imaginário e remontavam ainda à sua transferência amorosa a Jung e ao filho ariano-judeu uma vez desejado por ambos. A partir do nascimento, acolheu a filha como renascida.

Deslocamentos simbolizantes: de Zurique a Munique até Viena

Foi um longo caminho até chegar a esse casamento arranjado por sua mãe e uma casamenteira judia tradicional de Rostov, após a desconfiança da mãe em relação a dois pretendentes apaixonados de Berlim, quando Sabina ainda estava em Munique. A mãe queria que ela se casasse e se movimentou apressadamente para lhe arranjar um noivo após sua formatura, em 1911. Mas o caminho singular de Sabina foi o de um doloroso desprendimento da relação amorosa com Jung por meio do afastamento físico, saindo de Zurique e – após um descanso de algumas semanas em Chailly-sur--Clarens – indo para Munique estudar história da arte e escrever seu trabalho sobre o impulso destrutivo. A ruptura profunda com Jung levou em conta a realidade de seu casamento, o qual ele nem cogitava romper. Além disso, sua poligamia era pouco tolerável para ela, como mostrou sua recusa em ir ao Congresso de Weimar, em setembro de 1911, onde, além da mulher e colegas de trabalho, ele se fez acompanhar por sua nova amante, Toni Wolff. "Não posso ser uma de muitas", escreve em seu diário, em 26 de novembro de 1910.[2] Ela alegou uma dor no pé como pretexto para não ir, que foi interpretada por Jung como algo não orgânico, causado pela repressão da sua fantasia em relação a ele. Ele então lhe escreveu, em 21/22 de setembro de 1911, que deveria ter ido de qualquer jeito "pois a vida exige sacrifício e abnegação", e que ele mesmo, depois de muita reflexão, já afastara de seu coração a amargura em relação a Sabina desde muito tempo. Não foi o seu trabalho escrito que trouxe essa amargura, mas "toda a angústia e todo o sofrimento interior que tivemos que suportar – eu por você, e você por mim".[3]

Em Munique, ela foi elaborando seu trabalho, nascido a muito custo, "A destruição como origem do devir", considerado por ela um filho simbólico, herdeiro sublimado de sua relação amorosa com Jung, com o qual desejava presenteá-lo. Escreveu com a pressão obstinada do dever de criar algo "grandioso e nobre" e tentando encontrar seu espaço de liberdade interna.

Quando o terminou e encaminhou para publicação no *Jahrbuch*, foi para Viena, onde morou de 14 de outubro de 1911 a 20 de abril de 1912.

Provavelmente, o pediatra Pavel (Foivel) Naumovitch Scheftel foi um dos espectadores entusiasmados de uma conferência pública que deu em Rostov, nas duas semanas em que lá ficou de férias, no Natal de 1911. Ao voltar para Viena, ela escreveu em seu

2 Carotenuto, A. *Diário de uma secreta simetria*. Rio de Janeiro, Paz e Terra, 1984, p. 222.

3 Wharton, B. (org.). The letters of C.G.Jung to Sabina Spielrein. In Covington, C.; Wharton, B. (orgs.). *Sabina Spielrein, Forgotten Pioneer of Psychoanalysis*. Nova York, Brunner-Routledge, 2003, pp. 41-2.

diário que tinha conquistado tudo o que desejava. Era membro da Sociedade Psicanalítica de Viena, onde participava ativamente de suas reuniões, Freud a tratava com consideração e carinho, trabalhava como psicanalista (atendia gratuitamente duas pacientes que Freud havia lhe encaminhado e cujas análises caminhavam bem), seu segundo trabalho estava para ser publicado no *Jahrbuch*. No entanto, escreveu em 7 de janeiro de 1912: "onde está aquele que eu poderia amar, que eu poderia fazer feliz como esposa e mãe de nossos filhos? Sigo totalmente solitária".[4]

Em 17 de abril de 1912, ela participou pela última vez da noite de palestras na Sociedade. Sabina pediu uma audiência com Freud. Ela sonhara: "Você teve a dádiva de criar um grande herói ariano-semita". Queria que Freud lhe explicasse o que o sonho significava: no caso de um filho sonhado, tratava-se do desejo de um filho simbólico ou de um filho verdadeiro com Jung? As palavras sóbrias de Freud – "Você poderia tê-lo se quisesse, porém seria uma grande pena" – têm um efeito duradouro. Ambos concordaram com uma futura análise. Sabina sabia que um filho ilegítimo e o destino de mãe solteira seriam muito difíceis socialmente para ela, ainda que seu próprio pai a estimulasse a ser uma mulher livre e sem preconceitos. Em uma carta a ela, em que relatava os agradecimentos pelo tratamento que ela conduzia de uma paciente indicada por ele, Freud comentou que aguardava seu retorno a Viena para corrigir a sua dependência de Jung.

Então, para surpresa de todos, em 14 de junho de 1912 ela se casou com Pavel Scheftel. Na última anotação em seu diário, ela informou sobre o casamento e escreveu "a continuar. Nossos sonhos após uma noite de paixão". E anotou seu sonho. Ambos são médicos especialistas em pediatria e têm um interesse comum pela ciência, garantindo a Sabina todo apoio em seu trabalho, que era

4 Carotenuto, A. *Diário de uma secreta simetria*. *Op. cit.*, p. 228.

o mais importante para ela. Ambos casaram tarde para sua época, tinham uma forte atração erótica mútua, e Sabina queria ter filhos. No entanto, Pavel era um devoto judeu, e Sabina indicava ser "sem religião" em todos os formulários oficiais das cidades nas quais habitou, apesar de ter realizado seu casamento em uma sinagoga, da maneira tradicional. Ele era cinco anos mais velho que Sabina, um homem alto, atraente e forte, de compleição pálida e barba. O pai de Pavel havia morrido quando ele era criança, sua mãe teve de criar, com dificuldades financeiras, os quatro filhos sozinha, ele, um irmão e duas irmãs. Como filho mais velho, ele era responsável pela mãe e pelos irmãos. Não estudara medicina na universidade; adquirira seus conhecimentos médicos na prática diária, e se tornou um bom profissional. Ao contrário dos brilhantes e ambiciosos filhos dos Spielrein, que lutavam com sucesso por uma posição no mundo da ciência, ele tinha uma forte tendência a perder-se em pensamentos e era muito menos exigente com relação ao que esperava da vida. Não era ambicioso, tampouco desejava sê-lo: para ele, a família e o ambiente familiar eram mais importantes. Ele até mesmo falava russo com sotaque ídiche. "Quando Pavel conhece a bela, inteligente e rica Sabina Spielrein, a irmã Anja apoia o casamento. A mãe, por sua vez, fica magoada com a escolha de Pavel e viaja sem se despedir."[5]

As primeiras semanas do casamento foram românticas. O casal gostava de ficar na pequena casa, localizada atrás da residência dos pais, em um canto do jardim. Eles conversavam até o amanhecer sobre sonhos, ideias e objetivos e sobre a carreira científica de Sabina. Ele relembra essa época de proximidade e ligação íntima: "Foi uma época que não se pode medir em horas e minutos. O

---

5 Richebächer, S. *Sabina Spielrein, de Jung a Freud*. Rio de Janeiro, Civilização Brasileira, 2012, p. 184.

silêncio fala mais do que as palavras. Você falava naquela época com as minhas palavras. Você as lia como se as lesse de um livro".[6]

Mas o conflito já se insinuava: Pavel nunca havia saído de Rostov e não pretendia deixar seus parentes e sua pátria para tentar a sorte no Ocidente. Já Sabina não suportava viver na estreiteza claustrofóbica da Rússia czarista e sempre recusara os insistentes pedidos de seus pais para retornar após sua graduação. Pavel concordou que morassem em Berlim.

Quando Sabina escreveu comunicando a Freud sobre seu casamento, este lhe enviou uma carta de felicitações, em 20 de agosto de 1912, dizendo que, agora que estava casada, estava quase curada de sua dependência neurótica de Jung. "Do contrário, não teria decidido se casar. Ainda falta a outra metade (da cura), e a questão agora é: o que acontecerá com ela? Desejo que você se cure totalmente." Freud referia-se ao acordo que fizeram de que Sabina o informaria até primeiro de outubro se gostaria de levar em frente o objetivo de "derrotar o tirano por meio da psicanálise". Contudo, em vista da nova situação, Freud achava que o marido, de quem Sabina falava de maneira tão favorável, também tinha direitos. Uma análise realizada logo depois do casamento negaria esses direitos:

> *Ele primeiro tem de ver com que força pode atá-la à sua pessoa e fazer com que esqueça antigos ideais. Apenas diz respeito à análise esta parte restante que não está relacionada a ele. Enquanto isso, é possível que apareça outro que tenha mais direitos que o antigo e o*

6 *Idem*, p. 185. Na carta de Pavel a Sabina de 5/11 de janeiro de 1922, escrita quando pedia que ela retornasse de Genebra para Rostov, ou ao menos para Moscou, depois de ficarem sete anos separados pela Primeira Guerra Mundial e pela Guerra Civil Russa, podemos ler seu relato destes tempos iniciais.

> *novo homem juntos. Nesse momento, sua análise deve permanecer em segundo plano.*[7]

Freud se despediu reforçando seu forte interesse pelos planos de vida de Sabina e com cordiais saudações a ela e ao marido.

Freud apostava aqui no deslocamento das fantasias inconscientes de Sabina, mas talvez também estivesse hesitante devido à sua transferência recíproca em curso às voltas com o desejo de ruptura com Jung, o que tornava difícil a neutralidade na análise de Spielrein. Freud interferiu na relação entre Jung e Sabina de uma forma que permitiu a ela transferir seu desejo erótico para a escrita de sua própria "poesie", sua obra. Este era o nome que ela adotava quando queria falar de seus encontros amorosos e de intercâmbio intelectual com Jung.[8] No entanto, agora, em 1912, o caso era outro. No verão desse ano foi criado o Comitê Secreto do qual Jung fora excluído.[9] O que parece corroborar a hesitação em sustentar uma possível transferência de Sabina é a carta que lhe escreveu no começo de 1913, em que diz: "Minha relação com seu herói germânico está definitivamente estilhaçada. Seu comportamento foi muito ruim. Minha opinião mudou muito desde que recebi a sua primeira carta". Com essa informação, vemos que era muito difícil para ele ser analista de Sabina, e ela entendeu isso. Ela também tinha seu tempo de desligamento de Jung dentro de si. Foi transformando aos poucos sua relação com Jung, primeiro

---

7 Richebächer, S. *Sabina Spielrein, de Jung a Freud. Op. cit.*, p. 182.

8 Plastow, M. G. Sabina Spielrein ou la transmission par letres. *La Cèlibataire*, n. 3, 2016, pp. 1-5.

9 O Comitê Secreto foi uma liga masculina formada por Freud, Abraham, Sándor Ferenczi, Ernst Jones, Max Eitington, Otto Rank e Hans Sachs. Todos usavam um anel de ouro com uma gema da coleção de antiguidades de Freud. Todos estavam de acordo com sua entrega à psicanálise e com a protecão do seu desenvolvimento. (Ver Volume 1 destas Obras Completas.)

escolhendo ser freudiana e, depois, sendo a única freudiana a escrever amistosamente a ele na época da ruptura com Freud. Mas foi ao tornar-se psicanalista e autora de psicanálise com a publicação de seu primeiro artigo, "Sobre o conteúdo psicológico de um caso de esquizofrenia", de 1911, que o final de análise com Jung fez seus efeitos. De fato, Sabina Spielrein foi a primeira pessoa que se tornou analista no final de sua análise.[10] Mas a resolução de sua transferência só se daria com a correspondência amistosa e intelectual trocada entre Spielrein e Jung entre 1917 e 1919, na qual apareceram suas diferenças.

Em 1912, ela poderia ter voltado para Viena, mas preferiu ir para Berlim. A escolha dessa cidade deveu-se a muitos fatores. Antes da Primeira Guerra Mundial, era uma cidade fervilhante com uma sociedade liberal e culturalmente aberta, apesar do clima militarista de uma monarquia absolutista. Além disso, seu pai havia morado lá em anos anteriores, e seus dois irmãos casados, Jan e Isaak, também haviam decidido se mudar para lá com suas famílias no ano anterior. A primeira residência que o casal escolheu para morar foi em Charlottenburg, onde havia alta concentração de imigrantes russos. Em Berlim, eles tinham muitos parentes, amigos e conhecidos.

Mas a principal razão para a escolha de Berlim foi o fato de que Sabina já conhecia a cidade e de que lá havia um grupo de psicanálise em torno de Karl Abraham, antigo assistente de Bleuler, na Clínica Burghölzli. O casal viajou com planos de que Pavel conseguisse um emprego como médico em uma clínica e Sabina conseguisse abrir um consultório particular para atender pacientes e, depois, trabalhar como cientista em alguma das instituições berlinenses. A fim de estabelecer contatos, a "dra. Spielrein-Scheftel"

10 Plastow, M. G. *Sabina Spielrein and the poetry of psychoanalysis: writing and the end of analysis*. Nova York, Routdledge, 2019.

se inscreveu, no outono de 1912, em cursos de férias para médicos da Associação de Docentes de Berlim. Estabeleceu contato com médicos da Charité, sabendo que estavam abertos à psicanálise,[11] e escreveu a Freud, pedindo que lhe indicasse pacientes. Freud respondeu-lhe dizendo que certamente poderia lhe indicar pacientes.

> *No meu caso, o fluxo de estrangeiros é abundante, apesar de ser caprichoso. Ficaria muito satisfeito se você se aproximasse um pouco mais de Abraham. Há muito o que aprender com ele, e seu estilo sóbrio contrabalançará muitas das tentações às quais vai estar exposta em seu trabalho. Não compreendo porque se isola tanto; há muito pouco sobre seu marido na carta.*[12]

Mas Sabina se manteve distante de Abraham e com isso renunciou a um promissor canal de recomendação, e a abertura de um consultório de psicanálise revelou-se difícil. Como aluna de Jung e como mulher, Sabina Spielrein enfrentou uma situação difícil na Sociedade Psicanalítica de Berlim. Abraham a conhecia de Burghölzli e sabia de seu relacionamento com Jung. As tensões e rivalidades entre Jung e Abraham fizeram com que este retornasse – muito a contragosto – à Alemanha. Ele se estabeleceu em Berlim como especialista em doenças nervosas e psíquicas, e Freud concedeu com gosto ao homem confiável e analiticamente talentoso sua bênção oficial para que atuasse como seu discípulo e embaixador da psicanálise na Alemanha. Freud sempre alertou Abraham sobre as peculiaridades de Jung. Abraham não o suportava e tampouco gostava de Sabina, o que era recíproco. Além desse ressentimento, o grupo de Berlim se opunha à admissão de mulheres e de pessoas

---

11 Richebächer, S. *Sabina Spielrein, de Jung a Freud. Op. cit.*, pp. 190-1.
12 *Ibidem.*

sem formação médica. A primeira mulher a ser admitida nesse grupo foi a russa Mira Ginzburg, em março de 1911.

Pavel também não teve sorte na busca de trabalho. Assim, eles tiveram que viver com o dote de Sabina, o que o ofendeu e mortificou. Suas oscilações de humor aumentaram e sua doença cardíaca se manifestou. Tinha dificuldades com a língua alemã, sentindo falta de seu ambiente, do qual não quisera se afastar. Sabina ficou decepcionada e arrependida. O marido se mantinha fiel às tradições, rezava e ia à sinagoga, o que ela resistia em aceitar.

Ela se queixou ao pai, que, após um afastamento de seis anos (1904-1910), a reencontrara em 1910, às vésperas de seu exame em Zurique, estabelecendo com ela uma relação de troca intelectual e de opiniões que os havia aproximado. Ele apoiava até então seu desejo de permanecer no Ocidente. A carta do pai aponta o lugar em que ele se colocava como ideal de homem e pai e, segundo ele, também o lugar no qual era colocado pela filha. Após uma visita do pai a Freud, ele a relatou a Sabina e disse que, apesar de muito inteligente, a inflexibilidade do pai fez com que compreendesse muito de seu quadro e de sua submissão à tirania do pai e de Jung.

> *Carta do pai de 13 de junho de 1913*
>
> *Minha querida... Não se preocupe com seu destino e não se lamente por sua condição financeira. Enquanto eu viver, tudo estará bem. E quando eu não existir mais, seu capital vai permanecer intacto, não se mexerá uma copeica sequer. Talvez nos próximos dias eu deposite o seu dinheiro por 3 anos. Não acuse seu marido por nada. Ele é amável e fiel. Infelizmente você criou o ideal de marido segundo o modelo paterno. É uma pena, pois não encontrará maridos e pais tão pouco exigentes e desprendidos como eu, minha querida. Por*

> *isso, fique satisfeita com o que o destino lhe deu. Você escolheu bem. E, além disso, quem garante que estaria mais feliz com outro marido mais "forte"? Console-se, pois os anos passam, vocês vão se aproximar, tudo vai se nivelar, você vai ter um objetivo na vida e vai ser feliz. Só não seja tão impaciente, não exija de uma pessoa acostumada com a família que esqueça tudo e se dedique exclusivamente a você. Se ainda assim insistir nisso, atraia-o de um modo que esqueça de todas as outras coisas... Pavluscha é muito nobre e você pode ser feliz com ele. Tente passar por cima das miudezas... pois logo uma testemunha e crítica da relação de vocês verá a luz do mundo. Então se preparem, pelo bem dela, para lhe dar as bases da felicidade serena, que se fundamenta sobretudo na disposição tolerante e bondosa, que entende que o outro é diferente, que pensa de outras formas e tem costumes diferentes dos nossos.*

O pai recomenda que ela não faça caso das inconsistências da personalidade de Pavel e sugere que eles voltem para a Rússia. Lá, Pavel iria progredir profissionalmente e poderia sustentar a família, pois era dedicado e trabalhador. Se Sabina não quisesse voltar para Rostov, então que simplesmente decidisse para onde preferiria ir: Odessa, Moscou, São Petersburgo, Varsóvia ou qualquer cidade universitária de seu agrado. Se Sabina se sentia designada a criar algo novo, então deveria fazê-lo. "Traga luz à escuridão russa", aconselha o pai na carta. "No estrangeiro há suficientes propagadores de ideias iluminadas que não podem ser divulgadas na Rússia por causa de desconhecimento da região e da língua."[13] "Nikolai Spielrein não compartilha mais da preferência de Sabina pelo

13 *Idem*, p. 199.

Ocidente. Ele se sente russo e quer engajar a filha na grande obra do esclarecimento e da reforma da Rússia."[14]

O nascimento de Irma-Renata Scheftel

Quando o pai escreveu esta carta, Sabina já estava grávida de três meses. Todos a felicitaram, parentes e amigos. Jung lhe escreveu em 24 de agosto de 1913: "Li sua carta com interesse e fico contente de saber como está. Desejo-lhe muita felicidade, de todo meu coração. Se você amar realmente seu filhinho, então tudo vai dar certo. E por que não deveria amar seu filhinho?". Freud a felicitou em 28 de agosto de 1913, mas de uma forma já impaciente, ainda que em uma íntima e inédita fala sobre sua difícil condição de judeu:

> *Não consigo mais ouvi-la fantasiar sobre o antigo amor e os ideais perdidos e conto com uma aliança com o pequeno e grande desconhecido. Eu mesmo, como a senhora sabe, estou curado de toda remota predileção pelos arianos e gostaria de supor que, se for um menino, ele se tornará um enérgico sionista. Tem que ser moreno, de qualquer forma, e não louro, de jeito nenhum, deixemos de lado o brilho fátuo! [...] Nós somos e vamos ser sempre judeus. Os outros vão sempre nos usar e nunca vão nos entender ou apreciar.*[15]

A correspondência trocada com amigas e familiares durante o período da gravidez falam da sombra dos medos e dúvidas que assolavam Sabina. Grávida, ela pensava em deixar Berlim rumo à

14 *Idem*, p. 199.

15 *Idem*, pp. 200-1.

Suíça, embora sua amiga Rebekka Ter-Oganessian, formada um ano depois que ela, tenha lhe perguntado por que não para Viena. Ela teve um poderoso sonho sobre Siegfried e quase perdeu o bebê.[16] Sabina tinha medo do parto devido à sua constituição pequena, mas a amiga a encoraja e lhe pergunta provocativamente, em uma carta de 1913: "Você diz que os filhos são metade da vida, a outra metade é fazer um trabalho interessante. E seu marido? Qual é o papel dele?". Sabina deveria confiar mais em Pavel e partilhar com ele seus interesses psicanalíticos. Ela não o conhecia muito bem, escreve Rebekka,

> *porém está convencida de que Sabina não deveria ser tão desconfiada e distante, pois, como marido e como judeu, ele poderia compreender rapidamente os argumentos psíquicos e os argumentos de Freud. No que se refere às tradições e aos costumes judaicos de Pavel, não se lhes deve dar mais importância do que de fato têm.*[17]

Portanto, foi no apartamento no segundo andar da Thomasiustrasse, para onde se mudaram, onde também ficava o consultório russo de diagnóstico médico de Pavel, que Sabina deu à luz o bebê que é nomeado, após celeumas, e registrado como Irma-Renata Scheftel, nascida em 17 de dezembro de 1913. Ela se referiria à filha depois como Renata, Renate, Renatchen [Renatinha] e a apelidaria de Molli. Jung enviou-lhe um telegrama de felicitações ("eu a congratulo pelo alegre evento"). No mesmo mês, ela escreveu a Freud: "O pequeno, ou melhor, 'a pequena' e grande desconhecida nasceu.

16 Quase na mesma época, Jung foi assombrado por um sonho cênico alucinatório no qual mata o Siegfried moreno, o símbolo de sua ligação mental e espiritual com Sabina, como aparece em Jung, *Memórias, sonhos e reflexões*. Rio de Janeiro, Nova Fronteira, 2006, p. 183.

17 Richebächer, S. *Sabina Spielrein, de Jung a Freud. Op. cit.*, p. 202.

A pequena é enérgica e doce, 'um bichinho grande e forte', completamente autoerótica e antissocial".[18] Sabina contou que amamentava a bebê ajudada por uma enfermeira. Freud envia calorosas felicitações: "É melhor que seja 'Ela' (alusão a um romance famoso na época *She*, de Rider Haggard). Convém pensar melhor no assunto do Siegfried louro, no caso de ter um menino no futuro".[19]

A mãe de Sabina, Eva, que esteve sempre rodeando este casamento com cartas e presenças, temerosa pelos dois, foi a Berlim ajudar a filha e conhecer a neta. Escreveu depois muitas cartas orientando detalhadamente e de maneira pragmática a filha nas lides domésticas e maternas, para as quais esta não estava preparada. Ajudou com dinheiro, que pedia para Sabina gastar na compra de um vestido e um chapéu, e costurou todo o enxoval da neta. Enviava a todos os filhos especialidades do sul da Rússia que ela mesma preparava.

Quando a relação entre Sabina e Pavel atingiu um ponto crítico, os parentes de Pavel se envolveram, fazendo com que as discussões se agravassem. Eva Spielrein a encorajou e se ofereceu para ficar com a criança. O pai, preocupado com uma possível separação, expressou compreensão pela difícil situação de Pavel, dividido entre os familiares, que continuamente lhe pediam dinheiro, e a esposa rica. Um conselho familiar deveria procurar soluções para a complicada situação. Discutia-se se Sabina devia se divorciar imediatamente ou se seria melhor que os cônjuges primeiro tentassem viver separados por um tempo.

Mas a guerra conjugal toma outro rumo quando se inicia a guerra entre Alemanha e Rússia em 1 de agosto de 1914. Sabina estava em uma estação de cura no interior, uma vez que sua filha

18 *Ibidem.*

19 *Idem*, pp. 202-3.

já tinha problemas respiratórios, e Pavel estava com sua mãe e sua irmã em Berlim. Muito preocupado, pois o caminho para a Rússia ficou complicado, e porque a união militar de Kiev onde ele estava registrado fora mobilizada, ele escreveu a Sabina pedindo que permanecesse no interior, onde havia ar fresco e ela poderia ficar longe dos distúrbios das grandes cidades.[20]

Uma rica produção literária

É certamente uma pena que ainda não tenhamos acesso à conferência que Sabina Spielrein proferiu na Sociedade Psicanalítica de Berlim, nomeada "Ética e Psicanálise", em março de 1914. Ela se deu em um semestre dedicado à crítica ao pensamento de Jung, como mostra o programa publicado nas correspondências e relatórios da Sociedade Psicanalítica Internacional, que apareceram na *Revista Internacional de Psicanálise Médica*, de 1914, à página 410.[21] Nesse semestre, a Sociedade havia pedido que fossem feitos

---

20 Richebächer, S. *Sabina Spielrein, de Jung a Freud. Op. cit.*, p. 206.

21 Tradução de Renata Mundt. Palestras 1914 Associação internacional psicanalítica:

Janeiro: dr. Stockmayer: Sobre a teoria da libido de Jung.

Dr. Abraham: Crítica do texto de Jung, "Tentativa de apresentação da teoria psicanalítica".

Dr. Weißfeld: Sobre o conceito de libido de Jung.

Dr. Eitingon: Sobre o inconsciente em Jung e sua transformação em ética.

Fevereiro: dra. Horney: Consequências das teorias jungianas para a terapia.

Dr. Eitingon: Algo da interpretação de sonhos prospectiva.

Dr. Abraham: Sobre o significado da erótica anal.

Março: dr. Eitingon: Sobre duas novas críticas da psicanálise.

Dra. Spielrein: Ética e psicanálise.

Cand. Med. Foerster: Sobre a casuística dos sonhos de incesto.

Abril: dr. Reik: Sobre Couvade ("puerpério masculino").

resumos das conferências para serem publicados.[22] Sabemos que ela não atacou Jung, mesmo tendo se posicionado ao lado de Freud do ponto de vista do trabalho científico, pela carta que ele lhe escreveu em 15 de abril de 1914:

> *Querida amiga,*
>
> *Muitos agradecimentos pela sua carta amigável. Suas belas ideias sobre ética com certeza têm o aplauso geral. Com relação à minha demissão como editor do* Jahrbuch *(em outubro de 1913), ela é o resultado de muitas dolorosas experiências sobre as quais não quero falar com você. Pelo tom dos ataques que foram dirigidos a mim, você pode ver o tipo de tendências que estão trabalhando contra mim. A comparação com Stekel é uma pérfida invenção injusta da qual o editor Deuticke poderia ser mais informativo.*

---

17 de maio. Discussão sobre os sintomas do complexo de Édipo na infância. Palestra introdutória da dra. Stegmann.
27 de maio. Continuação das discussões.
H. Blüher: Determinação inconsciente da escolha de um cônjuge.
Junho: dr. Reik: Sobre a fúria e a covardia.
Depois vem um texto explicando que os textos dos palestrantes serão sempre reunidos e entregues aos membros da Sociedade.
A "Sociedade médica de ciências sexuais", fundada em Berlim, muitas vezes posicionou-se em palestras e discussões quanto à psicanálise. Entre outros de nossos membros, o dr. Liebermann proferiu uma palestra sobre "Zonas erógenas".
No dia 3 de julho, dr. Abraham fez uma palestra sobre "formas peculiares da escolha do cônjuge, a saber, endogamia e exogamia". Fazem parte da direção da citada sociedade dois membros de nosso grupo: dr. Koerber e dr. Juliusburger.

22 Ainda resta a possibilidade de se encontrar ao menos algum resumo nos arquivos das fundações que guardam a obra de antigos membros, como Max Eitington ou mesmo Karl Abraham.

Eu estou satisfeito que sua filhinha esteja bem. Que ela possa continuar prosperando por muito tempo. Eu desejo todo sucesso para seu trabalho.

O tom de sua carta me tocou no âmago, porque posso sentir que você também me despreza. O respeito pela personalidade humana e seus motivos não deveriam ser minados pela psicanálise. Porque lutei por isso, sofro muito.

Sinceramente seu

Jung[23]

Ela enviou esta carta a Freud e escreveu no verso:

Em todo o caso não o desprezo de modo algum, mas o censurei muito, ou se quiser, desagradou-me muito o seu comportamento em relação ao senhor, Professor, e a posição que assumiu face à associação. Não pude perdoar Jung a sua atitude face a associação, menos ainda do que pude fazê-lo no meu caso pessoal. Eu o vi apenas uma vez depois do meu casamento; no final de contas, eu não sou o pai, mas a irmã. Quero bem a Jung apesar de todas as suas confusões e gostaria de trazê-lo de volta a nosso meio. O senhor e ele, Professor, realmente não sabem o quanto estão intimamente ligados, muito mais do que possa pensar. Este devoto desejo não é uma traição à nossa associação! Todos sabem que me

23 Covington, C.; Wharton, B. *Sabina Spielrein, Forgotten Pioneer of Psychoanalysis. Op. cit.*, p. 49.

> *declaro pertencente à associação de Freud, e Jung não pode me perdoar por isso. Nada a fazer!*[24]

Ela não estava pronta para romper pessoalmente com Jung e isso desagradava a seus colegas germânicos. Em 10 de julho de 1914, o Grupo de Zurique se retirou da Sociedade Psicanalítica Internacional, após a renúncia de Jung de sua presidência. Freud assimilou a dolorosa ruptura com os artigos de 1914, "História do movimento psicanalítico"[25] e "Para Introduzir o narcisismo".[26] Além disso, Jung abandonou também a carreira acadêmica empreendendo aquilo que chamou de sua Nekiya, descida ao inferno ou doença criadora que o levaria a formular posteriormente sua própria teoria de psicologia profunda.

Em maio de 1915, Spielrein enviou uma carta a Freud pedindo que enviasse alguns pacientes a ela e reclamando que não o havia feito, como prometido. Freud lhe escreveu em 15 de maio uma furiosa resposta. Disse que ela estava *meshiguine* ("louca" em ídiche), apresentando os mesmos sintomas iniciais de Jung, já que Emma Jung havia comentado com ele que Jung também achava que ele estava deixando de lhe enviar pacientes. Adler lhe fizera a mesma acusação. Freud explica que ele próprio não atendeu nenhum paciente de Berlim nos últimos seis meses. Diz que ela o considerava mais poderoso do que de fato era, tornando-o responsável pelas suas próprias falhas. Ele associava isso à sua consciência de culpa por não ser capaz de se libertar de seu ídolo. Depois desse episódio,

24 Carotenuto, A. *Diário de uma secreta simetria. Op. cit.*, p. 189.

25 Freud, S. História do movimento psicanalítico (1914). In *Obras Completas de Sigmund Freud*, v. XIII. Rio de Janeiro, Imago, 1980.

26 Freud, S. Para introduzir o narcisismo (1914). In *Obras Completas de Sigmund Freud*, v. XIII. Rio de Janeiro, Imago, 1980.

a amizade entre eles se fortaleceu. Freud escreveu a ela convidando-a a colocar seu nome no cabeçalho da nova *Zeitschrift* internacional que havia fundado com Otto Rank, em princípio como uma alternativa ao *Jahrbuch* dirigido por Jung. Ele queria mostrar sua parceria e pedia que ela reconhecesse quem era o inimigo. Ele expressou a ela como queria que ela jogasse fora sua ideia infantil de um campeão germânico e herói e parasse de resistir ao seu *background* judeu. Ele a aconselhou a não esperar que Jung lhe desse a criança que ela esperava de seu pai. "Alimente as intenções de sua vida com seu próprio fogo interior, em vez de se queimar com ele. Nada é mais forte do que uma paixão controlada e sublimada." Escreveu que seu amor por Jung vinha de um amor edípico não resolvido pelo seu pai abusivo. Ela continuava, por implicação, a investir a mesma energia masoquista em Jung que seu pai a habituara a investir nele. Não se sabe por que, mas Spielrein não consentiu que seu nome fosse incluído no cabeçalho da *Zeitschrift*.[27]

Sabina publica 11 artigos em revistas de psicanálise no produtivo período berlinense de dois anos. Desde que saíra de Viena, Freud havia pedido enfaticamente que escrevesse para as revistas de psicanálise, sobretudo exemplos de sonhos e análises infantis que confirmassem sua teoria sobre a sexualidade infantil.

"Contribuições para o conhecimento da alma infantil" (1912) analisa o surgimento dos medos infantis, sofrimento sintomático, relacionando-o à curiosidade sexual e às fantasias e teorias que geram, bem como às representações sexuais inconscientes e às raízes de angústia que suscitam, além de trazer uma rica ilustração da onipotência infantil. Demonstra sutilmente que o interesse pelo trabalho científico e intelectual é derivado da curiosidade sexual.

---

27 Launer, J. *Sex versus survival – The life and ideas of Sabina Spielrein*. Nova York, Duckworth Overlook, 2014, pp. 164-5.

Ela o faz trazendo como exemplos três crianças: uma menina, ela mesma em suas recordações infantis,[28] e dois meninos, provavelmente pacientes ocasionais em Berlim. Antes dessa obra, apenas Freud, com o caso do pequeno Hans, e Jung, com o caso da pequena Anna, haviam tomado essa iniciativa. Esse texto colocou Sabina Spielrein no lugar de pioneira da análise de crianças, ainda que ela mesma, em um artigo de 1927, tenha mencionado Hermine Hug-Helmuth (1871-1924) como primeira analista infantil. De qualquer maneira, com esse artigo ela entra no campo científico ao qual vai dedicar grande parte de sua atividade profissional durante a vida. Ele já traz a formulação de sua ética clínica que a colocaria em uma posição singular em Genebra, em Moscou e em Rostov, suas futuras estações profissionais.

"A Sogra",[29] de 1913, foi publicado e analisado no Volume 1 destas Obras Completas. É uma reflexão sublimada dos tempos conflituosos internamente e na convivência com sua mãe, agora também sogra, e com sua própria sogra durante a gravidez, a qual lhe permitiu pensar sobre a diferença sexual e a especificidade da empatia na construção da maternidade.

Os outros artigos publicados são notas, observações e conversas com crianças e seus sonhos, questões de análise infantil, aproveitando para dar suas próprias explicações e se interessando muito pela análise de sonhos: "Amor maternal" (1913), "Autossatisfação na simbologia do pé" (1913), "Sonho com 'padre Freudenreich'" (1913), "O trauma em 'O Duelo' de Kuprin"(1913), "Simbologia animal e fobias no caso de um menino" (1914), "Dois sonhos sobre a menstruação" (1914), "O nome esquecido" (1914), além de "A

28 Esse relato foi incluído no Volume 1 destas Obras Completas como fonte para traçar sua história clínica de paciente a médica.

29 Publicado no Volume 1 destas Obras Completas.

destruição como origem do devir" (1912), publicado quando ainda estava morando em Berlim.[30]

A independência de seu pensamento e a recusa em tomar partido nas disputas masculinas foi uma de suas qualidades mais marcantes. Ela foi longamente preparada pela convivência com três irrequietos e brilhantes irmãos mais novos. Nunca se furtou a se afirmar na política da teoria, com seu pensamento e voz, na busca de reinvenções transdisciplinares da psicanálise. Mas não se sentia capaz nem desejava fazer política institucional ou política partidária para afirmar seus interesses. Isso dificultou sua vida profissional. Foi assim, em meio a várias guerras, que partiu para a Suíça, retirando-se logo após da prática psicanalítica, por cinco anos, para ressurgir como analista e pesquisadora do psiquismo infantil em 1920. Ela ficou sozinha com a filha em território suíço por nove anos, atravessando a Primeira Guerra Mundial, a Revolução de 1917 e a Guerra Civil Russa. Foi só com a promessa de expansão e reinvenção do seu trabalho científico que retornou à U.R.S.S. em 1923.

---

30 Publicado no Volume 1 destas Obras Completas.

3. Contribuições para o conhecimento da alma infantil[1]

Sabina Spielrein

A grande doutrina da psicanálise precisa de inúmeras comprovações de fácil compreensão, particularmente da psicologia infantil. Por isso eu gostaria de descrever aqui três casos referentes a dois meninos e uma menina. A análise da menina decorre da auto-observação e, portanto, é relativamente completa. No caso do primeiro menino, eu tive de me contentar, por consideração à sua mãe, com o fragmento que mostra a relação entre o medo e as representações sexuais. No caso do segundo menino, foi a sua tenra idade que dificultou a análise: o pequeno às vezes não tinha nenhum interesse em nos fornecer qualquer informação. Todas as três crianças têm em comum o fato de virem de "casas nobres" e, consequentemente, terem tido "boa educação".

1 Spielrein, S. Beiträge zur Kenntnis der kindlichen Seele. In *Sämtliche Schriften*. Freiburg, Edition Kore, 2002, pp. 144-66. Tradução de Renata Dias Mundt.

1. Análise da menina

Meus pais, na verdade, a mãe, tinham orgulho da "pureza" e "inocência" de sua filha. Minhas colegas tampouco queriam me "sujar" com esclarecimentos sobre questões relacionadas ao sexo. No ginásio, em consideração à boa educação, a fecundação dos animais também foi eliminada das aulas de ciências naturais. Por fim, eu mesma passei a gostar de minha "inocência" e tinha certo receio de contaminar minha pureza por meio do conhecimento. Sendo assim, apenas quando entrei na universidade aprendi algo sobre questões sexuais nas aulas de zoologia.

Nos semestres de clínica, eu vivi o medo de doenças conhecido por tantos iniciantes, no entanto, pude observar que meu medo tinha uma especificidade: eu temi apenas algumas doenças infecciosas, as quais personificava. Assim, por exemplo, a peste, em minha representação, era um vulto escuro com olhos vermelhos em brasa etc. Eu sabia que esse tipo de medo tinha origem em minha infância. Até os 6, 7 anos, eu não tinha medo "nem do demônio". Eu sempre era citada ao meu irmão como exemplo de coragem, do que tirava proveito, zombando do irmão, atemorizando-o ao saltar de surpresa de um esconderijo escuro ou contando-lhe histórias assustadoras. Minha fantasia era vasta: eu era uma deusa e reinava sobre um enorme reino. Eu possuía uma força que denominava *Partunskraft*, termo que derivara do verbo francês *parter* = voar.[2] Esse verbo inexistente é provavelmente um produto da condensação de *partir* = partir e *porter* = carregar. Portanto, uma força que me levava embora. Com essa força, eu podia saber e conseguir tudo o que quisesse. Mesmo que não acreditasse diretamente na realidade de minha fantasia, ela era boa demais para não crer: se "Abraão" pudera ir em vida para o céu, por que o mesmo milagre

2 N.T. *Kraft* significa "força", em alemão.

não poderia acontecer comigo? Eu tinha muita força dentro de mim da qual ninguém sabia e certamente era uma escolhida de Deus. Os pais não sabiam nada dessa parte de minha vida espiritual, apesar de que estava convencida de que não lhes ocultava nada. Eu não considerava esse fato tão importante e temia que os adultos zombassem de mim. Dentro de mim, sempre houve um crítico que conhecia a diferença entre realidade e fantasia. Nessa época, não queria ouvir histórias contadas por outros, já que eu mesma podia produzi-las muito bem: queria saber a verdade. Os sustos pregados ao irmão não escaparam aos pais e, certa vez, o pai me disse: "Aguarde, o destino ainda vai te castigar: também terás medo um dia e então vais saber como teu irmão se sente". Não acho que levei a ameaça a sério, mas ela teve consequências evidentes, pois certo dia tomei um grande susto ao ver dois gatos pretos sobre a cômoda no quarto ao lado. Certamente foi uma ilusão, tão clara que ainda hoje posso ver os bichinhos: eles estavam sentados, calmos, lado a lado. "Isso é a morte" ou "a peste", pensei. Repentinamente iniciou-se o período de medo: quando estava sozinha no escuro, via vários animais terríveis. Eu sentia que uma força desconhecida queria me arrancar de meus pais e eles tinham de me segurar pelas duas mãos. Com grande medo e interesse, queria ouvir descrições de diversas doenças, as quais então descobria em mim durante a noite e queriam me "atacar" ou "pegar" na forma de pessoas. Para o não psicanalista, tudo estaria claro: a criança foi atemorizada pelo pai, sua ameaça teve efeito sugestivo, e ela passou a ter medo. Para o psicanalista, as perguntas começam agora: principalmente por que o medo foi iniciado justamente com a visão de gatinhos? Quais eram as "fantasias" de que a criança se ocupava? Será que elas não tinham nenhuma relação com a sexualidade, já que a mesma inexiste nesse relato? Eu tenho de responder decididamente com um sim à última questão. Até onde vão minhas lembranças, as quais pude averiguar com meus pais, ou seja, no 3º ou

4º ano de vida, tenho diante de mim uma questão que me atormenta: de onde vêm as pessoas (as crianças)? Onde fica o começo de todos os começos e o final de todos os finais? Pensar no infinito era especialmente insuportável. Interessava-me também o fato de que as pessoas não são todas iguais e, principalmente, os americanos despertavam minha curiosidade, pois eles, como a Terra é uma bola, tinham de caminhar sob nós com a cabeça para baixo e os pés para cima. Durante muito tempo cavei, incansável, um buraco na terra e sempre perguntava à mãe se ainda faltava muito até que eu atravessasse a Terra e pudesse puxar um americano pelas pernas. Em adultos, nós sem dúvida interpretaríamos esse jogo, com base em inúmeras experiências com indivíduos isolados e a partir da psicologia dos povos, como uma fantasia inconsciente do nascimento; em uma "criança inocente", não nos atrevemos a tanto. Por isso, cito, apenas a fim de completar o quadro, outro jogo preferido: fazer balões e outros equipamentos voadores de papel. Aos 5 anos, eu já sabia que a mãe carrega no seu corpo a criança que vai "parir". Eu imaginava que a criança sairia de dentro dela de alguma forma, por exemplo, que seria cortada ou, como alguém me dissera, o umbigo, que fecha a barriga, seria desenrolado, abrindo a barriga sem nenhuma dor e tendo o bebê, então, retirado. De onde as crianças vêm era para mim, porém, terra incógnita e eu queria saber isso, assim como perguntava quem havia criado a mãe e o pai, e quem criara as mães das mães e, por fim, quem criara o bom Deus. Disseram então que o bom Deus sempre existira. Além disso, eu soube que o homem foi criado a partir da terra e passara a ter vida com um sopro do bom Deus. A mãe me comprovara tal fato ao esfregar as duas mãos fazendo com que ali surgisse terra. Como então uni as teorias do nascimento e da terra? Será que, afinal, apenas o primeiro homem surgira da terra? Pois normalmente, até onde me lembro, eu acreditava que uma criança era gerada na mãe sem nenhuma ajuda, devido à pura vontade de Deus. O meu mais ardente desejo era criar um ser humano vivo, assim como Deus. Por isso eu era, em minha fantasia, uma deusa que tudo sabia e podia. Eu tentava fazer pessoas com terra, argila, com todos os materiais disponíveis, mas nunca consegui lhes dar vida. Passava meu tempo desenhando palácios maravilhosos, inventando fauna e flora para meu reino. Certa vez, o tio, químico, mostrou-nos um experimento que me deixou encantada: ele mergulhou um bastonete de zinco denteado em uma solução de sal de chumbo fazendo surgir uma figura cheia de galhos, como uma árvore de verdade. Então compreendi: química, esta é a força que faz milagres! E me tornei "alquimista". Acho que foi antes desse experimento, mas possivelmente tenha sido apenas depois, que adquiri um mau hábito, para grande desgosto de meus pais: eu espalhava restos de comidas e bebidas sobre a mesa e misturava tudo aplicadamente, fazendo uma grande sujeira, porque queria ver o que surgiria disso. Eu ficava muito feliz quando uma cor se transformava em outra, ou mesmo quando uma nova forma ou consistência se formavam. Assim, não posso esquecer o misto de alegria e medo que senti quando um pequeno pedaço de tecido se transformou em papel pela força desconhecida de um líquido. Seria talvez minha fantasia? Eu tinha vários líquidos "misteriosos" em pequenos frascos, "pedras mágicas" e semelhantes das quais esperava a grande "criação". Eu atormentava meus pais constantemente com perguntas sobre como todos os objetos possíveis eram "feitos" e, quando não podia "fazer" pessoas, fazia diligentemente azeitonas, sabonetes, tudo o que podia criar. Certa vez, perguntei a uma mãezinha mais velha se eu também não podia ter um filho, como minha mãe. "Não", ela disse, "você ainda é muito pequena para ter um filho; agora você poderia talvez parir um gatinho." Essas palavras chistosas surtiram efeito: passei a esperar o gatinho e refleti muito se ele não poderia também se transformar em um ser inteligente como uma pessoa se eu o criasse com grande atenção. Eu pretendia fazê-lo. Assim, nós temos a etiologia sexual do medo: o gatinho que desencadeou em mim o temor era a criança almejada. Na verdade, vi dois gatinhos, talvez tenha pensado (no inconsciente, naturalmente) também em meu irmão, meu leal companheiro de brincadeiras que, por ser mais novo, tinha de fazer tudo o que eu queria. O pensamento imediato no momento da "visão" foi: "isso é a morte" ou "a peste". Portanto, eu via o filho como uma doença perigosa, mortal até (doença infecciosa, peste, principalmente peste bubônica), um tumor maligno, uma tumefação, de forma que essa me parece ser uma aparição comum: consciente ou inconscientemente, a mulher imagina o novo ser como alguém que cresce às custas do antigo ser. É interessante o fato de que reagimos a essas representações da destruição às vezes com desejo, outras, com medo ou, no mínimo, com relutância. O medo de doenças infecciosas era para mim, segundo o que foi mencionado acima, o medo do filho, mas não apenas isso: era também o medo do sequestrador ou do sedutor.[3] Quando criança, até onde meu consciente alcança, eu não tinha "ideia" do significado sexual do pai. Assim como várias outras meninas da minha idade, eu acreditava que o pai estava ali para ganhar dinheiro, mas mesmo assim eu procurava o sequestrador, ou seja, o homem. Certa vez, eu e meu irmão subimos na cômoda e rezamos com os braços estendidos para o céu: "Oh Deus, leve-nos" (como "Abraão"). Assustada, nossa mãe nos tirou de lá. Além do fato de que poderíamos cair, ela ficou aterrorizada com a ideia de que pudessem lhe tirar seus filhos (pela morte). Em ataques de pânico, uma força desconhecida queria me tirar de meus pais. Frequentemente achava que poderia ir embora voando contra minha vontade. Animais e doenças que eu considerava seres vivos queriam me "causar sofrimento", me levar a uma morte obscura e aterrorizante. Esse medo infantil do sequestro ou da sedução

---

3 N.T. Em alemão, respectivamente, *Entführer* e *Verführer*.

(*Entführung* e *Verführung*) está muito bem descrito no poema "*Erlkönig*" [Rei dos elfos] de Goethe: "Eu te amo, tua bela figura me encanta, e se não vieres por bem – então levo-te à força", o sedutor sussurra para o menino, revelando-nos ao mesmo tempo as fantasias "pederásticas" do poeta. Goethe deve ter vivido ele próprio esse "desejo temeroso" de substituir o pai por um novo ser amado, pois, caso contrário, não teria conseguido se projetar tão bem no medo do menino. O meu "rei dos elfos" era Deus. Devo, no entanto, acrescentar que um jovem tio meu se escondia por trás de "Deus". Aos 13-14 anos, aluno do ginásio, ele adorava se dar ares de importância diante de nós. Às vezes ele dizia ser Deus, nos levava a um quarto escuro, contava uma história terrível e tocava violino. Eu sempre ria dele, mas meu irmão tinha medo, apesar de minhas palavras encorajadoras. Na época, eu tinha 3, 4 anos de idade.[4] Em dois ou três anos, esqueci conscientemente as "histórias de Deus" e o tio. O inconsciente, porém, continuou lidando com ele intensamente. Isso eu percebo porque sonhei certa vez com um deus enorme que usava roupas aventureiras, como o tio se vestia à época. Além disso, tornei-me uma deusa que assustava meu irmão, assim como meu tio fazia conosco (a conhecida identificação com o amado) e, por fim, criei em minha imaginação um "gorducho que tudo sabe" (talvez como servo?). O gorducho é chamado em russo *Mosjka*, e somente quando fiz análise lembrei-me de que chamávamos meu tio de *Mosjka*. Ele ficava irritado e nos dava balas para que o chamássemos de "tio Mossia". A fantasia de ser levada por Deus (inconscientemente pelo tio) sempre foi para mim carregada de desejo, pois eu claramente já tinha na primeira

---

4 Minhas lembranças, como já mencionei, averiguei por meio de perguntas aos meus pais. Também perguntei a meu tio e meu irmão. Além disso, eu possuo um diário. Eu tinha 10 anos quando comecei a escrevê-lo, foi ali que encontrei também essa história "da mais tenra infância" sobre o tio-deus, anotada junto com o sonho correspondente.

infância inconscientemente a necessidade de um substituto para o amor dos pais. Somente a ameaça de meu pai transformou o desejo em medo.

O caso mostra bem o desenvolvimento do interesse científico a partir da curiosidade sexual. Cada indivíduo se interessa principalmente pela sua própria pessoa, e depois por objetos que entram em contato com ela. Talvez o surgimento de um novo membro da família tenha despertado na criança a curiosidade relacionada à questão da não existência e do surgimento do ser humano. De onde e como? Como as pessoas são "feitas", o irmãozinho, eu, o pai, a mãe, Deus? Onde fica o começo e onde fica o fim? Partindo do inacessível, as perguntas se voltam para o acessível, coisas que as pessoas podem "fazer": como fazemos todos os objetos possíveis como azeitonas, sabonete etc. A criança fica muito surpresa ao descobrir que as azeitonas "crescem" e observa atenta o desenvolvimento de plantas novas a partir da semente. Acompanha também com grande interesse o desenvolvimento de jovens animais. Causa admiração especial a transformação do palito de zinco mergulhado em uma solução de sal de chumbo em uma árvore "de verdade". Então assim podemos fazer a "vida" artificialmente! E assim se iniciou o entusiasmo fervoroso pela química, como ocorre com toda a população, inicialmente em sua forma mais primitiva da alquimia: devia haver uma força sobrenatural que fazia com que o grande milagre ocorresse diante de meus olhos. Na universidade, eu tinha grande entusiasmo pelas aulas de química orgânica. E a cada aula eu tinha a sensação de que já sabia tudo aquilo há muito tempo. Mas, se considerarmos apenas o consciente, isso não era verdadeiro: em nosso colégio de meninas, tudo o que aprendemos em química foram duas páginas de um pequeno livro. Esse era todo meu conhecimento nessa matéria, pois o ginásio tendia mais a sufocar qualquer interesse do que estimulá-lo. Essa peculiar lembrança errônea eu atribuía mais à forma como herdamos a sabedoria de nossos pais de forma inconsciente. Não importa como, seja na forma de representações, de silhuetas que "precisam ser embebidas em sangue" para surgirem de forma vivaz no consciente, ou na forma de tensões energéticas correspondentes que nos levam a procurar vivências análogas. O mais importante é que nós vivemos ou experimentamos apenas analogias[5] que percebemos realmente como tais.

2. Análise de um menino

Em um evento social comentamos, certa vez, que estados de ansiedade nervosa podem ser superados pela descoberta de sua origem. Naturalmente não se falou na sexualidade. Pouco depois, Otto, um menino de 13 anos muito inteligente, me chamou de lado e perguntou o que significava o seguinte: quando criança ele tinha constantemente medo de que alguém o atacasse pelas costas com uma faca ou um revólver. Eu não quis me aprofundar na história e comentei um pouco irônica que ele provavelmente fizera algo proibido. Mas Otto não desistiu e me contou que com 2 anos (deslocamento!) frequentemente sonhava que uma mulher idosa queria atacá-lo pelas costas. Ele correu apavorado para a mãe, que o defende da mulher. Eu lhe perguntei então quem lhe lembrava a mulher com a qual sempre sonhava, e ele imediatamente se recordou de uma velha vendedora de carvão feia. A cozinheira gracejava que a vendedora de carvão queria beijar o menino. Várias vezes ele sonhara que a vendedora de carvão se atirava para cima de si, e ele queria gritar e não conseguia, queria correr, mas as pernas não lhe obedeciam.

---

5 Cf. Jung. *Die Bedeutung des Vaters im Leben des Einzelnen* [O significado do pai na vida do indivíduo].

Otto também não sabe exatamente por que tinha medo dessa mulher, diz que ela poderia lhe fazer mal, e principalmente que quer arrancá-lo da mãe para a qual o menino corre em fuga. A primeira coisa que ocorre a Otto, sem nenhuma intervenção de minha parte, a respeito da vendedora de carvão é que ela é velha, feia e que as pessoas gracejavam dizendo que ela queria beijá-lo. Todas essas associações fazem parte do círculo de representações eróticas. No inconsciente, esperamos, no caso de adultos, representações que estejam relacionadas à constituição do corpo humano, o masculino e o feminino. Eu ainda não havia explicado ao menino o significado de seu medo e fiquei bastante surpresa quando ele próprio contou, após a lembrança aqui mencionada, um sonho no qual havia um edifício anatômico. Evidentemente a sua fantasia com a vendedora de carvão também estava ligada à anatomia, senão ele não se lembraria do sonho descrito a seguir: Otto se encontra diante de um edifício anatômico na Rua Währinger, alguns degraus (mais exatamente, três) levam à entrada diante da qual há uma grade. Ele vê a mulher horrível e não consegue fugir, pois a grade o impede.

Para o psicanalista, o sonho é bem claro. Vamos rememorar, para o leigo, a peculiar relação entre os pensamentos: "alguém" quer me assaltar, me apunhalar, esse alguém é a vendedora de carvão. As pessoas dizem que ela quer me beijar, essa mulher velha e feia. O primeiro sonho: eu fujo dessa mulher feia para a (bela) mãe. O segundo sonho: eu quero fugir dessa mulher feia entrando em um edifício anatômico, mas ele está fechado (para mim).

Se examinarmos objetivamente esses dois sonhos, percebemos que o início de ambos é idêntico: eu fujo da mulher feia. No primeiro sonho, a fuga é bem-sucedida, no segundo, não. O primeiro sonho é "mais real", o menino foge para a mãe, o que certamente deve ter ocorrido com frequência em outras ocasiões. No segundo sonho, surge como local de refúgio, em vez da mãe, um edifício no qual ele naturalmente nunca se refugiara. Aqui estamos lidando com uma fantasia pura e supomos, segundo o conhecimento que temos sobre sonhos de adultos, que o segundo sonho elabora o mesmo tema (aqui a fuga para a mãe), porém o expressa de forma simbólica, como ocorre quase sempre com qualquer sonho sexual em sentido mais restrito. Nós esperamos a associação da "constituição física", como já mencionado, com representações eróticas no consciente ou inconsciente. Ao invés disso, Otto nos trouxe o edifício anatômico. Precisamos apenas lembrar que a expressão *Frauenzimmer*[6] = *Frau* [mulher] passou a ter direitos cidadãos até na linguagem. Em adultos, encontramos constantemente um "edifício" como símbolo de mulher. Scherner, que nem mesmo era analista, também chama a atenção para o fato de que, em sonhos, representamos nosso próprio corpo na forma de edifícios. Um professor sofreu uma operação no crânio e, enquanto abriam seu crânio com o cinzel, exclamou: "entre!". A representação de seu crânio evidentemente se transformou na representação de um quarto ou sala. Otto também utiliza o edifício de forma simbólica para o corpo humano. Principalmente a palavra "anatomia", uma ciência que estuda o corpo humano, nos revela a representação esperada do corpo. Em vez de correr "para a mãe", como no primeiro sonho, no segundo, Otto quer se refugiar em um corpo, mas não pode: simbolicamente, a grade impede sua entrada. Naturalmente, não expliquei nada ao menino. No dia seguinte, porém, ele me contou um sonho provavelmente desse mesmo período. O sonho tem o seguinte conteúdo: Otto entra em um quarto (eu incluo aqui a planta); sua governanta está sentada de costas para a porta. Ele vai até a janela, rouba uma joia, mas perde uma pérola. A mulher entra abruptamente pela outra porta, ele quer fugir, mas a porta

6 N.T. Literalmente "quarto das mulheres", expressão utilizada para se referir a uma mulher ordinária, de má vida.

está fechada. A mulher se joga em cima dele e, nas palavras de Otto, "me transforma em um novelo".[7] Nesse momento ele acorda. O que mais o assustou foi a boca escancarada da mulher com grandes dentes. Ao dizer essas palavras, Otto foi até o piano. "Uma melodia sempre me persegue", comentou e tocou um coro da "Flauta mágica" de Mozart. Eu lhe perguntei o que ele se lembrava dessa história. É um coro para Ísis e Osíris. Há sacerdotes com longas flautas. Um deles queria se casar.

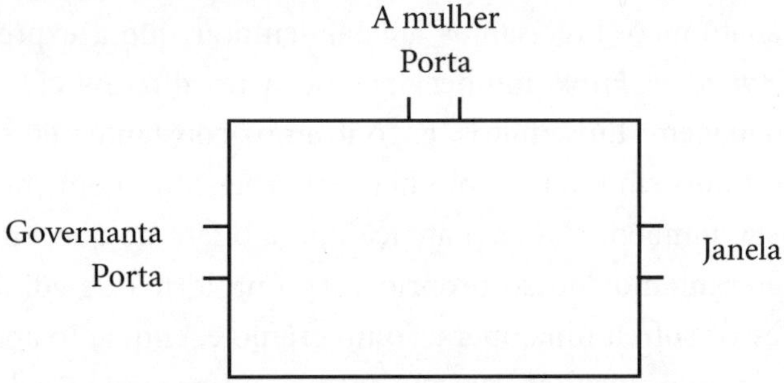

Figura 3.1

Eu fiz uma coisa proibida, diz o sonho. Não sabemos se isso ocorreu na realidade ou apenas em sua fantasia, mas isso não nos importa: na vida psíquica, há apenas produtos de nossa psique, Otto rouba a joia proibida, assim como Adão e Eva um dia roubaram o fruto proibido. A interpretação sexual desse roubo, além da simbólica análoga em adultos, é reforçada pelo próprio Otto por meio das associações que se seguem. Ele recebe o castigo merecido, fica horrorizado principalmente com a grande boca da mulher e seus dentes. Evidentemente, a mulher é para ele o diabo que vem buscá-lo, pois logo se seguem associações religiosas dignas de nota.

7 N.T. *Knäuel* significa "novelo"; em alemão, também tem o significado de "multidão", "aglomerado de pessoas".

O trecho da Flauta Mágica que Otto relaciona, de forma associativa, ao sonho tem o seguinte teor:

Coro de sacerdotes (Sarastro de pé dentro do semicírculo):

O Iris und Osiris, welche Wonne [Oh, Iris e Osíris, que deleite]

Die düstre Nacht verscheucht die Sonne [A escura noite chega e manda embora o sol]

Die Bald fühlt der edle Jüngling neues Leben; [Logo o nobre rapaz sente a nova vida]

Bald ist er unserm Dienste ganz ergeben. [Logo ele será convertido]

Sein Geist ist kühn, sein Geist ist rein, [Seu espírito é audaz, seu espírito é puro]

Bald wird er unser würdig sein. [Em breve será digno de nós]

Sarastro (indica com um aceno o lado direito).

Dois sacerdotes (caminham para a frente à direita e logo retornam com Tamino coberto por um véu).

Cena vinte e dois.

As mesmas pessoas de antes. Tamino à direita de Sarastro.
Sarastro:

Príncipe! Tua conduta até aqui foi máscula e tranquila, agora deves ainda trilhar dois caminhos perigosos. Se teu coração ainda bate por Pamina e se desejas reinar um dia como um nobre sábio, então que os deuses continuem a te acompanhar. Tua mão! (faz um aceno para a esquerda.) Tragam Pamina!

Isso mostra claramente que o sonho de Otto despertou representações de um jovem como Tamino, o qual foi capaz de resistir de forma máscula e tranquila a várias tentações, tornando-se então digno de uma esposa. “Seu deus é audaz, seu deus é puro, logo ele será digno de nós.”[8] O sonho mostra o oposto dessa autoconfiança, portanto devemos supor que Otto se comportou de forma oposta a Tamino: seu coração é covarde (ele foge constantemente), pois faz algo impuro e, diferentemente de Tamino que é acolhido por deuses, Otto é levado pelo diabo. O diabo leva naturalmente os pecadores, e Otto é um desses pecadores, pois ele rouba, e rouba ostensivamente um artigo feminino: a joia, o que reforça nossa ideia de “pecado” no sentido sexual.

Eu não quero discutir aqui porque Otto mune os sacerdotes e não Tamino com flautas, tampouco quero discutir o significado das flautas. Ao recontar a história, Otto diz que os sacerdotes tocam trombetas, depois ele diz de novo “trompas”.[9] É a conhecida insegurança comum em casos de representações fortemente carregadas de sentimentos. “Ali há um casal de noivos”, ele acrescenta, “que será convertido pelos deuses.” Ele não consegue se lembrar do nome do herói. “Como você o chamaria? — Hanswurst.[10] São pessoas burras que precisam de deuses, eu não acredito em Deus”, ele diz. Certa vez, ele me explica, ao filosofar sobre a “vida”: “Não existe um Deus, O ser humano consiste de um homem bom, o verme e o homem mau”. A divisão do ser humano em três partes é consequência da área das representações religiosas que acabaram de ser rejeitadas: afinal, 3 é o número santo. Assim, a parte curiosa do ser humano, o verme, também deve ser compreendida no sentido religioso do sedutor – o salão de vermes ou salão de cobras, afinal,

8 N.T. (sic) – Spielrein escreve, anteriormente, “espírito” (*Geist*), e aqui, “deus” (*Gott*).

9 N.T. Ela usa em alemão o termo *Hörner*, que também significa “chifres”.

10 N.T. Figura cômica alemã do teatro bufo, existente desde o século XVI.

é o inferno, e a cobra não é nada além de um verme gigante. Essa divisão Otto faz a partir de seu inconsciente, pois, quando me interessei em saber como deveria compreender realmente o "verme", ele não soube dizer. Precisou pensar primeiro e somente à noite me comunicou que o verme seria na verdade a vida: ele teria a mesma forma que a vida, ele se moveria como a vida. Enquanto falava, o garoto me mostrou essa forma de serpente. Essa já é a reinterpretação consciente da fantasia que surgiu a partir do inconsciente e nos revela agora com certeza que o verme, segundo o círculo de representações religiosas, tem alguma relação com o desfrute do fruto do amor proibido. Otto deve ter se ocupado muito desse "verme", já que lhe concede uma categoria especial em seu esquema do ser humano e o transforma em parte componente de si mesmo. Também é notável que ele cita o "verme" = "a vida" como parte central do ser humano, o que corresponde à constituição anatômica do corpo.

Otto é muito afeiçoado à mãe. Quando criança, teve problemas de estômago durante muito tempo, e ela cuidou dele. Por isso ele tem dois caderninhos com poemas dedicados à mãe. Se ele mesmo os escreveu ou se os copiou de algum lugar, como sua mãe acredita, não tem relevância aqui. De qualquer forma, é interessante a forma como ele compreende esses poemas. Um deles é assim:

> *"Leben" [Vida]*
>
> *Anfang ist Ende [Início é fim]*
>
> *Ende ist Lied [Fim é canção]*
>
> *Der Anfang beendet [O início termina]*
>
> *Das Ende siegt. [O fim vence]*

Otto explica: quando ainda não vivíamos, estávamos em melhor estado. Com o início da vida, com o nascimento, esse estado de felicidade terminou. Perguntei a Otto onde estávamos quando ainda não vivíamos. "Em uma pessoa", ele respondeu. Uma outra vez faço perguntas de controle e recebo a mesma resposta. Otto acrescenta ainda que pensa que o estado de maior felicidade foi pouco antes do nascimento. Isso corresponde aos sentimentos dos poetas apaixonados que querem o mais alto gozo e em seguida a morte. Para Otto, o nascimento, a separação de sua mãe, é igual à morte.[11] O fim, o nada é, segundo Otto, o melhor estado. Se não pode mais haver um estado tão bom quanto quando vivíamos dentro de uma pessoa, Otto acrescentou depois, então é melhor não viver. Podemos encontrar essa "fantasia do útero materno" na *Sprache des Traumes* [Linguagem do sonho] de Stekel e no *Lohengrünsage*,[12] de Otto Rank. Este último pesquisador comprova a existência dessa "fantasia do útero materno" na mitologia e mostra especialmente na obra *Mythus* über *die Geburt des Helden* [Mito sobre o nascimento do herói] que as pessoas pensavam na morte como um retorno ao útero materno e renascimento. E Otto anseia pela morte porque anseia pela reunião (retorno) com sua mãe amada, pelo tempo em que ele ainda inexistia. O mesmo desejo nós mencionamos em seu sonho com o edifício anatômico.

Um outro poema discutido:

"Die Uhr" [O relógio]

Am Tsiche steht eine alte Uhr [Ao lado da mesa há um velho relógio]

Die Uhrane schon besessen; [herança de ancestrais]

---

11 Na mitologia oriental, sabe-se que há um ser humano vegetal que é ligado à terra por meio de seu cordão umbilical. Quando o cordão é rompido, essa criatura dá um grito e morre.

12 N.T. (sic) – O título correto é *Lohengrinsage* [Saga de Lohengrin].

Ihr wurde angemessen [A ele foi convencionado]

Das Leben der Menschen zu fristen. [que contaria o tempo dos homens]

Nur eine verstand das Orakel der Uhr, [apenas uma pessoa compreendia o oráculo do relógio]

Es ist die Großmutter; diese [a avó]

Und ich freute mich seit langem der Frist, [eu ansiava há muito pelo dia]

Wo mir das Alter angegeben ist. [em que seria considerado já idoso]

Da ward ich eines Tages krank; [então certo dia adoeci]

Ich freute mich auf den Richtigspruch sehr, [e fiquei ansioso por ouvir a sentença desejada]

Da ward die alte Großmutter nicht mehr. [mas a velha avó já não vivia mais]

Und ich konnte ihr nicht sagen, [E não pude lhe dizer]

Was ich sie wollt so gerne fragen. [o que tanto gostaria de lhe perguntar]

Otto também me contou sobre outras mulheres que assumiram o papel da vendedora de carvão em seus sonhos. Eram sempre mulheres mais velhas. Uma delas ele transforma em deusa do destino em seu poema, já que ela compreende o oráculo do relógio. O relógio é, segundo as palavras do próprio Otto, a avó de dois meninos cocheiros com os quais ele se encontrava contrariando as ordens de sua mãe. Ele queria saber da avó quanto tempo ainda viveria. Freud diz: crianças e neuróticos vivem fora do tempo, pois vivem em sua fantasia, a qual não está ligada ao tempo. Stekel escreve sobre "a relação do neurótico com o tempo":[13] os neuróticos nunca conseguem lidar com o tempo porque não aprenderam a lidar com seus desejos infantis. Ele ainda apresenta exemplos de crianças que fazem constantemente cálculos, os quais se revelam cálculos da diferença de idade entre a criança e seus pais. Consciente ou inconscientemente, toda criança quer ter a mesma idade que seu pai ou sua mãe, a fim de ter os mesmos direitos e prazeres que eles. Otto queria saber o dia de sua morte, pela qual ansiava constantemente. Ele adoeceu e certamente desfrutou nesse período do grande amor de sua mãe. A morte para ele não era nada além do ponto culminante desse amor, sendo que, no entanto, esse ponto culminante não lhe foi concedido. A questão angustiada sobre quando chegaria seu momento abençoado não foi solucionada, pois a avó = o relógio se calou.

3. *Análise de um menino*

> *"De onde você vem, uma pessoa assim como você?", eu pergunto em tom jocoso ao menino de 4 anos e meio, Valli.*
>
> *"Do sangue da mamãe", diz o pequeno com um sorriso maroto.*
>
> *"E de onde ela tira esse sangue?"*
>
> *"Do dedo; quando alguém se corta, sai sangue."*
>
> *"Como você sabe isso?"*
>
> *"Do conto da Branca de Neve, ela tinha bochechas vermelhas como sangue."*

13 Zentralblatt für Psychoanalyse, II. *Jahg.*, Heft 5.

O menino condensa claramente os dois contos em um: o da Bela Adormecida, a qual espeta o dedo e morre,[14] e o da Branca de Neve com faces vermelhas como sangue. Ele reinterpreta a morte da Bela Adormecida como uma fantasia de nascimento.

A fim de evitar perguntas sugestivas, não abordo o papel do pai, mas me informo de onde vem o pai. "Ele também vem do sangue da mamãe", diz o pequeno, "a mamãe me fez primeiro, depois o papai." Segundo as afirmações de Freud, o menino quer ter a mesma idade e ser tão forte quanto o pai, ou mesmo mais velho e mais forte. Nós já observamos isso em adultos: assim que surge um desejo que não pode ser descoberto, surgem "resistências" que se revelam na forma de "dispersão", fuga de questionamentos, respostas vagas. Valli também reage assim. "Por que você o chama de pai, então?" Valli dá uma resposta "sem sentido": "Porque ele é agrônomo" (profissão do pai).

Uma outra vez quero saber de onde vêm as plantas da terra. Qualquer criança do campo responderia sem pensar, portanto, é bastante curioso quando Valli, cujo pai é agrônomo e o qual ele vê frequentemente trabalhando em seu escritório e no jardim, afirma não saber. Quando o pressiono, ele diz que elas vêm da cereja. (Obs.: A qual é vermelha e redonda como a gota de sangue.)

> *"E o que fazemos então com a cereja?"*
>
> *"Ela é plantada aqui" etc. (mostra o local).*
>
> *"O que você faz quando você quer ter flores ou grama no jardim?"*
>
> *"Eu não sei."*

---

14 A sentença de morte é depois suavizada por uma boa fada e transformada em sono, de forma que o sono e a morte aqui se diferenciam apenas de forma gradual.

"Você certamente sabe. O que seu pai faz?"

"Nós precisamos semeá-las."

"E como elas são semeadas? O que nós precisamos para semear?"

"Eu não sei."

"Mas você viu tantas vezes seu pai fazendo isso" (o pai tem vários vidrinhos com sementes).

"Eu não sei."

"Ah, seu menino maroto, você sabe sim!"

"Sementes."[15]

A mãe estava sentada conosco durante essa conversa, o que certamente aumentou a "resistência" e despertou o alegado "desconhecimento": Valli me contara anteriormente sem nenhuma dificuldade de onde viera. Quando lhe fiz a mesma pergunta na presença de sua mãe, ele sorriu, escondeu a cabecinha em meu colo e disse não saber de nada. Então ele certamente suspeita de que o surgimento das plantas tem algo em comum com o surgimento do ser humano e é também algo sobre o que não se deve falar.[16]

O pai de Valli viaja e a mãe fica bastante entristecida. "Me chame de pai, assim você não sente tanta saudade dele", o menino a consola. A mãe acha que o menino se expressou mal: ele queria dizer: "Me chame pelo nome do pai". Isso é bastante provável, pois já vimos que o menino rivaliza com o pai: ele quer ser mais velho

15 N.T. Em alemão, o termo *Samen* significa tanto "semente" quanto "esperma".

16 Essa "suspeita" explicaria talvez por que Valli respondeu à minha pergunta "Por que você o chama de pai, então?" de forma tão sem sentido: "porque ele é agrônomo". A simbólica da fecundação do ser humano com imagens relacionadas à terra e à vegetação é uma das mais antigas na psicologia dos povos.

que o pai para a mãe. Mesmo assim, nós devemos tomar cuidado na análise para não corrigirmos as palavras do analisado arbitrariamente. Pelo contrário, devemos analisar o ato falho (neste caso, um lapso de fala) e assim percebemos que há também uma justificativa para ele nas representações inconscientes da criança. Amante e filha ao mesmo tempo, assim como amante e filho. Essas relações são comuns na mitologia, portanto, também na psique infantil. Afinal, Eva era filha e mulher de Adão ao mesmo tempo. Ainda mais peculiar é o mito egípcio no qual a rainha do céu Nut é fecundada por seu filho Hathor[17] (o sol), o qual ela pare de novo. Ao afirmar que sua mãe criou seu marido (como filho), Valli nos leva a supor que ele pensa o mesmo de si mesmo. No mesmo dia, perguntei ao menino quem fizera a mãe. "O pai", ele respondeu. "Mas como? Você disse que a mãe fez o pai. Então a mãe fez o pai e o pai fez a mãe?" "Sim." Essa contradição aparente não pode nos induzir ao erro: o sonho, assim como o povo primitivo, não conhece a situação de exclusão, tampouco a criança (Freud).[18] Ambas as teorias têm para ele o mesmo direito de existir, por isso ele deixa que ambas existam paralelamente, sem se preocupar se elas se excluem ou não. Assim como na criação dos povos, nós não podemos descartar nada da "fantasia" infantil como algo sem sentido.

O desejo consciente de ter uma menininha para si não é estranho a Valli: há muito tempo ele deseja uma irmãzinha querida, no ano anterior pediu à mãe que lhe comprasse uma. Nessa época, ele foi convidado certa vez para um almoço e "escolheu" então uma de suas pequenas primas, a qual acariciou e beijou diversas vezes.

Certa vez, Valli se aconchegou carinhosamente à sua mãe:

---

17 N.T. Aqui ela aparentemente confunde Hathor com Rá, o deus do sol.

18 Sabidamente, a criança costuma responder à pergunta sobre quem ela ama mais, o pai ou a mãe, assim: "O papai e a mamãe".

"Mamãe, minhas mãozinhas são tuas?"

"Sim."

"E as perninhas também?"

"Sim, meu amorzinho."

"Eu sou inteiro teu?"

"Claro."

"E também sou do papai?"

"Certamente."

"Eu sou filho do papai?"

"Filho do papai e meu."

"Não, eu não sou teu filho: se eu fosse uma menina, seria tua. Eu sou filho do papai, porque sou um homem e pareço com o papai."

A mãe "faz" filhas, o pai... filhos. Esse é também um conceito mitológico e infantil conhecido. Por essa ocasião, eu também estava interessada em saber algo sobre as representações da morte. Pergunto a Valli se ele já vira um morto. Sim, ele vira um no cortejo fúnebre. O que acontece com uma pessoa quando ela morre? Após alguma resistência, Valli respondeu: "Sangue". Quando perguntei mais tarde novamente, para controle, ele respondeu: "As pessoas a jogam na cova". "O que ela faz lá?" "Ela nada na água." Fim da vida = início. Essa também é uma representação mitológica muito antiga (cf. Rank, "*Mythus* über *die Geburt des Helden*" – Mito sobre o nascimento do herói – e "*Lohengrünsage*" – Saga de Lohengrin).[19] Dias depois, Valli contou:

19 *Schriften zur angewandten Seelenkunde* [Ensaios sobre psicologia aplicada].

"Eu sonhei com um Hanswurst."[20]

"O que é isso?"

"Ele empurra a pessoa na água, para dentro da cova. Ele tem um casco de cavalo."

"Ele é uma pessoa?"

"Não, ele mora na floresta, foi feito no peito."

"No peito? Como assim?"

"No peito, ele sai, quando bebemos chá, ele sai da boca. Ele sai da máquina de chá."

"Mas você não disse que ele vinha do peito?"

"Sim, do peito."

"E agora você disse da boca?"

"Sim, da boca, da máquina de chá, ele é de pele. Ele tem chifrinhos na cabeça e derruba as pessoas."[21]

"Você já viu um?"

"Na casa da Anna (criada); ele faz chifres na própria cabeça. Eu sonhei que havia cavalos na frente da casa", Valli continua, "então o Hanswurst chegou. O governador mandou prendê-lo porque ele empurra todos para dentro da cova, o Hanswurst. Ele é o serviçal do governador." (Guarda)

Está claro que Valli sonhou com o diabo, o qual mata as pessoas (joga na cova, pois assim Valli imagina a morte). Ao mesmo

20 N.T. Vide comentário anterior sobre o mesmo personagem (nota 10 deste capítulo).

21 Aqui também falta o conceito de exclusão.

tempo, o diabo é a criança que surge, a qual às vezes vem do peito, outras da boca e outras da máquina de chá. No dia seguinte, a mãe de Valli disse ao criado imbecil que ele deveria ter filhos, ao que este respondeu que seria um pecado criar pessoas pecadoras. "Mamãe", Valli a interrompeu, "o que ele vai fazer se um menino sair de sua boca, e o que a mulher dele cega[22] vai fazer se uma menina sair da boca dela? Ela nem vai vê-la." Assim, o sonho, apenas um dia antes, nos revelou outras representações do menino sobre o nascimento. Stekel menciona que soldados (guarda) frequentemente são utilizados em sonhos para representar a morte. Valli também transformou seu *Hanswurst* no "serviçal do governador". A casa onde Valli mora fica ao lado da casa do governador. O serviçal, o qual Valli sempre via, era o guarda. Esse guarda tinha uma espingarda que atira ou espeta. Nós vemos aqui a analogia com os chifres no *Hanswurst*, o que nos leva a perceber a condensação das duas personalidades. O *Hanswurst* que mata uma pessoa com seu "espeto" gera vida nova, assim como a Branca de Neve (Bela Adormecida) também gerou vida nova por meio da picada letal no dedo. O menino não tem medo algum de suas representações de destruição. Hoje ele perguntou à mãe como as crianças surgem, e ela prometeu explicar-lhe em breve. A mãe, que observou seu pequeno por conselho meu, ficou admirada com a quantidade de representações sexuais em seu filho único, o qual ela acreditava ser totalmente assexual. Ela me confessou que somente agora compreendia suas conversas, às quais ela nunca atentara antes, porque as considerava, como a maioria das mães, fantasias sem sentido.

Ontem Valli nos disse que toda mulher tem um homem. Ele não quis nos dizer de forma alguma para quê.

---

22 A mulher enxerga mal.

Considerações finais

Todas as três crianças se ocupam intensamente de problemas sexuais. Nas duas primeiras crianças, encontramos algo comum no período do surgimento do medo: o medo de serem levadas por alguém e a fuga para os pais (no caso do menino, para a mãe). Toda criança ama primeiro seus pais, mas, logo nos primeiros anos de vida, os pequenos já começam a se tornar infiéis aos pais. Valli deseja uma "irmãzinha". Minha mãe conta que meu irmão já tinha um "amor" aos 2 anos de idade: era uma menininha que ele tratava com muito carinho, trazia a cadeira para ela e certa vez até mesmo lhe cedeu sua comida preferida, uma compota. Eu poderia listar aqui inúmeros exemplos semelhantes, toda mãe atenta sabe uma história similar de seu filho, e nós rimos porque a "criança inocente" comporta-se como se soubesse o segredo dos adultos. Pois o inconsciente infantil sabe. Os objetos reais podem ser substituídos por objetos fantásticos. Nós queremos sair da casa de nossos pais para nos tornarmos deus,[23] rei ou rainha, nós nos entusiasmamos pela religião (na verdade por Deus e pelos anjos), pelo mundo dos contos de fadas que leva todos os seus heróis para países distantes, e então vem o entusiasmo apaixonado por viagens aventureiras. O barão Winterstein deu uma conferência na Sociedade Psicanalítica de Viena (*Wiener psychoanalytische Vereinigung*) sobre a relação entre o desejo de viajar e a sexualidade: as pessoas partem para buscar um novo amor, ou para se livrarem de um amor antigo. Nessa ocasião, Freud nos contou sobre um costume nas famílias ancestrais, segundo o qual os filhos adultos são expulsos por seus

23 Jung diz (cf. *Wandlungen und Symbole der Libido* [Transformações e símbolos da libido]) que deveríamos dar às crianças educação religiosa, pois a religião é especialmente adequada à sublimação do amor pelos pais devido à sua duração filogenética. No meu caso, o amor pelos pais, ou melhor, pelo tio, também foi transferido para Deus (sublimado).

pais e precisam procurar um reino e uma esposa em outras terras. Esse costume repercute nos contos de fadas, nos quais todos os filhos de reis partem em viagem (segundo Freud). A criança que passa pelo desenvolvimento filogenético da humanidade, mas que, em compensação, encontra alimento suficiente para sua psique preparada para isso na religião e nos contos, pensa na novidade ansiada (no novo amor) como uma partida, uma viagem, um voo para longe dos pais. As brincadeiras de ladrão, bruxa, Robinson nós já podemos observar na mais tenra idade. Todas essas fantasias são plenamente carregadas de desejo, o qual se transforma em medo. Meu caso pode confirmar essa afirmação: no período em que o gatinho me assustou, eu não conhecia mais o seu significado sexual. Eu o esqueci porque "recalquei" a fantasia no inconsciente, mas o próprio Freud diz que nem todo desejo recalcado desencadeia necessariamente medo. Para tanto, portanto, é preciso que surja uma *causa movens*. Em meu caso, ela foi uma ameaça. Meu pai, porém, não me disse do que eu teria medo. Por que passei a ter medo justamente da sexualidade? Meu caso naturalmente não é único e é tão conhecido quanto o fato de que o desejo intensificado, por exemplo, em uma conquista qualquer, se transforma em medo da conquista sexual. Todo sentimento intensificado é "sexualizado", todo amor intensificado é "paixão" cuja expressão foi emprestada, não sem razão, da esfera sexual.[24] A diferença entre sexual e assexual é simplesmente quantitativa, e a insistência na rubrica criada arbitrariamente leva ao grande erro de negar a sexualidade às crianças com a intenção de perceber essa sexualidade em sua vida psíquica de forma muito diferente daquela que já conhecemos

24 O amor pela natureza, por exemplo, pode ser intensificado de tal forma que a pessoa quer abraçar e beijar tudo, ela personifica tudo, ou seja, transforma em algo semelhante a si mesma: no fundo, a pessoa ama apenas a si mesma e o resto do mundo na medida em que consegue ter empatia e se identificar (se projetar no resto do mundo).

como adultos. Na própria sexualidade existe algo que pode servir de receptáculo para sentimentos opostos como desejo e medo. A nova vida surge às custas da antiga. *A priori*, tem-se a impressão de que procuramos a vida e evitamos o desvanecimento, apenas a observação mais profunda nos mostra algo diferente. Eu gostaria de chamar a atenção para o fato de que é o mesmo conteúdo que nos impressiona às vezes como devir e, outras, como desvanecer, conforme mostram também minhas análises. É o amor que faz com que não percebamos os riscos da autodestruição e que inclusive a busquemos com deleite. Meu amor infantil por Deus ainda era muito fraco, por isso a ameaça do pai foi capaz de despertar o instinto de autopreservação e o medo do desvanecer, pois ele a mim parecia um devir. Eu não conheço a etiologia mais detalhada do medo nos meninos, mas ele aqui também está ligado a representações de destruição na sexualidade, e aqui também podemos encontrar certamente um sobressalto, uma ameaça generalizada, a qual transformou o medo do desvanecer em medo da sexualidade. Em pessoas receosas, ou seja, em crianças pequenas, essas representações de destruição vão prevalecer também na sexualidade, com afetos correspondentes. A partir dessas observações, os princípios educativos surgem naturalmente.

Anexo: simbólica do relógio[25]

Desde os primeiros anos, até mesmo meses, de vida, o tique-taque do relógio desperta grande interesse nos seres humanos. Ele vive na medida em que se move de forma autônoma e fala. Nada diverte mais uma criança do que estimular o surgimento dessa vida ao dar corda em um relógio. Crianças alegram-se muito com brinquedos

25 Alguns exemplos da simbólica do relógio já foram descritos por Stekel e outros pesquisadores.

que se assemelham a seres vivos: basta pensarmos no anseio das pequenas meninas por bonecas que dizem "mamãe" e "papai", mexem braços e pernas, podem abrir e fechar os olhos; no entusiasmo (eventualmente medo) das crianças por ursos que rugem, gatos que miam, camundongos que deslizam sobre rodas etc. Os brinquedos sempre são arruinados e depois recriados. Um brinquedo que não pode ser modificado pela criança ao seu bel-prazer logo perde seu encanto, diz, eu creio, Preyer. Nós compreendemos por quê: o brinquedo deve ser apropriado para representar a maior quantidade possível de desejos infantis, como um símbolo no sonho, o qual é tanto mais apropriado quanto menos nitidamente for determinado. A criança quer "criar" constantemente algo, mesmo que seja apenas uma casinha com tijolos de brinquedo ou um soldado recortado de papel. O adulto também anseia por cada vitória da natureza, cada nova criação própria. No entanto, nós nunca alcançamos o ansiado, pois a maior maravilha e a mais valiosa criação continua sendo o ser que a ele se assemelha, o ser humano.

Uma paciente que sofre de ansiedade sempre acredita que sofrerá um ataque cardíaco, que seu coração se romperá e que pode ser enterrada viva. A seguir, reproduzo alguns de seus acessos (séries de representações que ela produz o mais rapidamente possível a meu comando, sem refletir):

> *a morte, a caveira com a foice, cortar o fio da vida. Dizem: o relógio da vida está vencido, o coração para de bater, assim como o relógio para de bater. Quando eu tive uma inflamação do pericárdio, havia um relógio à minha frente. Parecia-me que do relógio escorria areia ou água. Grãozinhos de areia no mar. O ser humano é tanto quanto um grão de areia.*

O relógio é a própria paciente, sua vida, seu coração doente que a preocupa no momento. Ela simboliza a morte que a ameaça com o vazamento do relógio. A representação do devir é impossível sem a do desvanecer, e vice-versa. Sendo assim, a fantasia de morte na paciente é, ao mesmo tempo, fantasia de nascimento. "O ser humano é tanto quanto um grãozinho de areia" (no mar), diz a paciente. Inversamente, os grãozinhos de areia que escorrem são "tanto quanto" seres humanos. Assim como os seres humanos escorrem (da mãe), os grãozinhos de areia escorrem do relógio. Grãozinhos de areia = seres humanos, no mar = no líquido amniótico. A paciente se representa, como aqui citado, como relógio que vaza. Devemos ainda observar que a paciente considerava o nascimento como uma evisceração: a barriga é aberta e a pessoa é praticamente eviscerada quando a criança é retirada. Agora ela pensa na morte e no nascimento como evisceração de um relógio.

4. Amor maternal[1]

Sabina Spielrein

Uma menina de 6 anos de idade deseja que seu irmãozinho menor deite consigo em sua cama. "Mãezinha", ela pede, "deixa eu me deliciar com seu corpinho maravilhoso".[2] A menina severamente vigiada "não tem noção" de questões sexuais. Trata-se aqui de sentimentos "maternais", que a irmãzinha mais velha nutre em relação ao "corpinho". Podemos pressupor que, também para o pequeno, o contato físico com a irmãzinha é agradável. Por que nos admira que essa sensação, como qualquer outra, deixe marcas em nossa psique? Por que nos parece improvável a afirmação de que o primeiro "amor físico" do adulto remonta a essas experiências infantis, na medida em que o contato afortunado com a mulher amada é comparado ao contato pregresso afortunado com a irmã, ao contato com a mãe. Uma vez que reconhecemos essa retomada das experiências infantis, então manifestações neuróticas também deixam de parecer bizarras: quando há uma fixação mais intensa

1 Spielrein, S. Mutterliebe. In *Sämtliche Schriften*. Freiburg, Edition Kore, 2002, pp. 167-8. Tradução de Renata Dias Mundt.

2 Em russo, *Doj mnie nasladitjsia ewo trchudnym tielzem*.

pelo modelo materno, surge uma forte resistência a qualquer objeto de amor sexual, pois, perante qualquer imagem feminina, o antigo modelo materno se impõe consciente ou subconscientemente. Ademais, se a imagem da mãe não atinge o consciente mesmo sem análise, então surgem reações afetivas que correspondem à ideia corrente de amor incestuoso. São sentimentos de repugnância, pudor, medo.

A comunicação a seguir do filósofo J. Spielrein (Rostov) é, entre outras coisas, a comprovação de como o conteúdo psíquico do consciente reprimido recalcado pode gerar sentimentos de desprazer.

5. Autossatisfação pela simbólica do pé[1]

Sabina Spielrein

"Seria bom", disse-me certa noite uma moça considerada saudável, "se as pessoas pudessem amar a si próprias. Então não haveria no mundo a dor do desejo, pois cada um seria sempre fiel a si mesmo."

"Fique atenta ao que sonhar esta noite", comentei em seguida.

No dia seguinte, a jovem dama relatou:

> *Sonhei que me foi servido como refeição um pé humano, o qual logo reconheci como o meu próprio. Comi um pouco com grande repugnância, pois não queria ser diferente das outras pessoas que comem carne humana sem a mais ínfima objeção. Por um tempo, consegui me superar, mas a aversão foi grande demais: se eu não tivesse visto o pé e não soubesse que era humano e, abominavelmente, ainda o meu próprio pé, então o comeria. Mas isso estava acima de minhas forças.*

1 Spielrein, S. Selbstbefriedigung. In Fusssymbolik, *Sämtliche Schriften*. Freiburg, Edition Kore, 2002, pp. 169-70. Tradução de Renata D. Mundt

O sonho é claramente uma representação da autossatisfação pela simbólica da comida. Essa é uma simbólica típica, por ser corrente na psicologia dos povos. A predisposição filogenética e os respectivos jogos infantis (vivências) podem ter fornecido material para esse sonho. Sabemos com que prazer os pequenos levam o pé à boca para chupá-lo e, em uma determinada idade, torna-se quase uma prática esportiva descobrir quem ainda é capaz de enfiar o grande dedo do pé na boca.

Por que a moça escolheu justamente essa e não outra simbólica para representar sua autossatisfação?[2] Apenas uma análise mais detalhada poderia nos fornecer essa informação.

2 Não se pode descartar a hipótese de que a moça tenha "visto" algo em sua infância. Eu não quis questioná-la a respeito.

6. Sonho com "padre Freudenreich"[1]

Sabina Spielrein

A paciente Lene me foi encaminhada pelo professor Freud para tratamento. Ela costuma cantar e, assim, empresta símbolos desse campo que está à sua disposição. Certo dia, ela sonhou:[2] "Caminho até uma dama e um senhor de idade. Peço a ele lírios do vale, mas ele, porém, não nos dá".

Aqui a paciente reluta em continuar relatando o sonho, o que se revela pelo fato de que acredita não ter sonhado mais nada, pois diz que sua mãe a despertou nesse momento. Mas logo se recorda de que não foi esse o caso:

> *Paciente: "Não!", diz, "continuei sonhando, eu queria ir ter com o padre Freudenreich... ou Heidenreich... (não sabe mais) para que me tomasse como sua protegida. A srta. Mina (uma conhecida) disse: atravesse o grande*

---

1 Spielrein, S. Traum von Pater Freudenreich. In *Sämtliche Schriften*. Freiburg, Edition Kore, 2002, pp. 171-5. Tradução de Renata Dias Mundt.

2 Para não complicar a análise, não comunico aqui o trecho anterior do sonho.

saguão e suba os degraus.[3] *Eu voltei para o saguão e ouvi um canto e sons. Mina disse que eu devia bater na porta com força: ele canta o dia inteiro e não ouve".*

Eu: "O que ele estava cantando?"

Paciente: "Ele cantava: 'Klinge Glöcklein, klinge, bring mir das Mädchen mit'".[4] *[Toca sininho, toca, traga-me a menina] "Então ele também apitou."*

Eu: "Alguém já cantou assim na realidade?"

Paciente: "O Papageno[5] *tem o sininho. Um como aqueles que damos às crianças pequenas, vários sininhos em uma peça; Tamino tem o pequeno pífaro...Uma moça foi levada ao Papageno; ela era uma bruxa que se transformou então em uma bela moça. Eles teriam um bebê; ela já brincava de embalar a criança... Eles cantam 'vais ser papai Papageno'".*

Agora a paciente nos esclareceu: em sonho, o padre Freudenreich era uma réplica do Papageno, o qual conquista sua moça cantando e soando os sinos. Papageno é um senhor de idade e seu nome, traduzido, significa "o pai progenitor" (papa genos).[6] O

---

3 Aqui a paciente menciona uma série de símbolos conhecidos, os quais cito abaixo para que o relato fique completo. Assim, ela sonha com palitos de fósforo (fogo do amor), com suas bolsinhas amplamente rasgadas (cf. o amplo saguão), com cabelos despenteados, com um vestíbulo "que parecia meio um convento, meio uma caserna. Nesse vestíbulo, soldados fazem exercícios militares. Eles cavalgam pelo salão. Dizem que são jogos de quadrilha". Então, volta a sonhar com o padre (vide acima).

4 N.T. Versão modificada de uma canção natalina tradicional. Note-se que o lírio do vale, mencionado no início do sonho, chama-se, em alemão, *Maiglöckchen*, que significa "sininho de maio".

5 N.T. Personagem da ópera *A flauta mágica*, de Mozart.

6 Stekel: "Die Sprache des Traumes" [A linguagem do sonho].

nome revela como o próprio autor imaginou esse personagem-tipo. A paciente também destaca o significado paternal de Papageno ao mencionar a canção do "Papa-Papageno" e ao comparar o sininho com aquele que se dá às crianças pequenas. A moça de Papageno esteve encantada durante um tempo. A paciente Lene costuma se apresentar em seus sonhos e ideias durante a análise como bruxa, ou insana. Ela é uma filha ilegítima e não foi reconhecida por seu pai, um senhor extremamente distinto, segundo afirma. Em sonho, ela se dirige ao Papageno com seu sininho, ou seja, com seu amor: o sininho do Papageno não é nada mais que uma ferramenta a serviço do amor.

O que era, na primeira parte, o senhor de idade com os lírios do vale,[7] as flores primaveris, revelou-se na segunda parte como o Papageno com sua ferramenta do amor. Na primeira parte, o senhor não quis lhe dar nada de seu amor (*Maiglöckchen*). Na segunda parte, Mina lhe diz que precisava apenas bater na porta com força, pois o padre não ouve devido à cantoria incessante (= galanteio constante). Assim, a descortesia anterior do senhor é desculpada e, ao mesmo tempo, a paciente pode nutrir em si a esperança de que seus anseios sejam finalmente atendidos.

Por que o Papageno no sonho da paciente é, por vezes, batizado como *Freudenreich*, e outras, como *Heidenreich*? Esses nomes lhe significam algo? Por que essa insegurança na lembrança, a qual sabemos ter conteúdos psíquicos intensamente carregados de sentimentos descartados pelo consciente?

"*O que os nomes Freudenreich e Heidenreich lhe lembram?*", pergunto.

---

7 N.T. *Maiglöckchen* quer dizer, em tradução literal, "sininhos de maio".

"*Reich an Freuden* [cheio de alegrias]. *Reicher Heide* [pagão rico]"[8] ocorrem à paciente.

"*A senhora já ouviu nomes semelhantes em algum lugar?*"

Eu estava certa de que o primeiro que ocorreria à paciente seria o nome consonante, frequentemente mencionado por nós duas, *Freud.* Somente as resistências a impediram de chegar ao mais óbvio, de forma que teve de adentrar o caminho simbólico, mais distante. Assim, ela disse: "*Baldreich,*[9] *primo, prima, tia. Alguém disse: não quero mais me chamar assim, agora sou alegre, sou feliz*".

Paciente não percebe que já está dizendo "Siegmund Freud",[10] pois apresenta as palavras de *Siegmund*, da Canção dos Nibelungos, o qual então está alegre.

> *"De onde você tirou essas palavras?", pergunto.*
>
> *A paciente retruca: "Ela pergunta: como te chamas? Wehwald eu me chamava, sou um Wälsung. Sou chamado Wölfling. Agora me chamo Siegmund".*[11]

A paciente compreendeu minha pergunta sobre de onde teria tirado essas palavras como "como te chamas?", pois ainda estava preocupada com a questão sobre como ele poderia se chamar.

---

8 N.T. Em alemão, ela diz: *Reich an Freuden. Reicher Heide.* O termo *Reich* pode significar "rico", "abundante", "cheio" ou "reino", *Freude* significa "alegria", e *Heide*, "pagão".

9 N.T. *Baldreich* pode ser um sobrenome, mas significa também, literalmente, "rico em breve".

10 N.T. *Freude* significa "alegria".

11 "Como te chamas? pergunta Sieglinde (na Canção dos Nibelungos) a seu amado. Siegmund responde: Wehwald me chamava, sou um Wälsung. Sou chamado Wölfling. Agora (que está tão feliz, segundo a paciente, 'alegre') me chamo Siegmund."

"*Quem se chama Siegmund?*", pergunto. "*Freud. É uma linhagem como os Asra* (portanto, volta a pensar no Wälsung Siegmund) *que morrem quando amam. Como pode ser? Assim, toda a linhagem se extinguiria, não?*"

Foi inepto de minha parte o fato de ter interrompido aqui a cadeia de associações: "*quem é o pagão* [*Heide*]?", procuro saber (a paciente associou, como já mencionado, a *Heidenreich* – *Reicher Heide* – pagão rico).

Paciente: "*Na verdade, eu também sou pagã [Heidin], pois duvido daquilo que se aprende na escola*".

Esse "eu também" assinala uma identificação com alguém o qual, afinal, é o verdadeiro pagão. Com quem? – Isso a paciente já nos disse indiretamente: pois Siegmund é um pagão e Siegmund Freud, como judeu, é outrossim um descrente. Aliás, isso se pode derivar também do nome Freuden-reich, Heiden-reich.[12] A sílaba *reich* é comum a ambos os nomes. Os diferentes componentes da palavra resultam, se reunidos: *(Der) Heide Freud* [O pagão Freud], ou como um todo, com a sílaba *reich: (Der) reiche Heide Freud* [O rico pagão Freud]. Padre Freudenreich revelou-se como o professor Freud. A fim de se assemelhar mais ao pai Freud, descrente (conhecida identificação com o amado), a paciente destaca sua própria descrença na escola. Posteriormente, vemos ainda mais uma razão para tanto.

A transferência é sempre, como nos ensina a experiência, uma faca de dois gumes: ao lado da posição amorosa, é também transferida a posição odiosa. Aqui isso também se aplica. "Ímpio" ou "pagão" são injúrias na boca de uma cristã crente, ou seja, no seu inconsciente, o qual ainda está preso ao passado. A paciente, no

12 A paciente decompôs as palavras em *Reich an Freude* [cheio de alegrias] e *reicher Heide* [pagão rico].

entanto, apesar da dúvida, acredita também conscientemente em Deus. Assim como seu pai rico, o rico pagão Freud também não lhe deu seu dinheiro ou seu amor. Ele tampouco quis tratá-la pessoalmente, tendo a encaminhado para mim. Congruentemente, o senhor idoso em seu sonho não quer lhe dar seus lírios do vale (amor). A postura hostil da paciente, ademais, se manifesta em representações de morte: ela reforça que Siegmund teve de morrer. Imediatamente após o nome Freud, ela disse: "E minha linhagem é a dos Asra, os quais morrem quando amam". Eu certamente sou da opinião de que na essência do instinto do devir também está a destruição: o antigo deve ser destruído para que o novo surja.[13] A paciente tem várias representações de destruição tanto passivas quanto ativas. Entre as ativas, há para ela, por exemplo, a representação da castração do homem durante o coito.[14] No próprio amor está a fonte da hostilidade. Comumente, no entanto, as representações ativas de morte não surgem tanto em primeiro plano, de forma que isso é significativo para essa mulher com tendências muito mais passivas, o que nos leva a deduzir uma forte postura de vingança, a qual demanda expiação.

"*Tu deves te desvanecer em teu amor por mim, tu que querias me abandonar*", diz a moça profundamente magoada a seu amado pai e médico.

Na próxima análise, a paciente lembrou-se de que seu estimado pastor escolar, o qual também lhe queria bem e sempre a defendera, se chamava Heidenreich. Essa nova informação não

---

13 Spielrein, S. A destruição como origem do devir. In Cromberg, R. U. (org.). *Sabina Spielrein: uma pioneira da psicanálise*. Obras Completas, v. 1. São Paulo, Blucher, 2021, Capítulo 7.

14 Ainda não mencionei: depois que a paciente responde: "Eu na verdade também sou pagã", lembra-se de "Sansão e Dalila". Sabidamente, a força de Sansão lhe é roubada quando Dalila (acho que enquanto ele dorme) corta seus cabelos (analogia à castração).

anula os resultados analíticos obtidos até então. A fim de criar o nome *Freudenreich*, a paciente teve que, em primeiro lugar, ter à disposição o nome *Freud* ou a palavra *Freude* [alegria]. Em segundo lugar, ela não precisou usar o nome *Heidenreich* como um todo, mas decompô-lo em *Heide* [pagão] e *reich* [rico]. Ela se utilizou no sonho do nome "Heidenreich", que lhe era familiar, porque seus pensamentos estavam ocupados com o rico "pai", com o "pagão", com "Siegmund Freud". A isso se acrescenta o fato de que o nome Heidenreich devia ser tanto mais utilizado por pertencer a uma pessoa estimada, a um padre, um consolador, como o pai Freud. A identificação das duas pessoas é tão grande que a paciente não sabe dizer se o padre em sonho se chamava Heidenreich ou Freudenreich. O sonho nos concede uma bela visão do processo psíquico conhecido de todo analista: pai e mãe são os primeiros objetos do amor da criança, dos quais também o adulto nunca pode prescindir. Cada novo objeto que desejamos posteriormente é apenas um substituto para aquele primeiro amado e que nunca foi acessível na extensão das fantasias inconscientes.

7. O trauma[1] inconsciente em *O duelo*, de Kuprin[2]

Sabina Spielrein

Como uma interessante prova do quanto as teorias freudianas se aproximam do espírito do modernismo, gostaria de apresentar a seguinte citação do romance *O duelo* de A. Kuprin. Note-se que a narrativa em questão do conhecido escritor russo foi escrita há cerca de vinte anos, portanto, muito antes de as pessoas conhecerem Freud em seu país natal:

> *Quando Romaschov aproximou-se, por volta das cinco horas, da casa habitada por Nikoljevs, percebeu, admirado, que um sentimento de inquietação raro, infundado, substituíra sua alegre confiança matutina*

1 N.T. O título original, *Das unbewusste Träumen in Kuprins 'Zwiekampf'*, contém, a meu ver, dois enganos: a grafia errada da palavra *Zweikampf* ("duelo") e o termo *Träumen* ("sonho"), que, pelo conteúdo do texto, deveria ser *Trauma* ("trauma"), os quais tomei a liberdade de "corrigir" na tradução.

2 Spielrein, S. Das unbewusste Träumen in Kuprin Zwiekampf. In *Sämtliche Schriften*. Freiburg, Edition Kore, 2002, pp. 176-7. Tradução de Renata Dias Mundt.

> *quanto ao sucesso da noite. Notou que esse não surgira repentinamente, não nesse momento, mas muito mais cedo. Aparentemente, a inquietude crescera contínua e imperceptivelmente em sua psique a partir de um momento esquecido. O que poderia ser? Ele conhecia de outrora, da mais tenra infância, fenômenos semelhantes e sabia que apenas a identificação do motivo original dessa turva inquietação poderia trazer o apaziguamento. Assim, passou o dia todo atormentado com o fato, e apenas à noite lhe veio à consciência de que, ao meio-dia, ao atravessar os trilhos, assustara-se e ensurdecera com o apito inesperado de uma locomotiva, tendo sido então tomado de mau humor, sem que ele próprio percebesse. Mal lembrou-se do fato, e imediatamente sentiu-se aliviado e até mesmo alegre.*

A análise não é completa: falta-nos o esclarecimento de por que o trauma (apito da locomotiva) foi recalcado do consciente, já que não era psiquicamente insignificante, pois, caso contrário, não teria causado o sintoma durador do "mau humor". Se ele era psiquicamente relevante, então o esquecimento deveria ter algum motivo: a experiência concomitante de algo carregado de sentimentos negativos que não podia chegar ao consciente, de forma que toda a cadeia de associações estava sujeita ao recalque do consciente. O afeto negativo em Romaschov não está de acordo com a vivência descrita: ele devia alegrar-se pelo fato de o susto ter sido em vão e sua vida não ter sido ameaçada.

Apesar da análise incompleta, o sintoma desapareceu. A experiência mostra que esses casos ocorrem. O indivíduo pode "recalcar" parte das vivências sem prejuízos. Se a ela se acrescenta uma nova vivência semelhante, então esta é assimilada à anterior. Os efeitos patogênicos se somam e levam a sintomas. Assim, o apito foi assimilado consciente ou inconscientemente por Romaschov, certamente devido a alguma "fugaz" semelhança, a outra vivência, assumindo sua qualidade de afeto desagradável. A vivência (apito), que assim se tornou traumática, foi também recalcada como tal e, portanto, o que foi recalcado foi suficientemente intenso para se tornar patogênico, ou seja, neste caso, causar mau humor sem motivo aparente. Com a identificação da causa a que se deveu inicialmente a qualidade do afeto, surgiu o alívio: aquilo que fora recalcado encolheu, retomando sua antiga dimensão suportável. A causa da doença, no entanto, não foi superada e ainda pode, assim como aqui, transformar-se em algo patogênico a cada nova vivência. Romaschov nos fornece uma comprovação de tal hipótese: ele fala em frequente mau humor advindo de eventos esquecidos (recalcados). Agora também lhe surge, sem causa consciente, repentinamente uma mudança de humor, o que o leva a se lembrar, mais uma vez, da traumática vivência da infância que permanecera por tanto tempo esquecida.

8. Simbólica animal e fobia em um menino[1]

Sabina Spielrein

O pequeno Mischa era uma criança fisicamente saudável, alegre e bastante mimada por sua mãe. Esta costumava chamá-lo de Munia, ou, ainda mais ternamente, *Munitschka*. Esses são diminutivos em russo de *Mamunia*, um termo carinhoso para "mamãe". O nome do primeiro objeto de amor, "mamãe" ou "mamãezinha", é um apelido carinhoso bastante usado em russo, não apenas para mulheres, mas também para homens.[2] Mulheres cultas utilizam essa forma carinhosa apenas para crianças, e aqui há ainda outra justificativa psicológica. Assim, a mãe, por exemplo, pede a seu menininho: "Vai, mamãezinha, faz isso por mim". Ela se sente tão dentro de seu filho, que não o distingue mais de sua própria personalidade. Esse procedimento é especialmente claro em sonhos de mães amorosas: neles, a criança é regularmente a "personalidade

1 Spielrein, S. Tiersymbolik und Phobie bei einem Knaben. In *Sämtliche Schriften*. Freiburg, Edition Kore, 2002, pp. 185-8. Tradução de Renata Dias Mundt.

2 O conhecido "paizinho" em russo, por sua vez, é utilizado apenas para homens.

desejada" da mãe, ou seja, um representante simbólico dela mesma com suas próprias dores físicas e psíquicas, seus desejos e temores.

A mãe de Mischa também sente o mesmo por seu filhinho, enquanto o menino, em parte devido a uma postura afetiva análoga, sempre dá à mãe apelidos masculinos. Não se pode ignorar aqui um certo traço de ironia – "Tu tens de ser um homem também!". Durante um tempo, Mischa gostava de chamar a mãe algumas vezes de "coelho cinza", outras, de "rapaz gatuno".[3] Ambas figuras características dos contos de fadas russos. O "coelho cinza" é um animal pequeno e medroso, o qual sofre muito com a injustiça dos poderosos e, portanto, precisa ser protegido. "Tu és macio, cinza!", dizia Mischa frequentemente à sua mãe. As amas gostam de chamar seus protegidos de "coelho curto",[4] o que aqui significa algo como "pequeno coelho". Mischa também tinha uma ama do povo, a qual fora anteriormente sua ama de leite. Agora ele dá à mãe seu antigo nome. O "rapaz gatuno" é, em oposição ao "coelho cinza", um indivíduo plenamente independente e astuto, o qual já teria sido punido há muito se conseguissem apanhá-lo. Essas duas características opostas da mãe, Mischa reuniu, por fim, em um novo apelido: "gatuno cinza".

É como se quisesse dizer com este nome: "Pois és um bichinho pequeno, medroso e macio, mas ao mesmo tempo tão esperto que precisamos nos cuidar de ti. Podíamos achar que és um homem, tão astuta que és – Vejam este homem! – e ao mesmo tempo és,

---

3 N.T. Em alemão, *graue Hase* e *diebischer Bub*. Embora a tradução correta de *Hase* em português seja "lebre", optei por "coelho" apenas para manter uma palavra masculina (já que este é o cerne da questão aqui).

4 N.T. Lembrando aos analistas que o coelho tem a cauda curta. Em alemão, o termo "cauda" é *Schwanz* e pode referir-se tanto a "cauda" quanto a "pênis". Disso se deriva provavelmente o termo "coelho curto". Não sei se essa associação pode ser generalizada.

sim, um coelho cinza curto!".[5] "Ah, como é esperto este cinza!", exclamava o menino às vezes encantado, referindo-se à mãe. Uma de suas ocupações preferidas era ludibriar a mãe. Quando foi apanhado por ela, confessou rindo: "Eu só engano a ti, gatuno cinza esperto! Acho muito divertido enganar-te!" Durante muito tempo, o menino só aceitava o pai nas imediações da mãe, ao qual era conscientemente afeiçoado com terno amor. Quanto a outros, ou seja, em relação a outros homens desconhecidos, ele era bastante ciumento. Ele demorava muito a perdoar a mãe se ela acatava a opinião de outro quanto a qualquer aconselhamento, como onde eles poderiam ir passear. Certa vez, foi tomado de grave irritação e tentou morder e beliscar a mãe. Em outros momentos, pedia perdão entre lágrimas, explicando que não sabia por que tinha essa necessidade de atormentar sua amada mãe, apiedava-se dela, dizia que sabia que não agia bem, mas não conseguia se refrear.

Mischa era uma criança bastante nervosa e, quanto mais velho ficava, mais aumentava seu nervosismo. Com cerca de 10 anos, ele passou a sofrer de uma fobia de macacos. O medo era tão grande que não podia ficar sozinho em um aposento, ele não se atrevia nem mesmo a ir ao banheiro se a mãe não vigiasse atrás da porta. Acreditava constantemente que um macaco podia lançar-se sobre ele. Por acaso, lembrei-me que o menino anteriormente chamava a mãe carinhosamente de "o malvado martyschka",[6] o que esquecera completamente agora. A fim de trazer essa lembrança à sua memória, perguntei a Mischa se não havia visto um macaco semelhante em algum lugar. Sim: ele lembrava-se de ter visto um no jardim zoológico. Era uma *martyschka*. Perguntei-lhe se esse macaco lhe lembrava alguém. Acertado: veio-lhe à memória que sua mãe certa

---

5 Mischa dá à mãe ocasionalmente um outro nome com "curto". O nome não é exatamente decente, mas nem a mãe, nem a criança percebem sua obscenidade.

6 Uma espécie de macaco. *Martyschka*, em russo, quer dizer "feminino".

vez estava muito aborrecida consigo de forma que ele achou que ela queria lançar-se sobre ele como esse macaco agora. Desde então, ele a chamava de "o malvado *martyschka*". Em russo, há um conto infantil sobre um menino que, apesar de severa proibição, provocou um *martyschka* em sua jaula, tendo sido punido pelo animal enfurecido. Mischa lera este conto. Sua fobia de macacos desenvolveu-se, então, como segue: aparentemente, ele queria fazer algo que deixou a mãe bastante aborrecida, de forma que ela o ameaçou e a criança transformou essa ameaça em um prazer, ao identificar sua amada mãe, por meio do apelido cômico, com a *martyschka* punidora. Com o tempo, a correlação do animal com a mãe foi recalcada para o inconsciente: Mischa precisou refletir durante um longo tempo antes de recordar-se da associação *martyschka*-mãe. *Martyschka* transformou-se em um representante simbólico da punição por uma contravenção não mais consciente, à época, carregada de prazer e, consequentemente, o antigo afeto de prazer transformou-se um afeto de medo. Infelizmente não pude inteirar-me de que contravenção se tratava, pois vejo o menino raramente. O pai da criança relatou-me sobre uma simbolização semelhante dos pais na figura de cães. Fora em sonho: Mischa viu um gatinho perseguido por cães e sentiu grande comiseração pelo bichinho. Não foi difícil para o pai verificar a relação do sonho com a realidade: no dia anterior, Mischa tivera de ouvir várias reprimendas por parte dos pais e fora ameaçado com uma punição. Agora os pais eram cães no sonho, os quais o perseguiam, o pobre gatinho. Freud analisou uma fobia de lobos em um menino em "Contribuições para a interpretação dos sonhos".

Meu pequeno artigo naturalmente não é uma análise completa. A história de Mischa apenas mostra como animais [representantes do] prazer e do medo são na criança, de acordo com as afirmações de Freud, representantes simbólicos dos pais, e no menino, principalmente da mãe.

Como paralelo, ocorre-me um relato divertido que ouvi por acaso sobre os filhos de um médico, meu conhecido. Os pequenos, um menino e uma menina, gostavam muito de brincar de papai e mamãe. Quando brincavam, o papel de pai era atribuído a um coelho,[7] enquanto uma cabra devia representar a mãe. Os bichinhos também receberam os nomes dos pais, Leo e Marie. A "travessura" foi terminantemente proibida às crianças. O objetivo foi atingido, pois as crianças não chamam mais seus queridos bichinhos de "Leo" e "Marie", mas de "amor", como os pais costumam se tratar. A proibição estava relacionada apenas aos nomes, pois as pequenas cabecinhas não conseguiam compreender que a mãe e o pai tivessem uma posição mais alta que o coelho e a cabra entre os animais.

7 N.T. Uma lebre, vide nota 2.

9. Dois sonhos menstruais[1]

Sabina Spielrein

Freud chama a atenção em sua "Interpretação dos sonhos" para a semelhança entre o sonho e a criação folclórica: tanto o sonhador quanto o poeta popular obtêm sua força impulsionadora do inconsciente, o qual se dedica aos desejos infantis. Assim compreendemos também o inverso: por que gostamos de utilizar sagas populares e mitos que já ouvimos em sonhos? Uma fantasia popular infantil conhecida é a de que somos filho ou filha de pais mais nobres, os quais conhecemos mais tarde por acaso, enquanto considerávamos até então os pais adotivos, de origem mais simples, como os verdadeiros. Erna, uma menina de 13 anos, sonha, durante seu período menstrual, que está dançando com um vestidinho vermelho rasgado. Sem dúvida, a representação do sangue menstrual contribuiu para a apresentação do vestido vermelho no sonho. No entanto, isso não explica tudo. De onde a sonhadora tirou o exemplo da menina dançando? Se tivermos essa informação,

1 Spielrein, S. Zwei Mensesträume. In *Sämtliche Schriften*. Freiburg, Edition Kore, 2002, pp. 189-92. Tradução de Renata Dias Mundt.

então sabemos também quais fantasias a ocupam no momento da formação do sonho. "A senhorita já viu alguém dançando assim?", perguntei. Os sonhos infantis são facilmente decifráveis. Erna lembra-se imediatamente ter visto "Mignon" dançar assim no teatro. Mignon é uma criança nobre, roubada por ciganos. Um dia, ela se nega a obedecer o mendigo, que lhe ordena que realize sua dança habitual. A história poderia ter acabado mal, mas o acaso a salva: ela encontra protetores, entre os quais, um revela-se mais tarde ser o seu pai há tanto tempo desaparecido. O outro é um jovem nobre, o qual então se casa com a moça salva.

Erna vive em condições bastante humildes com sua mãe e um irmão pequeno. Ela frequentemente ouve, ansiosa, contarem sobre seu pai há muito tempo ausente. Dizem-lhe que o pai ama os filhos acima de tudo. Erna tem uma forte carência afetiva, principalmente porque a mãe mima muito mais o irmão mais novo.

Agora compreendemos por que a menina se identifica com Mignon em seu sonho. Ela tampouco queria ser filha de uma mãe mais desfavorecida, preferiria, sim, estar entre os ricos. Gostaria de encontrar seu pai, o qual, então, deve apenas lhe pertencer, e um "herói" ao qual pudesse devotar seu amor.

Sonho II

Uma paciente (Srta. H.) vê imagens de santos em sonho. Entre outros, está também a mãe de Deus com seu bebê. Sua cabeça está fendida ao meio e dela sai fumaça. A paciente acorda em posição masturbatória, com necessidade de urinar, e vê que ficou menstruada. Para o conhecedor, o sonho está claro. As próprias "imagens de santos" já revelam o suficiente: nós sempre enfatizamos o "sagrado" quando se trata de nos defendermos contra desejos "profanos" em nosso interior. Eu analisei oportunamente as fantasias de uma doente com *dementia praecox*, a qual afirmava que sua cabeça seria cindida ao meio e o "espírito"[2] do animal que a atormentava sairia dela. Revelou-se que a paciente aqui descrevera simbolicamente o processo do nascimento. Da mesma forma, ela também se referia ao processo do nascimento ao falar da cisão da terra e das águas que assomavam.

Essa paciente também nos fornece uma série de associações análogas. Certo dia, ela contou, com alguma relutância, que uma mulher sofrera uma fissura durante o parto. Alguém contara que seu útero, durante o parto, se parecia a uma chaminé. Em seguida, perguntei à paciente se já não sonhara com uma chaminé ou com fumaça. Queria trazer à sua memória o sonho com a mãe de Deus, contudo, a paciente lembrou-se apenas de generalidades: "Ah, sim, eu já tive frequentemente sonhos com fumaça. Isso significa que a alegria não é pura. Fogo é alegria pura. Certa vez, sonhei que um edifício estava em chamas e dele saía fumaça". Devo notar aqui que a mencionada doente que sofria de *dementia praecox* também falava em fogo puro, ela também tivera um sonho: um edifício (a pequena casa de seus pais) fora consumido pelo fogo, pela fumaça. A paciente H. continua contando que caiu da cama depois desse sonho; certa vez sonhou que alguém a erguera do chão. Isso a lembra de um terremoto durante o qual a luminária (mais uma vez associação com o fogo) oscilou. Consternada com a ideia da fissura durante o parto, a paciente produz uma série de imagens que representam simbolicamente a fissura, o consequente abalo e a ampla fenda: a chaminé da lareira que se parece com um "ferimento

2 Ênfase do espiritual em oposição ao animal. Spielrein, S. Sobre o conteúdo psicológico de um caso de esquizofrenia (*Dementia praecox*). In Cromberg, R. U. (org.). *Sabina Spielrein: uma pioneira da psicanálise*. Obras Completas, v. 1. São Paulo, Blucher, 2021, Capítulo 5.

no útero" na forma de uma ampla fenda, o edifício do qual saía fumaça, o abalo ao ser erguida, o abalo durante o terremoto. Jung descreveu em seu trabalho "Conflitos da alma infantil"[3] um caso de medo de terremotos. Aqui também o terremoto é uma simbólica do nascimento.

A paciente H. ainda nos fornece outras comprovações. Ela conta que, quando criança, tinha medo do diabo, do limpador de chaminés e do Krampus[4] (os quais entravam todos pela lareira). Eu deixo que ela associe um pouco mais e pergunto se não podia se lembrar de um sonho semelhante no qual havia uma chaminé ou fumaça. Então ela se lembra imediatamente da imagem da mãe de Deus de cuja cabeça sai fumaça. Por associação, recorda-se da saga que já esperávamos há muito. "Hera sai da cabeça de Zeus", ela diz. Até este momento, eu não havia esclarecido à paciente o significado de seu sonho. Contudo, é curioso que ela não tivesse se dado conta há muito do verdadeiro conteúdo do sonho devido aos indícios objetivos, como a posição masturbatória, excitação com necessidade de urinar, menstruação. A representação de um nascimento, a qual surge facilmente durante o sangramento menstrual, era terrível demais para a paciente para que pudesse ser suportada conscientemente. Ela só pôde expressar-se simbolicamente, representando o sangue como fumaça, deslocando o processo para o alto (cabeça) e imputando tudo à "santa" Maria.

Além disso, a criança que Maria segura no sonho indica que a paciente pensara também na maternidade (produto do nascimento). O mesmo nos revelam as associações intermediárias com o

3 *Ibidem*. Jung fala muito sobre o significado da terra fendida na mitologia em "Metamorfoses e símbolos da libido", Jahrb.; v. IV.

4 N.T. Segundo uma lenda da Áustria e sul da Alemanha, figura que acompanha São Nicolau na época do Natal e pune as crianças que se comportaram mal durante o ano.

diabo, o varredor de chaminés, o Krampus, os quais (assim como o filho) saem da "lareira".[5]

5 Cf., por exemplo, meu trabalho "Contribuições para o conhecimento da alma infantil", no Capítulo 3 deste livro). O menino de 4 anos e meio, Valli, vê em sonho, mas também em sua fantasia acordado, o bebê recém-nascido como *Hanswurst* [N.T. Figura cômica alemã do teatro bufo, existente desde o século XVI], o qual ora sai de uma cova, ora de uma chaleira e, outras vezes, da boca.

10. O nome esquecido[1]

Sabina Spielrein

Uma senhora conhecida não consegue recordar-se de forma alguma do nome do herói do romance que acabara de ler. "Leo? Não. Georg? Não. Martin? Não. Como ele se chama mesmo? Seu nome de família é Mendlin. Ah! Agora me recordo! Curt Medlin."

Devo acrescentar que a senhora queria me apontar a semelhança da sina do herói com sua própria sina. No entanto, esqueceu-se da principal semelhança: seu amante tinha o mesmo prenome que o herói do romance: "Curt". Ela queria esquecer o nome do amante, por isso esqueceu o nome do herói do romance.

---

1 Spielrein, S. Der vergessene Name. In *Sämtliche Schriften*. Freiburg, Edition Kore, 2002, p. 184. Tradução de Renata Dias Mundt.

11. Os ventos e as canções de Lausanne

Renata Udler Cromberg

Depois de iniciada a guerra entre a Alemanha e a Rússia, Sabina e Irma-Renata viajaram diretamente para Zurique, vindas do sanatório onde estavam nos arredores de Berlim, após o marido ter-lhe enviado os documentos necessários. Pavel também conseguiu fugir para lá. Ele estava em um dilema: recebera a convocação de seu regimento em Kiev e, se não a cumprisse, não poderia mais retornar à Rússia. Além disso, não conseguia e não queria viver no Ocidente. A separação foi o que o destino da guerra armou como apaziguamento dos conflitos conjugais, após dois anos e meio de união. Sabina tinha, então, 29 anos, e sua filha acabara de completar 1 ano quando Pavel deixou-as no dia 14 de janeiro de 1915, após ficar com elas algum tempo na Suíça. Eles se reencontrariam nove anos depois. Os irmãos de Sabina ficaram atônitos, sobretudo porque Renata estava doente havia seis semanas. Pavel foi para o *front* ocidental trabalhar como médico e depois, por motivos de saúde, ficou na retaguarda.

Zurique era o destino mais certo para Sabina Spielrein, primeiro porque era improvável que a Suíça fosse tocada pela guerra.

Depois porque tinha passado a maior parte de sua vida adulta lá, onde tinha amigos e colegas. Seu irmão Isaak passaria o período da guerra morando em seu apartamento em Berlim, com sua mulher e a filha, Menikha, que nasceria em 1916.[1]

Sabina seguiu a recomendação da mãe e de suas amigas e não procurou Jung, mas fez contato com Bleuler, que não pôde ajudá-la profissionalmente. Embora muito gentil e disponível, informou-lhe que a psicanálise já não era praticada em Burghölzli, que não tinha caso de viciados em morfina, os quais ela queria estudar, e que era altamente criticável o comportamento sectário dos psicanalistas que os afastava do comportamento científico.

Mas um importante motivo para a escolha da Suíça era também a saúde frágil e os frequentes episódios de bronquite de sua filha, os quais se repetiriam pelos quase dez anos que lá ficaram, levando-a frequentemente à internação em sanatórios de cura. O primeiro lugar para o qual ela tentou se mudar após a estadia de quatro meses sozinha em Zurique com a filha foi o sanatório de Leysin, pequeno vilarejo nos Alpes no cantão de Vaud, onde pretendia trabalhar como médica enquanto a filha fosse cuidada. Como isso não foi possível, mudou-se para Lausanne, a capital do cantão, cidade na qual permaneceria por cinco anos.

Os ventos a trouxeram para a Avenue Solange 4, perto da bela estação ferroviária, um apartamento com sacada em um bairro elegante de prédios de quatro andares, em uma colina da qual podia avistar o Lago Leman e as montanhas com os picos de neve por detrás. Ela ficaria nele por três anos, o mais longo período em que ficou em um só endereço em seus vinte anos de Europa Ocidental. Sabina contratou uma babá para ajudá-la a cuidar de Renata. Não exerceu a prática psicanalítica por cinco anos.

---

1 Até sua própria morte, no ano de 2000, ela foi a tutora do acervo de Spielrein.

Ela escreveria depois para Jung que tomou esta decisão por estar "cansada da psicanálise e querer fazer algo realmente útil". Seria esta uma resposta à sua maneira de lidar com o sofrimento pela ruptura entre Freud e Jung, uma vez que estes também tiveram que dar um destino a seus afetos, um escrevendo, outro enlouquecendo temporariamente? Empregou-se como médica em um asilo para cegos, *Asile des Aveugles*, na Avenue de France 13, um bonito edifício que existe até hoje como hospital oftalmológico, em um bairro popular de Lausanne. Chegou a ser cirurgiã júnior lá. Mesmo sendo uma cidade universitária com uma importante colônia russa, nos círculos intelectuais da Suíça não era comum haver mulheres profissionais.[2]

Com os irmãos na Alemanha e os pais na Rússia, a correspondência trocada entre os membros da família passava por Sabina. A mãe tinha medo que Pavel, que ora falava em se separar e ora falava de suas saudades, pudesse querer ficar com a filha em um eventual divórcio. Pedia para Sabina trabalhar, mas se horrorizava quando ela lhe dizia estar trabalhando como cirurgiã, advertindo-a de que Renata ainda era pequena e necessitava de seus cuidados. A renda principal continuava a ser o dinheiro que os pais lhe enviavam todos os meses, ao menos até 1918. Sabina era vigiada pela Police de Sûreté durante sua estadia na cidade. Quando ela então se mudou para Genebra, um relatório detalhado de seus anos em Lausanne foi enviado aos órgãos competentes. Por este relatório sabemos da saúde delicada de Renata, a qual adoecia frequentemente, como a mãe havia adoecido na infância. Depois da partida repentina do pai, tinha acessos de tosse acompanhados de vômito durante a noite. Sabina não deixava de perceber a parte psíquica

2 Richebächer, S. *Sabina Spielrein, de Jung a Freud*. Rio de Janeiro, Civilização Brasileira, 2012, p. 215.

dos sintomas, mas temia uma possível tuberculose. No relatório do inspetor, lê-se:

> *De 31 de agosto a 30 de outubro de 1918, a mãe cuidou ela mesmo do tratamento da filha e, para este fim, levou-a para a Clínica Bois-Cerf, em Lausanne. Pagou uma diária de 7 francos para a filha. Sempre cumpriu com seus deveres e dá a impressão de ser uma mulher muito capaz e inteligente. Seja qual fosse o local de sua residência, a sra. Scheftel sempre teve uma conduta moral irrepreensível, totalmente dedicada à ciência.*[3]

Enquanto esteve em tratamento na Clínica Bois–Cerf, no bairro de Ouchy – que até hoje é referência em tratamento –, Sabina morou com a filha na clínica e dedicou-se ao seu tratamento, indo depois morar em uma pensão nas proximidades, Pension Trémière no Chemin Pre-Fleuri. Em dezembro de 1919, seus recursos escassearam, e ela teve de penhorar suas joias. Escrevia pouco para os pais, que, por sua vez, lhe escreviam cartas que eram censuradas pelos militares.

Ao final da guerra, Pavel escreveu uma resposta às suas cartas, dizendo-se impressionado com a beleza da filha, que viu nas fotos enviadas por Sabina. Incerto quanto aos perigos de uma possível volta de trem para Rostov-sobre-o-Don, perguntou à esposa se pensava em voltar para a Rússia. Após a revolução, uma longa guerra civil entre o exército branco dos mencheviques e o exército vermelho dos bolcheviques produzia enfrentamentos de rua, escassez de alimentos e, além de tudo, uma catástrofe para a população judia, pois os judeus eram vilipendiados e assassinados, tachados de "traidores" e "espiões". Milhares de judeus fugiram ou

---

3 *Idem*, pp. 213-4.

foram conduzidos como gado pelos cossacos para o interior do país. Havia nacionalismo, ódio racial e *pogroms*.[4]

O pai de Sabina queria que ela fosse para Zurique após a própria Sabina adoecer e ser operada. Ele lhe escreveu dizendo que ela deveria confiar em sua considerável capacidade intelectual e encarar a vida com mais coragem e autoconfiança. Queria que ela se preparasse para o exame oficial do Estado suíço. Ao final da Primeira Guerra Mundial, seu filho Iacha retornou para a Rússia, em uma viagem temerária, para encontrar sua mulher e filhas. Seu filho Isaak também retornou por um longo caminho até se estabelecer na Geórgia e tornar-se membro do partido comunista, destino dado ao antigo social revolucionário que fora outrora. Visitou Freud no caminho.

Aparentemente improdutiva, mudanças no interior

Conhecemos três cartas trocadas entre Freud e Sabina Spielrein no período em que morou em Lausanne. Em abril de 2015, ele lhe escreveu para confirmar o recebimento da taxa semestral da Sociedade Psicanalítica de Viena, à qual Spielrein ainda pertencia, uma vez que sua relação distante com os alemães fez com que não mudasse sua filiação para a associação berlinense. "Eu gostaria de acreditar que a senhora está apenas aparentemente improdutiva e que ocorrem mudanças em seu interior que correspondem ao novo estado de coisas".[5] Freud lhe escreveu que, depois dos conflitos no ano anterior, o grupo de Viena havia voltado a trabalhar animadamente e com boas relações. Ele mesmo tinha muito menos a

4 *Idem*, p. 223.

5 Richebächer, S. *Sabina Spielrein, de Jung a Freud. Op. cit.*, p. 215.

fazer do que gostaria; além disso, estava preocupado com Ernst e Martin, seus dois filhos que estavam na guerra: "Depois de o dilúvio passar, esperamos conseguir conduzir nosso barquinho a um bom porto. Infelizmente não se vê nenhuma pomba com ramo de oliveira". Em novembro de 1917, ele lhe enviou uma carta que parecia ter sido escrita como resposta a uma carta enviada em um período em que Sabina se dispôs a recuperar os laços com seus amigos em Viena e Zurique, rompidos pela guerra e por dificuldades pessoais. "Fiquei muito feliz ao receber uma demonstração sua de interesse como sinal de vida. Tem razão, são tempos difíceis que não favorecem o trabalho científico. Aqui em Viena, nos esforçamos para mantê-lo o mais ativo possível."[6] Em agosto de 1919, quando Sabina não pôde mais pagar a taxa de membro, ele expressou seu apoio, ao escrever:

> *Também fiquei muito feliz por ter notícias sobre a senhora por meio da visita de seu irmão; lamento que essa guerra tenha lhe causado apenas infortúnios. Respondo seu questionamento informando-lhe que pode permanecer como membro e nossa devedora o tempo que quiser... Na esperança de ouvir melhores notícias suas, saúdo-a cordialmente.*[7]

Mas é a partir da correspondência trocada com Jung que podemos ter acesso àquilo que Freud apontou como mudanças a partir de um novo estado de coisas. Em 1917, Jung enviou a Sabina Spielrein seu novo trabalho, "Psicologia dos processos inconscientes. Uma sinopse da teoria moderna e do método da psicologia

6 Guibault, M.; Nobécourt, J. *Sabina Spielrein entre Freud et Jung*. Paris, Aubier Montaigne, 1990, p. 279.

7 *Idem*, pp. 321-2.

analítica", fruto da viagem através do seu inconsciente para conseguir criar sua própria doutrina da psicologia profunda, emergindo de seu sofrimento fragmentador, da viagem às imagens de seu inconsciente e começando a elaborar seus conceitos psicológicos, em especial o de tipos psicológicos. Após a leitura, ela lhe escreveu, relatou seus sonhos mais significativos desde a época da gravidez e informou a ele: "gostaria de conversar com o senhor sobre muitas coisas. Isso deve ser dividido em uma série de cartas". Iniciou-se assim a correspondência amistosa e intelectual, que iria durar até 1919 e que é um precioso documento das reflexões de Jung sobre suas diferenças conceituais com Freud e sobretudo da diferença de Sabina Spielrein em relação a seus dois interlocutores.[8] Como foi já escrito,[9] a demanda de análise presente nessa correspondência permitiu que ela se situasse em relação à ruptura entre Freud e Jung, analisasse e liquidasse seu complexo afetivo em torno do significante Siegfried, demandasse um reconhecimento de sua própria concepção de aparelho psíquico, apoiada nas ideias de Freud, mas também incorporando ideias de Jung e, sobretudo, questões e reflexões únicas e singulares.

Apenas em uma carta dessa correspondência nós a vemos esboçar sua própria metapsicologia[10] de forma a integrar seu lado majoritariamente freudiano aos conceitos de Jung, de subconsciente e subliminar, os quais eram imprescindíveis à sua construção conceitual do arcabouço do psiquismo humano. Isso Freud não conseguira entender, exortando-a, em cartas, a abandonar todos os conceitos de Jung, pois eles a atrapalhavam em sua integração com os colegas berlinenses quando ela lá residia.

---

8 A partir da primeira publicação das cartas de Jung em 2001.

9 Cromberg, R. U. (org.). *Sabina Spielrein: uma pioneira da psicanálise.* Obras Completas, v. 1. São Paulo, Blucher, 2021, Capítulo 11.

10 Carta que foi publicada no Capítulo 12 do Volume 1 destas Obras Completas e que foi importante para a concepção de sua maneira inovadora de pensar.

As cartas de Jung ora têm um tom íntimo, ora têm um tom amargo e ressentido com o que considerava ofensivo nos ataques a ele por Freud e por parte do movimento psicanalítico. Recobravam um tom íntimo e, depois, expressavam seu antissemitismo, o que levou Sabina Spielrein a assumir contundentemente seu judaísmo, como Freud havia lhe pedido em 1913.

Era importante para Sabina terminar a seu modo a transferência com Jung por meio da escritura das cartas, pois não se tratava apenas de um amor erótico, mas de uma mistura originária, de uma troca poética entre corpos e letras que resultaram em duas concepções do psiquismo inovadoras, baseadas nas descobertas freudianas. Um exemplo simbólico disso parece ser o acaso da publicação da segunda parte de "Transformação e símbolos da libido", de Jung, seguido de "A destruição como origem do devir", de Spielrein, no *Jahrbuch* número 3, de 1912.[11] Na página 464, Jung termina seu texto com um poema de Paul Verlaine – "Mon rêve familier":

Je fais souvant ce rêve étrange et pénétrant

D'une femme inconnue, et que jáime, et qui m'aime

Et qui n'est, chaque fois, ni tout à fait la même

Ni tout à fait une autre, et qui m'aime et me comprend.

Car elle me comprend, et mon coeur transparent

Pour elle seule, hélas! cesse d'etre un pròbleme

Pour elle seule, et les moiteurs de mon front blême,

Elle seule les sait rafrâichir, en pleurant.

Est elle brune, blonde ou rousse? – Je l'ignore.

11 Consulta ao exemplar original arquivado na Biblioteca Central de Zurique, em outubro de 2015.

Son nom? Je me souviens qu'il est doux et sonore,
Comme ceux des aimés que la vie exila.
Son regard est pareil au regard des statues,
Et, pour sa voix, lointaine, et calme, et grave, elle a
L'inflexion des voix chères qui se sont tues.[12]

Em seguida, na página 465, está o ensaio de Spielrein. Portanto, era importante para ela perguntar e compreender o que significara para Jung, o qual lhe respondeu em sua penúltima carta:

> *O amor de S. por J. tornou consciente algo que ele antes apenas intuía de modo impreciso, isto é, o poder do inconsciente de determinar o destino, o que mais tarde o conduziu a questões essenciais. A relação tinha que ser "sublimada", caso contrário teria conduzido ao enfrentamento e à loucura (concretização do inconsciente). Às vezes, tem-se que ser indigno para seguir vivendo. Saudações cordiais do seu servo, dr. Jung.*[13]

---

12 O Meu Sonho Habitual / Tenho às vezes um sonho estranho e penetrante / Com uma desconhecida, que amo e que me ama / E que, de cada vez, nunca é bem a mesma / Nem é bem qualquer outra, e me ama e compreende. / Porque me entende, e o meu coração, transparente / Só pra ela, ah!, deixa de ser um problema / Só pra ela, e os suores da minha testa pálida, / Só ela, quando chora, sabe refrescá-los. / Será morena, loira ou ruiva? — Ainda ignoro. O seu nome? Recordo que é suave e sonoro / Como esses dos amantes que a vida exilou. / O olhar é semelhante ao olhar das estátuas / E quanto à voz, distante e calma e grave, guarda/Inflexões de outras vozes que o tempo calou. Paul Verlaine (1844-1896). In *Poemas Saturninos*. Tradução de Fernando Pinto do Amaral.

13 Trago aqui um contraponto da minha leitura simbolizante, com a posição de leitura desta carta por Jonh Launer, mais colada aos fatos e à vida de Jung, em que ele acentua a cisão psicopata, leitura diagnóstica que também era a de Sabina Spielrein. Para ele, "Jung não sublimou o seu caso ou retornou ao

Mas outro ponto importante da troca epistolar era o seu desejo de entender, acompanhada por Jung, seu destino profissional, sua vocação e o seu conflito entre ser música ou psicanalista. Ele já aparecia nas cartas trocadas com seu pai nessa época. Em Lausanne, esta foi uma das razões para fazer uma pausa em suas atividades como psicanalista. Dedicou-se a estudar contraponto e composição, interpretando suas próprias *lieders*, canções populares, ao piano. Ela e a filha cantavam muito conjuntamente e Molly, seu apelido em francês, desenvolveu-se precocemente em música, compondo também suas pequenas melodias com ou sem palavras, para admiração da mãe, que mais tarde escreveu a Jung dizendo que elas tinham exatamente o mesmo estilo das antigas orações (mesmo sem nunca tê-las ouvido).[14] A importância de sua vocação musical e a presença da música na sua vida pessoal e familiar foi tão grande que suas filhas Renata e Eva, nascida em 1925 em Rostov, foram ambas consideradas excelentes musicistas, tendo estudado no Conservatório Musical de Moscou, tornando-se uma violinista e a outra violoncelista, quando adultas.

Depois da guerra, Sabina considerou retornar a Zurique. Ela entrou em contato novamente com Bleuler em 1919, perguntando se ele poderia lhe emprestar um livro e mencionando que queria citar parte de seu trabalho em Burghölzli em uma próxima publicação. Sua resposta foi cortês como sempre, mas assinalou que a psicanálise havia se afastado bastante da corrente principal da

---

seu trabalho e sua vida doméstica simplesmente porque achou-se indigno. Ele inicialmente a afastou porque queria outras amantes, e depois encerrou a amizade porque se apaixonou. De qualquer maneira, indigno ou não, ele levou o caso até Sabina o deixar. Nada do que ele fez em relação ao caso impediu a desilusão e loucura. Elas vieram de qualquer forma e outra amante ajudou-o a atravessá-las [Toni Wolff]. Deixando tudo isso de lado, a maioria do que escreveu para ela nos dois anos anteriores foi crítico e, algumas vezes, venenoso". Launer, J. *Sex versus survival.* Londres, Duckworth Overlook, 2014, p. 185.

14 Richebächer, S. *Sabina Spielrein, de Jung a Freud. Op. cit.*, p. 216.

psiquiatria. Ele se ofereceu para procurar o livro e enviá-lo a ela, mas pediu que não usasse o endereço institucional de uma maneira um tanto estranha: "Você sabe que há um bocado de hostilidade contra a psicanálise, e eu devo dizer que até o procurador público vigiou a instituição, uma vez". Ele a aconselha a não chamar a atenção pública para o hospital nesse assunto tão sensível e sugere que poderia usar um pseudônimo para se dirigir à instituição.[15]

Durante os cinco anos em Lausanne, Sabina Spielrein observou e anotou o desenvolvimento e a maneira como se davam as aquisições de linguagem de Renatinha (como a denomina em seus ensaios). Isso colaborou para que Spielrein pensasse no papel das linguagens não verbais – o ritmo e a melodia como precursoras da linguagem verbal e sempre presentes junto das linguagens visual, tátil e gestual, além do papel importante da arte e da música para as pessoas e os povos.

Foi então uma Sabina Spielrein bastante mudada que resolveu sair de Lausanne e ativamente, por desejo próprio, retomar seu ofício de psicanalista e se inscrever no Congresso de Haia, sua primeira participação em um congresso de psicanálise, para apresentar uma abordagem teórica sobre o surgimento da linguagem na criança, até então inédita tanto no campo da psicanálise quanto no campo da psicologia ou da educação infantil. Baseava-se nas observações realizadas de sua filha, que ainda serviriam de material para outras publicações que faria e que também estariam presentes no primeiro livro de Jean Piaget. Superada a transferência a Jung, apropriada de sua própria concepção sobre a constituição do psiquismo, pôde recuperar sua própria voz e ser útil como desejava para a causa psicanalítica em um campo no qual seria uma das pioneiras: a psicanálise infantil.

15 Launer, J. *Sex versus survival. Op. cit.*, p. 171.

Antes de Haia, ela e a filha passaram o verão de 1919 em Les Marecottes, uma pequena estação montanhosa na parte alta do rio Ródano. No início de 1920, ela viaja por alguns meses para Chateau-d'Óex, para levar Renata a uma consulta com Franz Brüstlein, especialista em doenças infantis, na clínica particular Bois Gentil.[16]

Foram apenas dois artigos publicados durante o período em Lausanne, além da tentativa frustrada de escritura de um romance, chamado por ela de *Les Vents*, do qual se conhece apenas um primeiro parágrafo. Uma resenha de um artigo de seu irmão para a *Revista Internacional de Psicanálise Médica* foi escrita, mas apenas publicada em 1920, no IZP VI, uma breve análise de um ato falho, intitulada "Uma sentença inconsciente", publicada no IZP II em 1915, e um importante trabalho de análise infantil, nomeado "As manifestações do complexo de Édipo na idade infantil", publicado no IZP IV, em 1916/1917.

16 Richebächer, S. *Sabina Spielrein, de Jung a Freud. Op. cit.*, p. 226.

12. Uma sentença inconsciente[1]

Sabina Spielrein

Uma senhora um pouco receosa relatou-me o seguinte: ela subia a escada do hotel no qual estava hospedada pensando em como era perigoso estar sempre junto a doentes do pulmão naquela pensão e colocou involuntariamente o lenço diante do nariz. Neste mesmo instante, deparou com um jovem hóspede do hotel que sofria de uma enfermidade no pulmão. Ela se recriminou veementemente pelo seu comportamento indelicado, o qual o senhor certamente devia ter notado. Acelerou o passo e acreditou ter chegado a seu quarto quando, para sua surpresa, encontrou a porta deste trancada. Bateu na porta, mas não obteve resposta. Então conferiu o número do quarto e percebeu que se enganara quanto ao andar e encontrava-se diante da porta do enfermo que acabara de encontrar. "Perdão!", exclamou constrangida, e encaminhou-se apressada para seu quarto, ao qual chegou sem outros enganos.

---

1 Spielrein, S. Ein unbewusster Richterspruch. In *Sämtliche Schriften*. Freiburg, Edition Kore, 2002, p. 193. Tradução de Renata Dias Mundt.

Do ponto de vista do consciente, o engano estava determinado na vida psíquica inconsciente: a senhora repreendeu-se pelo comportamento indelicado e procurou, ao acelerar o passo, esquecer o ocorrido, no entanto, sua psique continuou trabalhando clandestinamente, e o juiz desapercebido proferiu sua sentença: "Vá até o senhor, bata em sua porta e peça perdão", a qual ela, sem o saber, cumpriu.

13. As manifestações do complexo de Édipo na infância[1]

Sabina Spielrein

As manifestações da sexualidade na infância são diversas de manifestações em adultos. Por isso, parece-me apropriado discutir o complexo de Édipo infantil em associação com a sexualidade infantil.

Nós sempre nos esquecemos de que a chamada "sexualidade" não fica limitada localmente aos órgãos de acesso externos, mas que diferenciamos também irradiações da sexualidade e características sexuais secundárias, as quais estão intimamente ligadas à função da gônada. Otto Adler relata sobre um caso relatado por Anders de *voluptas* "total" e libido com *uterus rudimentarus duplex* e ausência completa da vagina (*vagina solida*). O coito ocorria *per urethram*.[2] E. Steinach realizou experimentos altamente interessantes de feminização de machos e masculinização de fêmeas.

---

1 Spielrein, S. Die Äußerungen des Ödipuskomplexes im Kinderalter. In *Sämtliche Schriften*. Freiburg, Edition Kore, 2002, pp. 194-201. Tradução de Renata Dias Mundt.

2 *Zeitschrift für Sexualwissenschaft* [Revista de ciência sexual], v. I, caderno II, maio 1914, p. 75.

Otto Adler resumiu, em uma palestra, os resultados desses experimentos, conforme segue:[3]

> *Até agora Steinach demonstrou que um macho que recebe um ovário e não o rejeita sofre um atraso em seu crescimento masculino, que seu esqueleto assume formas femininas e uma fina pelagem feminina aconchegante o recobre, ele desenvolve mamilos e glândulas mamárias femininas e renuncia de tal forma à coragem, à hostilidade e ao instinto masculino que esses machos feminizados são até mesmo identificados como fêmeas e cobertos por machos. As fêmeas masculinizadas tornam-se verdadeiros machos em termos de estrutura física, pelagem e instinto sexual masculino. Elas copulam com a fêmea no cio e disputam sua posse com outro macho real. Portanto, ocorreu uma erotização total do sistema nervoso central na direção inversa. A partir dos experimentos, Steinach conclui, com razão, que o caráter sexual não é fixo e predeterminado, que a predisposição do embrião não é unissexual ou bissexual, mas sim assexual ou indiferente. Por meio da troca das glândulas púberes no indivíduo ainda imaturo é possível transformar completamente seu caráter sexual.*

Se, então, gônadas masculinas ou femininas podem "erotizar" à sua forma o sistema nervoso central por meio de sua atividade, nós podemos, inversamente, deduzir, a partir da "erotização" do sistema nervoso central, a atividade das gônadas correspondentes.

3 *Zeitschrift für Sexualwissenschaft* [Revista de ciência sexual], v. I, caderno I, abr. 1914, p. 39. Eu cito aqui apenas os trechos da palestra relevantes para nossos propósitos.

Já na tenra infância, os pequenos humanos do sexo masculino e feminino podem ser diferenciados também por meio de características sexuais secundárias. A ciência sabe que meninos quando bebês superam as meninas da mesma idade em tamanho. Mães e cuidadoras atentas às vezes podem determinar o sexo nessa idade de acordo com os rostos e o choro. Os rostos femininos frequentemente já são então muito mais delicados e suas vozes mais de uma oitava mais altas. Isso eu digo parcialmente por experiência própria, já que também tenho agora à minha frente uma menina de 5 meses e um menino de 4 meses, o qual me surpreendeu em primeiro lugar pelo contraste notável de seu rosto e sua voz. Desde então, pude observá-lo várias vezes. A diferenciação sexual naturalmente não é tão clara e precocemente pronunciada em todos os casos, já que as gônadas não estão tão desenvolvidas quanto nos adultos. Além disso, é bastante provável que rudimentos das gônadas do sexo oposto ainda tenham um efeito muito mais considerável nessa tenra idade, paralisando assim o efeito da gônada que virá a dominar posteriormente. Portanto, uma diferenciação deficiente entre o tipo feminino e masculino nessa idade não nos permite tirar conclusões sobre a assexualidade do bebê, pelo contrário: se em alguns casos já podemos diferenciar bebês por meio de características sexuais secundárias, podemos então também supor uma atividade das gônadas, mesmo que não tão sexualmente diferenciada, em outros casos de bebês da mesma faixa etária. Caso haja divergências no que diz respeito aos bebês, essas dúvidas devem desaparecer em observações de crianças na primeira infância. Compreendo como "primeira infância", segundo sugestões de alguns pedagogos, a idade entre 2 e 6 anos, na qual ainda não deveria haver "meninos" e "meninas".

Diariamente a realidade nos instrui sobre jogos extremamente diversos dos pequenos de ambos os sexos; diariamente ouvimos que mesmo os menores meninos são muito mais travessos, enquanto as meninas são muito mais dóceis e obedientes. Uma cuidadora, a qual considero bastante confiável e que lidava com bebês e crianças de até 3 anos em um centro de assistência social, contou-me vários casos "cômicos" sobre o comportamento das crianças. Os meninos aqui também eram líderes de todas as travessuras. "Aquilo que alguns desses traquinas faziam era imediatamente imitado por todas as outras crianças." As menininhas eram muito mais recatadas e se tornavam mais atrevidas em seu instinto materno quando acreditavam não estar sendo observadas. Havia algumas que então limpavam tudo, eram pacificadoras, acariciavam quem fora magoado, e outras coisas semelhantes. Devemos aqui tomar em consideração que essas crianças do centro não tinham um ambiente parental de onde pudessem imitar o comportamento do pai e da mãe, com a liderança habitual por parte do pai. As crianças eram rodeadas de mulheres e a maioria, filhos "ilegítimos", nunca conheceu o próprio pai.

Com certa cautela, relato aqui casos a partir dos quais infiro um amor por pessoas emancipado da pulsão de nutrição. Os pediatras conhecem bem o fenômeno da recusa à alimentação que costuma se manifestar muitas vezes bastante precocemente nas crianças, o que as pessoas frequentemente atribuem ao nervosismo. Uma menina de 2 anos e meio que vivia em uma instituição sofria de uma grave forma de recusa à alimentação contra a qual todos os recursos falharam, com exceção de um: no mesmo cômodo que ela encontrava-se, certa vez, um pequeno menino. Era uma criança bastante dócil a qual, imitando a cuidadora, arregalou os olhos e disse à pequena: "*Cara come*" (Clara, come), ao que Clara comeu. Ela sempre comia em sua presença e apenas em sua presença. Caso aqui o medo estivesse em jogo, então ela já teria tido há tempos medo da alimentação por sonda, a qual fora utilizada algumas vezes sem sucesso.

Uma outra menina de cerca de 3 anos de idade que morava com seus pais era alegre, saudável e espirituosa. Ela ainda não tinha pudor e as demandas dos adultos, "cobre-te", quando se despia, não surtiam efeito algum. No entanto, bastava que dissessem: "Cobre-te, pois o Motia está partindo" e a pequena começava a se cobrir rapidamente. Motia era o funcionário de seu pai, um homem bom, respeitável e amável.

Uma menina de apenas 2 anos de idade não gostava de seu irmão de alguns meses, o qual se tornara então o centro dos cuidados dos pais, e queria arranhar seus olhos. Um recurso ajudou: quando o irmãozinho foi entregue a seus cuidados, a pequena sentou-se tranquila ao lado de seu berço, cantou-lhe uma canção e a mãe pôde sair sem ter de temer pelo pequeno menino.

Acredito que o caso mostra muito bem a batalha entre a moção "egoísta" da criança que anseia pelo amor dos pais e a moção "altruísta", o desejo de ser, ela própria, mãe. O complexo de Édipo está presente neste caso. Na primeira moção, a pequena quer que o irmão desapareça para ter o amor dos pais para si; na segunda moção, ela quer tomar o lugar da mãe para ter o irmãozinho para si. A mãe, que não foi instruída analiticamente, não soube fornecer nenhuma informação sobre a relação com o pai durante esse período. Posteriormente, a irmã e o irmão gostavam muito um do outro e brincavam sempre de "papai e mamãe".

Já observei muitas vezes a predileção pelo sexo oposto na infância, porém, não posso definir se a sexualidade da criança já esteja tão desenvolvida que ela prefira um objeto do sexo oposto, ou se devemos buscar a causa para tanto na psicologia dos pais, na qual o pai instintivamente favorece a menina, mais delicada e dócil, enquanto a mãe protege o menino. Tampouco se pode negligenciar o fato de que a educação e as moções pulsionais das crianças fazem com que seus interesses colidam mais com as partes do mesmo sexo, marcando-as como rivais. É muito mais provável que o menino queira vencer e destruir o pai em sua fantasia porque este último, por exemplo, sabe manobrar o coche muito melhor do que o pequeno sonhador.

Um pai que estava francamente "apaixonado" por suas duas filhas, principalmente pela mais nova, contou-me quão ardorosamente sua menina mais velha o amava. Ela adivinhava seus desejos pelo seu olhar e por cada um de seus movimentos, e o beijava tão apaixonadamente "como uma pequena mulher" (expressão do pai). Quando a criança chegou à puberdade, tornou-se extremamente obstinada e difícil de controlar. Ela opunha maior resistência ao pai, do qual não suportava nenhuma reprimenda, por menor que fosse, sem se tornar muito malcriada. A primeira impressão era de que ela agora odiava o pai anteriormente idolatrado. Eu conheci a menina no estágio do amor. Em relacionamentos eróticos entre adultos, essas transformações do amor em ódio já nos são conhecidas. O ódio pressupõe um intenso amor que não podemos permitir por algum motivo ("recalque", segundo Freud). Justamente na puberdade, idade em que a criança se transformou em uma jovem moça, ela não podia mais ter a antiga relação erótica com o pai e o odiava porque, no fundo de sua psique, ela ainda o amava como antes.

Então, é redundante a questão sobre o papel desempenhado pelas chamadas "zonas erógenas" no complexo de Édipo infantil. As perversões sexuais em adultos mostram que sensações de prazer sexual (ou seus equivalentes) podem surgir a partir de diversas regiões do corpo. Faltam-me observações diretas de "zonas erógenas" em crianças "normais", mas devo acrescentar que nós até agora estávamos acostumados a não mais considerar "normais" crianças nas quais observávamos algo do tipo. Análises de adultos, normais ou neuróticos, não são adequadas, na medida em que nem sempre se pode descartar com certeza uma falsa memória ou uma encenação secundária de diversos sentimentos infantis. Neste caso, diários ou escritos semelhantes da infância de nossos pacientes podem nos ajudar ocasionalmente. Recentemente chegou-me às mãos o texto de um menino no qual suas orações e invocações de seu destino[4] estavam simbolicamente indicadas, o que me levou a pensar, em uma analogia com adultos, predominantemente doentes com *dementia praecox*, nas atividades onanistas do menino.

Minha suposição provou-se correta, pois o menino explicou-me, sem qualquer sugestão de minha parte, sua simbólica como uma proteção contra a masturbação executada por ele. O menino não era considerado doente, nunca foi tratado por mim, e é nervoso como muitas crianças de nossa época. Se ele algum dia for analisado quando adulto, então o médico que não tenha visto esse texto de sua infância pensará talvez em uma criação do adulto com projeção na infância. Este e outros casos semelhantes reforçam minha opinião de que devemos depositar certa confiança nas reminiscências da infância. O médico experiente saberá definir, a partir da simbólica, o que é real na "lembrança" e o que foi inventado. Eu não acredito que crianças tenham o complexo de Édipo na forma completa de um adulto sexualmente maduro, por outro lado, parece-me bastante possível que crianças "normais" também obtenham prazer não apenas autoerótico a partir de qualquer zona erógena. A presença de um objeto de amor, nesse caso, que estimule a zona erógena, explicaria claramente o surgimento do complexo de Édipo (naturalmente ocorre a eliminação do rival na forma de afastamento, descrita por Freud).

Meu material é mais rico em crianças anormais. Aqui há, às vezes, casos bastante contundentes: assim, eu conheci um menino que ainda não completara 2 anos, filho de pais com grande talento

---

4 Cf. comentários de Freud sobre neurose obsessiva [*Zwangsneurose*] e religião.

musical. A criança morava com a avó. Fisicamente não pude constatar nada de anormal no menino, mas sim em sua psique. O menino ainda não falava nada espontaneamente, enquanto era capaz de repetir tudo muito bem. Ele prestava muita atenção principalmente em ruídos e sons, os quais sabia imitar bem. Deixava-se arrebatar completamente pelo canto. Ao ouvir uma melodia triste, seus olhos se enchiam de lágrimas, ele acariciava e beijava a cantora (só havia mulheres à sua volta) e lhe suplicava que continuasse a cantar. Às vezes, tinha acessos de raiva, debatia-se, gritava, jogava-se no chão e mostrava com todos os tipos de gestos que queria ser surrado. Ele não cedia até que seu desejo fosse atendido, ao que então se tornava dócil e brando. Eu agora resumo: não podemos concluir que devido a órgãos sexuais externos insuficientemente desenvolvidos haja uma falta de sentimentos sexuais, pois, como mostra o caso publicado por E. Anders, pode haver uma libido sexual normal em pessoas com órgãos sexuais precariamente desenvolvidos. Os experimentos de Steinach mostraram quão completamente o caráter do animal pubescente se modifica com a alteração da gônada. Consequentemente, devemos supor, a partir de certas características do caráter, uma atividade correspondente das gônadas naturalmente também em crianças. Não temos nenhum motivo para negar o erotismo justamente em crianças, se ele surge em jogos e gestos de meninos e meninas, e tampouco temos motivo para negar *a priori* os sentimentos sexuais na criança e derivarmos toda moção psíquica, mesmo o amor, da pulsão já existente de nutrição ou de autoconservação.[5]

5 Não me refiro naturalmente às visões filosóficas, as quais também derivam a pulsão sexual da pulsão de autoconservação. Estas podem estar corretas, de certo ponto de vista. Nós podemos considerar a pulsão sexual como derivada da pulsão de autoconservação, mas isso não exclui o fato de que justamente a pulsão sexual, e não uma outra parte da pulsão de autoconservação, se manifesta em diversas moções psíquicas e ações da criança.

Eu não pude observar em crianças uma predileção profunda pelo sexo oposto. O complexo de Édipo infantil manifesta-se, geralmente, na forma de predileção por alguma pessoa, quase sempre o pai ou a mãe, nós queremos ficar sozinhos com essa pessoa e, portanto, desejamos que os outros membros da família desapareçam.

A necessidade da geração de prazer não mais autoerótica a partir de alguma zona erógena e a consequente fixação em pessoas próximas eu só pude observar em crianças psiquicamente anormais. Mas devo acrescentar que meu material de observação consiste quase exclusivamente de crianças nervosas, e que normalmente consideramos crianças nervosas justamente aquelas nas quais observamos esse fenômeno. Eu acredito que entre crianças nervosas e saudáveis deve haver uma diferença apenas gradual, assim como a diferença entre o adulto normal e o neurótico é apenas gradual. Já mencionei acima brevemente por que evitei neste ensaio as experiências que possuo em análises com adultos.

14. O retorno em Haia

Renata Udler Cromberg

Quando Sabina decidiu ir ao 6º Congresso Internacional de Psicanálise, de Haia, em 1920, apresentou uma palestra totalmente pioneira. É importante notar que as ideias que ela apresentou são anteriores ao contato com Claparède, Piaget e Bouvet no Instituto Jean Jacques Rousseau. Quando chegou lá, depois do Congresso, para trabalhar por três anos, ela as desenvolveria e publicaria, e certamente se beneficiou muito da troca com os colegas e com seu trabalho experimental e clínico com as crianças. Mas as ideias que apresentou na Holanda eram inéditas e de sua própria criação a partir da observação diária de sua lide com a filha e do desenvolvimento desta. Mas, de alguma maneira, eram também a continuação de seu interesse e elaboração da questão sobre a formação de símbolos e sobre a relação da palavra com a vida pulsional, iniciada em seus dois primeiros trabalhos ("Sobre o conteúdo psicológico de um caso de esquizofrenia", de 1910, e "A destruição como origem do devir", de 1912).

A Sociedade Psicanalítica Holandesa assumiu a tarefa de sediar o Congresso depois que se decidiu que ele deveria ser realizado em um local que havia permanecido neutro durante a Primeira Guerra Mundial. Ela preparou uma acolhida calorosa para a maioria dos analistas que estavam ainda sofrendo materialmente com as consequências da guerra devastadora. Reuniram fundos para ajudar com os custos da viagem daqueles que não tinham recursos e que iriam comer bem pela primeira vez após a Primeira Guerra Mundial. O movimento psicanalítico havia se ampliado e trouxera novos questionamentos presentes no congresso: quem poderia ser chamado de psicanalista, quais os critérios para se eleger novos membros, que posição adotar em relação à "psicanálise selvagem" e se fazia sentido criar um diploma de psicanalista.

> *Na abertura do evento, apresenta-se uma série de novas fundações que mostram que o movimento psicanalítico não só sobreviveu à Guerra, mas entrou com impulso renovado em uma nova fase de consolidação. Em Viena, é fundada a Editora Internacional de Psicanálise, a Policlínica Berlinense de Berlim (a primeira instituição desse calibre no mundo) abre suas portas, a Sociedade Psicanalítica Britânica é fundada e a Sociedade Psicanalítica Suíça é restaurada.*[1]

As associações de Berlim, da Holanda, de Nova York, da Hungria e de Viena estão representadas por 118 pessoas, entre membros e convidados. Há cinco mulheres entre os palestrantes científicos: Helene Deutsch, Eugenia Sokolnicka, Margarethe Stegmann, Hermine Hug-Helmuth e Sabina Spielrein-Scheftel. Na foto oficial do Congresso, ela aparece elegante e bem cuidada, única mulher a

---

1 Richebächer, S. *Sabina Spielrein, de Jung a Freud. Op. cit.*, p. 227.

apresentar um corte de cabelo moderno curto e ondulado. Anna Freud e Melanie Klein também estão na foto.[2]

A palestra de Spielrein, denominada "Sobre a questão da origem e do desenvolvimento da fala articulada", é conhecida pelo resumo publicado nos Anais do Congresso e pelo artigo que seria publicado em 1922. O resumo apresenta um esboço visionário de uma teoria da construção da linguagem, do significado do aleitamento e do ato de sugar no desenvolvimento da criança, além de diferenciar as linguagens que não têm por objetivo a comunicação com outras pessoas, autista e mágica, daquelas que visam à comunicação, as linguagens sociais. Além disso, ela postula pela primeira vez o surgimento da linguagem infantil a partir da relação entre a mãe e o bebê.

Ao final do congresso, comunicou à Comissão Central a sua mudança para Genebra, para trabalhar, a convite de Bouvet e Claparède, no Instituto Rousseau, ministrando cursos sobre psicanálise e participando das experiências e experimentos com as crianças do Instituto e de sua escola inovadora, a Maison des Petits. Bouvet foi seu avalista para obter o visto na cidade. Foi ele que, em 1916, cancelou o curso de psicanálise ministrado por Ernst Schneider, por estar insatisfeito e pelo número pequeno de alunos devido à Primeira Guerra Mundial. Bouvet fazia parte da Sociedade Psicanalítica Suíça.

Spielrein sugeriu ainda em Haia que se restabelecessem as relações com a psicanálise russa interrompidas pela guerra e pela revolução, que se traduzissem os anais do Congresso de Haia para o russo, que se reunissem e eventualmente se publicassem artigos

2 A foto oficial e a lista de mulheres participantes são um bom pretexto para questionar aqui a atribuição oficial de Melanie Klein e Anna Freud como as primeiras analistas de criança. Sabina Spielrein e Hermine Hug-Helmuth as precederam.

russos sobre psicanálise. O russo Max Eitington, que morava em Berlim, apoiou esta última ideia. Conhecia Sabina desde a faculdade de Medicina, a qual ele começara a cursar seis meses depois dela. Membro do Comitê Secreto, financiava a Policlínica de Berlim de Psicanálise e todo o seu corpo docente com os rendimentos particulares da firma internacional de comércio de peles de sua família. Freud também apoiou a proposta de Spielrein e lembrou da existência de um fundo de psicanálise que poderia se interessar e financiar este projeto.

A publicação do resumo de sua fala inédita expressa uma posição de que a linguagem infantil e suas transformações nascem não apenas de um desenvolvimento psicológico, mas da falta ligada ao inconsciente, falta ligada à percepção do objeto de desejo que proporciona prazer derivado do ato de mamar e que é percebido no exterior de si, na passagem do autoerotismo a um heteroerotismo (erotismo voltado para o outro) incipiente. Essa fala seria transformada em um artigo publicado na revista *Imago*, em 1922, denominado "A origem das palavras infantis 'papai' e 'mamãe'".

15. Sobre a questão do surgimento e o desenvolvimento da linguagem oral[1]

Sabina Spielrein

A palestrante diferencia linguagens autistas, as quais não preveem a transmissão de uma mensagem e a compreensão por parte de outras pessoas, de "linguagens sociais". As linguagens autistas seriam as primárias. Entre as linguagens sociais, segundo sua essência, a autora inclui o canto e a linguagem verbal, ou seja, as linguagens orais. Da mesma forma, existiriam, segundo sua essência, artes "sociais" ou "conviviais", como a música e a poesia, o que esclareceria a grande popularidade delas. A partir desse pressuposto são analisadas teorias do surgimento da linguagem oral. A palestrante considera especialmente a questão sobre se a criança inventa ela mesma a linguagem e a que podem ser atribuídas as "transformações infantis das palavras". São estudados os mecanismos de surgimento das (supostamente) primeiras palavras mamãe e papai,[2] as quais a palestrante, apoiada em observações próprias, deriva do ato de mamar. Essas palavras seriam portadoras do prazer que a

---

1 Zur Frage der Entstehung und Entwicklung der Lautsprache. In *Sämtliche Schriften*. Freiburg, Edition Kore, 2002, pp. 214-5. Tradução de Renata Mundt.

2 N.T. Em alemão, *Mama* e *Papa*.

criança sente no momento em que mama, e teriam, portanto, na fantasia, o imenso significado da realização do desejo, pois aqui o desejo, voltado para um objeto externo, não pode ser satisfeito livremente. Como consequência do sentimento de prazer proporcionado inicialmente durante o ato de mamar por outro ser vivo, a criança passaria a perceber um objeto externo que proporciona prazer pelo qual ansiamos e o qual poderia ser trazido por meio da exclamação da palavra referente ao desejo, derivada do ato de mamar. Dessa forma surgiriam as primeiras formações da linguagem oral social, as quais seriam ao mesmo tempo indício da comunicação entre o Eu e o mundo exterior, ou seja, também signos expressivos do heteroerotismo incipiente.

A palestrante aborda então a relação da formação da palavra e da memória com a vida afetiva infantil e demonstra, por fim, por meio de exemplos, que as formações ou transformações infantis de palavras e frases podem ser explicadas, entre outras coisas, pela adequação à nova fase de desenvolvimento psicológico, a assimilação à fase antiga e por uma falta que corresponde ao processamento inconsciente.

16. Ambiente Genebra

Renata Udler Cromberg

Genebra situa-se na baía onde o rio Ródano desemboca no lago Leman. Apenas 60 km a separam de Lausanne. A decisão de Sabina Spielrein de ir para lá a convite do Instituto de Psicologia Experimental e de Investigação do Desenvolvimento Infantil Jean Jacques Rousseau, após o Congresso de Haia – em vez de voltar para a Rússia ou morar novamente em Zurique –, deveu-se a uma intuição de que um momento histórico único estava acontecendo nesta cidade francófona. O francês já era seu terceiro idioma, depois do russo e do alemão, e era a língua com que se comunicava com sua filha. Ela queria estar presente no local onde acontecia a maior revolução na instituição de uma plataforma educacional internacionalista e pacifista após a Primeira Guerra Mundial. Era a realização de seu desejo de estar em contato com pessoas, livros e experiências que lhe permitissem pesquisar, refletir, trabalhar de acordo com os seus ideais científicos. Lá, encontraria o terreno teórico, conceitual e de prática interdisciplinar no desenvolvimento da linguagem e pensamento nas crianças para continuar a realizar o seu projeto investigativo psicanalítico teórico sobre a formação de símbolos por meio das reflexões sobre a origem da linguagem.

Se Genebra é hoje a cidade mais internacional da Suíça, a "cidade da paz" porque é a sede europeia da ONU, e a sede internacional da Cruz Vermelha – onde esta instituição dirige suas campanhas humanitárias –, isso se deve ao fato de que nesta cidade foi assinado o armistício e o tratado de paz que encerrou a Primeira Guerra Mundial. Ele foi concretizado no Palais Wilson, imponente edifício à beira do lago, que foi a sede da Faculdade de Psicologia de 1937 a 1975, quando ela se mudou para a Uni-Dufour. Foi durante essa mudança que o pequeno baú com os diários e correspondências de Sabina Spielrein foi encontrado, ela pôde renascer novamente como personagem conceitual da psicanálise, e sua história de vida veio a público, revelando-a como pioneira da psicanálise.

O final da Primeira Guerra Mundial trouxe intensa reflexão sobre como os homens puderam chegar a tamanha destruição. Na Suíça, houve um consenso de que os sistemas educacionais nacionais cultivavam de maneira difusa um estado belicista nas novas gerações. Era constante a presença de soldados e armas nos exercícios de aritmética da escola primária, por exemplo. A ginástica passara a ser obrigatória para meninos acima de 10 anos e era tida inicialmente como instrução militar preparatória. Eram frequentes os desenhos de meninos com farda de soldados, empunhando orgulhosos suas armas. Mas se a educação havia preparado para a guerra, não teria ela o poder de preveni-la? Houve um investimento na educação designada com uma nova missão. Muitos pacifistas queriam acreditar que ela poderia formar homens melhores, convencidos do absurdo da guerra e capazes de evitá-la, ao transformar a maneira de ver o mundo dos jovens e as relações entre as pessoas a partir do cultivo do respeito, da visão do outro como semelhante, da solidariedade e da ajuda mútua. Entre 1919 e 1923, o Instituto Jean Jacques Rousseau, fundado em 1912, foi o centro que transformou Genebra em uma plataforma do internacionalismo educativo, que se juntou ao Bureau Internacional das

Escolas Novas que levaria à criação, a partir de 1925, do Bureau Internacional da Educação, que influenciou a educação mundial em todo o século XX.

O Instituto, que vinha se tornando rapidamente o maior centro pedagógico do mundo, fora fundado em 1912 por Édouard Claparède (1873-1940) e Pierre Bouvet (1878-1965). Médico e psicólogo suíço, sobrinho do psiquiatra e psicanalista Théodore Flournoy, Claparède é considerado um dos pioneiros no estudo da psicologia da criança, a partir de um enfoque interacionista sobre a gênese dos processos cognitivos. Era uma sólida alternativa aos pontos de vista puramente inatistas ou ambientalistas, e que tirava a psicologia de uma crise entre o associacionismo e a psicologia da *gestalt*. A finalidade do Instituto era formar educadores, realizar pesquisas nas áreas de psicologia e pedagogia e incentivar as reformas educativas baseadas no movimento da Escola Nova (Éducation *Nouvelle*) que fora fundado por um de seus membros, Adolphe Fèrrière. Ele era o que havia de mais avançado nessas áreas na sua época.

O Instituto Jean-Jacques Rousseau[1]

Antecedentes de sua fundação

As primeiras institucionalizações acadêmicas da pedagogia e da psicologia aconteceram no final do século XIX na Universidade de Genebra, criada em 1876, a partir da transformação da Academia de Genebra graças ao desenvolvimento do sistema educativo

1 Todas as informações foram colhidas na publicação de comemoração dos 30 anos da Faculdade de Psicologia e Ciências da Educação de Genebra e editada por ela (1975-2005), *De l'Institut Rousseau (1912) a la FPSE*, pp. 5-27.

que favorecia a profissionalização da pesquisa científica e de novas especializações disciplinares. As duas áreas se inseriam no seio de um movimento internacional a favor de uma nova apreensão do homem, especialmente dos fenômenos educativos e psíquicos. A primeira cadeira foi criada em 1890 e buscava fazer da pedagogia uma ciência da educação, melhorando a formação dos professores primários e secundários. Em 1891, a Faculdade de Ciências criou a primeira cadeira extraordinária de psicologia por meio de Théodore Flournoy (1854-1920), em que os trabalhos realizados renovaram a concepção do psiquismo humano. A decisão de ligar essa cadeira às ciências visava explicitamente desatar a psicologia das ligações filosóficas e promover uma aproximação científica e empírica com os fenômenos psíquicos. Flournoy inaugurou em 1892 um laboratório segundo o modelo que seu mestre, Wilhelm Wundt, criara, em 1879, em Leipzig. Seu assistente foi seu primo, um jovem e dinâmico médico-psicólogo Edouard Claparède (1873-1940), que desde cedo se atribuiu a missão de promover a psicologia demonstrando sua pertinência científica e social.

No começo do século XX, Flournoy e Claparède uniram seus esforços para desenvolver essas duas novas disciplinas, tanto local como internacionalmente, por meio de seminários, conferências, congressos e publicações. Apaixonados pela ciência, fundaram um dos primeiros periódicos dedicados à divulgação da pesquisa em psicologia editado em língua francesa, o *Archives de Psychologie*, o qual foi dirigido por Claparède por 40 anos (1901-1940). Nesse periódico, além de divulgar resultados da pesquisa realizada por ele e seus colaboradores no laboratório de psicologia da Universidade de Genebra, ele publicou inúmeras resenhas sobre a literatura da época na área da psicologia. Conhecia, portanto, em profundidade o desenvolvimento da ciência psicológica, cuja produção teórica e técnica ele procurava levar a educadores, juristas e outros profissionais interessados por meio de revistas de divulgação. Nos *Arquives de Psychologie* foram publicados os artigos de Spielrein e Piaget, entre 1920 e 1923. O curso institucional da psicologia foi progressivamente reforçado e suas aplicações foram estendidas especialmente à pedagogia. Claparède organizou seminários de psicopedagogia e constituiu, com a Sociedade Pedagógica de Genebra, um grupo de estudos de psicologia da criança para se integrar a um potente movimento internacional que visava a reforma da educação sobre a base do estudo psicológico da criança. Em 1908, Flournoy se tornou professor ordinário de psicologia e Claparède, professor extraordinário (se tornaria ordinário em 1915), inaugurando uma nova etapa. Claparède foi um intelectual extremamente produtivo cujas obras principais foram traduzidas em diversos idiomas, ampliando sua influência sobre a formação de psicólogos e educadores e sobre a elaboração das perspectivas teóricas com claras implicações para a pedagogia e a psicologia contemporâneas. Isso se deve não só à riqueza da sua obra, mas também à sua ativa participação nos movimentos que delinearam as duas áreas e ao diálogo que estabeleceu com outros estudiosos e teóricos.

Fundação e transformação

Em 1912, Claparède criou o Instituto Jean-Jacques Rousseau de Ciências para a Educação como instituição privada, a qual contava inicialmente com vinte colaboradores e aproximadamente vinte estudantes e a direção do filósofo e psicólogo Pierre Bouvet (1878-1965). Este fora o ano do bicentenário de nascimento de Rousseau (1712-1778) e seu nome foi escolhido porque, para Claparède, o filósofo genebrino foi o primeiro a compreender verdadeiramente que refletir sobre o valor da infância é o primeiro dever do educador, que a criança não é um ser imperfeito, um pequeno adulto ainda inacabado, mas que ela tem uma vida própria e o tempo longo de seu desenvolvimento deve-se às suas necessidades naturais.[2] Como outros educadores, Claparède estava convencido de que a educação deveria ser reformada sem demora. Invocando as geniais intuições pedagógicas de Rousseau, que foi erigido em precursor, ele clamava por uma educação funcional: um melhor conhecimento da criança e das leis de seu desenvolvimento era indispensável para levar em conta as necessidades da criança que deveriam doravante - em uma revolução copernicana - se tornar o centro do sistema educativo.

Claparède escreveu o texto programático do instituto, no qual apresentou suas quatro funções: ser uma escola que permitisse aos educadores se orientarem, documentarem, se exercitarem no método científico e colaborarem para a construção da ciência; ser um centro de pesquisa que assegurasse o progresso desta nova ciência, um centro de informação que reunisse e difundisse as pesquisas e um centro de propaganda em favor da renovação educativa. Assim, a psicologia foi a primeira convocada para enriquecer esse conhecimento da criança, mesmo que outras disciplinas fossem igualmente integradas: a antropologia, o direito, a história, a medicina, a pedagogia, a filosofia, a psicanálise e a sociologia. Paralelamente a isso, na Universidade, Albert Malche (1876-1956) herdou a cadeira de pedagogia no mesmo dia em que foi nomeado diretor do ensino primário de Genebra, passando a considerar toda escola como laboratório e fazendo da pedagogia uma ciência empírica e social que colocava a pesquisa a serviço direto da comunidade. Ele foi incansável em instituir uma verdadeira formação profissional dos professores, condição essencial para a qualidade do sistema escolar.

Entre 1912 e 1918, o Instituto viveu uma efervescência pedagógica. A prioridade era reunir uma comunidade internacional

2 Archives Institut J.-J. Rousseau Pourquoi Institut "Rousseau". Disponível em: http://www.unige.ch/aijjr.

de estudantes, uma vez que dela dependia sua sobrevivência e seu renome. Com foco profissionalizante, os estudantes orientaram os desenvolvimentos do Instituto na construção de competências práticas a fim de que sua formação atestasse uma capacidade verdadeira e não uma erudição de superfície. Assim, foram criados múltiplos serviços conexos para unir pesquisa, formação e prática como as escolas de aplicação Maison des Petits, em 1913, e a Maison des Grandes, em 1917. Nelas foram produzidos e difundidos jogos e material pedagógico.

Tudo isso consumia o essencial dos recursos humanos e financeiros do Instituto, restringindo outros investimentos científicos. A guerra e a diminuição de alunos e colaboradores ameaçavam o Instituto de falência. Ele foi salvo graças às condições do pós-guerra que colocaram em destaque Genebra no cenário internacional, onde um grupo de atores determinados e influentes conjugados aos esforços da Universidade e do Departamento de Educação do Estado progressivamente elaboraram soluções que favoreceram o reconhecimento do Instituto.

Em abril de 1920, uma cadeira de Ciência da Educação e Pedagogia Experimental foi conferida a Bouvet na Faculdade de Letras, aproximando o Instituto da Universidade. Novos diplomas universitários foram criados, como o certificado de pedagogia e doutorados em psicologia e pedagogia. Em 1921, Jean Piaget (1896-1980), recém-chegado a Genebra, foi nomeado chefe do Laboratório de Psicologia do Instituto. Nesse ano, o Estado concedeu uma primeira subvenção ao Instituto por sua contribuição à formação teórica dos professores. Em 1922, a Maison des Petits foi inserida na rede pública, mantendo, porém, sua ligação com o Instituto. Os principais atores do Instituto (Bouvet, Claparède, Audemars, Piaget, Ferrière, entre outros) realizaram uma série de intervenções junto aos profissionais da educação; semanas pedagógicas, cursos de férias, conferências públicas, consultas práticas se sucederam e se ampliaram aos limites cantonais e federais, o que contribuiu para o alargamento da audiência do instituto, aumentando substancialmente o número de estudantes, mais de 100 em 1925, e ampliando a sua área de influência geográfica. Uma intensa atividade de pesquisa se desenvolveu em psicologia da criança sob a direção de Piaget e em avaliação de aptidões sob a direção de Claparède. Além disso, foram elaboradas no Instituto contribuições essenciais à reforma da educação, como a educação de crianças atrasadas, a escola ativa e reformas educativas da escola pública. O Instituto adquiriu, assim, progressivamente um renome internacional. O espírito de Genebra era encarnado por ele sob a bandeira da Escola Nova e da Escola Ativa. Em 1923, ele se integrou ao Bureau Internacional das Escolas Novas criado em 1899 por Ferrièrre. Em 1925, o Instituto fundou o Bureau Internacional de Educação para promover a cooperação intelectual, a solidariedade internacional e a educação pacifista.

Após os anos 1920

Em 1929, o Bureau se desligou do Instituto para se tornar uma instituição intragovernamental dirigida por dois jovens colaboradores do Instituto, Rosseló e Piaget, que ficaram à sua frente por quatro décadas. Paralelamente ocorreu uma reestruturação do próprio Instituto que permitiria sua integração à Universidade, ao mesmo tempo que foi designado para assumir toda a formação teórica dos professores. Em meio a um conflito de gerações sobre a vocação do Instituto, seu militantismo foi reduzido em favor de investimentos mais acadêmicos. Claparède (psicologia), Bouvet (pedagogia) e Piaget (administração) passaram a dirigir o renomeado Instituto Universitário das Ciências da Educação, não mais com Rousseau em seu nome. Em 1937, ele se mudou da Rue de la Taconnerie, 5, para o Palais Wilson, local da conferência da Liga das Nações (1918).

Entre 1929 e 1948, a psicologia e a pedagogia, até então intrinsecamente ligadas, se dissociaram progressivamente, graças à profissionalização da pesquisa científica, que lançou novas especializações disciplinares. O trabalho em psicologia do desenvolvimento e a psicologia aplicada tomaram impulso graças a Piaget e seus colaboradores. A psicologia se tornou uma profissão, passando, no período seguinte de 1948 a 1968, a ter uma irradiação sem paralelo. O agora nomeado Instituto Interfaculdades de Ciências da Educação fundou, em 1955, o Centro Internacional de Epistemologia Genética, financiado pelas fundações Ford e Rockefeller, sob a direção de Piaget e Inhalder, no qual a psicologia genética, aliada à epistemologia, explorou novos domínios. Ele se tornou o local de formação de uma geração de pesquisadores em psicologia e epistemologia. Paralelamente, no Instituto, desenvolveu-se a psicologia aplicada às consultas para crianças e à orientação profissional bem como a psicologia clínica com a criação dos testes projetivos, da psicanálise por Charles Baudoin a partir de 1955, da neuropsiquiatria por Ajuriaguerra e da psicopatologia da criança. Inaugurada por Inhalder como aplicação das teorias psicológicas piagetianas à pedagogia, a psicopedagogia, domínio situado entre a psicologia e a pedagogia, foi sistematizada como as ciências naturais e as matemáticas.

Entre 1968 e 1975, o Instituto passou por uma fase de transições na qual se questionou se ele continuaria sendo um instituto, uma escola ou se tornaria uma faculdade, até que, em 1975, ele se tornou a Faculdade de Psicologia e de Ciências da Educação, mudando geograficamente do Palais Wilson para a Uni-Dufour, onde permanece até hoje.

O conceito, o espírito e a finalidade do Instituto, quase inteiramente dedicado à infância, tornou-o desde o início um espaço possível para as mulheres como vocação e carreira, as quais tiveram para ele um papel essencial. Duas mulheres russas tiveram passagens breves, porém marcantes nos tempos pioneiros antes dos anos 1930: Helena Antipoff e Sabina Spielrein.

Helena Antipoff (1892-1974) teve sua formação em Genebra, no Laboratório de Psicologia e na Maison des Petits e, depois de uma passagem pela Rússia, respondeu ao chamado de Claparède e se tornou sua assistente colaboradora a partir de 1926. Ela dava cursos de psicologia experimental e realizava as pesquisas sobre os testes e sua validade, conversando de igual para igual com Claparède. Em 1929, tornou-se professora de psicologia em Belo Horizonte, no Brasil, onde continuou por décadas suas pesquisas e uma correspondência com seus colegas genebrinos. Foi ela quem trouxe Claparède para uma série de conferências no Brasil em 1930. Devido à Revolução de 1932, Claparède teve que ficar cinquenta dias no Brasil sem poder retornar à Suíça. Seu colega Adolphe Férriere teve sorte pior. Tendo vindo dar uma série de conferências no Rio de Janeiro, o navio que o trazia não pôde aportar devido à Revolução e ficou por semanas ao largo, retornando em seguida para a Europa.

A chegada de Sabina Spielrein a Genebra

Sabina Spielrein alugou um quarto à rua Saint Leger 2bis para ela e sua filha, que, aos 7 anos, ainda adoentada, foi internada em uma clínica em um lugar alto, distante de Genebra. Antes que ela pudesse começar a trabalhar, precisava da permissão de residência. Ela protocolou um pedido "à monsieur le président de justice et police à Genève", redigido em francês:

> *Senhor presidente, sou russa de nascimento e doutora em Medicina. Estudei durante seis anos em Zurique. Depois do começo da guerra retornei à Suíça, onde morei com minha filhinha desde 1915 em Lausanne. O meu certificado, emitido pelo sr. Garnosteriev, do consulado russo em Genebra, substitui meu passaporte. Esse documento é valido até 29 de outubro de 1920. Agora eu gostaria de me estabelecer em Genebra para trabalhar no Instituto J.-J. Rousseau. Ficaria imensamente agradecida ao senhor se pudesse emitir uma permissão de residência em Genebra. Mui respeitosamente, saúda-o S Scheftel-Spielrein, dr. Med.*[3]

Após certa confusão, o relatório do inspetor Amstutz, de Lausanne, chegou em fevereiro de 1921. Mas agora ela precisava de um cidadão que assumisse quaisquer dívidas que pudessem surgir de despesas hospitalares, de repatriação ou translado. O professor Pierre Bouvet, catedrático de pedagogia experimental na Universidade de Genebra e diretor do Instituto Jean Jacques Rousseau, encarregou-se disso e se tornou fiador privado com a soma de mil francos como garantia para a permanência de Spielrein. Antes de ser aceito como fiador, foi investigado pela polícia. Em 8 de março de 1921, ela recebeu finalmente a permissão de residência em Genebra.

O Grupo Psicanalítico de Genebra

O interesse dos genebrinos fundadores do Instituto pelas novas teorias era grande e a psicanálise ocupava boa parte dele. Nas

---

3 Richebächer, S. *Sabina Spielrein, de Jung a Freud.* Rio de Janeiro, Civilização Brasileira, 2012, p. 230.

vésperas da fundação, Claparède perguntou a Jung se não gostaria de ocupar um cargo no IJJR como representante da psicanálise.

Quando Sabina chegou a Genebra, já havia uma sociedade psicanalítica local sob a direção de Claparède, e um grupo de orientação científica mais rígida que se chamava Grupo Psicanalítico de Genebra e se encontrava informalmente no laboratório de psicologia de Claparède. A primeira estava aberta a todos que a procurassem e nunca se fez qualquer tentativa de que fosse aceita pela Associação Internacional de Psicanálise.[4] Nessa época, Claparède escreveu o verbete sobre psicanálise para o famoso *Vocabulário técnico e crítico de filosofia* de André Lalande[5] e uma introdução para a primeira tradução de uma obra de Freud para o francês, "As cinco lições de psicanálise", desempenhando uma tarefa pioneira. Embora reprovasse aos psicanalistas suas frequentes tendências ao dogmatismo e ao sectarismo, ele atribuía grande valor à sua teoria. Mas dentro dessa sociedade informal havia um grupo que incluía alguns dos principais luminares do Instituto – Pierre Bouvet, Raymond de Saussure, filho do famoso linguista, Gustav Bally e Jean Piaget, o novato promissor – que desejava se tornar parte da International Psycoanalitical Society enquanto grupo de Genebra. Eles já estavam presentes formalmente como membros da Sociedade Suíça de Psicanálise, filiada à IPS, fundada em março de 1919.[6] Spielrein agregou-se a esse grupo. Aparentemente, a estadia

---

4 Kerr, J. *Um método muito perigoso*. Rio de Janeiro, Imago, 1997, p. 525.

5 Vidal, F. Sabina Spielrein, Jean Piaget – going their own ways. In Covington, C.; Wharton, B. *Sabina Spielrein, Forgotten Pioneer of Psychoanalysis*. Brunner-Routledge, 2003, p. 273.

6 Vidal, F. Sabina Spielrein, Jean Piaget – going their own ways. In Covington, C.; Wharton, B. *Sabina Spielrein, Forgotten Pioneer of Psychoanalysis. Op. cit.*, p. 273. Além disso, no relatório da Sociedade Psicanalítica Suíça, publicado no *International Journal of Psychoanalysis*, v. 1, p. 356-70, de 1922, é dito que, em 10 de fevereiro de 1919, uma carta circular foi mandada a numerosas pessoas pelo reverendo dr. Oskar Pfister e sr. e sra. Oberholzer em Zurique convidando

de Spielrein contava com o financiamento de um fundo secreto, e especulava-se se estava sob o controle do Comitê Secreto, o qual visava que o grupo local pertencesse à Sociedade Suíça. Sua chegada foi cercada por uma certa confusão política, e Sabina foi chamada de "a profetisa de Freud", como representante da Sociedade Psicanalítica Internacional, já que seguia a sua recomendação de consolidar a psicanálise na Suíça. Na realidade, o dinheiro vinha de uma fonte particular e não havia nenhum encargo oficial atrelado a ele. Ernst Jones, presidente da Sociedade Internacional, reagiu com irritação quando tomou conhecimento do comportamento pouco ortodoxo envolvido na estadia de Spielrein. Encarregou o pároco de Zurique e psicanalista Oskar Pfister de "informar Bovet em particular sobre o estado das coisas, inclusive sobre a mentalidade da moça". O ocorrido teve alguma repercussão.

Em uma carta circular aos membros do comitê secreto, Freud tenta esclarecer as coisas e colocar panos quentes: "Pelo que sabemos, a sra. Spielrein não foi indicada

---

50 pessoas para a fundação da Sociedade Psicanalítica Suíça, a qual pretendia acolher todos os aderentes à psicanálise "que não aceitavam as teorias de Adler e de Jung". A Sociedade Suíça de Psicanálise solicitaria, então, entrada na IPS por afiliação. Seus encontros se dariam não apenas em Zurique, mas de tempos em tempos em outras localizações centrais, o que tornaria mais fácil para os membros comparecerem. Vinte e uma pessoas, entre elas, doze médicos, três trabalhando em asilos públicos, prometeram estar presentes ou se juntarem à Sociedade em formação como membros. Outros hesitaram em declarar sua pertinência como membros, embora vissem o projeto favoravelmente; alguns pediram para serem recebidos como convidados pela Sociedade. Três dos membros eram da Suíça francesa. Na lista de dezembro, publicada em 1920 no *Int. J.*, havia 32 membros, Oberholzer era o presidente, Rorschach, o vice-presidente, e o comitê executivo era formado ainda por Pfister, Morel e Sarasin. Entre os membros encontravam-se Binswanger, e os três que vinham da Suíça francesa, de Genebra, eram o prof. dr. Phil. P. Bouvet, Dir. de l'institut J.J. Rousseau, dr. R. de Saussurre e dr. Phil. Jean Piaget, este de Neuchâtel.

> *oficialmente como representante da Sociedade, porém deve ser tratada com muita gentileza". Freud estava muito animado com o fato de Sabina Spielrein voltar a trabalhar cientificamente depois de uma interrupção de três anos: "Finalmente uma análise infantil estimulante feita pela senhora Spielrein que deve ser publicada em breve".*[7]

Um anúncio do *Jornal de Genebra*, em fevereiro de 1922, tornava notícia que Madame Spielrein, "assistente principal de Freud [informação errônea], está disponível toda terça-feira à noite, no Instituto, para consultas gratuitas com pessoas que desejem informações sobre psicanálise científica e educacional".[8]

Não se sabe se pelo clima político da época ou pelo fato de não ter o temperamento apropriado para a função, o fato é que, durante a sua permanência, o grupo se dividiu após uma derradeira reunião em que Sabina falou sobre o tema da repressão, ao que ela escreveu a Freud para pedir sua imediata intervenção.

Freud respondeu-lhe no dia seguinte ao recebimento de sua carta, em 12 de maio de 1922. Diz que leu com muito interesse suas cartas anteriores e seus trabalhos, sem ter respondido logo porque estava atolado na correspondência, e porque elas pareciam não demandar resposta. Ele escreveu que ela tomara a coisa muito a peito e que considerava muito espinhosa uma intervenção sua, proposta que ela sustentou vigorosamente:

> *As pessoas de Genebra são todas, sem exceção, diletantes a quem a senhora deve transmitir, com vagar, algo*

---

7 Richebächer, S. *Sabina Spielrein, de Jung a Freud. Op. cit.*, pp. 231-2.

8 Richebächer, S. *Sabina Spielrein, de Jung a Freud. Op. cit.*, pp. 231-2.

de sua cultura analítica. O próprio Claparède não é exceção. Saussure, quando voltar de Céry, será – depois da senhora, sem dúvida – o único competente. Mas essas pessoas são tão profundamente ciosas de sua independência, e tão inacessíveis a um ensino à distância, que, até hoje, sequer aderiram à Organização psicanalítica. Assim, por um lado, as atividades delas, mesmo quando prejudiciais e efetuadas em bases equivocadas, empenham a nossa responsabilidade; por outro, no entanto, não temos direito algum de aconselhá-las ou dissuadi--las, se assim não demandarem. Se eu agisse como me propõe a senhora, só chegaria a suscitar uma indignação chauvinista contra o velho líder que estaria se permitindo bancar o papa da psicanálise. Precisamente, essas pessoas importam perspectivas políticas para o seio do domínio científico e dissimulam, assim, a sua ignorância total ou parcial. Os zuriquenses não são diferentes, e frente a isso nada podemos fazer; somos obrigados a esperar que entrem novos membros na Associação, e que sejam formados segundo as nossas visões. Suponha que um dos nossos grupos empreenda algo de insensato aplicando a psicanálise. Nada poderíamos fazer, a não ser obrigá-los a deixar a Associação Internacional. Mas os genebrinos sequer se inscreveram nela![9]

Ele já havia escrito a ela em 3 de janeiro de 1921 dizendo-lhe que, no que dizia respeito a Claparède, ela cometia um erro.

---

9 Guibault, M.; Nobécourt, J. *Sabina Spielrein, entre Freud et Jung*. Paris, Aubier Montaigne, 1980, pp. 323-4. Carta de Freud a Spielrein de 12 de maio de 1922. Tradução do francês de Paulo Sérgio de Souza Jr.

> *Elogiei, sem reservas, a tradução feita por ele, e disse que ela soava melhor que o texto alemão. O fato é que ele levou a mal uma observação crítica sobre o seu prefácio na Revista de Genebra (*"Fr. et la psychanalyse"*); mas eu não podia poupá-lo, pois ele faz para os leitores uma apresentação da teoria da libido de uma forma totalmente equivocada. Meus mais sinceros votos de saúde e de sucesso em suas atividades durante esse novo ano.*[10]

Em 25 de dezembro de 1920, Freud havia encaminhado a seu colega genebrino uma carta concernente à publicação dessa primeira tradução para o francês.[11] Há principalmente dois parágrafos no prefácio de Claparède que foram comentados. O primeiro diz:

> *Poderíamos, sem dúvida, criticar os psicanalistas por adotarem com excessiva frequência uma atitude sectária e dogmática, que nada tem de científica. Acontece de confundirem hipóteses com fatos, de ignorarem a dúvida metódica, além de costumarem imaginar que a teoria é um credo. Nota-se também que estão metidos em disputas internas, divididos em pequenas capelas inimigas entre si e hermeticamente fechadas aos leigos, os quais tratam com um ar meio misterioso de superioridade orgulhosa, como se fossem os hierofantes de alguma doutrina esotérica. Estas são, porém, fraquezas*

---

10 *Idem*, p. 323. Carta de Freud a Spielrein de 3 de janeiro de 1921. Tradução do francês de Paulo Sérgio de Souza Jr.

11 Essa carta inédita em francês foi publicada após uma apresentação comentada por Mireille Cifali, de onde vem a citação dos parágrafos da apresentação de Claparède, em *Le bloc-notes de la psychnalyse*, n. 3, 1983, pp. 145-6. Tradução do francês de Claudia Berliner.

> *humanas, e as debilidades ou limitações dos discípulos não deveriam ser levadas em consideração na avaliação objetiva da teoria nem, por conseguinte, reduzir seu valor. E é grande esse valor.*

O segundo diz:

> 8. A libido: *o instinto sexual é o motor fundamental de todas as manifestações da atividade psíquica. Tal é, na sua forma mais simples, a famosa doutrina do "pansexualismo", que tanto escândalo provocou. Este teria certamente sido menor se não ignorassem com tamanha constância que, para Freud, a noção de libido extrapola em muito a noção de sexualidade. Concordo plenamente que Freud e seus discípulos não foram nada claros a esse respeito; mas devemos ser capazes de ler nas entrelinhas e captar o espírito e não a letra da teoria.*

Essa foi a carta que Freud escreveu:

> *Prof. dr. Freud*
>
> *25 de dez. de 1920*
>
> *Viena IX, Berggasse 19*
>
> *Muito prezado colega,*
>
> *Levei recentemente um violento susto ao receber a carta de Flournoy, uma vez que há muito expressara meus pêsames por ocasião da morte do professor. Agradeço-lhe, portanto, a amabilidade demonstrada na*

sequência. O dr. Pfister nos prometeu escrever a nota necrológica para a revista, o que sem dúvida alguma fará do modo mais digno possível.

Recebi a Revue de Genève com seu artigo e com o começo da tradução, pelo que lhe sou muito grato. Não me cabe louvar a tradução, gostaria apenas de dizer que me parece mais bem escrita que o original. Os sons da sua língua são tão belos.

Sua introdução é muito impactante, tanto mais que elimina todo entusiasmo e (como demonstra a última página) faz sérias reservas aos analistas, reservas que não me parecem destituídas de certa pertinência. Contudo, se me permite uma crítica, o senhor é injusto comigo num ponto e dá aos leitores uma informação incorreta. Refiro-me à seguinte frase, na página 861:

"8. A libido: O instinto sexual é o motor fundamental de todas as manifestações da atividade psíquica". Mais adiante, o senhor menciona que nem eu nem meus discípulos jamais explicamos claramente esse tema. "Mas devemos poder ler nas entrelinhas e captar o espírito e não a letra da teoria". Causa-me espanto que também o senhor tenha dado lugar a esse mal-entendido. Muito pelo contrário, reiterei e disse o mais claramente possível que faço uma distinção entre pulsões sexuais e pulsões do eu nas neuroses de transferência e que, para mim, a libido significa exclusivamente a energia das primeiras, isto é, das pulsões sexuais.

É Jung e não eu que concebe a libido como moto de todas as manifestações psíquicas e que, em seguida, contesta a natureza sexual da libido. Sua afirmação não se apoia, por conseguinte, nem nas minhas palavras nem nas de Jung, mas numa mescla de ambas. De mim, o senhor toma a natureza sexual da libido, de Jung, sua significação universal, e é desse modo que nasce o pansexualismo, que só existe na imaginação muito criativa dos críticos, mas não está nem na minha obra nem na de Jung. Reconhecem na minha obra todo o conjunto das pulsões do eu e sua contribuição para a vida psíquica, mas não se fala disso para o público. Procede-se de modo similar ao apresentar minha teoria dos sonhos. Nunca afirmei que em todo sonho se realiza um desejo sexual. Desmenti isso várias vezes. Em vão, não cessam de repeti-lo.

Apresento-lhe meus sinceros agradecimentos e meus cumprimentos.

Sabina Spielrein em Genebra

Sabina aproveitou muito os anos em Genebra. Como Claparède, ela era uma pessoa dinâmica. Como parte das atividades do Instituto, ele organizava curso de férias, passeios no lago e excursões na montanha, onde realizava até experimentos de hipnose em animais e mesmo viagens de divertimento para outros países com os integrantes da equipe. Parece que Sabina era uma analista risonha, que se divertia no seu trabalho com leveza.

Ela analisou Claparède, Bouvet, Henry Flournoy, Charles Odier, Piaget e outras figuras do Instituto e fora dele. Essa atividade lhe deu um rendimento modesto com o qual não conseguia se sustentar, uma vez que as análises duravam semanas ou meses, nessa época pioneira da psicanálise. Toda sua família comemorou quando conseguiu ganhar algum dinheiro com os cursos que deu e com atendimentos particulares.

Em 1921, Jean Piaget havia chegado ao Instituto para assumir o cargo de diretor de pesquisa, um jovem cientista que trabalhou com Spielrein tratando das mesmas questões sobre a alma infantil com as quais estava envolvida. Vindo das ciências naturais, Piaget assistiu aulas de psicanálise em Zurique com Bleuler, em Burgholzli. Receoso em relação à psicanálise – escreveu uma novela filosófica aos 20 anos em que criticava Freud pelo pansexualismo –, leu depois Freud e outros psicanalistas e ouviu algumas conferências de Jung. Entre 1919 e 1921 foi a Paris, onde trabalhou com materiais de teste junto a Theodore Simon, um dos inventores dos testes de inteligência Simon-Binet, e trabalhou com crianças com distúrbios na Salpêtrière. Em 1920, ingressou na Sociedade Psicanalítica Suíça e, no mesmo ano, publicou seu primeiro artigo psicanalítico, "A psicanálise e suas relações com a psicologia infantil". Ele deu aulas sobre a inteligência infantil e ofereceu um curso prático sobre metodologia de pesquisa. Na Maison des Petits e nas turmas de primário em Genebra, realizou as primeiras investigações sobre o desenvolvimento linguístico da criança e sobre o ambiente social. Segundo Richebächer, Spielrein o considerava um pesquisador valioso.

> *Com uma ampla formação, talentoso e inteligente, ela encontrava nele, apesar da diferença de idade de onze anos, uma pessoa que compartilhava com ela as paixões científicas, que a incentivava e inspirava, e com quem podia conversar sobre as questões que mais a interessavam: o desenvolvimento do pensamento e da fala infantil e a construção de símbolos.*[12]

---

12 Richebächer, S. *Sabina Spielrein, de Jung a Freud. Op. cit.*, p. 236.

Ela assistiu à palestra dele, "O pensamento autista", e outras duas palestras na Faculdade de Ciências Exatas da Universidade de Genebra. Em seu relatório sobre a Sociedade Psicanalítica de Genebra para a *Internationale Zeitschrift für Psychoanalyse*, o professor não titular foi mencionado duas vezes por defender a tese de que "devemos muito à psicanalise freudiana por todo nosso conhecimento do inconsciente e dos mecanismos primitivos do pensamento infantil".[13]

Em 1922, a palestra que Spielrein apresentou em Haia se transformou em um novo grande e inédito trabalho detalhado: "A origem das palavras infantis 'papai' e 'mamãe': algumas observações sobre diversos estágios no desenvolvimento da linguagem". Ela parte da necessidade primária que a criança tem de contato físico e comunicação.

Piaget começou a trabalhar com ela uma teoria sobre a formação dos símbolos, teoria que não veio à luz conjuntamente, já que ambos tomaram caminhos diferentes na compreensão do símbolo.

Em 1922, Piaget faz, por sua vez, uma comunicação no VII Congresso Psicanalítico Internacional, realizado em Berlim, ao lado de Freud e assistido por Spielrein, intitulada "O pensamento simbólico e o pensamento da criança", germe do que seria o seu primeiro e importante livro *Linguagem e pensamento na criança* (no qual, baseando-se em ideias que ela mesma lhe dera e na observação de sua filha Renata, o autor esboçou a gênese do pensamento infantil a partir das habilidades sensório-motoras até o raciocínio abstrato). Não podemos esquecer a pouca idade de Piaget (23 anos) e o fato de que ele acabara de ingressar nesse campo, motivado por razões pessoais e pelos seus estudos de filosofia, linguagem e psicanálise. Antes disso, fizera a faculdade de Biologia,

---

13 *Idem*, p. 237.

doutorando-se nessa área em 1918 com uma tese sobre moluscos, campo que o levou a se interessar pela formação do conhecimento. Spielrein apresentou, no mesmo congresso, "Uma contribuição psicológica para o problema do tempo".

Spielrein ministrou um seminário como assistente de Claparède, cujo único indício é um artigo de 1923 no qual ela descreve um experimento realizado com 14 estudantes no Instituto no inverno de 1922-1923.[14] Se a temporada de Spielrein em Genebra foi politicamente infrutífera, intelectualmente ela foi muito produtiva. Novas criações surgiram. Ao que parece, a mente rica, criativa, cheia de *insights* e profundamente sensitiva, que Sabina Spielrein deixaria impressa em seu artigo "A origem das palavras infantis 'papai' e 'mamãe': algumas observações sobre diversos estágios no desenvolvimento da linguagem", foi muito estimulada pelo trabalho no Instituto, que aumentou a sua familiaridade com um extenso número de autores e teorias sobre a formação da linguagem na criança, e estimulou sua postura de valorização da observação espontânea das crianças como método de demonstração de suas ideias. Esse trabalho e a convivência em um ambiente inovador e livre no incentivo da pesquisa a estimularam a defender o ponto de vista psíquico e emocional na gênese dos processos de linguagem e pensamento a partir da psicanálise. Ao longo dos anos de 1921 e 1923, ela escreveu ao todo onze artigos sobre psicanálise, entre os quais alguns importantes trabalhos teóricos. Desses, os dois mais importantes resultaram de contribuições das discussões de suas ideias com o linguista Charles Bally e com Jean Piaget, respectivamente, "O tempo na vida psíquica subliminar" e "Algumas analogias entre o pensamento da criança, do afásico e o pensamento subconsciente", ambos contribuições importantes no campo nascente da psicolinguística.

---

14 Spielrein, S. "As três questões". Capítulo 24 deste volume.

A atividade científica de Spielrein se ampliou enormemente em Genebra. Ela publicou seis comunicações sobre análise infantil a partir das observações e protocolos verbais que reuniu de toda a primeira infância de sua filha Renata. Ela acreditava que as pesquisas sobre psicologia infantil poderiam dar contribuições fundamentais à psicanálise. Em 1921, deu sua primeira conferência no Instituto Rousseau. As palestras sobre "A alma infantil" convenceram os colegas genebrinos de seus profundos conhecimentos de psicanálise e desenvolvimento infantil. A pedido da plateia, a partir de então, as reuniões de discussão passaram a ser semanais. No segundo semestre, Spielrein falou, em complemento ao curso universitário de Bovet a respeito da educação do instinto sexual, sobre "Os maus hábitos da criança e a doutrina de Freud", também para um auditório cheio. Quando o Instituto passou a ser subvencionado com recursos do Estado e da cidade de Genebra, como foi apontado acima, ela deu seu primeiro curso: oito palestras sobre psicanálise e pedagogia, toda sexta-feira, às 17 horas.[15]

Por dois semestres, entre 1922 e 1923, Spielrein deu aulas diárias no Instituto sobre Psicanálise Educativa. Além disso, deu numerosas palestras para o público especializado e leigos, como "O que as crianças não nos contam" e "As crianças criativas". No Laboratório de Psicologia falava sobre o sonho e no Groupe Psychoanalitique Internacional, sobre repressão. Emil Oberholzer, presidente da Sociedade Psicanalítica Suíça – que era quem pagava sua taxa de associação –, convidou-a para dar uma palestra em Zurique, anunciada no principal jornal de lá e que se chamou "A associação de ideias em uma criança de dois anos e meio".

Mas se o ambiente intelectual e de pesquisa prática e clínica foi rico para Spielrein, se ela se engajou na experimentação com as crianças da Maison des Petits, escola criada e apoiada pelo Instituto

15 Richebächer, S. *Sabina Spielrein, de Jung a Freud. Op. cit.*, p. 235.

Rousseau, se tratou pacientes com problemas sérios de linguagem afetados por traumatismos cranianos ou problemas de saúde cerebral, foi também em Genebra que teve contato com a linguística nascente. Isso se deu principalmente por meio do linguista Charles Bally, a quem agradeceu explicitamente a interlocução no segundo dos três trabalhos pioneiros sobre linguagem, tempo e pensamento que escreveu nos três anos nos quais esteve na cidade.

A psicanálise e a linguística de Charles Bally

As perguntas de Sabina Spielrein sobre a origem da linguagem são as perguntas de seu tempo, tempo de criação da linguística moderna a partir da edição do Curso de Linguística Geral, ministrado por Ferdinand de Saussurre em Genebra entre 1907 e 1910. Morto em 1913, seu curso será editado e publicado por Charles Bally e Albert Sechehay, seus discípulos, a partir da reunião de anotações deles e de outro aluno, em 1916. Não sabemos se Spielrein teve acesso a esse livro ou ao livro de Bally, *A linguagem e a vida*, publicado em 1913. Mas é certo que a palestra apresentada no Congresso de Haia em 1920, quando saiu de seu isolamento em Lausanne no período da guerra, já traz ecos transdisciplinares em consonância com a linguística nascente, o que se reforça nos seus três trabalhos posteriores e na menção explícita de linguistas, sobretudo Bally, com quem teve troca intelectual em presença para a realização de seu ensaio sobre a origem da noção de tempo na criança.

Em seu artigo "O tempo na vida psíquica subliminar" (baseado em sua conferência no Congresso de Berlim, em 1922, "Contribuições psicológicas sobre a noção de Tempo"), de 1923, Sabina Spielrein usou suas habilidades em línguas estrangeiras para comparar as formas de expressar o tempo em russo, francês, alemão e inglês, e para demonstrar como os tempos verbais expressam uma vinculação entre tempo e espaço no pensamento inconsciente. Ela se pergunta quem criou a linguagem verbal? Foi o homem adulto ou a criança? A criança é capaz de criação espontânea na linguagem ou ela simplesmente se apropria da linguagem verbal fornecida pelos adultos, deformando-a? Essa questão bastante polêmica até hoje, ela diz, não foi solucionada. Ela convoca as experiências psicanalíticas para auxiliar sua busca por uma resposta. Assume, de saída, uma posição que liga o surgimento da linguagem ao inconsciente: "a língua é criada essencialmente a partir do inconsciente (mais corretamente do subconsciente) e o inconsciente nos remete, como Freud e seus discípulos demonstraram, sempre a vivências infantis e mecanismos do pensamento".[16]

Para ela, nós devemos manter sempre em mente que o antepassado está adormecido na criança e que no antepassado está a criança. Se o adulto essencialmente tiver criado a linguagem, então ele a criou, em seus primórdios, a partir do estágio infantil de sua psique. Será que a própria criança também cria sua linguagem ou simplesmente a recebe dos adultos? Essa questão, para ela, deveria ser formulada de outra forma: a criança é, segundo sua predisposição, um ser social que possui uma necessidade de comunicação? Se ela herdou a necessidade de comunicação e faz parte das populações falantes, então também herdou a necessidade da linguagem, necessidade essa que faz com que a procure e crie. Ela se refere à "linguagem" no sentido usual, ou seja, linguagem como meio de comunicação, o que ela não era originalmente. Naturalmente os adultos acorrem em auxílio da pequena psique em sua luta, estimulando o desenvolvimento dos mecanismos linguísticos, já preparados por hereditariedade, por meio de seus discursos imitados pela criança. Para tanto, porém, a mãe e a ama adequam-se instintivamente à sua capacidade de criação linguística: elas procuram

16 Spielrein, S. "O tempo na vida psíquica subliminar", Capítulo 32 deste volume.

compreender a pequena psique e encontram o material para tanto já pronto nas profundezas da própria psique, em seu próprio estágio de desenvolvimento anterior, o que permite que falem com a criança devido a um impulso inconsciente.

Vemos que ela assume aqui a linguagem conceitual recém-criada no campo da linguística que distinguia a fonética da linguística propriamente dita: fonemas, sons labiais e dentais, fonologia. Charles Bally é considerado o criador da estilística, outra subdivisão da linguística moderna, junto com a fonética e a fonologia.

Sabina Spielrein e Jean Piaget

Piaget foi o único que comentou sua análise com Sabina. Ela é mencionada pela primeira vez em uma nota de rodapé da correspondência entre Freud e Jung, editada por William Macguire,[17] em 1974. Em 1972, enquanto editava a correspondência, ele pediu informações a Piaget sobre Sabina Spielrein, que era citada várias vezes na correspondência e havia morado um tempo em Genebra. Ele respondeu que a conhecera bastante bem e fizera sua psicanálise didática com ela. Sabe-se, examinando sua correspondência, que ele foi psicanalista de um menino autista e de outros três pacientes.[18] Em 1924, ele se ofereceu para analisar Robert Jequier, um ministro protestante que estava estudando no Instituto Rousseau. Descreveu em uma entrevista posterior que ele ia duas vezes por semana ao seu consultório e se deitava no divã, enquanto Piaget tomava notas sem fazer qualquer interpretação. Piaget

17 Macguire, W. *A correspondência completa de Sigmund Freud e Carl G. Jung* (1974). Rio de Janeiro, Imago, 1993, p. 252.

18 Vidal, F. Piaget et la psychoanalyse: premières rencontres. *Les bloc-notes de la psychoanalyse*, v. 6, 1986, pp. 171-9, citado em Launer, J. *Sex versus survival, the life and ideas of Sabina Spielrein. Op. cit.*, p. 193.

também psicanalisou sua mãe, segundo sua irmã. A análise terminou quando a mãe recusou suas interpretações, o que o afetou profundamente, segundo ela.[19] Depois disso, o interesse pela psicanálise, que o ajudou a ganhar independência e a conquistar uma base cultural, diminuiu. Preferiu estudar o trabalho do intelecto em vez do inconsciente.[20] Mas essa informação só ficou conhecida amplamente quando uma entrevista dada por Piaget a Jean-Claude Bringuier em 1977, na qual contava detalhes sobre a sua análise, foi reproduzida no livro de Carotenuto (1984) sobre as relações entre Freud, Jung e Sabina Spielrein. A análise pessoal de Piaget não foi mencionada em nenhum de seus relatos autobiográficos.[21] Segundo a entrevista, Piaget analisou-se por oito meses, todos os dias às 8 horas da manhã, com Sabina Spielrein durante o ano de 1921. Segundo ele mesmo, a análise terminou por iniciativa dela, que dizia que ele não estava disposto a fazer análise, mas a discutir teorias. Ambos continuaram uma intensa troca intelectual.

Jean Piaget foi a figura com quem Sabina Spielrein formou a mais forte aliança profissional em sua carreira, depois apenas de Freud e Jung. Os três anos em Genebra foram os mais prolíficos em termos de ideias e publicações. O artigo sobre as analogias, baseado em observações de sua filha e outros casos, foi publicado junto com o importante trabalho inicial de Piaget sobre o pensamento e a linguagem da criança, nos *Arquives de Psychologie*, em 1923, como já foi dito anteriormente. Os dois trabalhos têm pontos de contato e diferenças, mas, ao lê-los, percebemos o clima de troca e reciprocidade, o apoio às hipóteses e observações do outro, além do fato de ambos assistirem seus seminários mutuamente.

---

19 Vidal, F. Piaget et la psychoanalyse: premieres rencontres. *Op. cit.*

20 Schepeler, 1993, p. 256.

21 *Ibidem.*

De maneira geral, Spielrein e Piaget concordaram na abordagem funcional, na interpretação da linguagem na infância e nos estágios de desenvolvimento. Ambos tinham raízes intelectuais comuns na formação pela escola psiquiátrica e psicanalítica de Zurique, no interesse compartilhado pela infância e no desenvolvimento de conceitos básicos sobre o pensamento. Mas o solo comum em que eles mais progrediram juntos foi a teoria do pensamento simbólico. Na sua conferência em Berlim, em setembro de 1922, Piaget falou sobre as ideias em comum com Spielrein e anunciou um trabalho de sua colega, que na verdade nunca veio à luz, uma "teoria do simbolismo muito sugestiva".[22] Ele declarou que pretendiam desenvolvê-la juntos. No seu livro de 1926[23] sobre a representação do mundo pela criança, citou algumas observações de Spielrein sobre as crenças infantis quanto à origem dos bebês.

Se Spielrein não foi a diplomata que as circunstâncias exigiam, intelectualmente estava à altura do momento histórico. Seus trabalhos desse período demonstram uma consciência implícita da absoluta necessidade de enquadrar a teoria psicanalítica nas novas descobertas da psicologia do desenvolvimento e da linguística. Eles provam também que ela possuía as qualidades intelectuais necessárias para moldar tal síntese. Com a sua partida para a Rússia em 1923, a importante tarefa que ela apenas começara só viria a ser retomada décadas depois.[24]

Ela foi a primeira analista a descrever e investigar o significado do ato de sugar do bebê como uma experiência fundamental na vida da criança. Ela antecipa as considerações que Melanie Klein

---

22 Piaget, J. La pensée Symbolique et la pensée de l'énfant. *Archives de psychology*, T. XVIII, n. 72, maio 1923, pp. 273-304.

23 Piaget, J. *La representation du monde chez lénfant*. Paris, F. Alcan, 1926.

24 Kerr, J. *Um método muito perigoso*. *Op. cit.*, p. 528.

iria tematizar na conferência Desmame, de 1936,[25] e também a maneira como Winnicott[26] falará da criação do seio como objeto exterior pelo bebê.

De 1920 a 1923, entre o estudo da origem da linguagem e da simbolização de Freud, em seu livro *Além do princípio do prazer*,[27] os estágios da linguagem de Spielrein e as hipóteses de Piaget, estudadas e desenvolvidas com plena liberdade no campo da psicologia experimental, foi formado o caldo original das reflexões sobre psicanálise e linguagem que se desdobraram no conceito da psicologia genética como campo de saber separado da psicanálise.

Os ensaios e artigos publicados entre 1920 e 1923

Spielrein acreditava que as pesquisas sobre a psicologia infantil poderiam trazer contribuições essenciais à psicanálise. Freud ficou muito animado com o fato de Spielrein voltar a trabalhar cientificamente em Genebra e publicar análises infantis. São dezoito artigos publicados e um alegadamente enviado para publicação, mas não encontrado até hoje.

Em um primeiro grupo estão: a) uma resenha escrita sobre um artigo do irmão Isaak Spielrein "Sobre números difíceis de serem

---

25 Em uma nota, Richebächer comenta que Melanie Klein não menciona Spielrein neste ensaio, mas que, em um artigo dela de 1923, "Para uma análise precoce", faz menção em uma nota sobre as "interessantes explicações" de Spielrein sobre a importância dos atos orais para o desenvolvimento da linguagem infantil e suas especificidades. *Idem*, p. 371.

26 Winnicott, D. W. Desenvolvimento emocional primitivo. In *Textos selecionados: da pediatria à psicanálise*. Rio de Janeiro, Francisco Alves, 1988, pp. 269-85.

27 Por meio da descrição da brincadeira de seu neto no berço com um carretel, quando, colocando-o para fora e para dentro do berço e emitindo os sons "ôooo" (fort) e "aaaa" (da), lidava com o jogo da presença e ausência da mãe junto dele.

memorizados e problemas aritméticos". Apesar de ter sido publicada em 1920, esta resenha foi escrita ainda em Lausanne. Durante a Primeira Guerra Mundial, os irmãos discutem questões científicas por carta. b) "Literatura russa", traz uma lista comentada dos principais livros e artigos publicados na Rússia entre 1909 e 1914, e as principais traduções da obra freudiana no mesmo período, visando sua divulgação entre os psicanalistas do Ocidente. c) "Suíça" é um relatório sobre as atividades da Sociedade Psicanalítica de Genebra fundada em 1920. d) "Quem é o autor do crime?" é um artigo de crítica da peça *O comedor de sonho* (*Le Mangeur de rêve*) de Henri-René Lenormand, estudioso de psicanálise que chegou a participar do Groupe Psychanalitique International de Genebra. A obra de conteúdo psicanalítico, cujo principal personagem é um psicanalista, ao mesmo tempo fascinou e distanciou tanto Spielrein, como Claparède, por induzir o suicídio de sua paciente, que ele transformara em amante. Em sua introdução para o público na noite de estreia, Claparède afirma que o personagem faria melhor se se interessasse pela cura de seus pacientes do que em devorar seus sonhos. Spielrein ficou consternada com a peça e escreveu um longo artigo que ocupou toda a segunda página do *Journal de Genève*, em 15 de janeiro de 1922.[28]

Em um segundo grupo, estão artigos sobre comentários infantis baseados em observações e registros verbais que Spielrein reuniu da primeira infância de sua filha Renata, acerca da sexualidade infantil, sobre a curiosidade, sobre a diferença sexual anatômica entre meninos e meninas, sobre as teorias sexuais infantis, além de relatos de experiências e análises com crianças realizadas no ambulatório do Instituto Jean Jacques Rousseau: a) "As três questões"; b) "O pudor na criança"; c) "A mulher fraca", no qual a teoria de Renatinha fora provavelmente influenciada pelo fato de ela estar

28 Richebächer, S. *Sabina Spielrein, de Jung a Freud. Op. cit.*, p. 240.

crescendo sem o pai, que estava longe e do qual sentia falta, do que advém seu desejo de ser menino para poder ser pai e manter a família unida, sentindo-se menos abandonada pelo pai que partira para a guerra e não voltara; d) "Erotismo oral recalcado"; e) "A teoria de Renatinha sobre o surgimento do homem"; f) "Análise rápida de uma fobia infantil" baseia-se na exposição de um caso de Sabina Spielrein durante a aula de Naville, "Patologia e clínica das crianças anormais", em que demonstra seu trabalho analítico feito em conjunto com o exame físico e a aplicação do teste de inteligência de Binet-Simon; g) "Um tipo espectador" e o artigo citado por ela e não localizado ainda, "Ações simbólicas da castração na idade infantil".

Em um terceiro grupo, estão artigos que têm os sonhos como tema central: a) "Sonho com selo postal";[29] b) "Estrelas cadentes em sonho e em alucinação"; c) "O automóvel – símbolo da potência masculina".

Em um quarto grupo estão artigos teóricos sobre a origem da linguagem infantil, do pensamento infantil e da noção de tempo: a) "A origem das palavras infantis 'papai' e 'mamãe': algumas observações sobre diversos estágios no desenvolvimento da linguagem" é parte integrante de sua palestra de Haia revisada, um trabalho pioneiro; b) a palestra que apresentou no VII Congresso Internacional de Psicanálise, em Berlim que é transformada no artigo "O tempo na vida psíquica subliminar"; c) "O processo reflexivo em uma criança de dois anos e meio", conferência realizada em Zurique a convite de Emil Oberholzer e anunciada no *Neue Zürcher Zeitung*; d) o artigo que deu sequência a esta conferência, "Algumas analogias entre o pensamento da criança, do afásico e o pensamento subconsciente".

29 Segundo Richebächer, o sonho refere-se a experiências da própria Spielrein e teria sido sonhado por ela logo após assistir à peça "O devorador de sonhos".

17. Sobre números difíceis de serem memorizados e problemas aritméticos[1]

Sabina Spielrein

Uma contribuição para a mnemônica aplicada de Isaak Spielrein

O trabalho de I. Spielrein oferece alguns pontos interessantes para o psicanalista. Com base em inúmeros experimentos sobre a memorização de números com seis algarismos, o autor chega à conclusão de que existe uma diferença relevante quando se trata de recordar números, na medida em que números aritmeticamente mais difíceis, como 3, 7, 9 etc., representam a maior parte das lembranças malsucedidas. Os experimentos de associação realizados por Isaak e Jean Spielrein obtiveram os mesmos resultados. Interessante é o fato de que os números mais difíceis de serem memorizados são, ao mesmo tempo, números mitologicamente significativos, o que I. Spielrein menciona e destaca ainda que pessoas mais velhas atribuíam uma importância muito maior do que

1 Spielrein, S. Über schwer zu merkende Zahlen und Rechenaufgaben. In *Sämtliche Schriften*. Freiburg, Edition Kore, 2002, pp. 222-4. Tradução de Renata Dias Mundt.

nós aos números complexos (os números "quebradiços"). Ele cita Fischer ("Der Ursprung des Judentums im Lichte alttestamentarischer Zahlensymbolik" – A origem do judaísmo à luz da simbólica numérica do antigo testamento") ao afirmar que

> *os nomes divinos judaicos e os nomes de personalidades históricas, quando não têm origem estrangeira, são quase sempre vistos como números que frequentemente formam um número complexo como 7, 13, 17 ou 19 (todos números primos afetivamente inibidos). Como Jeová [Jehova] 26 = 2 x 13, Davi [David] 14 = 2 x 7 etc.*

Com o aprimoramento de nossos métodos aritméticos, a diferente dificuldade dos números provavelmente não é mais percebida e, com a redução do desprazer, a importância desses números também deve parecer muito menor.

> *A dificuldade dos problemas aritméticos e principalmente de cada número individualmente não é algo imanente, postulado* a priori, *mas desenvolve-se no decorrer da aula de cálculo. A partir disso, impõe-se ao professor de cálculo a tarefa de ensinar de forma que as inibições não se possam manifestar ou que sejam superadas por meio do auxílio nos pontos em que os cursos atuais não oferecem auxílio.*

Se lido no original, o trabalho poderia despertar a impressão equivocada de que o autor se contrapõe à nossa visão: segundo experiências psicanalíticas, poderíamos chegar à conclusão de que alguns números poderiam causar dificuldades de cálculo devido à sua qualidade de afeto mais forte, ou de seu "efeito complexo", como os números 3, 7, 9, 13 etc. A contraposição, porém, é apenas aparente, pois um número que oferece alguma dificuldade "em decorrência de nossas fórmulas de cálculos" em operações conscientes é utilizado com grande preferência em operações inconscientes. Nós sabemos bem, a partir do estudo da *dementia praecox*, do mito e da psicologia do sonho, que conceitos de difícil compreensão e indistintos transformam-se comumente em símbolos de "desejos" inconscientes. Uma vez privados do controle do consciente, a não ser que encontrem um uso para a "cerebração inconsciente", esses números estão sujeitos à elaboração segundo as leis do prazer e desprazer de Freud; "números complexos" são formados por meio de associações com conteúdos carregados de sentimentos. Se este número, então, transforma-se em um "número complexo", ele, por sua vez, exerce efeitos como aqueles que conhecemos das "representações complexas": ele é mais facilmente esquecido, ou induz a lembranças equivocadas, ele reduz ou prolonga o tempo de reação (em um experimento de associação), ou causa uma pequena estagnação no ato do pensamento. Se ele, por outro lado, reduz o tempo de reação, então apresenta distúrbios nas reações seguintes, ou no ato de pensamento seguinte. Os experimentos de associação que Jean e Isaak Spielrein realizaram para avaliar o valor afetivo dos números consideram apenas o tempo de reação prolongado e a reprodução. Por isso, os experimentos não se adequam para decidir sobre o valor complexo do número. O número 7, aritmeticamente difícil, leva a um prolongamento ainda maior do tempo de reação do que os números 3 e 9, os quais têm algum auxílio à sua disposição (I. Spielrein). Isso não impede que os números 3 e 9 ainda revelem seu efeito completo por meio de outros distúrbios (eventualmente, distúrbios na reação seguinte). Nós desconhecemos totalmente a palavra estimulante que antecedeu e seguiu a "reação crítica" (Jung).

Discutimos por carta com I. Spielrein os trechos mais complicados do trabalho e chegamos consensualmente ao seguinte resultado: essencialmente em decorrência das dificuldades de cálculo, e não em decorrência da qualidade do afeto aderida a eles *a priori*, alguns números se transformam em símbolos de nosso mundo inconsciente do pensamento e sentimento. Eles se tornam, entre outras coisas, "complexos carregados de afeto", os quais, se procedermos analiticamente segundo Freud, devem ser atribuídos em última instância a "desejos infantis". Essa "qualidade complexa" é o que dificulta posteriormente a memorização dos números e diversas operações aritméticas. Números cujas operações aritméticas são mais acessíveis (2, 4) podem também ter um efeito "que estimule a complexidade", mas nem de longe com a mesma dimensão e amplitude que os números de cálculo mais difícil, os quais recaem mais na elaboração inconsciente devido a essa característica.

18. Literatura russa[1]

Sabina Spielrein

1. Assatiani, M. M. O conceito dos "reflexos condicionados" em sua aplicação aos sintomas das psiconeuroses. *Psychotherapia*, IV, n. 4, 1913.

2. Assatiani, M. M. O mecanismo psíquico em sintomas em um caso de demência histérica. *Psychotherapia*, n. 3, 1912.

3. Benni, K. Os métodos da psicanálise. *Obozr. psychiat. neurol.*, XVI.

4. Bieloborodow, L. J. Psicanálise de um caso de histeria. *Psychotherapia*, III, 2 e 6, 1912.

5. Bierstein, J. Sobre a psicologia da neurose. *Psychotherapia*, n. 5, 1913.

6. Bierstein, J. Sobre a psicologia do ato de fumar. *Psychotherapia*, n. 6, 1913.

---

1 Spielrein, S. Russische Literatur. In *Sämtliche Schriften*. Freiburg, Edition Kore, 2002, pp. 202-1. Tradução de Renata Dias Mundt.

7. Drosnes, L. M. A base biopsicológica das ideias alucinatórias em doentes mentais. *Therapeut. Rundschau*, n. 4, 1914.

8. Drosnes, L. M. Sobre o onanismo. *Petersburg.*, 6. J.

9. Pelzmann, O. B. Sobre a questão do suicídio. *Psychotherapia*, n. 6, 1910.

10. Golouscheff, S. Sobre a casuística da psicanálise. *Psychotherapia*, n. 5, 1913.

11. Congresso internacional de assistência a dementes na Rússia. *Ref. Münchener med. Wochenschrift*, n. 11, 1914.

12. Joffe, A. A. Sobre a questão do "inconsciente" na vida do indivíduo. *Psychotherapia*, n. 4, 1913.

13. Kannabich, J. W. Evolução dos conceitos psicoterapêuticos no século XIX. *Psychotherapia*, n. 1, 1910.

14. Lichnitzky. Sobre a situação atual da psicoterapia nos Estados Unidos. *Psychotherapia*, n. 1, 1913.

15. Orschansky, J. G. A produção artística e a análise psicológica. *Wiestnik Wospitania*, n. 5.

16. Ossipow, N. Sobre a psicanálise. *Psychotherapia*, n. 1, 1910.

17. Ossipow, N. Estado de espírito idealista e a psicoterapia. *Psychotherapia*, n. 6, 1910.

18. Ossipow, N. Pensamentos e dúvidas por ocasião de um caso de psicopatia degenerativa. *Psychotherapia*, n. 6, 1912.

19. Ossipow, N. Anotações de um doente mental. Obra incompleta de L. N. Tolstói (Sobre a questão da emoção da angústia). *Psychotherapia*, n. 3, 1913.

19a. Ossipow, N. Psicoterapia em romances de Leo Tolstói. *Psychotherapia*, 1919.

19b. Ossipow, N. Sobre o "pansexualismo" de Freud. *Journal Korsakoffs für Neur. u. Psa.*, 1912.

19c. Ossipow, N. *A alma doente*. Discurso proferido na reunião pública anual da comunidade universitária de neur. e psican. em Moscou, 27 de outubro de 1913. *Journ. Korsakoffs für Neur. und Psa*, 5-6, 1912.[2]

20. Rosenthal, T. *Sobre Dostoievski*. (1ª parte).

21. Sachartschenko. Sobre a sintomatologia do alcoolismo. *Woprossy Psychiatrii i Neurologii*, n. 5, 1914.

22. Salkind, A. B. Sobre a questão dos fatores, da essência e da psicoterapia das neuroses. *Psychotherapia*, n. 1, 1913.

23. Salkind, A. B. Sobre o questionamento sobre a essência das psiconeuroses. *Psychotherapia*, n. 3-4, 1913.

24. Schreider, J. N. Observações psicoterapêuticas. *Psychotherapia*, n. 6, 1912.

25. Tutyschkin, P. A psicanálise como método de diagnóstico psicológico e psicoterapia. *Revue f. Psych. u. Neurol.*, 17, 173, 1912.

26. Wyrubow, N. Sobre a questão sobre a gênese e o tratamento da neurose de angústia com o método combinado hipnótico e analítico. *Psychother.*, 1, 1910.

27. Wyrubow, N. Sobre a psicopatologia da vida diária (psicanálise derivada da disputa ocorrida recentemente pelas cadeiras no senado). *Psychother.*, 1913.

2 Apesar de as datas desta referência parecerem incongruentes, optamos por mantê-las de acordo com o texto original em alemão.

Traduções de obras freudianas

1. *Drei Abhandlungen zur Sexualtheorie* [Três ensaios sobre a teoria da sexualidade]. (1. ed.). Traduzida sob coordenação editorial de Ossipow, 1909. 2. ed., 1911.
2. *Zur Psychopathologie des Alltagslebens* [Sobre a psicopatologia da vida cotidiana]. (Nova edição). Traduzida por Medern. Moscou, 1910.
3. *Über Psychoanalyse. Fünf Vorlesungen, gehalten an der Clark-University* [Sobre psicanálise. Cinco palestras proferidas na Universidade Clark] (Psychotherapeutische Bibliothek, n. 1.) Traduzido por Ossipow. Moscou, 1911. 2. ed., 1912. 3. ed., 1913.
4. *Der Wahn und die Träume in W. Jensens "Gradiva"* [O delírio e os sonhos na "Gradiva" de W. Jensen]. Odessa, 1912.
5. *Eine Kindheitserinnerung des Leonardo da Vinci* [Uma recordação da infância de Leonardo da Vinci]. Moscou, 1912.
6. *Formulierungen über die zwei Prinzipien des psychischen Geschehens* [Formulações sobre os dois princípios do acontecimento psíquico]. *Psychotherapia*, n. 3, 1912.
7. *Die Traumdeutung* [A interpretação dos sonhos]. Moscou, 1913.
8. *Die Handhabung der Traumdeutung in der Psychoanalyse* [O uso da interpretação dos sonhos na psicanálise]. *Psychotherapia*, n. 2, 1913.
9. *Ärztliche Ratschläge bei der psychoanalytischen Behandlung* [Recomendações médicas para o tratamento psicanalítico]. *Psychotherapia*, n. 5, 1913.

10. *Über neurotische Erkrankungstypen* [Sobre tipos de doenças neuróticas]. *Psychotherapia*, n. 5, 1913.

11. *Einige Bemerkungen über den Begriff des Unbewussten in der Psychoanalyse* [Alguns comentários sobre o conceito de inconsciente na psicanálise]. *Psychotherapia*, n. 5, 1913.

12. *Phobie eines vierjährigen Knaben* [Fobia de um menino de 4 anos]. Traduzido por O. B. Felzmann. *Psychotherapeut. Bibliothek*, n. 9, Moscou, 1912.

13. *Über den Traum* [Sobre o sonho]. Petersburg, 1909.

Espero que os colegas russos não me levem a mal caso este relato sobre a literatura russa esteja bastante incompleto. A guerra e suas consequências fazem com que nós, aqui, estejamos isolados da Rússia há anos.

Eu tenho à minha disposição apenas alguns números (dos anos 1909-1914) da revista *Psychotherapia*, editada em Moscou, nos quais foi publicada uma série de trabalhos psicanalíticos.[3] Essa revista foi fundada em 1909 e é editada pelo dr. N. Wyrubow.

Os nomes de seus colaboradores já indicam que a revista, pelo menos até o ano de 1913, reunia psicanalistas de diversas vertentes. Diversas nacionalidades também estão representadas aqui, entre os estrangeiros, vienenses, entre os russos, moscovitas (M. Assiatiani, A. Bernstein, J. W. Kannabieh, N. E. Ossipow, O. B. Felzmann) e odessitas (J. A. Bierstein,[4] W. Lichnitzky). Aparentemente, a psicanálise fincou raízes mais profundas em Moscou. Quando, no inverno de 1911/1912, dei uma palestra sobre psicanálise em

---

3 Posteriormente tive acesso ainda a algumas pequenas obras de diversos autores, as quais puderam então ser parcialmente consideradas aqui.

4 Os trabalhos de Bierstein são escritos sob o ponto de vista de Alfred Adler.

Rostov-sobre-o-Don, as pessoas ali também chamaram minha atenção para o movimento psicanalítico em Moscou, cujos principais representantes seriam Ossipow, Felzmann e Wyrubow.

Ossipow, primeiro assistente da clínica psiquiátrica de Moscou, revela-se, nos trabalhos aos quais tive acesso (16-19), um fiel adepto das ideias freudianas, as quais defende corajosamente de ataques, e apresenta também comprovações interessantes oriundas de suas atividades médicas. Ele não faz nenhuma menção à sexualidade infantil, o que pode talvez dever-se ao fato de Ossipow, como tantos outros práticos, não ter a possibilidade de exercer psicanálise pura, precisando então utilizar sistemas de tratamento combinados.

No n. 19, Ossipow menciona que Tolstói descreve seu próprio estado de espírito na obra citada. Em seguida, vem uma análise dos registros segundo os princípios freudianos. O autor mostra o apuro com que o desenvolvimento dos sintomas patológicos da angústia nos doentes é observado e suas respectivas experiências psiquiátricas ou psicanalíticas são apresentadas. Trata-se, segundo ele, de uma histeria de angústia. Na parte teórica, Ossipow refuta as visões de Dubois e Oppenheim, os quais se atacam mutuamente com base na teoria dos sentimentos de Janet. Ossipow tampouco considera a teoria de Janet suficiente, assim como Stumpf, Lossky e outros, o autor destaca que as sensações físicas que o acompanham não são a essência do sentimento de angústia, que podemos eventualmente (exemplo) observar sensações orgânicas, as quais normalmente fazem parte do estado de angústia, sem a geração da angústia. A partir disso, Ossipow conclui que podemos influenciar de forma psicoterapêutica o estado de angústia patológico por meio da psicanálise. Se supusermos, segundo ele, que a base de um "sentimento de angústia" são sensações orgânicas, então o desenvolvimento da angústia no caso do transtorno da emoção sexual seria compreensível. Ossipow não observou nenhum caso de neurose angustiada sem transtornos na área da vida sexual.

A fim de não cometer uma injustiça com o autor, ative-me precisamente à sua terminologia, com a qual, apesar de toda nossa apreciação e explicações teóricas, nem sempre estamos de acordo.

Wyrubow (26, 27) também nos presta bons serviços, mesmo que ele tampouco seja um psicanalista puro. Sua pequena análise dos erros de impressão no período da disputa entre os diversos partidos políticos é muito interessante. J. W. Kannabich (13) menciona o interesse cada vez mais crescente pela psicanálise. O. B. Felzman (9) destaca a grande importância das experiências psicanalíticas para a compreensão e prevenção de tendências suicidas. Ele não reconhece ser um seguidor completo de Freud, mas apresenta alguns casos de tentativas de suicídio que observou, nos quais encontra, em todos eles, uma etiologia sexual. M. M. Assatiani (2) descreve um caso de histeria com estados de torpor tratado pela psicanálise. L. J. Bieloborodow (4) trata de um caso curado pela psicanálise. Infelizmente, eu possuo apenas a conclusão dessa interessante análise. A. B. Salkind (22) coloca a questão de se há psiconeuroses inatas e se existe uma constituição específica que predispõe a uma determinada forma de psiconeurose. Ele acredita que não podemos detectar nenhuma disposição para uma determinada psiconeurose, mas que devemos supor que há um fundamento psiconeurótico geral e inato que funciona como uma disposição para tanto. Ele critica, injustamente, os freudianos, os quais alegadamente negam qualquer tipo de disposição orgânica. Após essa crítica, no entanto, expressa sua apreciação por várias leis de desenvolvimento "psicológicas individuais", as quais foram descobertas pelos freudianos. O autor reconhece que a neurose se baseia em um conflito, nega, porém, que esse conflito tenha de ser sempre de natureza sexual. Uma de suas concepções mais peculiares merece ser citada:

> *"Eu acredito mesmo", ele diz, "que nos últimos tempos a quantidade de neuroses de origem sexual pode ter aumentado pelo fato de que a escola freudiana volta toda sua atenção para esse campo, com o que ela intensifica o papel da sexualidade aos olhos da sociedade leiga, ou seja, aumenta o significado patogênico da sexualidade".*

Falta a conclusão do artigo, mas eu não creio que o trabalho ofereça um interesse especial para nós, analistas, visto que o autor, como a maioria dos ignorantes, não apresenta uma polêmica, mas apenas discute *a priori.*

A visão de Salkind (23) pode ser resumida com as frases a seguir:

> *"A neurose surge às custas da afetividade dispensável, ainda não gasta, em uma psique ainda imatura que ainda não pôde se ajustar."*
>
> *"A neurose é uma sublimação desarmoniosa, não planejada e irracional da afetividade, o resultado de um posicionamento instável, imperfeito e imaturo de complexos vitais no indivíduo."*

Segundo essas contribuições, Salkind parece pertencer à vertente junguiana. Ele também diferencia entre dois tipos psicológicos, um analítico e um sintético, um com pensamento dedutivo e um com pensamento indutivo, sendo que este último cria todo um sistema de construções lógicas não intuitivamente, mas sim lentamente. O primeiro, em casos patológicos, resulta em um estado histérico, e o segundo em um estado psicanalítico. Nem Freud nem Jung são mencionados.

J. N. Schreider (24) estuda três métodos psicoterapêuticos, hipnose, psicanálise e psicoterapia racional (segundo Dubois), em sua aplicação a diversos casos de doenças. Ele recomenda a hipnose para casos em que se pode observar claramente o desenvolvimento da doença sem psicanálise, ou seja, onde não encontramos nada "recalcado", também em doentes não inteligentes e, por fim, em casos nos quais o grave estado da doença torna necessária uma rápida intervenção. No caso da histeria, é recomendada sempre a psicanálise. Aqui o autor encontra todas as causas possíveis para a doença, mas vê o trauma sexual como sua principal origem. O autor não acredita em uma cura completa pela psicanálise, pois, no caso dos neuróticos, lidamos com uma constituição patológica que predispõe à doença, mas recomenda mesmo assim a psicanálise como um recurso muito mais eficaz em comparação com a hipnose. Em alguns casos, é recomendado um método combinado de psicanálise e hipnose. A psicoterapia racional é comparada à hipnose e à psicanálise como um método que se dirige à crítica do doente, sendo que os dois últimos métodos devem suprimir a crítica.

A psicoterapia racional deve ser utilizada em casos de psicastenia, ou seja, em estados psicastênicos em indivíduos mais idosos, os quais se adequam menos à psicanálise.

Joffe discute (12) um caso de homossexualidade em um assistente de médico, o qual ameaçava constantemente suicidar-se a fim de conquistar seu ambiente. Quando as pessoas, por fim, deixaram de lhe dar crédito, ele efetivamente realizou sua ameaça: ficou a impressão de que foi levado a essa decisão por vaidade, para não ser alvo de troça. Joffe atribui a homossexualidade desse homem à sua relação infantil com o pai, sendo que o menino sempre se identificou com a mãe. As informações que se seguem, porém, não são compreensíveis: "ele amava a mãe e 'odiava' o pai, pensava constantemente que a mãe sabia tudo, fazia tudo melhor que o pai, era mais importante que o pai. Como ele agora 'desempenha o papel de sua mãe', ele sabe tudo, faz tudo melhor que os outros" etc. "O pai era um déspota"; "a mãe era sempre ofendida por ele."

Assim explicava-se a sensibilidade do filho em relação a ofensas. O ódio pode ser compreendido como reação contra a fixação homossexual pelo pai, da qual Joffe fala. Chama a atenção que Joffe refere-se a Jung e Teller, mas não a Freud, sendo que, entretanto, analisa o caso segundo Freud.

Goloscheff trata (10) de um caso interessante de aversão pelo genital feminino em um homem casado, o que tornou o coito normal impossível durante anos. O autor descobriu na hipnose um trauma infantil: aos 6 anos, o menino fora atacado por lavadeiras indecentes que examinaram seu pênis e lhe mostraram seus órgãos sexuais (? Ref.);[5] ele chorou e foi levado embora pela ama. O autor obteve outras recordações sem hipnose. Quando o paciente tinha 9 anos, ele e seu amigo viram o órgão sexual de uma pequena menina quando esta levantou seu vestido. Nessa ocasião, o órgão também lhe pareceu repulsivo, ele sentiu o impulso de torturar esse órgão repugnante; a moção foi transferida para a mulher como um todo, de forma que as crianças fizeram a menina caminhar com o vestido levantado sem sapatos sobre pequenos pregos espalhados pelo chão. Após essa pequena análise, Goloschef utilizou o seguinte método: procurou, na hipnose, separar em seu paciente as representações do genital feminino da representação dos órgãos das lavadeiras. Logrado esse intento, ele sugeriu ao doente que o órgão feminino seria algo atraente, e o coito, muito

5 N.T. Falta esta referência no texto original.

agradável. Em duas semanas, o doente evoluíra tanto que quis realizar coito normal com sua esposa – esta, porém, recusou-se. Assim, ele procurou fazê-lo com uma outra mulher, e conseguiu. Desde então, está curado.

Duas brochuras do dr. L. M. Drosnes (Odessa) estão escritas em linguagem clara, sendo que as recomendo fortemente. O autor demonstra (7) que nem as novas teorias do metabolismo, nem a psiquiatria clínica descritiva podem explicar a essência e as causas do surgimento do conteúdo psíquico de uma doença mental. Por que nem todos os sifilíticos sofrem de paralisia progressiva, mas apenas 4,7% deles? Isso a visão monista materialista não consegue nos explicar. A teoria da hereditariedade também se revela inacessível, pois, em primeiro lugar, as disposições genéticas não podem ser comprovadas em todos os casos, mesmo com toda a boa vontade do mundo, e, em segundo lugar, existem realmente muitos indivíduos com disposição genética que mesmo assim não sofrem de psicose. Assim, o autor fala sobre o imenso significado da educação e das experiências da primeira infância, das experiências sexuais nos termos de Freud, e, embora o conceito de "dependência homossexual" não esteja totalmente claro para o autor, podendo eventualmente levar a um engano, os belos exemplos da prática psicanalítica compensam suficientemente esse erro.

A segunda pequena obra (8) é uma apresentação popular, de fácil compreensão, das visões de Freud sobre a essência do onanismo. O autor destaca especialmente o grande dano que pode surgir devido ao medo exagerado e à autorrecriminação referente ao onanismo, o qual é realmente praticado por 95% das pessoas normais durante um período.

Além de trabalhos originais de autores russos, a revista *Psychotherapia* traz também trabalhos de autores estrangeiros traduzidos para o russo, entre eles, também trabalhos de Freud (vide nº 6 e 11 da literatura traduzida). Ademais, são apresentados trabalhos da Revista Internacional de Psicanálise (Internationale Zeitschrift für Psychoanalyse), inclusive outras obras psicanalíticas e relatórios de congressos.

Entre as obras de pesquisadores russos relatadas na psicoterapia, talvez nos interesse a obra do dr. Netkatscheff: "Sintomas e psicoterapia da gaguez". Novo método de tratamento psicológico, 1913, VI 3 126 páginas. (Ref. Wyrubow). O dissertante compreende a gagueira como uma psiconeurose, a qual ele trata com base nos métodos de Dubois, Freud, Dijerine e outros, assim como com hipnose.

Também: "Os trabalhos da clínica psiquiátrica da universidade imperial de Moscou", organizado pelo terapeuta professor E. Rybakow, nº 1, 1913, 384 páginas. (Ref. Wyrubow).

O primeiro volume inclui trabalhos do terapeuta E. Rybakow: "A influência do sexo e da idade sobre doenças psíquicas". "A influência de linhas científicas na psiquiatria sobre o diagnóstico de doenças mentais". dr. J. Ermakoff: "Epilepsia histérica, patologia da emotividade respiratória". As contribuições de E. P. Petrow, Tarassiewitsch, M. P. Kutanin, dr. J. Asbukin são certamente de interesse psiquiátrico mais generalizado. Entre as resenhas, deve-se destacar a sobre a "Esquizofrenia" de Bleuler" (60 páginas, ref. Kutanin).

V Congresso Internacional de Assistência a Dementes na Rússia, Moscou, 8 a 13 de janeiro de 1914 (26 a 29 de dezembro de 1913) relatado por dr. J. D. Matzkiewitsch e dr. A. J. Prussienko na revista mensal "Woprossy Psychiatrii i MeurologiiNeurologii" ["As questões da psiquiatria e neurologia"], redigido por M. J. Lachtin).

Dr. Marie e N. N. Bajenoff falam sobre *dementia praecox* e degeneração. Eles citam diversos pontos de vista sobre a *dementia praecox* e criticam tanto o termo "degeneração" da escola francesa, o significado etiológico exagerado atribuído à hereditariedade, quanto o diagnóstico diferencial de Kräpelin, que se baseia em sintomas clínicos e anatômico-patológicos. Apenas a consideração de todos os sintomas, segundo eles, permite o diagnóstico correto.

Na discussão, Rosenbach (Petersburgo) coloca-se contra Magnan. Weigandt (Hamburgo) acredita que seria difícil realizar um diagnóstico com base em sintomas físicos até mesmo no caso de doenças somáticas, e justamente isso seria arriscado na psiquiatria. Segundo ele, nós ainda não estamos preparados para diagnosticar a forma de uma psicose a partir de indícios de degeneração física.

S. Orschansky: "Degeneração psíquica secundária como sintoma de algumas psicoses crônicas". P. P. Tutyschkin: "Responsabilidade jurídica em doentes mentais".

Hess: "Extensão do limite de maioridade para psicopatas". Em psicopatas com defeitos morais, o período de guarda e educação deveria ser estendido, e eles devem receber uma educação pedagógico-psiquiátrica.

Karpow: "Sobre os desenhos de doentes mentais". 1. Os desenhos de pessoas normais são realizados segundo leis da simetria, ou seja, se uma parte do desenho se desvia do padrão, os mesmos desvios são realizados em outras partes. 2. Entre os desenhos de doentes mentais realizados segundo um padrão apresentado, encontramos alguns que pouco diferem dos desenhos de pessoas saudáveis. 3. Nos desenhos de doentes mentais, vemos eventualmente sintomas da doença que poderiam escapar a outros métodos de avaliação. 4. Quando um desenho é realizado junto com o médico, a relação entre o médico e o paciente se torna mais íntima, a confiança no médico aumenta.

G. Rossolimo: "Método simplificado de avaliação de defeitos da inteligência".

S. Rabinowitsch: "Os resultados da avaliação de crianças segundo o método de Rossolimo".

Outras apresentações (mencionadas no relato na revista semanal de medicina de Munique, Münch. Mediz. Wochenschrift, ano 1914, nº 14).

Bajenoff: partindo da teoria do gênio como uma forma hipertípica da mente humana sob determinados sintomas patológicos, assim como da outra teoria de que a criação artística está sujeita à influência do inconsciente sobre o consciente, Bajenoff discutiu primeiro Goethe (ciclotimia), depois Rousseau, então o cicloide Gogol, os estados depressivos em Schiller, J. St. Mill, Newton etc. Segundo ele, Dostoievski seria epiléptico, Maupassant sofria de dores de cabeça e arterismo [sic]. O relator defende-se contra a acusação de que os médicos procuram diminuir maliciosamente grandes homens por meio desse tipo de estudos.

A dra. Strasser-Eppelbaum (Zurique) falou sobre o pensamento autista em casos de *dementia praecox*. Segundo ela, para compreendermos a esquizofrenia, não podemos simplificar a avaliação por meio do desmembramento, mas devemos acompanhar aquilo que deve ser avaliado em suas relações com seu desenvolvimento e procurar compreendê-lo geneticamente. Para a compreensão, devemos penetrar intuitivamente em uma forma muito especial de pensamento. A *dementia praecox* seria o resultado da reação totalmente ampla de uma pessoa ao sentido do mundo como um todo, o qual ainda não teria levado a nenhuma harmonia entre os dois componentes do mundo, mas sim a um isolamento do mundo exterior, um retorno ao eu interior e a um distanciamento do real.

19. Suíça[1]

Sabina Spielrein

A Sociedade Psicanalítica de Genebra, fundada em setembro de 1920, conta tanto com psicanalistas formados quanto com leigos em psicanálise entre seus membros. Seu presidente é o professor Claparède. A admissão na Sociedade, assim como a participação nas reuniões, não tem restrições até agora. Devido a diversas dificuldades, a Sociedade realizou apenas poucos encontros – apenas dois no semestre de inverno de 1920/1921 – e reúne-se comumente em intervalos de seis semanas.

Paralelamente a essa Sociedade, formou-se um grupo menor, mais rigorosamente científico, que realiza quase regularmente uma reunião por semana. Alguns membros da Associação Psicanalítica Internacional também pertencem a esse grupo menor (Groupe psychoanalytique internationale), como o professor Bovet, dr. Boven, o docente privado Morel, dr. de Saussure, o docente Piaget e a dra. Spielrein. Além disso, entre os outros membros, com

1 Spielrein, S. Schweiz. In *Sämtliche Schriften*. Freiburg, Edition Kore, 2002, pp. 263-4. Tradução de Renata Dias Mundt.

exceção do presidente já nomeado, professor Claparède, há ainda dr. Henry Flournoy, dr. Charles Odier e outros mais. A maioria dos membros do grupo menor proferiu aqui ou em ambos os grupos uma ou mais palestras. Dentre os membros do grupo grande (grupo de Genebra), deve-se destacar uma palestra do dr. Naville. A propósito, no último inverno, o senhor I. Flügel, de Londres, esteve presente como convidado dos dois grupos de Genebra e proferiu uma palestra em cada um dos dois.

O pequeno grupo foi dissolvido mais tarde por motivos internos, suas últimas reuniões ocorreram em dezembro de 1921 (palestra do dr. Bovet sobre o complexo de Édipo em Alexandre, o Grande), em janeiro de 1922 (palestra do dr. Morel sobre uma ludomania psíquica) e em fevereiro (palestra da dra. Spielrein sobre recalque). O grande grupo já havia sido convocado para essa última reunião. O grande grupo ainda existente hoje (grupo de Genebra) não realizou reuniões em março e abril.

O professor Bovet, diretor do Instituto Rousseau, tem o mérito de ter sido um dos primeiros professores universitários a oferecer um curso na universidade sobre educação sexual. A senhorita Malan realizou um curso sobre psicanálise e educação no Instituto Rousseau. O docente privado Piaget declarou tanto em suas duas palestras no auditório da universidade quanto em seu curso sobre o pensamento autista que devemos todo nosso conhecimento do inconsciente e dos mecanismos de pensamento primitivos infantis à psicanálise freudiana. A dra. Spielrein proferiu no Instituto Rousseau oito preleções sobre psicanálise e educação, além de uma palestra sobre o sonho tanto na Associação "Vers l'unité" quanto no Laboratório Psicológico da Universidade, assim como, por fim, algumas palestras isoladas no Instituto Rousseau, dentre elas, "Princípio do desejo e realidade na vida psíquica infantil" e "Maus hábitos na idade infantil". Além disso, ela fundou, a pedido de seus ouvintes, uma associação destes, a qual agora se encontra em média uma vez por semana para discussões.

Na Sociedade Médica, o dr. Odier nos forneceu um interessante relato sobre um caso de agorafobia curado por ele por meio da psicanálise. Entre outros, o dr. Flournoy participou da discussão em benefício da visão psicanalítica.

20. Quem é o autor do crime?[1]

Sabina Spielrein

O drama de M. Lenormand que está sendo apresentado no momento do Teatro Pitoeff merece uma análise sob o ponto de vista da problemática psicológica ali levantada.

> *O Senhor diz a seu filho:*
> *Vai para o claro jardim inocente*
> *Dos anjos onde reluzem as maçãs*
> *E as rosas. Ele te pertence. É o teu reino.*
> *Mas não colhe nada além da flor;*
> *Deixa a fruta nos galhos,*
> *Não aprofunda a fortuna,*
> *Não busca conhecer*

1 Spielrein, S. Wer ist der Autor des Verbrechens? In *Sämtliche Schriften*. Freiburg, Edition Kore, 2002, pp. 229-35. Tradução de Renata Dias Mundt.

O segredo da Terra
E o enigma dos seres.
Não escuta a voz que atrai
Para as profundezas das sombras, a voz da tentação,
A voz da serpente, ou a voz das sirenas,
Ou das pombas ardentes
Nos bosques sombrios do amor.
Conserva-te ignorante.
Não pensa; canta.
Toda a ciência é vã,
Ama apenas a beleza
Que para ti seja toda a verdade.
(Charles Van Lerberghe, A canção de Eva)

Vivam! Gozem a vida! Mas não! O fruto proibido sempre nos atrai, apesar de todos os bons conselhos, nós esquecemos as palavras do Deus criador, esquecemos as tristes experiências vividas por nossos antepassados Adão e Eva. Nós queremos ainda e mais uma vez provar o fruto da árvore do mal. Oh, essa alma humana, esse espírito rebelde pleno de desejos ardentes, sempre buscando algo e nunca satisfeito! Aonde isso nos leva? Não nos basta mais conhecer as leis que regem os movimentos dos planetas; não satisfeitos em estudar o desenvolvimento das plantas e animais que nos circundam, aventuramo-nos até a maior obra da criação, atacamos a imagem do Todo Poderoso, do ser humano. Mais ainda, não nos satisfazemos com o estudo da natureza física, queremos olhar para dentro de nós, tomar posse de nossa alma em toda sua profundidade até o abismo do inconsciente. Surpreende que o Todo-Poderoso perca a paciência, que brade "parem" aos insolentes, deixando-os afundar consumidos por suas paixões ressurgidas da garganta do inconsciente?

Isso a peça de M. Lenormand pretende nos mostrar de forma artística. Fearon, amante de Luc, é a imagem de seu próprio inconsciente, de suas pulsões libertadas em toda sua nudez, as quais ele despertou e não consegue mais controlar. Jeannine, o ser que ele, afinal, ama, perece por não suportar a revelação de sua intenção secreta. Após batalhas infrutíferas, Luc também cai, abatido por sua própria obra, por suas próprias pulsões que se voltaram contra ele. Com razão, somos advertidos sobre todos aqueles charlatães que se denominam indevidamente psicanalistas. Além disso, no folheto da peça pode-se ler o seguinte:

> *Seria um erro interpretar esta obra como demonstração ou refutação da famosa doutrina (a psicanálise). Se Luc professa as ideias freudianas, isso ocorre porque ele é um psicólogo moderno que reflete as visões de sua época. O decurso dos eventos ilustra o malogro de um indivíduo, não de um método já comprovado.*

Aqui, portanto, coloca-se a intrigante questão: quem é o autor do crime? Quem causou a morte de Jeannine? Pela boca de Fearon, o autor nos diz que Luc, o psicólogo, é o culpado e que Fearon seria apenas sua obra. Entretanto: não estaria Jeannine morta já antes de seu suicídio real? Nós a vemos perambular com o olhar vidrado, sempre vestida de verde, atraída pela água, onde já tentara uma vez o suicídio. Enlouquecida por sentimentos de culpa inexplicáveis, incapaz de qualquer alegria, Jeannine sente-se obrigada a renunciar a tudo o que seja a vida. Ela não encontra satisfação em nenhum trabalho; durante dias inteiros consome-se em sua inquietação interior, incapaz de fazer algo. Ela não está doente, realmente gravemente doente? Um médico capaz teria tentado se aproximar cuidadosamente dessa alma frágil e aflita e, se a doente, sob sua orientação, conseguisse lembrar-se de suas inclinações infantis hostis em relação à mãe, ele lhe teria dito:

> *Não te condenes de forma tão severa. O inconsciente não determina o valor do ser humano!*
>
> *Todos nós somos crianças e seres primitivos em nosso inconsciente, todos nós vivemos a esmagadora tragédia de Édipo, mas aprendemos a resistir a essas inclinações elementares. O valor do ser humano está em sua capacidade de dominar suas pulsões. Isso nos permite disponibilizar nossa energia para ações de uma ordem social mais madura.*

O valor do ser humano é proporcional à sua capacidade de "sublimação". Luc, por sua vez, revela a Jeannine o segredo de seu inconsciente de forma brusca e inesperada, sem aguardar que suas lembranças surgissem por si próprias, como teria feito um analista.

O que se contrapõe mais intensamente ao tratamento psicanalítico, no entanto, é o fato de que Luc, por sua vez, um ser fraco e incapaz de controlar suas pulsões, arroga-se o direito de mais alto juiz: "*Eu te absolvo*", diz ele a Jeannine. Ele permite que ela liberte o animal, permite-se ir tão longe que se torna amante de Jeannine. Mas quanta diferença separa essa invasão brutal do método sensível ensinado pela psicologia vienense!

Apesar de tudo, Jeannine começa a reviver. Mas apenas porque consegue ver um pouco mais claramente o que está acontecendo consigo. Essa reanimação, contudo, é incompleta. Sem que tenha consciência disso, Jeannine passa a ser perseguida pela convicção excruciante de que matou sua mãe. Ela foge desses pensamentos e busca a clareza. De forma bestial e cínica, Fearon lhe diz que ela, quando criança, causara involuntariamente a morte de sua mãe. Ao mesmo tempo, Fearon faz com que um revólver chegue às mãos de sua vítima, sugerindo-lhe, assim, o suicídio. Esta alma delicada é incapaz de suportar essa súbita revelação. Ela sucumbe. Um analista ciente de suas obrigações talvez fosse capaz de salvá-la, ao abrandar o choque emocional. De qualquer forma, ele não teria impingido revelações à doente; se ela própria tivesse espontaneamente conseguido ter clareza sobre si mesma, ele a teria apoiado e encorajado seu anseio de se libertar. Não é o crime de uma criança irresponsável que mata Jeannine. Quantas pessoas teriam então de cometer suicídio por terem causado a morte de sua mãe ao nascerem? Se Jeannine se torna vítima de seus sentimentos de culpa, então é apenas porque seu ato talvez tenha sido mais intensamente intencional do que ela ousa admitir. Por isso ela não consegue vestir-se de outra cor que não a verde, a cor do xale com o qual causou a morte de sua mãe. É muito provável que Jeannine tivesse se matado mesmo que nunca tivesse conhecido Luc. É possível também que Luc tenha contribuído para a realização do ato, não Luc, o pesquisador, mas Luc em sua segunda personalidade, a de Fearon. Apesar de interessar-se por psicologia, Luc não é psicanalista, sua difícil tarefa supera suas forças: para ser psicanalista, precisamos nos empenhar pela nossa libertação até podermos dominar nossas pulsões. Luc não atingiu essa primeira fase do desenvolvimento, e por isso seus instintos egoístas, libertados na figura de Fearon, levam, por fim, à morte de Jeannine.

"Ele teria feito melhor se tivesse cuidado da recuperação de seus doentes em vez de se alimentar de seus sonhos", disse o prof. Claparède em sua introdução. Se o próprio Luc tivesse sido analisado e se tornado capaz de combater seus impulsos, quem sabe?

Talvez Jeannine tivesse tido êxito em poder viver uma vida feliz, como vários de nossos doentes que foram tratados pela psicanálise. Nós solucionamos nossos problemas? – Não! – Por que não? – Luc nunca teria tido êxito em matar Jeannine se não houvesse ali outra coisa, se não fosse pelo sentimento de culpa doentio, segundo a convicção dele, o qual a transformara em uma morta-viva, uma sombra, muito antes da sua intervenção.

O mal está em um lugar muito mais profundo do que acreditamos à primeira vista: há um motivo comum para o consciente doentio de Jeannine e a incapacidade de Luc. É o mesmo motivo que faz com que nós, hoje, tenhamos tal aumento de suicidas, loucos e criminosos. Isso é a falta de amor em nossa sociedade, por falta de educação. A religião transformou-se em letra morta. Nós avançamos demais para podermos crer sem dificuldades; queremos saber, saber tudo. As crianças das gerações anteriores tinham pelo menos a vantagem de poderem se formar de maneira natural – nossa geração, por sua vez, sufoca-se desde a mais tenra infância sob o peso das mentiras e das convenções sociais. Não há cordialidade, nem compreensão, nenhuma sinceridade natural entre os pais e seus filhos. Nós, os médicos e pedagogos, estamos totalmente isolados com nossos esforços para obtermos o apoio ou ao menos o interesse dos pais. As pessoas nos procuram apenas quando já é tarde, frequentemente tarde demais.

Eu não quero dizer que uma educação sensata sempre poderia proteger as crianças de doenças psíquicas e neuroses, ainda há coisas suficientes que ultrapassam nossos poderes, mas isso não é motivo para entorpecermos nossa consciência e não tomarmos nenhuma providência. O exemplo de Jeannine comprova claramente: nós não conseguimos combater o mal na medida em que o ignoramos, caso contrário, Jeannine, a desconhecedora, seria a mais feliz das criaturas. Apenas o conhecimento veemente das leis psicológicas por parte dos pais, a sinceridade entre os pais e seus filhos – certamente apenas até o ponto em que ela não ultrapasse a compreensão da criança –, apenas uma educação saudável e natural poderiam ajudar o ser humano futuro a ser capaz de combater suas pulsões, pulsões que ele conhece muito bem, as quais pode, inclusive, recriminar, sem, no entanto, desenvolver como reação um sentimento de insuficiência, um sentimento de culpa tão profundo que sucumba a ele. Exatamente isso a peça de Lenormand quer nos mostrar, e nós o agradecemos por isso.

21. Sonho com selo postal[1]

Sabina Spielrein

Uma colega amiga minha iniciou, a conselho meu, uma análise com um médico do sexo masculino. Por questões diversas, ela foi obrigada a interromper a análise depois de pouco tempo, de forma que a intensa transferência ambivalente não pôde ser resolvida. De seu sonho, o qual ela gentilmente me cedeu, relato aqui apenas o trecho que não revela nenhuma informação pessoal. A senhora relata:

> *Entregam-me uma carta do irmão. Ela não tem selos, de forma que tenho de pagar uma multa de 30 centavos de porte postal. Na carta há fotografias do irmão; estas, de má qualidade, totalmente desbotadas; mal se pode reconhecer o irmão.*

---

1 Spielrein, S. Briefmarkentraum. In *Sämtliche Schriften*. Freiburg, Edition Kore, 2002, pp. 236-7. Tradução de Renata Dias Mundt.

Antes de ir dormir, a senhora lera algumas cartas que recebera do médico analista. Em seus sonhos, ela sempre costumava representar o médico como irmão, o que já sabia.

Na noite anterior ao sonho, ela fora com seu marido a uma reunião de uma Sociedade Médica na qual se apresentou uma mulher luética. A colega se perguntou se o fato de não se lembrar de nem uma única mulher tábica poderia ser explicado apenas pelo maior percentual de infecção por lues em homens, ou se as mulheres não teriam uma predisposição tão forte à doença de tabes.

No sonho, ela recebe uma carta do irmão (médico) sem selos (sem medula).[2] Ele, portanto, sofre de uma atrofia da medula espinhal, ou tabes. As fotografias estão tão esmaecidas que mal podem ser reconhecidas = sua aparência esmaecera para a sonhadora,[3] e ela não se importa mais com o que esse Don Juan[4] e luético lhe escrevera. A interpretação, segundo as ideias ocorridas à colega, era indubitável, e ela tampouco a negou. Algum tempo antes, ela tivera um sonho no qual não podia mais se recordar do homem X (nome do analista). Acordou com as palavras de Nietzsche: "Estive doente? Estou recuperado? E quem foi meu médico? – Somente agora creio que estás curado, pois está saudável aquele que esqueceu".

---

2 N.T. "Selos", em alemão, chamam-se *Marken*, e "medula" é *Mark*, daí a associação.

3 Simbólica do esmaecimento; vide "Interpretação dos sonhos" de Freud.

4 Isso naturalmente é também um desejo angustiado de que o médico pudesse ser um "Don Juan" como esse, o qual também pudesse seduzi-la, a ela que já é casada. A curta análise teve sucesso terapêutico.

22. Estrelas cadentes em sonho e alucinação[1]

Sabina Spielrein

Estas duas observações são interessantes devido à sua estrutura comum, ambos os casos são oriundos de pessoas de nacionalidades diferentes, uma das moças é saudável, a outra, esquizofrênica. Apesar disso, encontramos em ambos os casos a imagem da chuva de ouro em primeiro plano e, ao fundo, a imagem do desejo pessoal. No sonho, há uma placa no céu com a palavra "amor" escrita em letras grandes, na alucinação, é o próprio ser amado.

I. Sonho com estrelas cadentes

A senhorita N., saudável e bem de saúde, relata em um pequeno círculo o seguinte sonho:

---

1 Spielrein, S. Sternschnuppen in Traum und Halluzination In *Sämtliche Schriften*. Freiburg, Edition Kore, 2002, pp. 265-70. Tradução de Renata Dias Mundt.

> *Eu estava próxima à janela de meu quarto; o vidro estava fechado e havia muitas estrelas. Estava olhando distraída quando, de repente, vi várias estrelas cadentes. Achei maravilhoso, elas não paravam, caíam ininterruptamente. Eu não me cansava de admirá-las. De repente, vi que não eram estrelas cadentes, mas sim chuva, era a água da chuva que escorria do outro lado do vidro da janela, o vento jogava a água no vidro. Era como o reflexo da luz das estrelas, um movimento incessante, a água escorrendo como pequenos rios de ouro, fios de ouro que, ao mesmo tempo, não eram fios, pois era um movimento fluente, não uma linha.*

Ao acordar, estava atônita. Chamou sua atenção a contradição de que as estrelas e a água, a chuva, existissem ao mesmo tempo no sonho. Quando descobriu que não era nada, "nada além de água", decepcionou-se, mas consolou-se com o fato de que, mesmo assim, fora muito bonito. Sempre que uma estrela cai do céu, devemos fazer um pedido, mas ela sempre perdeu o momento certo. Dessa vez, disse a si mesma no sonho: "Se você perder o momento desta – estrela –, conseguirá pedir a tempo na próxima".

Análise (alguns dias mais tarde):

As estrelas cadentes despertaram uma memória de infância: ela estava passeando com sua tia, quando de repente uma estrela caiu do céu. Tudo aconteceu tão rapidamente que não teve tempo de fazer um desejo. Então uma segunda estrela caiu, um milhão de estrelas. A tia lembrou-lhe que devia ter feito um pedido, ao que ela respondeu que já fizera um desejo em silêncio. "Mas como fui estúpida", diz, "dessa vez deveria ter desejado outra coisa". "O que a senhorita teria desejado?" "Um grande amor." Então me confessou que não quisera contar o sonho todo diante de todas as pessoas.

Ela nos ocultara o seguinte: em um letreiro no céu, vira a palavra "*amor*" escrita com letras gigantescas, eram letras arredondadas, pretas, sobre um fundo vermelho.

> *Isso me lembra um alimento; (uma espécie de pudim marrom, vendido em pó), penso na fábrica que o produz; as letras eram redondas como as letras na embalagem desse pudim; eu vejo os rios de ouro, penso em um passeio, ontem (depois do sonho) nós estivemos em um restaurante, bebemos chá; ali havia um reclame com um cometa que tinha um rabo como os rios dourados em meu sonho. Contaram-me que, certa vez, quando bati minha cabeça, vi estrelas. Quando criança, eu adorava as velas de estrelinhas no pinheiro de natal; certa vez, queimei-me em uma delas. Em meu sonho, vi uma chuva como essa, um fogo de artifício: é maravilhoso, mas passa tão rápido! Gastamos nosso dinheiro por nada!*
>
> *Eu queria tanto ter um grande amor, um verdadeiro grande amor; tenho tanto medo de que isso nunca aconteça.*

O rio de ouro a lembra dinheiro.

> *"Meu bom Deus!", ela se admira, "eu nunca penso em dinheiro, ou seja, estou satisfeita em poder estudar, o dinheiro não importa. Eu penso em dinheiro, na senhora Holle e a chuva de ouro,*[2] *um pinheiro que deseja*

---

2 N.T. Aqui ela se refere a um conto de fadas bastante conhecido nos países de língua germânica, coletado pelos irmãos Grimm, cujo conteúdo é esclarecido à frente, intitulado *Frau Holle.*

> *folhas de ouro.*[3] *Lembro de uma triste história que aconteceu esses dias a uma moça que, como eu, sempre procurou um ideal. Ela amava um jovem e combatia esse sentimento, até que acreditou tê-lo vencido. Mas esse homem então lhe propôs casamento. Sendo que, porém, não ama a moça, mas pensa apenas no dinheiro. A pobre, por sua vez, ama-o muito e ficou muito decepcionada".*

A senhorita N. também está muito decepcionada. E se algum dia lhe ocorresse o mesmo? No momento, pensa incessantemente nessa jovem moça. A senhorita N. nunca viveu uma experiência terrível como essa, e me confessa estar pela primeira vez apaixonada por um jovem. Ela deve viajar nos próximos dias e conseguirá vencer este amor, mas sente-se mudada agora, sente que um novo elemento, desconhecido até então, conseguiu entrar em sua alma e que terá que lidar com isso durante longo tempo. Ofereceram-lhe um bom emprego em R. Seu futuro chefe é muito rico (chuva de ouro, rio de ouro em seu sonho e a associação com dinheiro); mas dizem que não é muito simpático ("as pessoas o pintaram de negro para mim", assim ela se expressou). Dizem que é preguiçoso, avarento, apesar de rico, e que gosta muito de pudim. "Por isso disse a mim mesma que ele, no fundo, poderia ser melhor do que contam. Afinal, gosta de pudim, como eu."

Acho que o sonho é compreensível sem esclarecimentos: a moça busca o paraíso na Terra, um céu do amor, algo enorme e puro. Ao mesmo tempo, ela duvida que isso possa existir. A triste história de sua amiga intensifica ainda mais essa dúvida. Ela própria conheceu recentemente as confusões do amor. Ressalva-se dele ao guardar profundamente dentro de si um desejo secreto que

3 N.T. Referência a um poema de Friedrich Rückert, 1788-1866.

ela própria desconhece: o desejo de encontrar esse amor idealizado na pessoa de seu futuro chefe. As letras no cartaz são pretas – as pessoas o pintaram de negro para mim, mas no fundo ele é bom –, o fundo é vermelho (= cor da paixão); as letras são redondas como na embalagem do pudim — e ele gosta de pudim, como ela. Há outras impressões dos últimos dias que também contribuíram para a imagem do cartaz. As letras pretas a lembram do anúncio da comédia, haverá uma apresentação... Aqui ela hesita. *A dama de chez Maxim*. Ela confunde o anúncio dessa peça com um outro que estava escrito em letras pretas sobre um fundo vermelho. Os dois anúncios têm uma característica comum: ambos anunciam uma peça leve, "não muito decorosa". A representação do "céu na Terra", a dúvida ("um brilho falso que se desvanece tão rapidamente"), a imagem do chefe que é muito rico (= ouro) evocam no sonho a imagem das estrelas cadentes. Outro motivo, o fato de que estrelas cadentes dão sorte, deriva-se da crença popular. Imagens de estrelas desempenham um importante papel para madame N. desde sua infância. Conforme a associação livre nos mostra, essas se transformam em imagens de chuva de ouro. As duas histórias, "sra. Holle" e "O pinheirinho", são conhecidas: a senhora Holle recompensa a virgem bela e boa ao fazer cair sobre ela uma chuva de ouro: esta chuva a torna ainda mais bela, rica e a leva, afinal, ao encontro de um belo príncipe.[4] Ela ouvira esse conto com 4-5 anos, e sempre queria que ele fosse contado de novo. O conto do pinheirinho impressionou-a ainda mais: o pequeno pinheiro não estava satisfeito com suas folhas em forma de agulhas, queria folhas de vidro. Mal seu desejo foi satisfeito, as folhas foram quebradas pelo vento; depois ele desejou folhas de ouro, mas as crianças então arrancaram seus ornamentos. Sua terceira transformação também foi tão infeliz quanto as duas primeiras: as belas folhas verdes que

4 N.T. O conto original não faz referência a um príncipe.

ele então recebeu foram comidas pelos animais. Assim, ele ficou muito feliz quando recebeu de volta suas antigas folhas em forma de agulhas.

Como esses contos contribuem para a formação de suas imagens, poderíamos supor que o sonho expressa uma representação de natureza moral. A observação, porém, não justifica essa suposição, durante todo o sonho vemos apenas como o desejo e seu negativo, a dúvida, se entrecruzam. O desejo obtém a vitória: o cartaz no céu – é a imagem do desejo realizado. Até mesmo as estrelas cadentes, que fornecem motivo para tantas associações, dão à sonhadora, por fim, uma grande alegria: o grande amor não é nada mais que um fogo de artifício que se acaba tão rapidamente. Ela descobre "que não era nada mais do que água", e, ao mesmo tempo, sente que, apesar de tudo, foi "muito bonito".

II. Alucinação com estrelas cadentes

Uma doente (esquizofrênica) leu em algum lugar da Bíblia que no momento do juízo final haverá uma chuva de estrelas cadentes, as quais cairão sobre a Terra e destruirão o mundo. Em seu delírio, pareceu-lhe, em um dia chuvoso, que a chuva era composta de estrelas cadentes. Ao fundo, segundo ela, marchavam anjos vestidos de azul, os quais teriam levado o Mister K. até a doente, pelo qual estava apaixonada. Tudo isso ela viu da janela de sua cela.

A doente me conta espontaneamente:

> *Bem, em meu delírio, a chuva de estrelas cadentes significava algo muito diferente da Bíblia. Ela era, ao contrário do que consta ali, um enorme desejo! Uma força*

enorme, uma excitação dos sentidos! Apenas ao pensar nela, sinto-me outra vez no mesmo estado!

Concomitantemente sentiu um calor agradável.

Aqui, portanto, como no sonho acima, o símbolo da chuva de estrelas transformou-se na imagem do desejo pessoal, o qual, com a ajuda desse símbolo, deve ser, digamos, elaborado ou introduzido, assim como enfatizado, ao mesmo tempo que talvez tenha de ser ocultado.

23. O automóvel: símbolo da potência masculina[1]

Sabina Spielrein

Eu gostaria de lhes contar um sonho que, mais uma vez, comprova a evidência do automóvel como símbolo – como imagem da potência masculina.

Uma jovem sonha duas noites seguidas que tem de dirigir um automóvel vazio pelas ruas mais estreitas e íngremes de Genebra. Ela caminha ao lado do automóvel e, quando há uma ladeira, precisa retê-lo com um movimento dos ombros – um movimento como o que os homens fazem quando querem descer uma rua com um carro de mão. Na primeira noite, o trabalho foi muito difícil, ela temia constantemente que o carro pudesse bater contra um muro nas curvas perigosas, mas, apesar de tudo, chegou ao seu destino. Na noite seguinte, ela tem a sensação de reconhecer as difíceis ruas sem saída e desfiladeiros da cidade e dirige com

1 Spielrein, S. Das Auto – Symbol der männlichen Potenz. In *Sämtliche Schriften*. Freiburg, Edition Kore, 2002, pp. 276-7. Tradução de Renata Dias Mundt.

grande segurança, certa de que chegaria aonde queria e de que poderia evitar o temido perigo.

Essa jovem mulher (38 anos), apesar de ter tido diversas oportunidades, nunca quis se casar ou entregar-se a um homem. No momento do sonho citado, ela havia acabado de conhecer um homem ao qual se afeiçoara e o qual desejava. No entanto, não quer se entregar a ele e utilizou todos os esforços imagináveis para manter a relação em um nível de intimidade intelectual e moral que não quer ultrapassar. Sua batalha simbolizou-se em sonho como uma batalha contra um automóvel, o qual ela quer dirigir para onde gostaria que estivesse. O amigo em questão, depois de perder seu dinheiro, procurava um emprego como chofer.

L. M.

A pequena comunicação de L. M. é muito interessante. Sem dúvida, o automóvel é uma imagem (símbolo) da potência masculina. No entanto, uma questão ainda deve ser esclarecida: será que a jovem mulher quer levar esse "automóvel" em sonho para a mesma direção que na realidade? Será que quer, também em seu sonho, evitar a relação sexual? Nossas experiências nos mostraram com suficiente frequência que os desejos nos sonhos quase sempre significam o oposto dos desejos em estado de vigília. A jovem mulher teme em seu sonho que o automóvel colida com um muro. Se o automóvel significa a potência masculina, o muro seria um obstáculo que se opõe a essa potência, ou seja, um obstáculo que faz com que ela tema a relação desejada pelo inconsciente. Em seu sonho, ela consegue triunfar sobre esse obstáculo: por conseguinte, pode unir-se ao homem que ama.

24. As três questões[1]

Sabina Spielrein

Às vezes é interessante observar a confirmação de experiências psicanalíticas por meio de outros métodos psicológicos. No semestre de inverno de 1922/1923, eu realizei com quatorze de meus alunos no Instituto Rousseau o seguinte experimento:

> *"Imaginem", eu disse, "que os senhores podem fazer três perguntas à divindade, ao destino, seja como quiserem chamá-lo, que lhes devem ser respondidas sem falta. Os senhores podem perguntar qualquer coisa que diga respeito a este mundo ou ao além, todas as perguntas são permitidas, escolham as três que mais os interessem".*

As questões foram escritas pelos alunos nesse mesmo encontro.

Passada uma semana, porém, solicitei, mais uma vez, três perguntas sem nenhuma restrição. Dessa vez, no entanto, pedi aos

---

1 Spielrein, S. Die drei Fragen. In *Sämtliche Schriften*. Freiburg, Edition Kore, 2002, pp. 271-5. Tradução de Renata Dias Mundt.

alunos que permanecessem cerca de 1 a 2 minutos de olhos fechados. Em seguida, deviam anotar as três primeiras questões que lhes ocorressem no momento.

Apenas após a realização dessa segunda atividade, expliquei aos alunos a finalidade e o resultado desse experimento.

Primeira série: questões refletidas de forma consciente[2]

Finalidade da vida

1. Qual o sentido da vida? (1)
2. Qual a finalidade da vida humana? (1)
5. Qual o significado da vida? (2)
6. Qual a verdadeira finalidade do ser humano nesta Terra? (1)
14. Qual a verdadeira designação do homem? (3)

Este mundo ou o além?

10. Olhar para o futuro! (2)

Futuro após esta vida

2. O que é a morte? (2)

---

2 O número na frente de cada pergunta refere-se ao sujeito participante do experimento; o número após a pergunta indica se a pergunta foi colocada pelo sujeito em primeiro, segundo ou terceiro lugar. A classificação pragmática das questões foi feita posteriormente por mim.

4. Aonde chega o espaço sideral? (2)
9. Há uma vida após esta vida e como ela deve ser? (2)
14. O que nos tornamos após a morte? (1)

Futuro pessoal nesta Terra

3. Vou atingir meu objetivo? (3)
5. Como será meu futuro? (3)
10. Conhecer o segredo da vida (a fim de poder criar a vida)! (1)
13. Eu me tornarei mãe algum dia? (1)

Guerra

3. Ainda é possível haver uma guerra entre as potências europeias, e quando? (2)
7. Seremos capazes de evitar as guerras na forma assassina como elas são hoje realizadas? (2)
11. Nós vamos conseguir algum dia abolir a guerra? (3)
13. As pessoas vão matar umas às outras para sempre ou algum dia haverá paz mundial? (2)

Outra batalha (questões imperativas)

8. Abolir o dinheiro!
8. Abolir a força gravitacional da Terra!
8. Conseguir a felicidade sem lutas e sem dor!

Religião e moral

a) Futuro

3. Do ponto de vista religioso: existe uma vida futura? (1)
7. Uma harmonia absoluta e verdadeira entre os homens – isso pode ser realizado um dia? (3)
11. Que diferença será feita, se houver um julgamento após a morte, entre aqueles que fazem o bem sem nenhum esforço e aqueles que agem de forma conscienciosa, esforçam-se muito e mesmo assim prejudicam a humanidade com seus atos? (1)
12. Todo ser que nasce – vai viver um dia no reino do amor perfeito? (1)
14. O mal será, afinal, vencido pelo bem na humanidade? (2)

b) Causas e meios

6. As leis da natureza não possuem algo definido a partir do que poderíamos criar uma religião comum a todos? (2)
7. Quais são as influências que geram a sublimação, e quais a moldam de maneira possível e certeira? (6)
12. Os seres nesta Terra: algum dia eles próprios vão criar a perfeição? (2)

c) Reflexões referentes à religião e à moral

4. A religião tem um valor absoluto ou relativo? (3)
5. Deus existe? (1)
6. O amor é a essência do elan vital da vida? (3)
7. Por que existe o mal? (1)

11. Por que os seres que sofrem ou causam sofrimento... às vezes vivem tanto tempo, enquanto outros, em plena posse das forças morais e espirituais, frequentemente morrem tão jovens? (2)

13. Existe um ser humano sem nenhuma sensibilidade? (3)

A duração no tempo e no espaço

1. O espírito humano é imortal? (3)

7. O espaço é finito ou infinito? (5)

12. A essência perfeita, ela será eterna? (3)

Verdade absoluta e relativa

1. O que é a realidade verdadeira? (2)

9. Quem possui a real verdade: a ciência ou a consciência moral? (1)

O eu e os outros

2. O que eu sou? (3)

7. Existem seres humanos em outros planetas? (4)

9. O que existe fora de nosso cosmo? (3)

10. Poder ler o pensamento alheio. (3)

Pergunta histórica

4. Formação do espaço sideral? (1)

O resultado das questões é interessante de diversos pontos de vista. No total, 14 pessoas fizeram 45 perguntas, pois uma delas fez seis perguntas ao invés de três. Entre essas 45 perguntas, 29 referem-se ao futuro (dentre elas, 3 perguntas sobre a duração e 4 sobre o objetivo), 15 referem-se ao presente (o que é a verdadeira realidade [sic], por exemplo) e apenas uma única pergunta sobre o passado (a gênese do espaço sideral). Isso mostra o quanto nosso espírito está orientado para a finalidade, pelo menos na juventude. As perguntas sobre religião e moral, 14, formam um terço de todas as questões, o que talvez seja favorecido pelo ambiente especialmente calvinista de Genebra. O que, no entanto, é curioso, é o fato de que, apesar de eu ter enfatizado várias vezes que as perguntas poderiam tratar também de questões do além, nós temos apenas 9 perguntas que ultrapassam a duração de nossa vida nesta Terra, ou seja, somente 1/5 de todas as perguntas. Duas perguntas entram no espaço além dos limites da Terra. Com as 9 perguntas anteriores, seriam 11 no total, ou seja, apenas ¼ de todas as questões ultrapassam temporal ou espacialmente os limites de nossa existência terrena.

As perguntas espontâneas depois do fechamento dos olhos diferenciam-se claramente das perguntas refletidas conscientemente. Apenas 6 pessoas participaram das perguntas após o fechamento dos olhos com um total de 17 perguntas (uma das pessoas não quis revelar uma das três perguntas, de forma que entregou apenas 2). Dessas 17 perguntas, todas, sem exceção, referem-se ao futuro, mais especificamente, ao futuro pessoal direto nesta Terra. Nenhuma pergunta refere-se a um prazo maior que um ano. Interesses religiosos, morais, filosóficos e científicos não estão representados em nenhuma das perguntas espontâneas – uma prova de quão mais íntimos e pessoais se tornam os problemas de nossa vida psíquica quando nos distanciamos do pensamento conscientemente orientado, e como a sede de conhecimento mais "social" se torna uma curiosidade egocêntrica cada vez mais claramente ajustada ao momento.

Alguns exemplos da segunda série (perguntas espontâneas após fechamento dos olhos)

O que será que os outros vão escrever?

Qual será a opinião da sra. S. a nosso respeito?

O que pode acontecer neste verão?

O que fazemos em casa?

Onde está minha irmã Marie?

Será que Marie e Henry vão para I?

Onde estarei no ano que vem?

Eu vou ter um piano?

Eu gostaria de já estar no ano que vem.

Já conhecer ....[3]

Ter tempo para pintar.

As três últimas perguntas são ao mesmo tempo desejos ou perguntas imperativas. A pessoa n. 8 formulou esses desejos ou perguntas imperativas nas perguntas conscientemente refletidas. Apesar das semelhanças de ambos os tipos de perguntas, aqui as questões espontâneas também são muito mais estritamente pessoais e referem-se a um período muito menor.

---

3 O trecho estava escrito de forma ilegível, mas vemos que essa segunda pergunta também é pessoal e permanece na Terra.

25. O pudor na criança[1]

Sabina Spielrein

Faço uma visita à senhora F., a qual me convida a entrar no quarto das crianças, pois quer colocar seu filho, Klaude, de 5 anos e meio na cama. O menino não quer se deixar despir em hipótese alguma em minha presença. "Seja razoável, filho", diz a senhora F., "a senhora S. também tem filhos e sabe como é uma criança". "Não", responde o menino, "a senhora S. tem uma menina e não pode saber como é um menino".

Esta resposta me surpreendeu, pois ouvira há pouco as mesmas palavras de minha pequena Renata, da mesma idade. Eu queria deixá-la por um tempo na casa da senhora F., e ela me disse: "A senhora F. tem um menino e, portanto, não sabe como é uma menina". Enquanto o pequeno Klaude conhece o verdadeiro sentimento de pudor, o que indica um desenvolvimento sexual mais localizado, Renatinha não conhece o pudor, mas sim, diferentemente de Klaude, o acanhamento. Ela não se atreveria, por exemplo, em

---

1 Spielrein, S. Schamgefühl bei Kindern. In *Sämtliche Schriften*. Freiburg, Edition Kore, 2002, p. 213. Tradução de Renata Dias Mundt.

um círculo social desconhecido, a fazer coisas que Klaude costumava fazer sem problemas.

O fato de que pequenas meninas são muito mais "acanhadas" que meninos da mesma idade é conhecido. Isso se deve provavelmente ao fato de que o recalque feminino da sexualidade é normalmente mais difuso: tendências secundárias que servem à pulsão sexual são mais recalcadas, como a vaidade.[2] Os meninos nessa idade ainda não têm nenhum pudor, ou o pudor já está corretamente localizado; o "acanhamento" é muito mais raro e revela uma natureza afeminada.

2 Isso não significa que meninos não sejam vaidosos, mas que a vaidade em meninos é menos recalcada.

26. A mulher fraca[1]

Sabina Spielrein

O pequeno Claude (5 anos e meio) é bastante masculino, dominador e, apesar de gostar de brincar com a Renatinha, despreza as meninas "com fitas no cabelo". Ele não gostaria de ser menina por nada no mundo.

Renatinha, por sua vez, já expressou várias vezes o desejo de ser um menino. Quando lhe perguntei por quê, recebi a resposta de que ela gostaria de ser papai, pois é tão bom ter uma mulher e filhos.

Será um fenômeno generalizado que pequenas meninas gostariam de ser meninos, enquanto os meninos não abdicam de sua prioridade masculina?

---

1 Spielrein, S. Das schwache Weib. In *Sämtliche Schriften*. Freiburg, Edition Kore, 2002, p. 216. Tradução de Renata Dias Mundt.

27. Erotismo oral recalcado[1]

Sabina Spielrein

Vários, provavelmente a maioria dos adultos normais das "melhores classes", estão acostumados a ter seu próprio *couvert* quando comem e bebem, e considerariam desagradável ter de dividir a mesma louça com outra pessoa. Geralmente, esses sentimentos de defesa costumam ser menos intensos perante membros da própria família, e não ficaríamos admirados ao vermos ocasionalmente pais, filhos e irmãos beberem do mesmo copo. Isso é tão "natural" quanto o fato de que gostamos de beijar nossos familiares, enquanto consideraríamos esse ato no mínimo indiferente, senão verdadeiramente desagradável, em relação a uma grande quantidade de conhecidos. O prazer de beijar e de partilhar a comida é proporcional e está diretamente relacionado ao sentimento erótico em relação a uma pessoa. Quando o erotismo oral normal é acompanhado de sentimentos de defesa, o que quase sempre é uma manifestação parcial da defesa contra moções incestuosas, encontramos a proporção inversa. Tenho à minha disposição dois casos de jovens

---

1 Spielrein, S. Verdängte Munderotik. In *Sämtliche Schriften*. Freiburg, Edition Kore, 2002, pp. 217-8. Tradução de Renata Dias Mundt.

moças como prova. Ambas são consideradas normais, mas "nervosas", no sentido corriqueiro. Ambas têm intensas moções incestuosas recalcadas em relação ao pai. Nenhuma das duas é "beijadora", e uma delas não gosta de "carinhos" de nenhuma forma. As duas têm em comum o fato de que sua aversão é mais intensa quando se trata de comer ou beber do mesmo prato utilizado pelos seus familiares, principalmente pelo do pai. Também em relação a beijos, a resistência é mais intensa perante o pai. Quanto ao beijo paterno, são sentimentos "divertidos" de "acanhamento" que revelam a resistência e as moções incestuosas "deslocadas para cima".

Uma das moças encontrou o objeto de seus anseios amorosos. O seu maior deleite é beijar e beber do mesmo copo (também comer) que seu amado.

Isso é uma prova de quão intenso é o erotismo oral quando ele se manifesta pela negativa em relação ao pai, o objeto marcado como "tabu".

Ao mesmo tempo, esse é um dos vários casos em que observamos sentimentos eróticos positivos ou negativos associados ao ato de comer.[2]

---

2 Cf., por exemplo, Ferenczi. Ekel vor dem Frühstück [Aversão ao café da manhã]. *Int. Zeitschrift für Psychoanalyse, Jahrg*, 1919, Caderno 2, e outros.

28. A teoria de Renatinha sobre o surgimento do homem[1]

Sabina Spielrein

Quando anotei a primeira teoria de Renatinha sobre o surgimento do homem, ela tinha 4 anos e meio. Não pretendo dizer com isso que a pequena não tivesse outras teorias antes disso, mas que não as revelou. Durante a longa fase preliminar, percebia-se na criança vários indícios que poderiam revelar a uma pessoa versada a elaboração intensa do problema. A menina apresentava um vívido interesse por buracos e covas. Se quiséssemos lhe contar uma história que a cativasse, esta tinha de incluir indispensavelmente buracos ou covas. As histórias inventadas por ela também tratavam do tema, e seus jogos também eram inspirados por esse interesse. Divertia-se muito em cavar o chão, ela queria de qualquer modo levantar uma tábua de nosso assoalho para que surgisse um buraco pelo qual poderíamos cair na casa do vizinho. Provavelmente sua grande predileção por recortar coisas também era parte do mesmo tema. Mal cresceu, a criança logo quis papel e tesoura com os quais se entretinha durante horas, calma, ou seja, falando consigo

1 Spielrein, S. Renatchens Menschenentstehungstheorie. In *Sämtliche Schriften*. Freiburg, Edition Kore, 2002, pp. 219-21. Tradução de Renata Dias Mundt.

mesma, sendo que eu a desaprovava meramente quando fazia buracos também em suas vestimentas e nas roupas de cama, ou se comprazia em rasgá-las. Outro mau hábito da criança de mais de 4 anos era o fato de que costumava jogar e quebrar objetos. Certo dia, a seguinte conversa desenvolveu-se entre nós:

> *Renatinha: "Mamãe, se a Renatinha caísse aqui, o que surgiria então?" (Qu'est ce que cela aurait donné?)*[2]
>
> *Eu: "Você poderia se machucar muito."*
>
> *Renatinha: "Não, o que poderia surgir então?"*
>
> *Eu: "A Renatinha poderia se despedaçar."*
>
> *Renatinha (agitada, impaciente): "Não, não! Então surgiriam duas Renatinhas. E como seria se cada uma dessas duas Renatinhas caísse? O que surgiria então?"*
>
> *Eu: "Então de cada uma dessas Renatinhas surgiriam, por sua vez, duas Renatinhas."*
>
> *Renatinha: "E o que surgiria se cada uma dessas duas Renatinhas caísse outra vez?*
>
> *Eu: "Então de cada Renatinha surgiriam mais duas Renatinhas."*
>
> *Renatinha: "Assim surgiriam então muitas, muitas Renatinhas!"*

Agora podemos então compreender os interesses e maus hábitos da criança. Ela procurou, muito antes de se manifestar a respeito, compreender o surgimento da criança. Instintivamente, realizou a antiga simbólica da cova (buraco) sepulcral enquanto,

---

2 Falamos francês entre nós, pois a pequena cresceu em Lausanne.

ao mesmo tempo, rasgava (cortava) tudo, já que queria ter muitas "Renatinhas". O mesmo sentido tinha o ato de jogar e outras formas de quebrar propositalmente objetos. A criança criou "instintivamente" uma teoria do surgimento, a qual corresponde à teoria realmente existente da reprodução de seres inferiores. Como já era de se esperar, logo a criança já não se contentava mais com isso, de forma que se seguiu uma enorme quantidade de perguntas cada vez mais claramente formuladas, até que, quando ela tinha cerca de 5 anos de idade, expliquei-lhe que a criança surge na mãe a partir de um ovinho, ao qual o pai ainda adicionava sua "sementinha". Não quis entrar em mais detalhes. Consequentemente, Renatinha construiu também uma teoria "canibal" da fecundação e geração de uma criança. Certa vez, ela me disse: "Mamãe, engole-me sem me mastigar; então você vai morrer e eu saio de você". Essa fantasia inclui as moções de vingança naturais (matar a mãe) como negativo do amor pela mãe, com a qual a pequena rivaliza constantemente e cujo lugar ela gostaria de tomar, mesmo na ausência do pai. A menina me perguntou várias vezes por que uma menininha surge dentro da mãe e não o inverso, a mãe dentro da menininha. Esses dias, ela comentou: "Eu quero que a mãe (de quem?) morra, não – que ela nem viva, nem morra, eu quero que ela volte a ser uma menininha". A criança sempre pensa, até onde chegam minhas observações, na morte como um retorno à origem, renascimento, em suma = ato de fecundação. Mais uma prova de que nós, no fundo da alma, pensamos no surgimento qualitativamente como algo que se equipara ao desvanecer. O que hoje é carregado de não desejo amanhã será carregado de desejo, segundo a lei da ambivalência de Bleuler.[3]

3 Cf. Bleuler: Dementia Praecox. In *Handbuch der Psychiatrie*, 1911, organizado por Aschaffenburg.
Spielrein, S. "A destruição como origem do devir", publicado no v. 1 destas Obras Completas, Capítulo 7.

Spielrein, S. "Contribuições para o conhecimento da alma infantil", Capítulo 3 deste volume.

Jung: "Die Analyse der kleinen Anna, welche sich die verstorbene Großmutter in ein Engelchen und kleines Kind verwandelt denkt" ["A análise da pequena Anna, que acredita que a avó falecida transformou-se em um anjinho e em uma criança"].

29. Análise rápida de uma fobia infantil[1,2]

Sabina Spielrein

O pequeno Rudi, 7 anos e 6 meses de idade, é um menino crescido, pálido, de constituição um pouco frágil, filho único de uma família operária. Segundo informações da mãe, ele se desenvolveu bem até os 2 anos de idade. Entre 2 e 4 anos, superou sarampo, escarlatina e coqueluche com diversas complicações. A partir de então, continuou um pouco enfraquecido, de forma que só pôde ir à escola pela primeira vez com 7 anos e 5 meses. Com a entrada na escola, a criança tornou-se muito nervosa, não dormia mais e chorava de noite.

O exame físico não indicou nada digno de atenção, com exceção do estado geral enfraquecido e da amídala rinofaríngea aumentada.

---

1 Spielrein, S. Schnellanalyse einer kindlichen Phobie. In *Sämtliche Schriften*. Freiburg, Edition Kore, 2002, pp. 225-8. Tradução de Renata Dias Mundt.

2 Apresentação de casos de doentes no Instituto Russo de Genebra durante a apresentação do docente privado dr. F. Naville sobre crianças anormais.

A avaliação da inteligência segundo o método Binet-Simon indicou que a criança tem um atraso de quatro meses. O pequeno me foi encaminhado pelo professor Claparède para exame psicanalítico e eventual tratamento.

Eu pergunto ao menino por que ele não dorme, ao que ele me responde que tem medo, pois sonha com um ladrão. Inicialmente, ele achou que era o pai, mas então viu que era um ladrão terrível que queria enfiar uma faca em sua barriga.

Pergunto então detalhadamente a Rudi se ele às vezes dormia com um dos pais, se nunca fora malcriado ou desobediente, se nunca aborrecia seus pais, se às vezes era castigado por um dos pais. Para não sugerir o esperado complexo de Édipo, mas avaliar os fatos de forma objetiva, pergunto sempre o mesmo sobre papai e mamãe. Isso acontece de forma um pouco brincalhona em uma conversa apenas entre nós. Todas as minhas perguntas foram respondidas categoricamente com uma negativa: Rudi sempre dorme em sua caminha, nunca vai até o papai ou a mamãe, nunca é travesso, tem uma mamãe muito amável e um papai muito amável os quais nunca aborrece, que sempre lhe trazem boas coisas e nunca o punem.

Depois de alguns dias, Rudi volta para a consulta e me declara que não tem mais medo: agora é ele quem mata o ladrão em seus sonhos.

O jogo encenado por mim no dia seguinte nos revela a gênese da figura do ladrão no sonho e mostra a que se deve o rápido desaparecimento do medo. Eu recorto para a criança em papel o papai, a mamãe e o pequeno Rudi e o estimulo a iniciar um pequeno jogo.

Rudi faz as pessoas comerem à mesa. Pergunto o que o pequeno Rudi está fazendo e se está se portando bem. Mais uma vez, ouço que o pequeno Rudi sempre se porta bem.

"Então deve ser um outro pequeno menino que faz coisas desoladoras", comento, "vamos recortar esse menino mau."

Rudi concorda alegre.[3]

"O que esse menino mau faz?", pergunto.

"Ele é grosseiro com a mamãe e diz para ela: desapareça! (va te cacher!)."

Eu: "Oh, que terrível! E o que acontece então?"

Rudi: "O papai se zanga e dá uma surra no menino."

Eu: "Como ele dá a surra?"

Rudi mostra.

Eu: "E o que o menino faz?"

Rudi: "Ele aborrece (chicane) o papai, ele o mata."

Eu: "Como ele o mata?"

Rudi: "Com uma faca."

Eu: "Como é a faca?"

Rudi: "É uma torta assim (como no sonho com o ladrão)."

Eu recorto uma faca e a entrego a Rudi, ao que ele mata o pai com uma facada na barriga. Agora ele faz aparecer um policial:

"O papai agora vai ser o policial", ele diz. "Ele pega o menino mau e o joga em uma prisão escura. O Rudi e

---

3 Todos sabem com que alegria crianças gostam de ouvir histórias sobre crianças travessas, pois assim vivenciam tudo o que nunca teriam imaginado de outra forma.

> *a mamãe choram pelo papai. A mamãe consola o Rudi comportado, ela o leva para cama consigo."*
>
> *Eu: "A mamãe leva o Rudi para a cama dela quando ele chora?"*
>
> *Rudi: "Sim, a mamãe então sempre leva o Rudi para a cama dela para consolá-lo. Agora o policial volta e mata o menino mau. Pá! Ele enfia sua faca na barriga dele!"*

Eu tento introduzir um novo jogo para ver que atrocidades o menino mau ainda faria, no entanto não é possível afastar Rudi de sua fantasia de assassinato do pai. Uma vez, ele (naturalmente o menino mau) joga o pai pela janela outras vezes, porém, corre atrás dele com uma faca. O pai se refugia, mas é por fim alcançado e esfaqueado. Ao perseguir o pai, Rudi imagina uma vez que o menino mau quebra uma perna, de forma que passa a mancar, o que é uma punição por perseguir o pai, sendo que o fato de ser esfaqueado é a punição por esfaquear. Mancar é justamente algo que pode dificultar que o menino ande rápido e, com isso, que persiga o pai. Na neurose e em sonho, mancar poderia ser eventualmente associado a essas fantasias infantis de perseguição.

O caso fala por si. É bastante característico que esse jogo de assassinato não tenha provocado novos ataques de medo, mas, conforme me comunicaram os familiares da criança, tenha sido seguido de mais um estado de tranquilidade. Minhas perguntas na primeira consulta da análise evocaram na criança representações que não podia admitir a si mesma inicialmente. O jogo acima descrito nos revelou essas representações. Era Rudi que queria apunhalar o pai com a faca, ser consolado pela mãe e dormir com ela. Segundo o princípio de talião, ele se transformou no pai = ladrão (oposto do policial), o qual quer matar Rudi no sonho inicial. O fato de "vivenciar" a moção hostil recalcada contra o pai que nos foi inicialmente revelada no sonho com a morte do ladrão levou ao desaparecimento do medo. Qual a relação entre a formação do medo e a ida à escola? A análise rápida naturalmente ainda não pôde descobri-la. O atraso físico e mental da criança poderia ter aqui um efeito traumático ao intensificar seu sentimento de inferioridade e sua rivalidade em relação ao poder paterno.

Certamente não é necessário acrescentar que o desaparecimento de um sintoma ainda não significa a cura. Para tanto, seria necessária uma análise mais longa.

30. Um tipo espectador[1]

Sabina Spielrein

A relação entre o sadismo e o erotismo anal já é conhecida há muito pelos analistas. Na maioria dos casos, o sadismo se manifesta como o desejo de bater, sendo que a mão assume o papel do órgão sexual que bate. A partir de alguns casos desse tipo que analisei, parece-me procedente a explicação de que aqui a masturbação genital é ignorada (recalcada) com um "deslocamento para a mão". A mão representa o órgão sexual, sendo que ela quase sempre, mas não em todos os casos, assume o papel da vingança do pai ou da autopunição em outros. O processo ocorre da seguinte maneira: primeiro o interesse infantil volta-se para a região anal (observar, tocar, brincar com excrementos etc.). A primazia da zona genital com experimentos masturbatórios sofre uma inibição em seu desenvolvimento devido a uma educação severa ou por outros motivos. A mão, que pretendia executar o experimento masturbatório, ou eventualmente o executou, assume então o papel do órgão sexual masculino que não deve existir, com a manutenção

---

1 Spielrein, S. Ein Zuschauertypus. In *Sämtliche Schriften*. Freiburg, Edition Kore, 2002, pp. 278-80. Tradução de Renata Dias Mundt.

(e/ou regressão) do erotismo anal primordial. Minhas observações estendem-se a casos de agressão masculina com a mão. Eu não pude observar esse tipo de agressão com a mão em mulheres; caso isso ocorra, então deverá tratar-se de algum desvio, de representações homossexuais do pênis. No limite da psicologia normal de indivíduos esteticamente sensíveis de ambos os sexos, encontra-se o cuidado com a beleza das mãos. Estas devem ser brancas, estar limpas, as unhas bem formadas e brilhantes. Faz parte do ideal feminino uma pequena mão delicada, como uma insinuação, um rudimento da mão masculina. Uma pequena mão como essa em um homem provocaria repulsa, mas um homem "da sociedade" tampouco pode ter uma mão muito grande, grosseira, especialmente vermelha. Curiosamente, a eritrofobia localizada na mão eu pude observar apenas duas vezes analiticamente, em uma dama e em um cavalheiro. O cavalheiro declarou, como explicação, que considerava sua mão como um pênis. Com a mão e o pé ele fazia movimentos inconscientes como um 8; eram os mesmos movimentos que fazia com seu pênis quando criança ao urinar em companhia de outros meninos. As crianças achavam graça em imitar a posição de um quadrúpede.

A vergonha das próprias mãos nós encontramos em quase todos os neuróticos, e com grande frequência em pessoas consideradas "tímidas", as quais não sabem aonde devem colocar as mãos em um círculo social. Em um artigo oportunamente enviado para publicação, "Ações simbólicas da castração na idade infantil", relatei sobre um menino que destruía diversas plantas com uma vara dizendo: "*não viva, não cresça*". A ação sintomática era, no caso dele, como em muitos outros, uma insurgência contra o pai, contra a pulsão dentro de si mesmo e, ao mesmo tempo, um ato de natureza sádica aprimorado, voltado contra a natureza inanimada. Eu possuo também um caso interessante no qual a agressão com a mão não pode ser denominada sádica, mas deve ser compreendida como nada mais do que uma substituição da sexualidade genital reprimida, sendo que a mão funciona como o pênis. O caso envolve um homem muito inteligente e sensível que se deixou analisar por mim por interesse científico e fez a gentileza de escrever-me as seguintes linhas:

> *Eu ainda me lembro exatamente de como, na idade de quatro a cinco anos, me escondia com minha prima da mesma idade para saciar minha pulsão de observar o órgão do sexo oposto e executar manipulações (imitando os médicos?) como tocá-lo, pincelá-lo com capim, aplicar sobre ele "medicamentos" coloridos produzidos para tanto. Chama minha atenção o fato de que, apesar de possuir nítidas imagens em minha memória, não consigo mais visualizar os órgãos sexuais, mas, por outro lado, vejo claramente a pele macia e branca de uma coxa com pequenas veias violeta escuro. Essa percepção e diversas sensações olfatórias me deixavam em estado de curiosidade admirada, e eu também tinha clareza de que não possuía essas características. Mais tarde, ao realizar essas ações, eu não apenas tinha a necessidade de assegurar que não fôssemos surpreendidos por outras pessoas, mas também de providenciar para mim e para minha companheira de brinquedo um acampamento confortável, estofado com palha e musgo. Eu não tinha nenhuma ideia da participação do meu órgão, e ela continuou me sendo desconhecida por muito tempo ainda, até que camaradas me ensinaram.*

A brincadeira com a prima foi descoberta pelo pai severo e o menino foi punido. Sob a pressão do pai e, mais tarde, principalmente de duras autorrepreensões, o menino também renunciou à mão como pênis. Como consequência dessa renúncia, desenvolveu-se, de um lado, uma hipersensibilidade da região do intestino como deslocamento para cima, e diversos transtornos neuróticos. A zona oral, que já era sobrevalorizada desde a infância, tornou-se, também de forma autônoma, cada vez mais valorizada, de forma que ele, afinal, tornou-se um beijador apaixonado sem nenhuma necessidade de ir além do beijo. Ao mesmo tempo, transformou-se em um *voyeur*, ou um tipo espectador, que satisfazia sua curiosidade ao assistir a coisas obscenas sem qualquer ação. Após três meses de análise, seu ser modificou-se completamente, ele recuperou sua autoestima e sua capacidade de operar.

31. A origem das palavras infantis "papai" e "mamãe": algumas observações sobre diversos estágios no desenvolvimento da linguagem[1]

Sabina Spielrein

I. Os diversos tipos de linguagem

Quando nós, adultos, falamos em linguagem, costumamos pensar no conteúdo explícito e esquecemos do papel desempenhado, mesmo em textos escritos, pelos recursos da área da linguagem rítmica e melódica, como pontos de exclamação, de interrogação etc. Esses recursos expressivos melódicos são ainda mais interessantes em um discurso oral, ao que se acrescenta ainda um terceiro fator: a mímica e o gestual, recursos expressivos que podemos classificar como linguagem visual, a qual, aliás, desempenha um papel excelente nos sonhos como imagética peculiar. Sendo assim, além da linguagem verbal, temos de diferenciar outras, como a linguagem melódica, linguagem visual (imagética), linguagem tátil e semelhantes. As linguagens veiculadas de forma acústica desempenham

---

1 Spielrein, S. Die Entstehung der kindlichen worte papa und mama – Einige betranchtungen über verschiedene stadien in der sprachentwicklung. In *Sämtliche Schriften*. Freiburg, Edition Kore, pp. 238-62. Tradução de Renata Dias Mundt.

para o ser humano, como recurso de compreensão consciente, um papel claramente preponderante, motivo pelo qual elas reivindicam, ante todas as outras, o direito de serem chamadas de "linguagens sociais". Lazaro diz, com razão, que somente com o advento da linguagem, a qual ele compreende como linguagem verbal, o homem se tornou um ser social:

> *o mundo todo passa a ser composto não mais por um Não-eu e um Eu, o meu Eu, mas por um Não-eu e muitos Eus, mais precisamente, tantos quantos ali falam, quantos se compreendem, fornecendo assim um testemunho de uma consciência comum e similar", um pouco mais adiante: "lembremos que a linguagem só é dada em sociedade, assim, o ser humano só se encontra como um Ser-individual e um Eu na medida em que ele ao mesmo tempo tem ao seu lado outros Seres-individuais e outros Eus.*

Precisamos apenas comparar a natureza normalmente tímida, desconfiada e insidiosa dos surdos-mudos com o caráter de cegos para reconhecermos a grande importância social da linguagem verbal em relação a outras.

Mais adequada para fins sociais, a linguagem verbal logo impeliu todas as outras para o segundo plano, rebaixando-as a linguagens auxiliares, subconscientes, transformadas, então, em linguagens artísticas. Geneticamente, porém, a linguagem verbal não é de forma alguma a primeira linguagem dos homens e tampouco dos animais. Em primeiro lugar, a linguagem da melodia, a música em sua forma mais primitiva de ritmo e inclinação tonal, surge muito antes da linguagem verbal: muito antes de surgirem os primeiros sinais da linguagem verbal, o choro é um recurso comprovado para a compreensão entre a criança e a pessoa cuidadora. Mães e cuidadoras atentas sabem muito bem que seu protegido chora de forma bem diferente e definida de acordo com o que está sentindo: se está com a fralda molhada, com fome, sente dor ou apenas deseja a proximidade do seu cuidador. Inicialmente, o bebê exprime – com ou sem intenção – seu estado ou desejo por meio de diversos ritmos, altura, tonalidade e intensidade de choro, ou seja, em uma linguagem primitiva e melódica. Ele também compreende primeiro o tom e somente bem mais tarde a palavra... O momento melódico de nossa linguagem também é o que mais atinge os animais.

Após essa reflexão, pode-se compreender a grande popularidade da música. Aliás, essa popularidade não vale para a música como obra de arte, a qual não é tão fácil de compreender, mas sim para a música como linguagem. As criações das artes plásticas eram originalmente representações que serviam principalmente para fins mágicos.[2] Como linguagem, com exceção da autista, ou seja, como linguagem voltada para si mesma ou "mágica",[3] a expressão plástica é muito mais lenta, de forma que foi bem menos bem-sucedida nesse sentido. As produções das artes plásticas podem ser apreciadas por si mesmas, em silêncio. A música, por sua vez, na forma mais primitiva do canto, mesmo que tenha se iniciado para o próprio deleite, logo se tornou um meio de comunicação por excelência, um chamado, uma prece, uma queixa voltada para Deus ou para os outros, demandando sua participação. Com a formação da linguagem oral, essas duas linguagens acústicas intimamente aparentadas se apresentam conscientemente unidas, como nas preces, em canções populares, assim como mais tarde em obras

2 Vide Freud, S. *Totem e tabu.*

3 Logo falaremos do fato de que a língua originalmente é voltada para si mesma e só se transformou posteriormente em uma língua social, voltada para os outros.

de arte (coral, ópera etc.). A reunião da palavra e melodia na poesia popular mostra-nos também, no entanto, que elas são duas linguagens independentes, cada uma com seu caráter próprio, uma excluindo parcialmente a outra: na maioria dos casos, ou a melodia ou o texto são atrofiados. A melodia é generalizada, a linguagem verbal é mais concreta, adequada ao presente. Em preces antigas, a melodia é adequada ao texto, sendo quase reduzida a puro ritmo quanto mais antigas as preces. Especialmente em canções populares, devido ao maior destaque e diferenciação da melodia, o texto, muitas vezes tolo e deformado, chama a atenção. Assim como há grandes poetas que permaneceram primitivos musicalmente e não são capazes nem mesmo de repetir uma melodia, há, por outro lado, também criadores musicais incapazes de criar um verso para uma melodia. Provavelmente é possível aqui se comprovar uma diferença típica para a caracterização de uma cultura.

Eu observei atentamente em minha filha quando e de que forma ela realizou suas primeiras produções musicais. Apesar de não ter sido possível anotar a primeira de todas, logo vieram várias outras, análogas em sua essência: eram sempre tentativas de melodizar um discurso. Ainda não eram verdadeiras melodias no sentido de nossa sensação tonal, mas sim um prolongamento ritmado de sílabas, comparáveis aos chamados "versos sem rima", uma melodia como as que as crianças "sem bom ouvido" cantam. O texto de uma dessas canções era assim: "Da almofaaada o alfinete pinica, do alfineeete pinica você".[4]

Frequentemente nos divertíamos cantando com a filhinha todo tipo de canções populares, uma após a outra, "à medida em que íamos nos lembrando delas". Percebi que eu associava a canção seguinte de acordo com a semelhança de seu conteúdo textual com o da canção anterior, enquanto a pequena, à época com dois anos e

4 O alfinete da almofada pinica (espeta). Você se "pinica" com o alfinete.

meio a três, associava segundo a semelhança dos contornos melódicos. Isso não podia ser devido a um desconhecimento por parte da criança, já que ela conhecia pelo menos o conteúdo dos textos e, em grande parte, sabia-os de cor. Quando mais velha, minha pequena também começou a associar segundo a semelhança do conteúdo. Em adultos normais, aparentemente a associação a favor do conteúdo textual parece preponderar na maioria esmagadora dos casos.

II. Papai e mamãe

A seguir, vamos nos ocupar simplesmente da linguagem verbal, mais especificamente das palavras consideradas, na opinião geral, como as primeiras palavras infantis, "papai" e "mamãe"!

Quem criou a linguagem verbal? Foi o homem adulto ou a criança? A criança é capaz de criação espontânea na linguagem ou ela simplesmente se apropria da linguagem verbal fornecida pelos adultos, deformando-a? Essa questão bastante polêmica até hoje não foi solucionada. Experiências psicanalíticas podem auxiliar nesse caso.

A língua é criada essencialmente a partir do inconsciente (ou, mais corretamente, do subconsciente) e o inconsciente nos remete, como Freud e seus discípulos demonstraram, sempre a vivências infantis e mecanismos do pensamento.

Devemos ter sempre em mente que o antepassado está adormecido na criança e que no antepassado está a criança. Se o adulto tiver criado prioritariamente a linguagem, então a criou, em seus primórdios, a partir do estágio infantil de sua psique. Será que a própria criança também cria sua linguagem ou simplesmente a recebe dos adultos? Essa questão, em minha opinião, deveria ser formulada de outra forma: a criança é, segundo sua predisposição, um ser social que possui uma necessidade de comunicação? Se ela herdou a necessidade de comunicação e faz parte das populações falantes, então ela também herdou a necessidade da linguagem, necessidade essa que faz com que a procure e crie.[5] Naturalmente os adultos acorrem em auxílio da pequena psique em sua luta, estimulando o desenvolvimento dos mecanismos linguísticos já preparados por hereditariedade, por meio de seus discursos imitados pela criança. Para tanto, porém, a mãe e a ama adequam-se instintivamente à sua capacidade de criação linguística: elas procuram compreender a pequena psique e encontram o material para tanto já pronto nas profundezas de sua própria psique, em seu próprio estágio de desenvolvimento anterior, o que permite que falem com a criança a partir de um impulso inconsciente. Um exemplo talvez possa esclarecer a interação entre a criança e o cuidador na formação da linguagem: Stern relata que sua filhinha produzia espontaneamente o som labial *P* aos oito meses. Os adultos a auxiliaram dizendo à criança a palavra "papa". A pequena inicialmente repetiu apenas o som labial "P"; após cinco ou dez minutos de pausa, a criança disse espontaneamente "Pa-pa-pa", naturalmente sem compreender o significado do que disse. A criança aprendeu tão rapidamente a dizer a palavra "papa" porque a havia criado previamente no som espontâneo "P". Ela, no entanto, ainda não repetia "papa", mas sim "papapa", porque a limitação a palavras de duas sílabas ainda não correspondia à sua fase de desenvolvimento. Além disso, ela também usou a palavra papa temporariamente apenas como sequência de sílabas balbuciadas, sem que tivesse um significado específico.

---

5 Refiro-me aqui à "linguagem" no sentido usual, ou seja, linguagem como meio de comunicação. Como logo veremos, a linguagem não o era originalmente.

Bastante peculiar é o fato de que, na opinião da população, sempre as mesmas palavras, papai e mamãe, são consideradas as primeiras ditas pela criança. O som labial "P" é substituído em várias línguas por sons semelhantes labiais e dentais. Assim, em russo se diz "Papa", em francês e alemão "Papa", em inglês "Papa", em outras línguas eslavas "tàte", "tiatia", em grego "baba"[6] etc.

A palavra mamãe é bastante semelhante em todas as línguas. Em russo "Mama", em francês "Maman", alemão "Mama", ucraniano "Maty", ou também "màmo", grego "Mama" e outras. O som labial M parece não mudar, a não ser que existam línguas nas quais a direção seja oposta, ou seja, onde tivéssemos, ao invés de "Mama", "amam".[7]

Será que papai e mamãe são realmente as primeiras palavras de todas as crianças? Essa questão é difícil de ser respondida, pois a um material de observação já bastante parco se acresce ainda a dificuldade [de se diferenciar][8] entre palavra e balbucio sem sentido. Essa dificuldade de diferenciação já se aplica ao choro do bebê, o qual pode ser originalmente um fenômeno reflexo, mas não permanece sempre um reflexo. No entanto, nós não podemos determinar com certeza o momento em que ele não é mais um reflexo, em que a criança usa o seu choro pela primeira vez, consciente ou inconscientemente, com uma intenção. Mães e pais tendem, *a priori*, a indicar esse momento de forma relevantemente diferente. Uma mãe não fica satisfeita de forma alguma com a suposição do fenômeno do reflexo. Quando se trata do momento voluntário das primeiras palavras, ocorre o mesmo que com o

---

6 No caso de todas as palavras aparentemente mais complicadas, por exemplo, *batjka* etc., nós devemos considerar que esta não será a primeira forma utilizada pela criança.

7 Abordo a questão fonética mais à frente.

8 Acréscimo da tradutora para melhor compreensão.

choro. Nós chamamos de "palavra" o produto do balbucio assim que ele obtém um significado que compreendemos ou no mínimo deveríamos compreender porque foi produzido com uma determinada intenção.

Uma mãe escreveu a respeito de seu bebê: "A primeira palavra cujo significado Lili conhece com certeza é 'a-a',[9] mas ela não a fala. Outras palavras que fala, ela não compreende", ou seja, ela não as compreende como nós as compreendemos. A primeira palavra de Lili dita espontaneamente e ao mesmo tempo compreendida a mãe não anotou.

Stern relata que *dida* (relógio) foi a primeira palavra de sua filhinha. Essa palavra surgiu por meio de sua repetição por adultos enquanto a atenção da criança era dirigida artificialmente para o objeto relógio. Outro autor relata sobre *Lululu*, que surgiu espontaneamente quando a criança ouviu o barulho de água. Por que motivo justamente essas impressões receberam prioridade entre as inúmeras obtidas pela criança e geraram a oportunidade para a formação da primeira palavra nós não podemos dizer devido ao material de observação amplamente insuficiente. Será que "papai" e "mamãe" também foram as primeiras palavras não notadas dessas crianças mesmo que não tivessem uma forma e um significado presentemente estruturados? Por que a opinião popular comumente difundida lhes dá essa prioridade? Por que será também que a criança não reproduz as palavras exatamente, mas as transforma? Vamos nos ocupar inicialmente dessa última questão. Várias teorias foram criadas a esse respeito, das quais eu quero mencionar rapidamente algumas: a chamada "*Loi du moindre effort*"[10] remonta a Ament até Maupertuis. Buffon aplica essa lei à articulação e é

9 Para uma necessidade. [N.T. Termo infantil usado para designar fezes em alemão.]

10 A lei do mínimo esforço.

da opinião que, entre as vogais, o A, e entre as consoantes, o P, B, M são mais fáceis de serem pronunciados. Por isso, segundo ele, as primeiras palavras infantis seriam formadas por essas vogais e consoantes (baba, mama, papa). Schulze diz que a criança parte dos sons associados ao menor esforço fisiológico até chegar aos mais difíceis e pressupõe a seguinte lei de deslocamento, mutilação ou alteração do som da linguagem infantil:

> *No lugar do som ainda impronunciável para a criança (vogal ou consoante), ela utiliza o som pronunciável com menor dificuldade fisiológica mais próximo do som difícil, e se ela tampouco consegue observar esse segundo, então simplesmente o deixa de fora.*

Gutzmann, Franke e Toischer também falam em diferentes graus de esforço fisiológico com preferência pelos graus mais fáceis. Gutzmann diferencia, assim como Kußmaul, períodos de desenvolvimento linguístico e afirma que, no segundo período, a criança produz sons que já se assemelham aos de sua língua materna:

> *"É natural", diz ele, "que esses primeiros sons articulados estejam no primeiro e no segundo sistemas de articulação: lábios e a ponta da língua são as partes que já estavam preparadas para a articulação pelo ato de mamar. Por isso as palavras que designam pai e mãe são semelhantes em quase todas as línguas, muitas vezes, idênticas"*

Portanto, segundo Gutzmann, o ato de mamar prepara nossas primeiras palavras Papa, Mama, Baba etc. O erro de Gutzmann consiste no fato de que ele também aceita o princípio da sequência segundo o menor esforço fisiológico. Alguns questionamentos bastante justificáveis foram levantados em relação a esse princípio. Preyer, Sully, Rzesnitzek, entre outros, não o reconhecem. Rzesnitzek fala em um uso lúdico das ferramentas linguísticas. Por fim, Ament comprova que, nos monólogos balbuciados, os sons difíceis K, G, R etc. já são utilizados muito antes de a criança dizer sua primeira palavra.

Irene D. balbuciava, por exemplo, com 288 dias de vida, "rrr" (fazendo bolhas), "errau" (nasal), "abrrr" e semelhantes. Gertrud M., cerca de 190 dias de vida, "abrrr", "abruh"; Elisabeth M., cerca de 390 dias, "rollewollegogu" etc. Assim, Ament substitui a antiga teoria da sequência segundo o menor esforço fisiológico por sua teoria da preferência fisiológica. Apesar de a criança já conseguir dizer os sons mais difíceis K, G, R, ela prefere substituí-los por sons labiais e/ou dentais. Ela prefere esses sons porque os mesmos foram especialmente estimulados em seu desenvolvimento pelo ato de mamar. Sendo assim, a teoria de Ament também é fisiológica. A preferência fisiológica no sentido de Ament desempenha decididamente um importante papel na escolha dos sons referentes às primeiras palavras infantis. Infelizmente é para mim impossível abordar aqui o interessante trabalho de Ronjat[11] de forma mais detalhada. Pois o autor descobre justamente leis segundo as quais a criança modifica as palavras corriqueiras da língua, como explica, por exemplo, no capítulo "Assimilação":

> *No 15º mês, pude fornecer em francês e obter em alemão uma série de palavras que permite estabelecer as seguintes fórmulas:*

---

11 Ronjat, J. Docteur ès lettres. *Le dévelopment du langage observé chez un enfant billingue*. Paris, 1913.

Oclusiva ou nasal explosiva[12] *em sílaba tônica*[13] *assimila consoante implosiva em sílaba tônica ou consoante em posição qualquer em uma sílaba átona. Em sílaba postônica Louis não consegue produzir outra implosiva senão um r não vibrante que é uma espécie de ressonância vocálica que prolonga um (s) postônico; esse fenômeno muito camuflado e de natureza quase não consonantal não se modifica.*

Em sílaba pretônica, não tenho exemplo de consoante implosiva afora Armband (ambam),[14] *em que m rm*[15] *já é de mesmo órgão que o b explosivo da sílaba tônica.*

O fenômeno induzido toma o ponto de articulação do fonema indutor, mas conserva seu modo de articulação próprio.

Assim, uma nasal labial[16] *induzida por uma oclusiva dental*[17] *torna-se uma nasal dental,*[18] *m x d = n, ex. fr. dame >(dam > dan), uma oclusiva dental sonora (= d) induzida por uma oclusiva labial surda (= p) torna-se uma oclusiva labial sonora (=b), d x p = b, ex. allem. Puder > (puds > pubs) etc...*[19]

12 O som é explosivo no início da sílaba; implosivo é o som ou os sons que se seguem à vogal da sílaba.

13 Que é acentuada.

14 Ou seja, em vez de Armband, Louis diz *ambam*. Remeto ao original para um esclarecimento dos sinais de pronúncia que aqui utilizo segundo Ronjat.

15 Ou seja: où m remplace le rm = onde o m substitui o rm.

16 = m.

17 = d.

18 = n.

19 Tradução do francês de Claudia Berliner.

Esses exemplos mostram que existe uma rigorosa regularidade na alteração da palavra pela criança que, de fato, pode ser explicada por uma preferência fisiológica. Se a criança diz dan em vez de dam, sua tarefa é facilitada na medida em que ela transforma a consoante seguinte em um som que se encontra no mesmo sistema de articulação, um som dental. Com certeza absoluta, os sons labiais e dentais são preferidos nas primeiras palavras porque esses sons foram especialmente estimulados em seu desenvolvimento pelo ato de mamar. Mesmo sendo muito corretas, essas teorias não esclarecem momentos relevantes: como se explica que em crianças de todos os povos podem ser encontradas denominações idênticas ou semelhantes para pai e mãe (papai e mamãe)? Como se explica que essas são as primeiras palavras infantis ou, talvez mais corretamente, que elas sejam consideradas as primeiras palavras? Como e por que um som produzido pela criança adquire significado de palavra? As duas primeiras questões ainda não foram solucionadas, sobre o surgimento da palavra nós conhecemos várias teorias das quais, como me parece, a teoria do reflexo e a onomato-poética merecem maior atenção. Ambas as teorias concordam que o homem se utiliza de sons ouvidos na natureza, os quais ele aprende a assimilar com um determinado significado (significado da palavra).

A linguagem, segundo todas as teorias desenvolvidas até agora, não conhece nenhum outro estágio a não ser aquele em que um som tomado da natureza, mesmo que surgido por um reflexo ou repetido sem significado, é utilizado com a intenção de comunicar assim que se transforma em palavra.

Assim, eu gostaria de adicionar a essas teorias minha visão sobre a preferência psicológica. Quero aqui logo antecipar que pretendo distinguir três estágios no desenvolvimento da linguagem oral: primeiro o estágio autista, quando a linguagem é voltada para si mesma; em segundo, o estágio mágico, quando uma palavra recebe um supersignificado que conjura a realidade; em terceiro o estágio presente de uma linguagem social, voltada para os outros.

Esses três estágios corresponderiam à conhecida sequência do desenvolvimento do princípio da realidade segundo Freud. Segundo ele, os estágios autista e mágico se fundem, eles são o mesmo estágio no qual o desejo supera a realidade, a fantasia está acima dos fatos reais e a onipotência dos pensamentos é dominante. Vamos dar mais um passo acompanhando Freud em suas observações sobre "animismo, magia e onipotência dos pensamentos".[20]

> *"Nós não podemos supor", diz Freud, "que os homens se lançaram à criação de seu primeiro sistema de mundo por pura curiosidade intelectual especulativa. Portanto, não nos admiramos ao descobrirmos que outra coisa acompanha o sistema animista, a instrução sobre como se deve proceder para dominar os homens, animais e os objetos, ou melhor, seus espíritos".*

(S. Reinach quer chamar essa instrução de estratégia do animismo, nome pelo qual é conhecida. Eu preferiria compará-la a uma técnica, assim como Hubert e Mauß.)

O princípio da magia baseia-se na semelhança do ato realizado com o evento esperado. Por isso o nome escolhido por Frazer: "magia imitativa ou homeopática".

> *"Se quero que chova, preciso apenas fazer algo que pareça chuva ou lembre chuva".*[21]

20 Freud, S. *Totem e tabu*, 1913.

21 Unguento de uma arma que gerou uma ferida pode curar a ferida. No caso dessa chamada "magia contagiosa", não se trata de uma relação no espaço, de contiguidade, pelo menos da contiguidade imaginada. Mas, como semelhança

> *"Os motivos que levam à prática de magia são desejos. O homem primitivo provavelmente tinha uma grandiosa confiança no poder de seus desejos. Desejar é para a criança, assim como para o homem primitivo, em sua ação mágica, o mesmo que experienciar."*
>
> *"Quanto à criança, que se encontra sob condições análogas, mas ainda não tem habilidade motora, nós supusemos, em outro ponto, que ela inicialmente satisfaz seus desejos realmente de forma alucinatória ao criar a situação satisfatória por meio de excitações centrífugas de seus órgãos sensoriais." (cf. Freud: Formulações sobre os dois princípios do acontecimento psíquico. Jahrbuch, vol. III, 1912, p. 2)*[22]

Aquele que acredita na magia é como uma criança para a qual

> *as coisas recuam perante suas representações, aquilo que as últimas pretendem deve acontecer também com as primeiras. As relações existentes entre as representações também são pressupostas entre as coisas*[23] *(Freud, S. Totem e tabu).*

---

e contiguidade são os dois principais princípios dos processos de associação, o poder da associação de ideias se destaca como explicação para toda a loucura das prescrições mágicas.

22 Continuação do texto: "Para o adulto primitivo, apresenta-se outro caminho. A seu desejo está atrelado um impulso motor, a vontade, e esta – a qual posteriormente vai mudar a Terra a fim de satisfazer o desejo – é agora utilizada para representar a satisfação de forma que a pessoa possa vivê-la também por meio de uma alucinação motora. Uma tal representação do desejo satisfeito é comparável ao jogo infantil, o qual substitui para a criança a pura técnica sensorial da satisfação".

23 Spitteler. *Meine frühesten Kindheitserlebnisse.*

Esse tipo de crença mágica nós encontramos com frequência em uma doença psíquica, a chamada "esquizofrenia" (Bleuler). Uma de minhas pacientes, por exemplo, se aborrece com várias suposições negativas que as pessoas fazem a seu respeito. Eu lhe digo que ela não precisa ficar nervosa, pois são simples suposições, ao que ela responde: "a suposição poderia se transformar em realidade a fim de provar seu direito de existir".[24] Basta pensar em alguma coisa para que aconteça; este pensamento, porém, sempre é expressão de um desejo ou um receio.

Quando a criança produz seus primeiros balbucios, ela o faz porque o ato de balbuciar lhe proporciona prazer devido a diversos motivos fisiológicos da respiração, do tensionamento de certos músculos etc. Em Stern, por exemplo, nós lemos:

> *A partir da sétima semana, a criança saciada produz, vez por outra, sons indicadores de satisfação, como por exemplo, cré-cré;*[25] *com dois meses pronunciava o som indicador de prazer 'erre-erre'. Anotou-se sobre a criança de onze meses: o ato de balbuciar se torna cada vez mais durador e sempre é um sinal de grande satisfação.*

Segundo Stern, o desenvolvimento progride de "afetivo-volitivo a objetivo-intelectual".

Voltemo-nos agora às primeiras palavras "papai" e "mamãe". É muito importante atentar à forma como o bebê diz essas palavras. Ele inicialmente não diz "mamãe", "papai", mas "mã-mã-mã", "pã-pã-pã".[26] Evidentemente a vogal é um "ã" e o número de sílabas

---

24 Spielrein, S. Sobre o conteúdo psicológico de um caso de esquizofrenia. *Jahrbuch für psychoanalytisch und psychopathologische Forschungen*, v. III, 1911.

25 N.T. No original, *krä-krä*.

26 N.T. No original, *mö-mö-mö* e *pö-pö-pö*.

originalmente é ilimitado. Imaginemos então com vivacidade a boquinha que fala "mã-mã-mã" e procuremos imitar seus movimentos com nossa própria mão. Assim veremos quão intimamente esses movimentos se assemelham aos do ato de mamar. Nos sons "mã-mã-mã" está presente a sucção. O bebê que é levado para a cama a fim de descansar após ser alimentado precisa apenas não suspender imediatamente o impulso da inervação que utilizou ao mamar para que os movimentos continuem e consequentemente produzam a palavra "mã-mã-mã". Esses movimentos que produzem "mã-mã-mã" devem ser extremamente prazerosos para a criança, seja por motivos fisiológicos, porque foram preparados pelo ato de mamar e são, portanto, de fácil execução, ou mais ainda por motivos psicológicos: na medida em que a criança reproduz o ato de mamar com movimentos, ela deve, de alguma forma, reviver as sensações experimentadas durante esse ato já ocorrido. Eu não quero ir tão longe como James a ponto de afirmar: "Nós não choramos porque estamos tristes, mas ficamos tristes porque choramos". No entanto, é certo que já na mais tenra idade deve haver uma ligação entre determinados movimentos e as sensações que os acompanham. Assim, não é uma conclusão ousada supor que quando a criança inicialmente produz "mã-mã", sons que estão associados a determinados movimentos de sucção, ela experimenta também as sensações agradáveis do ato de mamar.

Nós não precisamos imaginar nenhuma imagem clara na cabecinha infantil, não é preciso que seja a imagem da mãe ou do ato de mamar, podem ser sensações bastante obscuras de algo quente, macio (no contato com o corpo da mãe), fluido, de saciedade etc. Naturalmente, a criança sempre vai querer ter essas sensações, assim ela instintivamente vai buscar colocar sua pequena boca em uma certa posição que produz os sons acima mencionados. A ligação entre os sons "mã-mã" e as sensações correspondentes se torna, assim, cada vez mais profunda, ela se torna uma constante.

A criança vai buscar gerar esses sons a fim de evocar um grupo de sensações conhecidas e já esperadas. Mas como determinados sons são vinculados a conteúdos bastante definidos, às sensações, talvez já às representações, nós aqui já podemos falar em "palavras" que indicam ou significam esses conteúdos.

Essas primeiras palavras ainda são autistas, ou seja, determinadas por si mesmas. Esse primeiro estágio autista se diferencia do estágio "mágico" posterior, na medida em que a magia pressupõe um mundo exterior que se pode influenciar, enquanto nesse primeiro estágio autista nós ainda não precisamos supor um mundo exterior, separado da criança. O surgimento da palavra "mã-mã", porém, já nos esclarece, nesse estágio, a origem da magia, a saber, a crença na onipotência das palavras, especialmente do nome.

Na magia, o nome aparece sabidamente no lugar da pessoa. Os nomes são como as imagens: se uma pessoa, por exemplo, quer evocar a morte de um inimigo, então ela acende uma vela do tamanho dele até que se extinga. O mesmo pode-se obter se a pessoa pronunciar o nome desse inimigo com má intenção.[27]

Assim como não podemos nos aproximar de um animal sagrado ou de um rei, como devemos evitar até mesmo objetos, principalmente a comida da qual essa pessoa se serve porque senão morreríamos no mesmo instante, também não podemos dizer o seu nome.

---

27 Cito o seguinte trecho de uma anamnese que o senhor dr. Papadaki (diretor de uma clínica psiquiátrica em Genebra) amavelmente colocou à minha disposição: "Surgimento, por preocupação, de certas manias: se, ao trabalhar, p. ex., com bordado, uma ideia de morte lhe cruzasse a mente, ficava tomada de escrúpulos de que isso desse azar para a pessoa cujo nome eventualmente cruzasse ao mesmo tempo sua mente e desmanchava alguns pontos para, em seguida, refazê-los com alguma outra ideia menos desagradável. Caso julgasse isso absurdo e continuasse a trabalhar, o medo provocava nela ondas de calor, um terrível mal-estar, que a deixava infeliz..."

O mesmo vale para o nome dos espíritos, dos mortos etc. Essa equiparação de nome e pessoa, de palavra e ato, Freud explica da mesma forma mencionada acima: assim como na criança, a representação e o pensamento são aqui supervalorizados em relação à realidade. Todo desejo é originalmente satisfeito alucinatoriamente, apenas posteriormente a criança tem de aprender que existe uma realidade que faz com que muitas coisas lhe sejam impossíveis, as quais precisam ser primeiro conquistadas.

O surgimento das primeiras palavras infantis mostra então que não precisamos nem mesmo supor a satisfação alucinatória de um desejo evocada intencionalmente em sua origem. Quando a criança diz a palavra "mã-mã", então não o faz inicialmente porque isso a lembra de uma ação vinculada a uma sensação agradável, o ato de mamar: em sua origem, a palavra não significava uma ação,[28] ela era a própria ação. Assim, a magia remonta a esse fato em sua crença: a palavra pode substituir uma ação porque a primeira palavra originalmente era uma ação. A palavra "mã-mã" no sentido de um objeto separado se diferencia apenas posteriormente de um determinado grupo de sensações indistintas que surgem durante o ato de mamar.

Ao se falar ou pensar em uma palavra, são evocadas as mesmas sensações provocadas pelo ato em si, como os movimentos da boca ao mamar, porque essa palavra, como resultado desses movimentos, tem um efeito idêntico ao do ato de mamar. Quando, com o tempo, o conceito de um objeto, a mãe, se diferencia a partir do grupo de sensações indistintas durante o desenvolvimento psíquico posterior, a ligação originalmente existente entre a ação = palavra e o objeto então diferenciado "ma-mãe" (mais tarde, mãe) designado por essa palavra se mantém. Ao pronunciar o nome, foi realmente possível um dia evocar um determinado grupo de

28 Ela significa o grupo de sensações, não a ação.

sensações que, mais tarde, será representado por uma pessoa. Se uma pessoa modifica ou danifica esse nome de alguma forma, então ela danificou também o conteúdo psíquico associado a ele (em nosso caso = a pessoa). Por isso, na magia, o nome de uma pessoa representa esta própria pessoa e aquilo que acontece com o seu nome também deve acontecer com ela.

A separação entre a palavra (nome) e o evento é um processo secundário; originalmente eles são uma unidade. Na magia, eles se tornam de novo uma unidade na medida em que o nome substitui uma pessoa, um processo, e a palavra, uma ação.

No primeiro estágio de desenvolvimento, quando as crianças ainda não conhecem nenhum mundo separado de si e a ser conquistado, a palavra serve apenas e simplesmente para o próprio gozo. Ela desperta determinados grupos de sensações, os quais, afinal, são seu "significado".[29] Posteriormente, a criança deve perceber que entre a "satisfação simulada" que sente ao pronunciar as primeiras palavras e a satisfação real experimentada durante o ato de mamar existe uma diferença relevante. Ela deve suas primeiras experiências nesse sentido certamente à sensação de fome, que nem sempre pode ser superada com uma simulação. Aqui já surge um dos fatores que deve chamar a atenção da criança para a oposição entre desejo e resistência (obstáculo); aqui está o germe para o início do egocentrismo em relação a alguma coisa que posteriormente será o mundo exterior. O segundo momento está no próprio ato de mamar. Compayré diz: "Talvez seja ao pressionar na boca o seio materno que a criança adquire a primeira noção confusa da exterioridade".[30] É a resistência por parte do corpo materno, a resistência que se opõe a qualquer movimento, que faz com que sintamos um movimento. Esse mundo exterior que resiste, porém,

29 Ela as designa...

30 Tradução do francês de Claudia Berliner.

está ao mesmo tempo carregado das sensações mais agradáveis. Por outro lado, os adultos vêm instintivamente em auxílio da jovem psique, pois, a partir de experiências oriundas de períodos obscuros da própria infância, eles relacionam os sons "mã-mã" com a mulher nutridora. Esses sons são repetidos carinhosamente, e ao mesmo tempo o seio materno com a bebida desejada chega à boquinha impaciente que o busca. Dessa forma, surge na pequena cabeça a "ideia" de que, por meio de uma ação aparente, como temos no caso das palavras "pã-pã" e "mã-mã", ela pode "evocar" a realidade certa.[31] Basta dizer a palavra "mã-mã" para produzir o grupo de sensações a ela associadas, as quais agora são reconhecidas como sensações externas, nem sempre disponíveis, ele é o grupo de sensações "Mã-mã". Com isso, chegamos ao segundo estágio do desenvolvimento da palavra, o "estágio mágico".

As primeiras palavras infantis têm um significado geral, em todo o caso, bastante diferente das nossas. Paolo Lombroso, por exemplo, relata sobre uma menina que dizia *Pello* (= chapéu = *cappello*) para qualquer coisa que quisesse ter. A minha Renatinha também nos oferece aqui um belo exemplo na idade relativamente avançada de 1 ano e meio. Na época, eu escrevi:

> *Provoca-lhe imenso prazer abrir e fechar janelas, portas, todos os objetos possíveis. Eu sempre lhe dizia nesses momentos "abre-fecha".*[32] *Agora ela frequentemente diz esse "abre" em momentos em que a palavra não é adequada, simplesmente quando quer alguma coisa. Eu não posso garantir, mas acho que a palavra é para ela simplesmente uma forma de chamar uma coisa, ou seja, um objeto, como um vocativo.*

31 Cf. Sperber: "Der sexuelle Ursprung der Sprache" [A origem sexual da fala].

32 N.T. Em alemão, *auf-zu*.

Isso foi escrito há sete anos e agora corrijo minha observação, pois não é o "chamado" de uma coisa, mas sim o chamado, ou mesmo o anseio por um sentimento agradável com o qual a criança assimila, ao exclamar "abre", a sensação de prazer originalmente percebida ao abrir e fechar as portas. É como se ela dissesse: "que essa sensação agradável ocorra agora". Com 1 ano e meio, a criança já realizou a relação entre sujeito e objeto, mas, não nos enganemos, ainda não com essa acuidade que nós adultos acreditamos! Aos 4 anos e meio, Renatinha ainda me perguntou: "Quando eu fecho os olhos, eu vejo o escuro. Por que quando eu fecho os olhos a Louise (a ama) não vê o escuro?" A criança não teria feito essa pergunta se a separação entre o próprio Eu e o mundo exterior lhe fosse tão familiar, se pudesse ver a si mesma de fora, do ponto de vista do mundo exterior (de Louise).

A palavra "abre" sem dúvida não é diretamente derivada de uma ação como a palavra "mã-mã", mas a experiência originalmente vivida palavra = ação, a qual "evoca" aquilo que é desejado, não pode ser destruída tão rapidamente. Para tanto, é necessária uma experiência mais longa. Para a criança, todo pensamento, todo desejo ou todo temor são inicialmente fatos. Em suas aulas, Piaget falou sobre as diversas atitudes da criança diante da realidade.[33] Segundo ele, o que aliás corresponde a nossas experiências psicanalíticas, a criança se desenvolve do absoluto para o relativo. A dúvida surge muito mais tarde. Sua ideia é muito interessante: quando a criança pergunta, ela não o faz para compreender os fatos reais, mas sim para responder a si mesma no sentido que deseja. Minha filhinha oferece aqui também belos exemplos que comprovam essa teoria. Primeiramente, ela ainda não conhece o passado, mas apenas o presente. Quando eu digo: *"Parabéns Renatinha,*

33 La pensée autistique. Semestre de inverno 1921/1922 (Laboratório Psicológico de Genebra).

comeu tudo", então ela quer a comida imediatamente, mesmo que não tenha fome nenhuma. Pois aquilo que dizemos tem de acontecer. As primeiras frases da criança são afetivo-afirmativas (ou seja, interjecionais), isso corresponde às observações de Stern sobre sua filhinha. Assim, ele comenta a respeito da criança de 1 ano e meio:

> *As formações oracionais afetivas ainda são preponderantes; as pequenas frases interjecionais da composição anterior tornaram-se agora extremamente volitivas (frases que expressam desejo), as quais surgem das formas mais variadas. Paralelamente, há as orações interrogativas, as quais agora não mais incluem apenas perguntas do tipo o quê, mas também onde, e perguntas de certificação. Às vezes, ela própria responde às suas perguntas.*

Com a "pergunta o-que-é-isso" (qué isso?), a criança quer saber o nome das coisas, o qual substitui a coisa. Em relação a essa, a "pergunta onde" significa um grande avanço, aqui se inicia o estágio ativo: a coisa não está sempre aqui à disposição, é preciso se apropriar dela, saber encontrá-la. Nesse caso, inicialmente a busca também é apenas aparente, pois a representação está acima da realidade. Aos 2 anos e 3 meses e meio, Renatinha faz perguntas como se para responder a si mesma no sentido que ela própria deseja: nós frequentemente fazíamos "jogos de esconder" com ela e dizíamos sempre "onde?" e, por fim, "aqui". Então para todos os objetos ela passou a dizer "onde? – aqui!" Por exemplo: "Onde está o gatinho? – Aqui está o gatinho", ela responde "aqui" sem se preocupar se isso corresponde à realidade ou não. O mundo para a criança não é como ele é, mas como deveria ser (Spitteler: *Meine frühesten Kindheitserlebnisse* [minhas primeiras experiências de infância]). Ela certamente adotou a minha forma de oração interrogativa, mas, para ela, essas orações passam a ter um caráter afirmativo, de forma que anotei: "As orações interrogativas ela utiliza com frequência e em situações às quais não se adequam, por exemplo, quando quer um biscoito: 'Você quer biscoito?' ou 'você quer comer?' etc.".

Alguns dias mais tarde, anotei:

> *Caminha um pouco, bate com o punho: está ouvindo balulho? (Quer dizer "ouça esse barulho"). A mamãe deve te pegar no colo? (em vez de "mamãe deve te pegar" = "me pega no colo, mamãe"). Quer fechar o livo? — o livo está fechado (aqui a separação da pergunta e da ação desejada "fechar o livro" executada imediatamente). Ou colocar na mesa? (Deposita o objeto sobre a mesa). Ou quer isso? (Pão). Ou não quer? Não? (= eu quero o pão; não, eu não quero).*

Renatinha, 2 anos e 8 meses de idade: "Ou agora podemos dirigir os dois carro. Se levar os dois carro". Essa nova forma de oração, iniciada por "se", também ainda não é condicional: não há nenhuma frase a seguir que justifique o "se". A criança quer dizer: "Agora quero dirigir os dois carros", ou simplesmente: "Agora os dois carros estão andando" (com os quais está brincando). É possível que o "se" aqui signifique "então", mas não tem o sentido de uma condição. As orações interrogativas e, por fim, condicionais que a criança repetiu por ter me ouvido falar passam a ter com ela um sentido correspondente ao seu desenvolvimento psíquico. Em Anatole France, nós podemos ler um trecho muito gracioso:

> *Já sabendo escrever um pouco, pensava que nada me impedia de compor um livro. Redigi, sob o olhar de minha querida mãe, um pequeno tratado teológico*

e moral. Comecei com os seguintes termos: O que é Deus... e logo levei até minha mãe para lhe perguntar se estava bom assim. Minha mãe me respondeu que estava bom, mas que no fim dessa frase precisava pôr um ponto de interrogação. Perguntei o que era um ponto de interrogação.

É, disse minha mãe, um sinal que indica que estamos interrogando, que perguntamos algo. Deve ser posto depois de toda frase interrogativa. Você tem de pôr um sinal de interrogação já que está perguntando: "O que é Deus".

Minha resposta foi maravilhosa: "Não estou perguntando. Eu sei".

"Mas, meu filho, você está perguntando, sim."

Repeti umas vinte vezes que não estava perguntando, já que sabia, e me recusei terminantemente a pôr esse ponto de interrogação que me parecia um sinal de ignorância. Minha mãe criticou fortemente minha obstinação e disse que eu não passava de um tolo. Meu amor próprio sofreu com isso e reagi com uma impertinência qualquer pela qual fui posto de castigo.

Mudei bastante desde então; já não me recuso a colocar pontos de interrogação em todos os lugares em que se costuma pô-los. Fico até tentado a traçar uns bem grandes no final de tudo o que escrevo, de tudo o que digo e de tudo o que penso. Minha mãezinha, se estivesse viva, talvez me dissesse que agora os ponho em excesso.[34]

---

34 Tradução do francês de Claudia Berliner.

Somente quando a realidade ao lado da fantasia é reconhecida, quando as outras pessoas são enxergadas ao lado da própria pessoa e as palavras adquirem um significado não obrigatório, mas facultativo, surge aquilo que nós adultos normalmente compreendemos como linguagem. Esse é o terceiro estágio, o estágio da linguagem social, determinada para o outro.

Eu quero resumir mais uma vez o que foi dito: as primeiras palavras infantis, as quais na maioria esmagadora dos casos consistem de sons labiais e dentais, devem sua origem ao ato de mamar. O processo de mamar, continuado após a separação do corpo materno, produz com grande facilidade principalmente os sons "mã-mã". Originalmente a palavra era uma ação. Na medida em que a criança repete essa ação, ou a palavra "mã-mã" incontáveis vezes, deve se formar uma ligação profunda entre essa palavra (o movimento da boca que a produz) e um grupo de sensações bastante determinado, sempre o mesmo, ou seja, o grupo de sensações que a criança experimenta a cada vez que mama. Ao pronunciar um determinado grupo de sons, a criança é capaz, por fim, de evocar esse grupo de sensações determinado quantas vezes desejar.

As sensações são elementos das percepções futuras e, por fim, representações (talvez já tenhamos percepções e representações nesse estágio). A relação tornada constante entre o som e um grupo determinado de elementos intelectuais e afetivos[35] nos permite afirmar que esse grupo sonoro se transformou em uma "palavra". Aqui se trata naturalmente de questões terminológicas.[36]

---

35 Ou seja: as sensações e a própria reação sentimental que as acompanha. A ideia se desenvolve pela abstração do essencial a partir da sensação. Não quero aqui fornecer a definição exata de uma "ideia". Eu abordo o surgimento desse processo em meu próximo trabalho sobre a formação do símbolo.

36 Eu não faço questão da designação "palavra" já nesse estágio. Poderíamos falar aqui, por exemplo, em "germes de palavras". As questões terminológicas, porém, não alteram em nada os fatos.

Independentemente de querermos aqui já falar em "palavra" ou preferirmos outra designação, essas primeiras palavras originárias do ato de mamar passam por esse estágio no qual são reproduzidas apenas e exclusivamente para o prazer, no qual sua pronúncia causa diretamente o prazer, pois nesse momento surgem movimentos que estimulam as sensações experimentadas durante o ato de mamar. Esse estágio, no qual nenhum mundo externo é diferenciado, no qual a linguagem é determinada por si própria, é o estágio autista. Se a criança já percebeu, por meio da experiência, a diferença entre a verdadeira satisfação durante o ato de mamar e a satisfação simulada ao dizer as primeiras palavras, se já formou para si uma vaga ideia de um mundo exterior a ser conquistado, então ela chegou ao segundo estágio "mágico", ao estágio no qual a pessoa evoca o desejado por meio da sua reprodução em uma ação = palavra.

Nesse segundo estágio, ainda lidamos com uma sobrevalorização do desejo, do subjetivo, do psíquico em relação à realidade, com a crença na "onipotência do pensamento". A criança aprende apenas lentamente a se diferenciar do mundo exterior a ponto de poder observar a si mesma a partir do ponto de vista de outros. Muitos, talvez todos nós, nunca aprendem a fazê-lo completamente. Aprendemos então a limitar os desejos e a conferir significados facultativos às palavras. Com a percepção da própria insuficiência e dependência do mundo exterior, surge cada vez mais premente a necessidade de se obter o auxílio do outro, de participar, de se sentir compreendido e, por fim, a necessidade de compreender o outro. Assim a linguagem chega ao terceiro estágio "social".

Até agora, nós apenas nos ocupamos do surgimento da palavra "mã-mã". Assim como essa palavra passa por uma mudança de significado para, afinal, designar a pessoa mais próxima da criança, a mãe, o mesmo ocorre com a palavra "pã-pã". A palavra "papai" manifesta de diversas formas sua origem no ato de mamar. Na linguagem das amas russas, por exemplo, o pão é chamado "papa". A crença cristã segundo a qual a pessoa come no pão o corpo de Jesus mostra que não se trata, por exemplo, de uma relação racionalizada, papa = pão, porque o pai provê o pão, mas de uma relação muito mais antiga e profunda. A frase jocosa: "Nós somos o que comemos" é tomada a sério pelos povos primitivos, a pessoa se apossa das características de um animal sagrado ao comê-lo. A comunhão íntima é simbolizada pelo ato de comer. Essa crença nos parece natural se pensamos que em nossa vida realmente já nos alimentamos pelo ser humano (por um ser humano), de um ser humano que nos deu a vida, com o qual formamos uma unidade em tempos imemoriais. Por isso a identificação é simbolizada pelo ato de comer.

A palavra russa *niania* é conhecida por todos. Na linguagem das amas na região do rio Don, eu frequentemente ouvi a expressão *niamniam* para o ato de comer. Ela certamente surgiu por vias onomatopeicas, o termo derivado do ato de comer *niania* foi então relacionado à pessoa cuidadora que fornece a comida.[37]

É muito interessante observar em que situação a criança balbucia "mã-mã" e em qual diz "pã-pã". Aqui parece haver uma diferença bastante característica. "Amanhã Renatinha faz dez meses", está escrito em meu diário.

> *Ela ainda é bobinha: não tem dentinhos, não sabe se levantar sozinha, não compreende o que significa papa e mama, palavras que pronuncia com muita frequência durante o dia. Eu não sei se já anotei isso: quando*

37 Na região do Don, eu também ouvi crianças pequenas dizerem *ham-ham* (h aspirado) para comida.

> *Renatinha está satisfeita, ela diz* papa, *quando está insatisfeita ou quer alguma coisa, então diz* mama.[38]

Stern também relata que sua filhinha usa papa como indicador de satisfação, e mama como sinal de tristeza, e, se não me engano, Sully também. Desde então, algumas mães me contaram a mesma coisa. A dra. Hug-Hellmuth, que ouviu meu relato no congresso, afirmou que tirei esses fatos da ponta de sua língua. Como atualmente não há nenhuma experiência contrária, talvez possa se tratar de um fato amplamente difundido. Como poderíamos explicar esse fenômeno peculiar? Quando anotei minhas observações, eu ainda não conhecia as experiências semelhantes de Stern e outros, portanto, pode-se descartar a hipótese de sugestão: ali está registrado em detalhes que a menina ainda não compreendia as palavras Papa e Mama. Assim, "mama" como sinal de tristeza não pode advir de uma ideia da criança que primeiro quer buscar a proteção da mãe. O motivo me parece ser o seguinte: os diversos sons em questão não se originam da mesma posição da boca, eles se originam em diferentes fases do ato de mamar. A palavra "mã-mã" reproduz a sucção mais fielmente. "Pã-pã", "bã-bã" etc. corresponderiam mais ao momento em que a criança saciada brinca com o seio, largando-o e retomando-o de novo. Se a criança não está com muita fome e, portanto, bem-humorada, então se compraz em continuar os movimentos que geram os sons "pã-pã", "bã-bã" e semelhantes. Se a fome, no entanto, surge imperativa, então os movimentos de sucção se tornam mais enérgicos e a pequena boca assume a posição que lhe é própria durante o ato de mamar, quando envolve o bico do seio. Essa posição da boca gera o som "mã". Se a fome se mostra muito intensa, então qualquer som "razoável"

---

38 A pronúncia é sempre "pã-pã", "mã-mã". Com 1 ano de idade, a criança ainda dizia "pã-pã" em vez de "papa".

deixa de ser produzido, dando lugar a um procedimento reflexo, o choro. A manifestação composta por sons labiais permanece durante toda a vida a única linguagem de diversos mamíferos. Em outros, porém, isso não ocorre. Qual será o motivo?

Qual o fator decisivo para a formação dos sons nesses casos? Eu não quero me aprofundar nessa questão complicada. Minha tarefa não era considerar todas as possibilidades a partir das quais as diversas formas de linguagem podem surgir. Eu tampouco afirmei que apenas e simplesmente o ato de mamar gera a linguagem infantil. Nós apenas percebemos que, na maioria esmagadora dos casos, as primeiras palavras infantis são compostas de sons labiais e dentais. Com isso, elas indicam sua relação profunda com o ato de mamar.

Minha tarefa foi acompanhar o surgimento e o desenvolvimento das palavras papai e mamãe. Esse estudo revela uma série inteira de problemas psicológicos, principalmente o problema dos diversos estágios do desenvolvimento da linguagem (o estágio autista, o mágico e o social).

A palavra mamãe (na pronúncia infantil mã-mã-mã) reproduz o ato de mamar. A palavra papai (= pã-pã) se origina da fase em que a criança saciada brinca com o seio. Ambas as palavras devem sua origem ao ato de mamar. Como nenhum outro, o ato de mamar é fundamental para as mais importantes experiências de vida da criança: aqui ela conhece a felicidade da fome saciada, mas também aprende que essa felicidade tem um fim e que deve ser sempre reconquistada. A criança vive suas primeiras experiências de que existe um mundo exterior, para tanto, o contato com o corpo materno, que apresenta resistência aos movimentos da pequena boca, contribui.[39] Por fim, o pequeno ser aprende que existe um refúgio

---

39 Naturalmente eu não afirmo que é apenas a partir do ato de mamar que a

nesse mundo exterior que ele deseja não apenas porque ali a fome é saciada, mas também porque é um lugar quente, macio, onde ele está protegido de todos os perigos. Se nós alguma vez na vida sentimos um desejo "demora-te momento, pois és tão bom", isso foi certamente nessa época. Aqui a criança aprende pela primeira vez a amar no sentido mais amplo da palavra, ou seja, a perceber o contato com um outro ser, independentemente da alimentação, como a mais alta felicidade possível.

Por todos esses motivos, é compreensível que se atribua uma importância especial às palavras geradas a partir do movimento de sucção. Portanto, mesmo que papai e mamãe talvez não sejam as primeiras palavras infantis, o que é muito possível, elas sempre serão consideradas como tais pela população.

---

criança toma conhecimento do mundo exterior. Eu gostaria de reforçar mais uma vez que me refiro aqui apenas às palavras mamãe e papai. As relações que os adultos precisam para pai e mãe podem ter sido tomadas a partir de diversos motivos, assim como de diferentes áreas representacionais, e não possuir mais nada que remeta à sua relação com o ato de mamar.

32. O tempo na vida psíquica subliminar[1]

Sabina Spielrein

Senhoras e senhores! Falta à psicanálise uma relação que una o pré-consciente e o subconsciente. Eu gostaria de lhes sugerir como tal "a vida psíquica subliminar".

Não esperem que eu lhes apresente o complicado problema do tempo já solucionado. Trata-se, na verdade, de uma série de pesquisas realizadas de forma metódica. Foi Freud quem, mais uma vez, fixou a pedra fundamental para essa discussão. Em sua interpretação dos sonhos, ele se ocupa, como em nenhuma outra de suas obras posteriores, da estrutura do pensamento onírico, ou seja, do pensamento pré-consciente. Além das leis gerais, às quais nós todos já estamos familiarizados, aplicadas à formação de figuras oníricas (deslocamento, condensação, "*pars pro toto*" etc.), nós encontramos aqui observações mais específicas sobre a linguagem pré-consciente. Assim, Freud cita exemplos de como o "se", o "por quê", entre outros, são representados no sonho. Essa

---

1 Die Zeit im unterschwelligen Seelenleben. In *Sämtliche Schriften*. Freiburg, Edition Kore, 2002, pp. 318-34. Tradução de Renata Dias Mundt.

linguagem pré-consciente como expressão do mecanismo do pensamento sempre me interessou muito. Segundo Freud, aqui aplicam-se as mesmas leis que dominam o pensamento primitivo e infantil. Por esse motivo, dediquei-me sistematicamente ao estudo do pensamento pré-consciente e infantil. Nesse percurso, deparei no Instituto Rousseau, em Genebra, com um valioso pesquisador, o docente Piaget, também psicanalista, o qual escolheu como meta de seu trabalho o estudo do pensamento infantil ou "autista", como o denominou segundo Bleuler. Desde então, nós trabalhamos, mesmo que separadamente, predominantemente na mesma área.

Nosso pensamento conscientemente orientado está ligado a três condições: a condição do tempo, do espaço e da causalidade. Já sabemos há muito que elas não são categorias do pensamento e tampouco conceitos *a priori*, como Kant supunha, mas sim conceitos *a posteriori* que adquirimos lentamente, no decorrer do desenvolvimento. Aparentemente, nos familiarizamos primeiro com o conceito de espaço, depois segue-se o conceito de causalidade[2] e somente por último o conceito de tempo. Dentro do conceito de tempo, temos de diferenciar entre duração e direção. Uma ação, um acontecimento pode ser algo breve e passageiro ou duradouro; além disso, nós podemos levá-lo na direção do futuro ou na direção inversa, do passado, ou mantê-lo no meio, que seria o presente. Habitualmente, quando alguém fala do tempo, essa pessoa se refere à direção do tempo. Nós, porém, temos necessariamente de considerar as duas coisas.

Anotei as seguintes observações de minha filha Renatinha quando ela tinha 2 anos e 1 ½ meses:

2 Não podemos descartar a possibilidade de que aquilo que resumimos como conceito de causalidade não seja um conceito único, e que apenas uma parte dele se desenvolva mais cedo, a outra parte, mais tarde. Eu não sei. O leitor, no entanto, poderá perceber o que quero dizer a partir dos exemplos apresentados.

O conceito de tempo é o que a Renatinha menos domina quando testamos seu conhecimento dos três conceitos básicos de espaço, tempo e de causalidade. Ela compreende muito bem a pergunta "onde?". Expressões como embaixo da cama, do tapete, da almofada etc., assim como a expressão em cima lhe são bem conhecidas. Ela também compreende bem a distância espacial de maneira geral. Ela sabe que algo chega e vai embora, sabe que pode estar bem, bem longe.

Compreende também "dentro", "fora", "para dentro", "para fora" e sabe diferenciar formas redondas de outras. Assim, nomeava maçãs e objetos semelhantes segundo sua forma: bola. Diferencia também grande e pequeno.

Também compreende a pergunta "por quê?". Ontem, por exemplo, disse: "Coitadinho do canelo". Eu lhe perguntei: "por que o carneiro é coitadinho?" "Quebou perna", a pequena respondeu.

Renatinha com certeza não compreenderia a pergunta "quando". Para ela, tudo é presente. Agora eu lhe ensinei "depois de". As expressões "logo", "mais tarde", "em seguida" ela compreende como imediatamente, algo que não pode demorar muito. Eu lhe digo com frequência (enquanto se lava): "primeiro o rostinho, depois as mãozinhas". Não me lembro de que tenha repetido isso alguma vez, pois, mesmo que compreenda aquilo que deve acontecer em seguida, para ela não existe o passado, sempre usa o verbo no presente. Frequentemente digo: "Muito bem Renatinha, comeu tão bem" – ao que ela retruca: "Comer bem", às vezes diz, "Comer! Quer!" sendo que já não tem mais nenhuma fome.

As observações referem-se evidentemente ao tempo como direção.

A preferência pelo presente e pelo futuro em relação ao passado é compreensível: a criança comporta-se inicialmente de forma voluntariosa e se interessa principalmente pelo que já possui ou pelo que pode obter. O fato de que tudo neste mundo está sujeito a mudanças e é efêmero inicialmente não significa nada para ela e lhe escapa. Uma outra questão é como a criança imagina o futuro e em que medida diferencia o futuro do presente. O estudo dos sonhos e a linguística podem nos fornecer algumas pistas a respeito.

O sonho conhece presente, passado ou futuro? – Sim e não! Nós sabemos como o sonho mistura arbitrariamente o que já foi, o que ainda é e o que será, como se essa tripartição do tempo não existisse para ele! Mas, ao mesmo tempo, não é sempre assim: se vemos uma pessoa indesejada não morta, mas morrendo, então há a ideia de uma transformação no sentido do devir. Toda ação é na verdade um devir e, como devir, ela também indica o futuro, mas é ao mesmo tempo um presente permanente, ou seja, em constante transformação. Nós também percebemos a ideia de futuro no fato de que frequentemente esperamos ou tememos algo no sonho. No entanto, nunca encontramos o futuro representado de forma autônoma, essa ideia, na verdade, nos é sugerida simplesmente pela duração de uma ação, de forma que se pode falar aqui também em presente. Será que uma representação do futuro autônoma é possível no sonho?

Em comparação com o futuro, compreendido dessa forma, as representações do passado no sonho são muito mais raras, porém, mais autônomas: no sonho de uma senhora, por exemplo, que vê a imagem de seu analista desbotada, esse desbotamento se apresenta sem dúvida como algo que estava presente e não existe mais. Um senhor que decidiu separar-se definitivamente de sua amada, o que lhe causa grande sofrimento, vê a moça em sonho como um objeto coberto de musgo. A imagem expressa seu desejo de que o desagradável momento da despedida já tivesse sido superado, de que se torne algo velho, já coberto de musgo. Esse sonhador costuma se utilizar do passado em seus sonhos a fim de livrar-se de impressões desagradáveis.

O passado tampouco surge no sonho no sentido que o compreendemos aqui: o foco centra-se não no que foi, mas no que não está presente, eventualmente, no que não está mais presente.[3]

A criança pequena imagina o passado da mesma forma, pois a ideia do passado deve lhe ser sugerida pela constatação do desaparecimento. A criança compreende o desaparecimento inicialmente como distanciamento espacial: um objeto ou uma pessoa estão "muito, muito longe", "foram embora".[4] Então os sonhos de partidas mencionados por Freud como representações da morte se tornam compreensíveis para nós: é a representação do temporal por meio do espacial. Freud comenta aqui que o sonho se comporta como a criança que desconhece o aniquilamento e imagina a morte como uma viagem. Um outro sonho do senhor acima mencionado é ainda mais evidentemente espacial, o qual vê uma situação desagradável como uma paisagem cada vez menor, que se distancia. Com isso, ele diz, como em seu sonho anterior: "isso faz parte de um passado remoto", ou, mais especificamente, "isso logo

3 Poderíamos fazer aqui uma comparação com o *perfektum* de algumas línguas antigas. Essa forma gramatical corresponde em alemão [N.T. Assim como em português] a "ele está morto", por exemplo. "Ele morreu" não seria o *perfektum*. A forma verbal *perfektum* nos desloca para o passado, ela é um estado que existe agora, que dura. Se dizemos "ele está morto", então pensamos na morte, enquanto "ele morreu" destaca o momento do fato ocorrido do qual não participamos mais.

4 N.T. Em alemão, *fort*.

será parte de um passado remoto". Ele é, portanto, um devir que é ao mesmo tempo um presente permanente e futuro.

Agora apresento mais um exemplo interessante da representação da estimativa da duração do tempo no pensamento pré-consciente. Eu o devo a um jovem professor: certa manhã, ele desperta às 5 horas e diz a si mesmo que é muito cedo, que pode dormir ainda mais duas horas. Ele realmente volta a adormecer e acorda às 7 horas como pretendia. Durante essas duas horas, vivencia o seguinte:

> *"Sonhei", ele me escreveu, "que me encontrava em uma grande praça branca asfaltada. Há ruas em diversas direções. A rua ao leste leva até o lago. Eu vou para o oeste e digo a mim mesmo que tenho de acordar em duas horas. A rua ao oeste é uma pequena subida e é cortada duas vezes por ruas em um ângulo reto. Eu penso: aqui está a primeira hora, e aqui a segunda".*

Ele não se recorda do restante.

Será que se trata realmente de um sonho? Um sonho e algo mais. Nós podemos observar diretamente como uma intenção consciente, a saber, despertar em duas horas, é vivida e elaborada, travestida de uma linguagem visual pré-consciente: os dois trechos temporais (duas horas) se transformam em dois caminhos; essa imagem, por sua vez, é utilizada como material onírico.

Como esse trecho temporal se transformou em caminho no pré-consciente, ele adquire assim o significado de um caminho de vida pelo qual a imagem onírica real é introduzida. São dois caminhos de vida entre os quais o senhor mergulhado em seu sono deve escolher: o oriental é, como ele explica durante a análise, o caminho do amor livre, o ocidental significa a renúncia a esse amor e o retorno ao pai, o qual é pastor. A praça branca asfaltada é sobredeterminada por vários desejos eróticos. Portanto, o problema dos dois caminhos de vida se inicia justamente aqui.

O restante da análise, a qual não menciono aqui por respeito pessoal, indica que o caminho ocidental significa uma renúncia apenas aparente. O desejo sabe defender seus direitos ao servir-se do conhecido mecanismo da representação pelo negativo.

A maioria de nossos sonhos procede da mesma forma, utilizando a representação da situação presente do sonhador imediatamente a favor do mesmo, reinterpretando-a para tanto. Há, no entanto, casos em que o pensamento imagético se contenta com uma simples elaboração de nossa situação presente, sem que seja possível se comprovar qualquer atividade do desejo. Em estado de grande cansaço, um senhor "sonha" com um navio que carrega uma pesada carga. Ao despertar, ele tem a sensação de que ele próprio é esse navio. Será que podemos falar em sonho também em casos como esse? Freud é da opinião de que só se pode falar em sonho na presença da atividade formadora do desejo. Ela deve ser uma *definitio sine qua non*. É muito difícil se decidir sobre essa questão. Algumas coisas podem favorecer essa definição. Eu observei, por exemplo, que esses sonhos, digamos por hora, "imperfeitos", nos quais a atividade que transforma o desejo falha, ocorrem em estado de grande cansaço. Uma senhora, por exemplo, vê-se em sonho pendurada por um gancho e não tem coragem de pular no chão. Desesperada, olha à sua volta em busca de auxílio e diz a si mesma: "eu, na verdade, não preciso que alguém me ajude, mas se pelo menos tivesse a segurança de que alguém pode me ajudar em uma emergência, então ousaria pular". A senhora tem medo da vida. Sente-se solitária e necessita de ajuda.[5] Depois que o pensa-

5 Eu não sei mais se alguém lhe ofereceu essa ajuda no sonho ou não. No primeiro caso, seria a realização de um desejo, no último, a simples representação

mento consciente passa a ter menos força, ele deixa o pensamento visual pré-consciente se impor cada vez mais. Eu não saberia aqui citar nenhuma diferença básica em relação aos fenômenos hipnagógicos. Após esses sonhos imperfeitos, costumamos nos sentir exaustos. Poderíamos dizer que aqui nos falta a recuperação que o sonho costuma nos oferecer por meio de sua atividade que satisfaz os desejos, assim como nos sonhos de angústia, por exemplo, nos quais a resistência impede a imposição do desejo. A atividade formadora do desejo provavelmente já se inicia no estado hipnagógico, o qual se transforma lentamente em estado de dormência, assim como as alucinações hipnagógicas se transformam em imagens oníricas. Essa atividade formadora do desejo, no entanto, pode, conforme demonstra a experiência, ter diversos graus de distinção. Se ela for suficientemente forte para impor seus direitos, então o sonho é perfeito. Se ela for muito fraca e insegura, como em situações de cansaço, medo ou de grave depressão, então os sonhos são imperfeitos chegando a situações em que são puras, ou quase puras representações hipnagógicas de situações.

Os resultados das pesquisas linguísticas são, sob alguns pontos de vista, surpreendentemente semelhantes aos resultados das pesquisas referentes aos sonhos. O seguinte fato é interessante: de acordo com os resultados de pesquisas sobre línguas e crianças, eu supus que poderia haver eventualmente línguas que não diferenciassem entre as direções temporais, ou seja, entre presente, passado e futuro. Minha suposição foi confirmada em Genebra pelo professor Bally, conhecido linguista, quando o questionei a respeito.

Bally informou-me que há línguas que não conhecem o tempo como direção, mas apenas como duração no sentido do imperfeito,

---

da situação. Nesse último caso, nós tampouco poderíamos excluir com certeza a elaboração no sentido de um desejo – porém, tampouco podemos falar na realização de um desejo enquanto não pudermos comprovar a existência dele.

por exemplo, que diverge do perfeito devido à diferença em sua duração (cf. francês: *je parlais e je parlai*).[6] A própria duração é frequentemente substituída pela diferenciação entre uma ação que ocorreu uma ou várias vezes. Isso naturalmente não significa que os povos em questão não tenham o conceito da direção temporal, trata-se aqui apenas da expressão verbal. A língua é sempre mais arcaica que o pensamento, ela carrega consigo formas de pensamento que já superamos há tempos. São necessários séculos até nos livrarmos de uma estupidez linguística que percebemos conscientemente. Para analistas, isso é facilmente compreensível: a língua não é formada conscientemente, mas predominantemente no pré-consciente, além disso, ela não precisa corresponder apenas às demandas do pensamento consciente, mas também às do pré-consciente (o qual, por sua vez, naturalmente também é influenciado pelo inconsciente).

Assim como o pensamento onírico, a língua distingue muito mais o passado em relação ao presente do que o futuro. Bally diz o seguinte:

> *nas línguas indo-europeias, tanto nas antigas quanto nas novas, o passado é muito mais presente que o futuro. A expressão para o futuro é de origem mais recente. Podemos até mesmo questionar se existe um futuro (como tempo verbal) verdadeiro nas línguas indo-europeias: cada língua indo-europeia criou um futuro à sua própria maneira, ele é uma forma temporal que fixa raízes apenas com dificuldade e que, portanto, oscila constantemente, sendo formada de uma maneira diferente em cada novo grupo de línguas. A forma amo, amabo da língua latina é completamente autônoma,*

6 N.T. "Eu falava e eu falei".

> *uma forma que não se encontra em nenhuma outra língua indo-europeia. As línguas romanas (francês, italiano etc.) formam seu futuro por paráfrase, por exemplo, o latim amare habeo (traduzido literalmente "eu tenho de amar" – devo amar), o que traduzido para o francês seria: j'ai (à) aimer. Em vez disso, temos a construção inversa: (je) aimer ai, a qual mais tarde foi contraída, transformando-se em j'aimerai. O "devo" como expressão de futuro nós também encontramos na língua inglesa, assim temos, por exemplo, I shall like – "eu amarei" (devo amar). Da mesma forma, os ingleses utilizam I will = "eu quero" I will like. Por meio da palavra auxiliar will eles destacam originalmente a intenção e isso dá a ideia de uma ação em progresso, ou seja, de um futuro. A língua alemã conhece, como o sonho, um presente durador, um werden*[7] *para o futuro. Atualmente, não se percebe mais esse werden (devir), mas ele existe originalmente. A língua antepõe a ideia da ação, por exemplo, a ideia de escrever, e a duração assim acionada deve nos dar a ideia de futuro: ich werde schreiben.*[8] *Os alemães também dizem ich will schreiben.*[9]

Bastante peculiar e instrutiva é a língua russa. Ela possui as chamadas formas imperfectivas ou duradouras (ou seja, formas para reiteradas ações) e formas perfeitas ou concluídas (ou seja, formas para ações únicas). Assim, há duas formas de infinitivo, pretérito e futuro. Para o presente, contudo, é utilizada apenas a forma imperfectiva, ou seja, duradoura. Dentro dessa forma imperfectiva, porém, a língua distingue entre uma duração mais

---

7 N.T. Vir a ser, devir, tornar-se.

8 N.T. "Eu virei a escrever".

9 N.T. "Eu quero escrever".

curta, mais contínua, e uma mais longa, mais descontínua, por exemplo, *ja pischu* = "eu escrevo" e *ja popissywaju* = "eu escrevo às vezes". Essas nuances de duração e frequência de uma ação na língua russa são diferenciadas de forma tão apurada que seria impossível reproduzir todas aqui. Dentro do mesmo tempo verbal, a mudança da duração é obtida tanto por meio de sufixos quanto de prevérbios. Assim, por exemplo, a partir da forma imperfectiva ou duradoura *ja pissal* = eu escrevia (duradouramente) surge, por meio do acréscimo de um prevérbio *na*, uma forma perfectiva: *ja napissal* = eu escrevi (uma vez). A forma imperfectiva ou duradoura é formada, como no alemão, por meio do verbo auxiliar *werden*[10] (em russo, *budu*). Para o futuro perfectivo, poderíamos afirmar que não há uma forma gramatical específica: ele é um presente perfectivo, ou seja, concluído ou único, pois, como vimos, a língua russa não tem um presente perfectivo. O futuro perfectivo é formado a partir do presente imperfectivo por meio do acréscimo de prevérbios. Assim, diz-se *ja pischu* = "eu escrevo" e *ja napischu* = "eu escrevo" no futuro, assim como o perfeito surge a partir do imperfeito no passado por meio do simples acréscimo de um prevérbio que anula a noção de duração (cf. *ja pissal* = "eu escrevia" (duradouramente) e *ja napissal* = "eu escrevi" (uma vez)). O futuro perfectivo, portanto, não é uma forma gramatical independente, ele pode ser considerado um presente perfectivo e se distingue do "verdadeiro" presente apenas pela supressão da ideia de duração.

Além disso, a analogia com a linguagem onírica é também notável: Bally demonstrou-me que todos os prevérbios, assim como advérbios de tempo, foram originados a partir de representações espaciais: o francês *après*, por exemplo, é formado a partir de *près* = "próximo", "ao lado"; *tard* = tarde, a partir do latim *tardus* = "lento" (no sentido de movimentação no espaço) e outros semelhantes.

---

10 N.T. "Devir".

Então eu gostaria de ousar, por minha conta e risco, uma explicação. Bally já me advertiu sobre esse tipo de tentação, portanto quero apresentar minha afirmação não como uma certeza, mas como uma possibilidade que, no entanto, me parece, pessoalmente, ser mais do que provável.

Rememoremos que a língua é formada no pré-consciente. Se a linguagem verbal fosse formada de forma consciente, por que então ela é tão pouco adequada ao nosso pensamento consciente e apresenta tantas semelhanças com a linguagem imagética do sonho? Por que, além disso, o conceito de direção temporal é expressado em tantas línguas de forma tão incompleta, ou quase inexistente? Por que, como no pensamento onírico, a duração surge no lugar da direção? Por que o passado é mais autônomo em relação ao presente e ao futuro, como se pode perceber tão claramente na língua russa? Porque nesses casos a linguagem verbal, assim como o sonho, cria suas representações a partir de materiais pré-conscientes. Se for esse o caso, o que Bally admite sem contra-argumentos, por que então a língua não apresentaria também os mecanismos de representação do tempo por meio da ideia de espaço? Pois se o próprio Bally diz que todos os prevérbios, assim como os advérbios temporais, são oriundos de representações espaciais! Entre os prevérbios que indicam futuro em russo, encontramos mais frequentemente o *na*, o *po* e o *s*. *Na* significa, em uma tradução literal, "em cima de alguma coisa"; *po* significa estender-se sobre algo. A expressão russa *napischu* (eu escreverei) significa, em uma tradução literal, (eu) "escrevo em cima de algo"; *ja popischu* (eu quero escrever um pouco) significa "eu escrevo extensamente em cima de alguma coisa". Assim, afirmo aqui que a representação de uma direção temporal tem como base, também na língua, a representação subliminar de um percurso no espaço: se imaginarmos a ação de escrever de nossos exemplos como um movimento linear que se expande para cima, então esse movimento é suprimido ou asfixiado por algo colocado "em cima" ou "além". O pré-consciente percebe, como vimos anteriormente (no exemplo da representação de duas horas por meio de dois trechos de um caminho), essa linha de movimento como um percurso no espaço. Nós imaginamos a duração ou o imperfectivo como um percurso a partir do qual formamos o perfectivo por meio da supressão dessa duração. Minha suposição é ainda reforçada pelo fato de que o prevérbio *na* não suprime a ideia de duração em todos os casos: nós associamos à ação a ideia de multiplicidade quando o *na* é percebido como um acúmulo de coisas sobrepostas: *ja goworiu gluposti* significa, por exemplo, "eu digo bobagens", *ja nagoworiu gluposti* = "eu direi várias (uma grande montanha de) bobagens". Esse não é um caso isolado em que o *na* tem esse significado adicional, há realmente muitos casos em que o *na* funciona ao mesmo tempo como supressor da ideia de duração e multiplicador. Para a representação espacial da formação da direção temporal, o termo alemão *Zukunft*[11] me parece também característico: algo que se agrega ao que já existe. Enquanto os russos associam à ideia do futuro a representação da supressão da duração, os alemães teriam a ideia de uma prolongação da duração. Nós praticamente não temos consciência dessas representações. Elas têm sua base nas representações originais da duração oriundas do pré-consciente como um percurso no espaço.

Os linguistas supõem que há uma lei da inércia ou da persistência em formas linguísticas mais antigas. Mas o que é essa persistência? A natureza desconhece a estagnação. A inércia que se contrapõe à continuação de qualquer desenvolvimento é, portanto, uma força que atua dentro de nós na direção contrária, um anseio por assimilar tudo o que é novo àquilo que já existe, um ímpeto de reviver constantemente aquilo que já ocorreu. Se compreendermos

11 N.T. O termo *Kunft* significa "chegar", em uma livre interpretação *Zukunft* é algo que deve chegar depois, daí a ideia de acréscimo.

a inércia, como mencionado, de forma dinâmica, então não é difícil unir as experiências dos linguistas às nossas.

Uma bela prova para nós é o exemplo a seguir: Bally destaca que, em várias línguas, ao passar de uma categoria gramatical para outra, a palavra não apenas recebe a marca da nova categoria, mas também uma marca que revela o seu pertencimento à categoria anterior. Por exemplo: tomemos o verbo alemão *achten*.[12] Quando esse verbo se transforma em substantivo, ele recebe um sufixo nominal *ung*. *Achten* se transforma em *Achtung*.[13] O sufixo nominal *ung* indica a nova categoria, a de substantivo, mas ele indica ao mesmo tempo também a antiga categoria, de verbo, porque apenas substantivos de origem verbal recebem o sufixo *ung*.

Não basta dizer que o sonho, o qual é um pensamento imagético, não pode apresentar um conceito abstrato de direção temporal. Se o sonho precisasse desse conceito, ele também poderia representá-lo. Pois uma característica de nosso consciente é justamente o fato de que ele vive no tempo, ou seja, nós percebemos no percurso temporal contínuo uma certa duração que se altera continuamente, a qual denominamos presente e, em relação a esse presente, diferenciamos em uma direção aquilo que já foi, e em outra, o que será. A língua nos oferece mais uma vez um belo exemplo. Bally apresentou em uma de suas preleções o paradoxo de que o tempo no *consecutio temporum (concordance des temps)* na verdade não é um tempo. Assim, os franceses dizem: *Paul m'annonce qu'il viendra demain* e *Paul m'a annoncé qu'il viendrait demain*. No entanto, nos dois casos Paul virá no mesmo dia! Outras línguas, como a russa, fazem mais justiça às circunstâncias objetivas. Elas dizem em ambos os casos "que ele virá".

---

12 N.T. "Atentar".

13 N.T. "Atenção".

Enquanto procuramos conscientemente um ponto estático no tempo fluente ao qual relacionamos tudo, fazemos no pré-consciente justamente o contrário, tudo o que experimentamos agora assimilamos ao que já foi vivido anteriormente. No entanto, isso que já foi vivido anteriormente nós vivenciamos no presente e, na medida em que o presente é uma duração que se altera constantemente, nós o vivenciamos como futuro, como um devir. O pré-consciente tem consciência da duração geral, a qual, para ele, como discutimos anteriormente, é presente e futuro. Ela é o "estar presente". Somente com o tempo, a criança aprende que algo que deseja pode não "estar presente". Assim forma-se a ideia de presente e futuro de um lado = "estar presente", e a ideia de passado de outro = "não estar presente". O sonho também não precisa saber mais do que isso sobre o passado.

A partir daqui, ainda há um bom trecho a ser percorrido até chegarmos àquilo que compreendemos como conceito de tempo, ou seja, até o conceito abstrato da direção temporal. Para que a ideia de direção surja, temos de ser capazes de distinguir opostos. Segundo Freud, nós sabemos que no pensamento onírico, assim como no infantil, os opostos não se excluem. Mas não precisamos compreender essa teoria de forma absoluta. No caso da incapacidade completa de excluir opostos, seria impossível a formação da representação. Eu creio que nós sempre reaprendemos a dominar os opostos a cada nova operação psíquica. A cada impulso, impõe-se um impulso contrário, a cada representação, uma representação contrária a qual temos de reprimir. Nós podemos dominar os opostos em uma operação psíquica, mas em outra, não. A criança, assim como o pensamento pré-consciente, domina a representação contrária de forma bastante falha. A direção frequentemente é representada no sonho de forma inversa ou é invertida no decorrer do mesmo sonho. Eu coletei vários exemplos de como um pensamento surge em um trecho de um sonho como simbólica da água e, em outro, como simbólica do fogo. Isso podemos observar, para tomarmos um exemplo, no artigo de Flournoy[14] que trata do simbolismo da água e do fogo. Eu estudei recentemente esses casos de inversão em um caso de afasia motora com alexia, agrafia etc.[15] Gostaria de apresentar apenas um exemplo bastante curioso: o doente afetado, encaminhado gentilmente para mim pelo dr. Claparède para observação, sofrera um acidente vascular cerebral e teve uma paralisia lateral. Os órgãos da articulação da fala ficaram intactos. Ele compreende tudo o que lhe dizem, compreende também o que lê, mas não consegue falar ou escrever. Eu peço a meu doente que desenhe um círculo e, em seguida, um triângulo. Ele sempre consegue encontrar corretamente ambas as formas em um jogo. A tabela ao lado mostra como ele desenhou as duas formas. O experimento foi repetido no mesmo dia pouco tempo depois (vide tabela). Depois que o doente desenhou o ângulo, ele aparentemente teve a ideia de que as duas pontas *a* e *b* tinham de ser ligadas de alguma forma. Para nós, pareceria óbvio ligá-las simplesmente com uma linha reta de *a* até *b*. Para o doente, ao que parece, isso não era tão óbvio, pois ele, ao invés disso, inverte a direção, unindo as duas pontas com um semicírculo. Seu erro foi favorecido pela tarefa anterior na qual ele devia desenhar um círculo. Ele começou a desenhar corretamente, somente quando a tarefa se tornou mais difícil, porque tinha de unir a ideia de três lados com três ângulos, tornou-se inseguro quanto à direção, recaindo no oposto, na medida em que não conseguiu apagar a representação do movimento anterior circular. Curioso é o fato de que essa pessoa com funções

14 Flournoy, H. Quelque rêves au sujet de la signification symbolique de l'eau et du feu. *Internat. Zeitschr. F. Psychoanalyse*, VI, 1920.

15 Este trabalho foi realizado no semestre de inverno de 1922. Desde então, continuei a elaborar as ideias aqui mencionadas e as apresentei detalhadamente com comprovações em um trabalho recentemente publicado. Vide Spielrein, S. Quelques analogies entre la pensée de l'enfant, delle de l'aphasique et la pensée subconsciente. *Archives de Psychologie*, Tomo XVIII, maio 1923.

mentais elementares tão gravemente perturbadas consegue realizar muito bem cálculos. Ele consegue até mesmo fazer contabilidade, pois ainda pode escrever números, realizar todas as quatro operações matemáticas e escrever datas. Ele consegue diferenciar entre hoje, amanhã, ontem etc., mas sempre perde o rumo quando se trata de formar palavras, de distribuir sons ou letras no espaço.

Experimento 1 — Círculo, Triângulo
Experimento 2 — Círculo, Triângulo

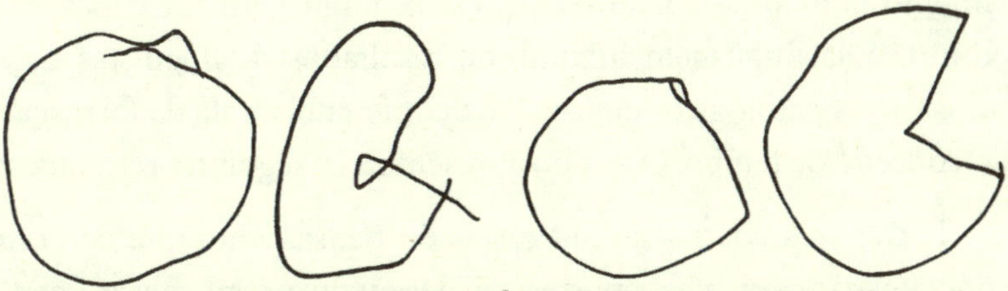

Figura 32.1

Para a criança, a qual consegue substituir durante muito tempo a realidade pela fantasia, a representação da direção do tempo é, por um longo período, inútil, surgindo, portanto, tardiamente em seu desenvolvimento.

Quando suponho, apoiada em observações, que no desenvolvimento ontogenético nós conhecemos o tempo primeiro como duração e apenas mais tarde como direção, refiro-me apenas à conscientização da duração, mas não à estimativa desta. A estimativa de uma duração temporal é uma operação complicada demais da qual não me ocupo aqui por falta de tempo. Eu gostaria apenas de mencionar rapidamente que a estimativa da duração temporal apresenta mecanismos comuns ao ritmo e à capacidade de fazer cálculos. Werkoem aborda essa questão em seu trabalho sobre a afasia. Piaget realizou estudos interessantes com crianças de diversas faixas etárias sobre o seu procedimento ao multiplicar. Isaak

Spielrein, a fim de pesquisar o mecanismo do pensamento em operações aritméticas, realizou cálculos em um sistema eneádico em um experimento com diversas pessoas. Eu gostaria de realizar um paralelo de nossas operações no pensamento onírico com esse experimento e ficaria, portanto, muito grata aos colegas que pudessem me disponibilizar sonhos com operações aritméticas.

Em resumo: eu me propus a acompanhar funções isoladas do pensamento pré-consciente em sua essência e em seu desenvolvimento com base em observações da linguagem imagética subliminar, da linguagem infantil, de resultados de linguistas e de transtornos patológicos da fala. Essa conferência trata da formação do conceito de tempo. O estudo apresentou os seguintes resultados:

1. Das três chamadas categorias do pensamento que não são conceitos a-priori, mas a-posteriori, desenvolve-se primeiro o conceito de espaço, depois o conceito de causalidade e somente por último o conceito de tempo.

2. A criança conhece inicialmente apenas o presente e o futuro imediato, os quais ela provavelmente distingue somente pela duração! É um "estar presente". Com o tempo, desenvolve-se a representação do "não estar presente". Esse "não-estar-presente" é inicialmente compreendido apenas espacialmente, "muito, muito longe, foi embora". Na representação do não-estar-presente está o gérmen do futuro conceito de passado. Primeiro desenvolve-se a ideia de duração, sendo que a ideia de direção surge apenas mais tarde. A estimativa da duração surge ainda muito mais tarde.

3. a) O sonho não é capaz de representar o tempo como direção.[16]

16 A não ser em casos excepcionais em que o desejo depende de alguma forma da sucessão temporal. Eu admito essa possibilidade, mas não tenho exemplos disponíveis.

b) A direção no sonho é transformada em duração.

c) Os recursos expressivos do passado são mais independentes, sendo que este é contraposto ao presente e ao futuro, os quais formam um bloco.

d) O passado no sonho não é um passado real, mas um "não-estar-presente" ou um "não-estar-mais-presente".

e) O temporal é representado por meio do espacial.

4. O pré-consciente é capaz de uma estimativa bastante exata da duração temporal. Essa estimativa da duração, porém, não ocorre nos sonhos, mas sim em um pensamento visual que decorre paralelamente ao pensamento consciente. Esse pensamento visual ainda não é um sonho e nós normalmente não o percebemos, a não ser em estados hipnagógicos, mesmo que ele acompanhe todos os nossos pensamentos conscientes e se transforme em uma linguagem característica sua, continuando eventualmente a elaborar esses pensamentos.

O pensamento pré-consciente é superior ao pensamento consciente no que diz respeito à capacidade de estimativa da duração temporal. Trata-se de uma habilidade que nossos ancestrais dominavam melhor do que nós, a qual nós evidentemente perdemos. Será que isso se deve ao fato de pensarmos de forma mais consciente, mais direcionada? Em um caso em que a estimativa da duração do tempo foi simbolizada, isso ocorreu por meio da estimativa do espaço (estimativa do comprimento de percursos).

5. Experiências linguísticas apresentam resultados surpreendentemente semelhantes aos dos estudos de sonhos.

6. A falta de conceito de direção temporal corresponde à incapacidade de distinguir opostos. Para cada nova função psíquica, é necessário que a manutenção de uma direção e a exclusão de

opostos seja reaprendida. No caso de afasia mencionado acima, nós pudemos ver como o doente, o qual se orientava tão bem no tempo e com problemas aritméticos, fracassava em determinados tipos de orientação espacial, recaindo na direção oposta.

Por que o sonho e a criança não distinguem opostos na direção temporal? Porque ambos precisam inicialmente apenas da direção final ou futura. Nós poderíamos dizer que eles formam uma unidade com essa direção, que a "vivem" e, portanto, não a percebem. Aquilo que se deseja está presente na realidade ou na fantasia. A realidade obriga a criança pouco a pouco a viver também a direção oposta e a conhecer o fracasso e a aniquilação. Com isso, surge a ideia de um antagonista e, por meio da repressão desse antagonista, o conceito de direção.

Por fim, eu gostaria de cumprir a agradável obrigação de agradecer profunda e gentilmente ao professor Bally pelo valioso interesse que demonstrou por esse pequeno trabalho.

33. O processo reflexivo em uma criança de 2 anos e meio[1]

Sabina Spielrein

A palestra, na verdade, deveria se chamar: "Algumas consonâncias do mecanismo do pensamento na criança pequena, no afásico e no sonho". Em todos esses casos, trata-se de formas do pensamento que correspondem ao pensamento subliminar do adulto normal: pois sabemos, segundo Freud, que reencontramos os mecanismos do pensamento infantil no pensamento subliminar do adulto. Até onde a língua revela o seu mecanismo, o pensamento "consciente" do afásico assemelha-se ao infantil em alguns aspectos. A consonância mostra-se tanto no campo da linguagem verbal quanto dos desenhos, como da linguagem imagética. As linguagens verbal e imagética revelam os mesmos mecanismos, os quais costumam ser peculiares ao pensamento infantil. Jackson foi o primeiro a apontar o caráter regressivo dos distúrbios afásicos: segundo ele, o afásico regride à forma de pensamento geneticamente anterior

---

1 Der Gedankengang bei einem zweieinhalbjährigen Kinde Sabina Spielrein (Genebra) Korrespondenzblatt der Internationalen Psychoanalytischen Vereinigung, pp. 251-2. Reunião de 27 de janeiro de 1923. Tradução de Renata Dias Mundt.

e, consequentemente, também à forma de linguagem. Minhas observações parecem dar razão a Jackson, Monakow e outros. Contudo, não posso descartar as teorias aparentemente antagonistas que consideram ser a perda de imagens motoras verbais responsável pela aparição da afasia motora. Aqui tenho de antecipar um esclarecimento que procuro comprovar em meu próximo trabalho, a ser publicado em breve, sobre a formação do símbolo: nosso pensamento consciente é essencialmente linguístico verbal; nosso pensamento subliminar é essencialmente cinestésico-visual. O pensamento consciente é permanentemente acompanhado por um pensamento imagético "orgânico" subliminar paralelo, como podemos observar, por exemplo, em estados hipnagógicos, assim como também em várias outras oportunidades. Sem esse pensamento orgânico concomitante, nosso pensamento consciente abstrato logo estaria vazio e esgotado. As imagens linguístico-motoras (Weber, Claparich e outros) são imagens cinestésicas subliminares (e não visuais) que correspondem à nossa linguagem verbal em sua parte periférica. A cada representação da palavra corresponde uma imagem linguístico-motora. No caso da afasia motora, não se trata da perda de imagens linguístico-motoras, mas sim da perda, ou melhor, do afrouxamento da ligação entre a representação da palavra e sua imagem linguístico-motora. Com o afrouxamento dessa ligação, a linguagem verbal e, com isso, também o pensamento verbal perdem sua acuidade e sua força; ela entra em decadência, ou seja, é paulatinamente "desdiferenciada", ela "regride" e se torna semelhante ao antigo pensamento cinestésico visual em vários aspectos. O pensamento infantil, ainda não suficientemente diferenciado, ainda segue durante um período, no início da utilização da linguagem verbal, as regras do pensamento cinestésico visual pré-verbal. Aqui a criança pequena, o sonhador e o afásico se encontram. O transtorno na área do pensamento verbal significa um transtorno na área de quase todo o pensamento consciente.

O pensamento subliminar é capaz de desempenhos intelectuais, eventualmente até mesmo de múltiplos desempenhos, mas ele segue outras regras, das quais tomamos conhecimento apenas depois das descobertas de Freud.

34. Algumas analogias entre o pensamento da criança, do afásico e o pensamento subconsciente[1]

Sabina Spielrein

I

Nós distinguimos um pensamento dirigido, de cujo objetivo temos consciência, de um pensamento não dirigido, espontâneo, de cujo objetivo não temos consciência. Essa classificação é, como todas as outras, arbitrária; não existe uma fronteira entre o pensamento dirigido e o espontâneo, tampouco entre o consciente e o subconsciente. Entretanto, essa distinção tem uma utilidade prática e, nos casos evidentemente marcados que se nos apresentam diariamente, podemos dizer sem problemas se um pensamento é ou não dirigido, consciente.

Durante a psicanálise, demandamos do sujeito que abra mão de qualquer tentativa consciente de dirigir seu pensamento, ele deve nos "dizer tudo o que passa por sua cabeça" sem a menor crítica consciente. Eu digo "direção consciente" ou "crítica

---

1 Spielrein, S. Einige Analogien zwischen dem Denken des Kindes, des Aphasikers und dem unterbewussten Denken. In *Sämtliche Schriften*. Freiburg, Edition Kore, 2002. pp. 281-310. Tradução de Renata Dias Mundt.

consciente" porque, seja qual for o pensamento, este deve ser dirigido por algum princípio: se não houvesse nenhuma escolha, nenhuma direção, e se todas as representações[2] se apresentassem ao mesmo tempo para nós, não poderíamos ter nenhum pensamento lúcido, teríamos o típico "vazio" ou o "branco", como vemos em experimentos de associação quando chegamos a um grupo de representações afetivas. Deve haver algum tipo de princípio que faz com que uma representação surja e outra desapareça. Esse princípio é diferente no pensamento consciente, ou melhor, na parte consciente de nosso pensamento, e na parte subconsciente. Entre os psicólogos, principalmente os lógicos se ocuparam das leis do pensamento consciente; nós, os psicanalistas, nos ocupamos das leis do pensamento espontâneo subconsciente. Esse pensamento se revela mais claramente na associação livre de nossos sujeitos durante a psicanálise, em sonhos, em diversos casos de doenças psíquicas e em crianças bem pequenas. Esses casos de pensamento mais ou menos espontâneo não são idênticos. O grau de adaptação à realidade, da experiência obtida na representação e na expressão verbais, a vida afetiva – tudo é mais ou menos diferente. Mas, mesmo que não sejam idênticas, essas formas diversas do pensamento espontâneo nos revelam as leis comuns a todo pensamento espontâneo. O estudo de algumas dessas formas tem suas dificuldades e suas vantagens.

O pensamento de uma criança de 2 anos e meio ainda não é um pensamento dirigido e lógico. Assim, a criança não tem nenhuma dificuldade em dizer tudo o que se passa em sua cabeça, como demandamos de nossos sujeitos durante a psicanálise. A espontaneidade absoluta é o estado natural da criança pequena. Ela

---

2 N.T. O texto é bilíngue; em francês, a autora usa o termo *idées*, em alemão, *Vorstellung*, o qual optamos por traduzir invariavelmente como "representação" no decorrer dos dois volumes.

fala o dia todo consigo mesma, sem se importar com nossa presença ou ausência. Com isso, o estudo do pensamento na criança tem uma desvantagem: a fim de estudarmos a sequência de representações em um sujeito, seria importante que eliminássemos o mais possível os estímulos externos. Nós pedimos a nosso sujeito que relaxe durante a psicanálise. Os estímulos externos praticamente não influenciam suas associações. Da mesma forma, no sonho, os estímulos externos raramente desempenham um papel. No pensamento espontâneo infantil, porém, esses estímulos atingem um grau considerável. Nós poderíamos dizer que a criança abandona constantemente um grupo de representações para seguir outro que lhe é sugerido por uma impressão externa. Contudo, esse não é o caso, ou ele não ocorre com a frequência que acreditamos *a priori*. O pensamento da criança é "pegajoso", assim eu gostaria de chamá-lo: quando está sozinha, a criança não abandona facilmente um grupo de representações para se ocupar de outro. Certamente não há nada mais fácil que modificar as representações do bebê, ele chora porque não pode ter um brinquedo, nós desviamos sua atenção para outro brinquedo e ele logo fica satisfeito, esquece seu desgosto. Mas não esqueçamos que, nesse caso, intervimos bruscamente com nossa autoridade e impomos nosso desejo no momento da escolha da criança.

Além disso, nada comprova, por falta de observação, que a criança, apesar de desistir do objeto de seu desejo, também abandone as representações correspondentes a ele, que esse grupo de representações não continue vivo dentro dela enquanto o novo objeto simplesmente é assimilado. Realmente um bebê pode ser rapidamente consolado, mas talvez o leitor também já tenha reparado que uma criança que estava chorando não para de soluçar mesmo muito tempo depois. Às vezes, os soluços continuam durante toda a noite. Isso comprova que a inervação que surge na criança como resultado da representação não desaparece tão facilmente como estaríamos tentados a supor, segundo a opinião comum sobre a "distração" da criança. Se deixarmos a criança com sua ocupação sem nossa intervenção, ela é muito diferente. Os elementos da realidade estão ali à sua disposição. O que ela faz com eles?

Há duas atitudes diante da realidade: ou nos adaptamos à realidade, ou adaptamos a realidade a nós mesmos. A criança escolhe, entre as impressões que a realidade lhe oferece, aquelas que vêm ao encontro de seus grupos de representações preconcebidas. Ela age exatamente como agimos em nossos sonhos, quando tomamos da realidade aquilo que nos convém e a deformamos de acordo com nossos sonhos. A hipótese, para a criança pequena, é idêntica à realidade. A própria pergunta não tem para ela a função de pergunta, a qual é o ponto de partida de uma pesquisa com o objetivo de adaptação ao desconhecido. Se a criança pequena questiona "Onde está o carneiro?" não é porque percebe que o carneiro não está, ela responde a si mesma: "ele está aqui" ou "ele partiu", sem a menor preocupação se isso corresponde à realidade. A criança "brinca", como dizemos, e ela "sempre brinca".

Há um dualismo interessante na alma da criança: de um lado, ela sabe que é muito pequena, impotente diante dessa coisa indefinida que é a realidade. Ela se apoia na autoridade dos pais que sabem e podem tudo. (A. Oberholzer, por exemplo, citou o caso de uma pequena menina que, certa de que sua tia podia tudo, pediu-lhe que fizesse chover.) Por outro lado, e ao mesmo tempo, a dúvida não existe para a criança, ela própria sabe e pode tudo. Quantas vezes ouvi a professora de ritmo perguntar às crianças:

"Vocês entenderam?"

"Sim, senhorita!"

"Vocês têm certeza?"

"Sim, senhorita."

"Vocês têm certeza absoluta?"

"Sim, senhorita."

"Vocês vão conseguir fazer?"

"Sim, senhorita."

A resposta era sempre segura e unânime, apesar de as crianças, muitas vezes, não conseguirem fazer nada. A criança não tem clareza das dificuldades da realidade, pois está muito acostumada a realizar em sua fantasia aquilo que a realidade lhe nega. Tudo isso comprova que o perigo dos estímulos vindos do mundo exterior e que poderiam influenciar o pensamento espontâneo da criança pequena não é muito grande. O pensamento da criança até cerca de 6 anos de idade é lento, ele é "pegajoso", como dissemos.

Isso significa que os grupos de representações permanecem os mesmos por longo tempo. Os objetos que o bebê toma emprestados da realidade quase não se alteram, e são sempre os mesmos que retornam. Eu observei uma criança pequena em diversos períodos de sua vida, anotando, palavra por palavra, tudo o que ela dizia. Também anotei, na medida do possível, todos os seus gestos e ocupações. Repeti essas observações várias vezes. Segue uma dessas observações quando a criança tinha 2 anos e 4 meses e meio. Para facilitar a leitura, dividi as palavras e os gestos que expressam o pensamento da criança em quatro grupos de representações, sendo que marquei cada um com um sinal especial. Cada linha representa uma frase. As frases estão colocadas na mesma ordem em que a criança as disse. A criança falava um misto de alemão e alemão-suíço que traduzi para o francês[3] acompanhado do original. Vocês podem ver pelos sinais indicados na Lista de associações que a criança não enuncia nenhuma representação apenas uma vez, a

3 N.T. O texto foi originalmente escrito em francês.

mesma representação sempre retorna caracteristicamente mais ou menos com a mesma forma verbal. A representação "cola" (adere) ou "persevera", como dizemos na psiquiatria.

Um outro fenômeno bastante interessante é o que chamo de "cruzamento". Com base em estudos de Mendel, sabemos que o cruzamento de determinadas plantas de flores vermelhas com outras de flores brancas pode resultar em uma nova espécie que terá em sua descendência tanto flores cor de rosa quanto vermelhas e brancas. As flores cor de rosa apenas parecem elementos uniformes que resultam do cruzamento e contêm elementos paternos e maternos, ou seja, vermelhos e brancos. Um microscópio aperfeiçoado ou uma reação química talvez pudessem nos mostrar esses elementos brancos e vermelhos na flor que nos parece monocromática, cor de rosa.

O balbucio da criança pequena contém uma enorme quantidade de frases nas quais algumas partes pertencem a um determinado grupo de representações e outras, a outro grupo. Isso não é uma simples condensação porque à frase cruzada seguem-se ou antecedem frases simples que algumas vezes são emprestadas de um, outras vezes, do outro grupo. Essa condensação de dois grupos de representações em uma frase, seguida ou precedida de sua dissociação nas frases seguintes, eu gostaria de denominar "cruzamento". O pensamento da criança pequena tem uma abundância de frases cruzadas. A rigidez da expressão verbal nos permite afirmar facilmente que grupo de representações a expressão em questão representa. Vejamos as associações da criança. Eu dividi as associações em quatro grupos de representações mais ou menos distintos que sempre retornam. Evidentemente isso não exclui a possibilidade de que exista mais um grupo de representações que se expresse concomitantemente na frase da criança ou que determine concomitantemente o surgimento dessa frase. Eu destaquei cada grupo de representações com um sinal especial. Nos lugares onde eu não sabia dizer exatamente quais grupos de representações uma frase continha, não coloquei sinal algum.

Nós nunca poderemos reconhecer todos os grupos de representações que contribuíram para a escolha dos elementos de uma frase, assim como podemos apenas acompanhar as representações que são expressas por meio de gestos e palavras. Assim, limitei-me a destacar os grupos de representações que me pareciam ser os principais porque sempre surgiam e podiam ser facilmente acompanhados. É evidente que essa classificação segundo os grupos de representações deve ser mais ou menos arbitrária, ela é apenas um artifício que nos permite acompanhar as representações mais facilmente. Os quatro grupos de representações são os seguintes: o primeiro reúne a representação central "comer" (+), o segundo grupo se reúne em torno da representação "Anna" (°), o terceiro centra-se em torno da representação "dormir" (-); e o quarto grupo em torno da representação "bebê-mamãe" (*) (vide lista de associações).

Lista de associações

Legenda: +: Comer; °: Anna; -: dormir; *: bebê-mamãe.

1. Faz bom dia

2. Ele está de gravata

\+ 3. (Para) O urso

\+ 4. Está com fome o gato

\+ 5. Quer comer

6. Eu devo pegar o gatinho?

7. Devo o cachorro?

8. Ele tem amigos

*+ 9. Comida para o nenê

*+ 10. A mamãe está com fome

*+ 11. Ela quer comer

(Quer pegar meu relógio, eu não deixo; ela choraminga e diz a si mesma depois de um tempo:)

*12. Chega de chorar

- * 13. Nada deve aconteça ao nenê

(Boceja, imita um bocejo)

° - 14. Mais uma tia

° - 15. Está com bolsa

° 16. Tem fitinhas

° 17. Está de calças o tio

° 18. Está de calças o tio

19. O livro é belo

°* 20. Não é mesmo?

- 21. Boneca... (dormindo?)

- 22. Dorme na caminha

- 23. O livro também está dormindo?

° 24. Onde está a tia?

° 25. Ela está fazendo esconde-esconde

° 26. Onde está o carneiro?

° 27. Onde está o gatinho?

° 28. O gatinho está aqui

*° 29. Onde está o nenê?

° 30. Está com uma bolsa

° 31. A bola está aqui

° 32. O menino de calça está aqui

° 33. O menino de calça está aqui

* ° 34. Mostra o sapato para a mamãe

° 35. Anna fez o menino de calça

° 36. Liese fez o menino de calça

* 37. Está com dor de barriga o Siuck[4]

-- 38. Deitar

*- 39. Aconteça ao nenê

40. Isso são máquinas

-- 41. Cavalo cavalo dorme

-- 42. Oh, o nenê dorme no livro

-- 43. Oh, o livro dormir

-- 44. O livro dorme

-- 45. Livro nana

*- 46. Hm, vem com a mamãe

47. Ler

48. Ler o livro

49. Livro

50. Ler o livro

4 Este era o nome que a menina dava a si mesma.

"Livro" se associa à representação "dormir"; isso explica a associação seguinte, ou seja, a associação "mamãe" e depois a associação com as músicas com as quais a mãe a ninava.

-- 51. Hu lu Hu lu Hu lu (canta)

-- 52. Siuk não tem mais coelho

-- 53. Tem coelhos no livro

-- 54. Tem coelhos no livro

-- 55. São coelhos pretos

-- 56. O coelho fecha o olhinho

-- 57. O coelho fecha o olhinho

-- 58. O carneiro tem orelha comprida

-- 59. O coelho fecha o olhinho

-- 60. Dormir

61. Iii iii (canta)

62. Olha! A menina está brincando com a bola

63. Coitadinho do urso

64. Jack (choraminga)

65. Seja bonzinho (choraminga)

66. Seja bonzinho (choraminga outra vez)

67. Aa uu! Um um um!

68. Urso

69. Em cima do urso

70. Em cima do urso

71. Urso está cansado

-- 72. Quer deitar no chão (canta)

73. Olha só, olha (canta)[5][lista]

A criança está folheando seu livro de imagens. "Diz bom dia", diz a pequena menina na primeira frase (o livro conta a história de um gato que faz visitas). Na segunda frase, "ele está de gravata", a sua atenção está voltada para a personagem gato que colocou uma gravata. A palavra "gato" ainda não surgiu na primeira nem na segunda frase: "gato" é uma "associação latente" que só deve aparecer depois e será associada a outro grupo de representações que se revela como o mais forte de todos. Este se forma em torno da representação "comer". Na terceira frase, "urso", surge uma forma gramaticalmente "desajeitada" (com o artigo masculino no dativo: *dem*) que poderia ser traduzida em francês com a preposição à. Em alemão há dois casos, o dativo e o acusativo, nos quais o artigo é quase idêntico (*dem* e *den*), de forma que é fácil para a criança confundi-los. A nova forma gramatical indica um novo grupo de representações. Infelizmente eu não consegui acompanhar a frase inteira, dita de forma bastante indistinta. Quando come, a criança tem o hábito de dar comida a todos os seus animais. O primeiro de todos é o seu urso, motivo pelo qual suponho que a frase também contém a representação comer, mesmo que expressa de forma latente ou talvez no resto da frase que me escapou.

A representação "comer" surge claramente na frase 4, em que a representação "gato" retorna mais uma vez, mas na forma: "O gato está com fome". A representação "comer" se desenvolve na frase 5:

---

5 N.T. No original em alemão, a fala da menina está transcrita de forma fonética (por exemplo, *saf* = *schlaf*). A tradutora optou por escrever as falas com expressões infantis, mas não de forma fonética, pois a própria autora, ao traduzir o texto para o francês, adota essa mesma estratégia.

"Quer comer". Ela desaparece nas frases 6, 7, 8 para ressurgir nas frases 9, 10 e 11 em uma sequência de formas gramaticais idênticas: "Comida para o nenê", "A mamãe está com fome", "Ela quer comer".

As frases 6 e 7 são interessantes. A nova forma "eu devo?" não é, como se poderia imaginar, uma pergunta. De acordo com minhas inúmeras experiências, ela é um imperativo optativo. A criança diz muitas vezes, por exemplo, "quer biscoito?", e utiliza também "ou será que você não quer?" para dizer "eu quero biscoito", "eu não quero". Nós podemos considerar a frase 6 e principalmente a 7 como frases cruzadas. Especialmente a frase 7, "deve o cachorro?", deve conter ainda a representação "comer" que aparecerá de novo nas frases seguintes 9, 10 e 11. Ao mesmo tempo, a nova forma imperativa optativa "deve" leva a um novo grupo de representações "bebê-mamãe". Às vezes, eu explicava à criança: "O cachorro cuida para que nada aconteça ao bebê". Com isso, a representação "cachorro" está ligada à representação "bebê". A expressão "deve" da frase 6 persevera na frase 7 onde ela é associada a "cachorro". Com isso, a frase 7 inclui a representação latente bebê (associada ao cachorro). Esse "bebê" surge realmente já na frase 9 (comida para o nenê) e aparece de novo por meio da intermediação da mamãe (frase 10, 11 e 12) na frase 13, dessa vez estreitamente ligada a "deve": "Nada deve aconteça ao bebê". Essa forma gramatical, que está incorreta tanto em alemão quanto em francês, é certamente uma condensação da representação do bebê com a representação mais vaga e generalizada de um imperativo optativo, o qual já percebemos, independentemente disso, na frase 6.

A frase 13 é claramente cruzada, pois as duas representações que a compõem, o "deve" e o (que) "nada aconteça ao bebê", encontram-se no mesmo monólogo de forma independente uma da outra ou ligadas a outros grupos de representações. Assim também o "devo" na frase 6, ou seja, antes da frase 13 claramente cruzada, e o "aconteça ao bebê" na frase 39, ou seja, depois da frase 13, foi – conforme mencionado anteriormente – introduzido por meio de associações intermediadoras: cachorro, bebê e mamãe, os quais, por sua vez, também estavam ligados à representação comer (frases 9, 10, 11, "Comida para o nenê", "A mamãe está com fome", "Ela quer comer"). Ela começa a se ocupar da representação "mamãe": a atenção da criança se volta para o relógio da mãe, ela finge que chora e repete as palavras da mãe, as quais ouviu com frequência em situações como essa: "chega de chorar" (frase 12). O fato de que a menina quer o relógio corrobora nossa suposição de que o "deve" na frase seguinte é influenciado por esse desejo: o desejo persevera e se expressa na forma de um imperativo optativo. A criança queria dizer: "que nada aconteça ao bebê", mas o imperativo optativo "deve" persevera, se apõe sobre a frase e leva à formação da frase cruzada em sua forma gramatical incorreta.

Quando a frase é dita, então a representação "dormir" (porque o bebê dorme) se torna dominante, mesmo que inicialmente apenas na forma de um gesto: a criança começa a bocejar e imita um bocejo. Essa dominância inicialmente tem curta duração. A associação "tia" revela-se mais forte (frases 14 e 15, "Mais uma tia", "Está com bolsa"). A representação dormir volta a aparecer e dessa vez é expressa em duas frases: "Dorme em sua cama" (22) e "O livro também está dormindo" (23), mas, mais uma vez, a associação com a "tia" faz com que o grupo "dormir" desapareça. A representação dormir ressurge então nas frases 38, 39, 41, 42 etc. para, dessa vez, chegar ao seu desenvolvimento total. A tia está no livro de figuras e o que desperta a curiosidade da criança é sua bolsa: "Está com bolsa" (15) e "Está com uma bolsa" (30). A representação "tia" produz dois grupos de associação diferentes que surgem alternadamente. Um grupo trata de roupas, originado a partir do "Está com bolsa" (15), centrado em torno da representação "menino de calça". O outro grupo faz com que a representação do jogo de esconde (frase 25) "cuco, ali ali". Esses dois grupos de associações estão ligados pela representação, ou, se o leitor preferir, pela pessoa "Anna". Anna cantava frequentemente para a menina "Está com belas calças, com belos rendados. Oh meu, sim meu menininho querido!" (Em alemão suíço: *Hat schöne Höselili na, schöne Spitzelili dran, Oh du mein, ja du mein lieber Kleiner.*)

Ao mesmo tempo, Anna chamava a menina de "menino de calça". As frases 15 e 16 têm uma forma gramatical em alemão que já indica a representação do menino de calça (eu traduzi em francês com "mis" - metre). A tia está com uma bolsa ("Está com bolsa"), "Tem fitinhas", e o menino tem pequenas calças. Pode ser que a música até mesmo mencione "fitinhas", ou então que Anna fale frequentemente em fitinhas ao vesti-la. Nas frases 17 e 18 "Está de calças o tio", apresenta-se a representação calças. O "belo" na frase 19 ainda faz parte do grupo de representações "calças" (pequenas e belas calças).

A representação "Anna" está estreitamente ligada à representação "mamãe". A representação "vestir-se" também faz surgir diretamente a representação oposta, "despir-se", e depois "dormir". A frase 20 contém ao mesmo tempo a representação "Anna" e "mamãe". Tanto Anna quanto a mãe frequentemente perguntavam: "Não é mesmo?". A representação "mamãe-bebê" desperta, como após a frase 14, a representação "dormir" (21, 22, 23). Por outro lado, a forma interrogativa se encontra também no jogo de esconder. Depois de "dormir" surge, como na sequência das frases 13 e 14, a representação "tia" (23, 24), mas a forma interrogativa reprimida por curto período ressurge ligada a essa representação, "Onde está a tia?", "Ela está brincando de esconde-esconde" (25, 26). A representação "esconde-esconde" está manifesta até a frase 34. Ela se extingue pouco a pouco dando lugar à representação "menino de calça". Dessa vez aparece também a representação central "Anna" ("Anna fez o menino de calça", frase 35).

Na frase 36, "Anna" é trocada por *Liese,* a qual cuidara da criança pouco antes da conversa. Então a associação atinge de novo o grupo de representações "mamãe-bebê" em que, dessa vez, a representação "dormir" é totalmente desenvolvida. Todo o resto está ligado à representação dormir e estar com a mamãe, ser ninada com suas canções, como o coelho preto e a ovelha com as longas orelhas, duas frases com elementos cruzados originários da canção de ninar da mãe etc.[6]

O pequeno monólogo aqui analisado me parece indicar o seguinte:

1. Na criança pequena, as representações não surgem isoladas, elas aparecem em uma sequência e seguem as leis da associação.

2. O pensamento da criança pequena é lento e pobre em associações, ou seja, as representações e suas associações variam pouco.

3. A criança não expressa uma representação imediatamente, por exemplo, a representação "o cachorro cuida para que nada aconteça ao bebê". A representação surge inicialmente "estilhaçada", ligada a outras representações. Nós vemos essas partes (os estilhaços) surgirem isoladamente em várias outras frases, as quais, por sua vez, estão ligadas a outras representações e, às vezes, relacionam-se de forma totalmente equivocada antes que a representação esteja suficientemente desenvolvida a ponto de poder se expressar em uma frase completa. Isso se explica com base em um fato que logo reconheceremos com mais exatidão ao estudarmos

6 A canção de ninar que a mãe canta diz: dorme, meu bebê, dorme, há duas ovelhas no jardim, uma preta e uma branca. No livro infantil há dois coelhos que a criança cruza com a ideia das ovelhas da canção de ninar.

os desenhos de uma pessoa afásica e de uma criança, a saber, o fato de que...

4. ... o pensamento da criança não está necessariamente ligado a uma determinada direção. Frequentemente encontramos nesse pensamento duas direções opostas simultâneas e justapostas. Quando a criança já chegou à nova representação, seu pensamento retorna à representação anterior, a qual então se apõe sobre a nova representação. Isso resulta em que

5. a representação anterior sempre volte a surgir, persista ou persevere,

6. na medida em que se apõe sobre a nova ideia, ela provoca o fenômeno do cruzamento.

7. Se passarmos os olhos sobre a lista de associações, percebemos que alguns sinais quase não ocorrem enquanto outros se estendem por várias linhas. O sinal + desaparece relativamente rápido. Esse sinal pertence ao grupo de representações "comer". Durante esse estudo, a criança se ocupou preponderantemente de quatro ações, a saber: comer, vestir-se, esconder, dormir. Por que a representação comer desaparece tão rapidamente, enquanto as outras representações persistem obstinadamente? Será um acaso?

Com o sinal ° nós destacamos duas representações centrais que estão ligadas pela pessoa Anna: a representação "menino de calça" e a representação "esconder". Cada vez que a menina fala sobre as calças, ela repete a frase duas vezes. Assim as frases 17 e 18 são idênticas ("O tio está de calças"), assim como as frases 32 e 33, "Olha o menino de calças!", e as frases 35 e 36 ("Anna fez o menino de calças" e "Liese fez um menino de calças"), apenas o sujeito muda. As calças surgem três vezes e a cada vez a frase é repetida. Stern insiste no fato de que a criança repete uma palavra (assim como uma frase) duas vezes como se quisesse destacar aquilo que lhe é importante. Nós também utilizamos frequentemente esse recurso quando dizemos, por exemplo, "isso é muito, muito bom". Aqui surge a ligação com base no interesse, portanto, trata-se de uma relação de natureza psicológica e não biológica, ou seja, de uma relação afetiva. A frase 18 é seguida de uma frase com sentimento: "o livro é belo". As associações se tornam cada vez mais carregadas de sentimento. No grupo de representações "dormir", que se mantém por tanto tempo, a alegria se torna efusiva. Frase 41: "Cavalo, cavalo dorme". 42: "Oh, o nenê dorme no livro!". A alegria vibrante continua se intensificando e chega a seu ápice quando o livro deve ir dormir com a mamãe. Aqui há várias lembranças efervescentes, todas agrupadas em torno da mesma representação: o desejo de dormir com sua mamãe, de ser ninada com suas canções. Assim podemos notar que, no pensamento espontâneo, o movimento afetivo é o momento que mantém vivo um grupo de representações.

II

Duas objeções poderiam ser levantadas contra nossa análise do pensamento infantil. A primeira seria uma objeção generalizada: nós estudamos a expressão do pensamento e tiramos conclusões, com base nesta, a respeito do próprio pensamento. Será que temos o direito de fazê-lo? Estritamente trata-se da mesma questão referente à relação entre a coisa em si e as coisas como as percebemos. Nós não podemos confundir o pensamento com aquilo que trazemos dentro de nós como experiência adquirida, uma experiência mecanizada e estabilizada, a qual, ouso afirmar, se tornou "orgânica", assim como no caso de um instinto. O pensamento não existe para nós de outra forma que não em sua expressão. Essa expressão ou essa linguagem não precisa ser necessariamente uma linguagem em palavras. O pensamento pode ser traduzido em uma melodia, em movimentos (por exemplo, gestos), em imagens. A linguagem que expressa nosso pensamento pode estar voltada para nós mesmos, como no sonho, o que denominamos linguagem autista, ou pode também ser voltada para os outros, e esta é a linguagem socializada. Mas, de uma forma ou de outra, é sempre a linguagem que representa o próprio pensamento para nós. Com base em sua expressão em uma linguagem qualquer, podemos inferir o mecanismo do pensamento.

A segunda objeção refere-se ao caso especial que acabamos de observar. Não seria talvez possível que aquilo que definimos como mecanismo do pensamento na criança pequena pudesse se explicar pura e simplesmente pela incapacidade da criança de se expressar por palavras? Não seria possível que o mecanismo do pensamento nos parecesse totalmente diferente se a criança se expressasse em uma linguagem outra e não por meio de palavras? Se nós, por exemplo, soubéssemos como ela pensa dentro de si mesma? Aqui apresenta- se o mesmo problema que no caso da afasia.

Nós veremos a seguir que aquilo que chamamos de mecanismo do pensamento na criança assemelha-se, sob várias perspectivas, ao mecanismo de pensamento em nossos sonhos e no afásico. "Afasia" é a incapacidade de falar decorrente de um problema cerebral. O ouvido está em bom estado, a voz motora está livre, ou seja, os nervos e músculos estão saudáveis, tudo o que constitui o órgão da fala está intacto. Na maioria dos casos, o doente é incapaz de repetir aquilo que alguém lhe diz. Com razão, ou talvez não, as pessoas diferenciam entre três formas de afasia: afasia sensorial, amnésica e motora. Na afasia sensorial, o doente consegue falar, mas não entende o que lhe é dito; na afasia amnésica ele não se lembra mais do nome das coisas e, quando consegue se lembrar, compreende tudo e consegue falar tudo. No terceiro caso, o doente sabe o nome das coisas, compreende tudo, mas não consegue falar.

Entre os cientistas, há grande discordância quanto à explicação do fenômeno da afasia. Alguns ainda diferenciam centros cerebrais os quais têm, cada um, uma função especial individual. A lesão de um dos centros causaria, segundo eles, o distúrbio da função localizada nele. Nesse caso, haveria um centro da fala, ou melhor, centros da fala cuja lesão provocaria as diversas formas de afasia.

A seguinte teoria já existe naturalmente há muito tempo: na afasia, a perda da fala seria independente da inteligência. Esta última, como afirmaram, por exemplo, Weber, Claparède, Naville e outros, se manteria intacta sem poder se expressar. A afasia motora, segundo eles, seria apenas um transtorno da voz que se estenderia da representação mental da palavra até sua expressão motora. Portanto, o fenômeno se deveria apenas e simplesmente à perda das imagens motoras verbais: nós podemos ter na cabeça – como se costuma dizer – a representação de uma palavra, podemos até ouvir como ela soa, mas não ter disponível a imagem de sua expressão motora.

Jackson talvez tenha sido o primeiro a dar uma explicação diferente para o fenômeno da afasia. Ele supunha que a lesão de determinadas áreas do cérebro levaria a uma anulação das áreas das funções superiores, que seriam então substituídas por funções inferiores. Segue um trecho do capítulo de Jackson que trata da afasia.[7]

> *Há a perda da linguagem intelectual (a mais deliberada de todas), enquanto a linguagem emocional (a mais automática) persiste. O doente não consegue falar e sua pantomima é bastante simples e, não obstante,*

7 Jackson, H. Croonians Lectures on the evolution and dissolution of the nervous system. *Lancet*, March 1884, Selected writings, v. II, Nova York, 1958.

> *ele ri, franze as sobrancelhas, varia o tom de sua voz (pode até mesmo ocorrer que cante) e gesticula tão bem como sempre. Sua gesticulação, que é uma manifestação emocional, deve ser diferenciada da pantomima, a qual é parte da linguagem intelectual etc.*

Monakow chegou à sua teoria das localizações cronogenas das funções independentemente de Jackson, cuja obra ele não conhecia. O cientista inglês Head, P. Marie e outros também não reconhecem mais um centro da linguagem. Para eles, o transtorno da linguagem no caso da afasia é principalmente a perda da capacidade de associar os sinais simbólicos às suas representações.

As observações do dr. Saloz publicadas pelo dr. Naville[8] são bastante interessantes sob esse ponto de vista. O doente, que sofria de uma afasia motora, ainda tinha clareza e inteligência suficientes para indicar com a mão o local em sua cabeça onde deveria estar sua lesão cerebral. Quando seu estado melhorou e ele recuperou a capacidade de se expressar por escrito e oralmente, ele disse que sua vontade, suas representações, sua lembrança exata das coisas, assim como as possibilidades de movimento motor da língua, estavam intactas, mas que lhe faltava a ligação entre a representação e a palavra, ou seja, que não lhe era possível utilizar a palavra como símbolo do objeto. A palavra como símbolo, ou melhor, como signo de um objeto, é algo que a criança, assim como o homem primitivo, ainda tem de adquirir durante seu desenvolvimento. As primeiras palavras são fenômenos reflexos ou onomatopeias. A incapacidade de utilizar signos verbais é, portanto, um defeito de uma faculdade da inteligência. Esse defeito da inteligência se torna ainda mais claro nos casos de afasia que se nos apresentam de forma genérica, as quais, no entanto, não são puras afasias, cuja

---

8 Naville, F. Mémoires d'un médecin aphasique. *Ar. De Psychol.*, XVII, 1918.

existência alguns autores até mesmo contestam, mas são, sim, misturas com alexia (incapacidade de ler devido a um problema cerebral), com agrafia (incapacidade de escrever devido a um problema cerebral) etc. Nós encontramos nesses casos os mesmos transtornos que na área da linguagem falada. Isso realmente favorece as teorias de Jackson, Monakow, Head e de seus seguidores. Minhas observações pessoais também parecem dar razão a esses autores. Seguem-se apenas algumas das observações que realizei em um homem de 55 anos que sofria de afasia motora.

Nós treinamos com esse doente as seguintes palavras, as quais ele devia falar: *Tisch*, *Stuhl*, *Zimmer* (respectivamente: mesa, cadeira, quarto). Ele repete essas três palavras várias vezes depois de mim, sempre na mesma ordem e, ao mesmo tempo, aponta para os objetos correspondentes. Então eu toco a mesa e o doente deve me dizer o nome desta. Ele responde: *Trimmer*. De onde vem essa palavra? O doente queria dizer *Tisch*, mas a palavra anterior *Zimmer* ainda está presente em sua mente. Nós podemos dizer que ele "persevera", como com a criança pequena, a representação anterior se apõe sobre a representação que está começando a se desenvolver e temos então uma palavra cruzada, composta de *Tisch* e *Zimmer* (mesa e quarto). Como a palavra *Timmer* não existe, o doente a substitui por uma outra conhecida da qual pode se lembrar, *Trimmer*.[9]

Quando peço ao doente que me dê a letra "r" de um alfabeto móvel, ele frequentemente me entrega o "s". O mesmo ocorre quando deve me dar outras letras desse alfabeto.

Os fenômenos da perseveração e do cruzamento podem ser explicados pela incapacidade do doente em manter uma determinada direção de seu pensamento. Isso pode ser concluído a partir

---

9 N. T. "Aparador de relva".

das seguintes observações: o doente, que sempre soube desenhar bem, deve desenhar de cabeça um círculo e depois um triângulo. Ele consegue identificar facilmente essas formas em um jogo com essas superfícies e desenha o círculo sem dificuldades, →○ mas no lugar do triângulo, por outro lado, desenha esta forma →ɞ. O que aconteceu? No início, o pensamento do doente parte do círculo na direção do triângulo ○⇄◁ (indicado pela seta superior). Ele mantém essa direção por curto tempo enquanto desenha uma parte do triângulo $^{b}\lessgtr^{c}_{a}$, aqui ele modifica a direção e cai novamente na representação já abandonada do círculo (essa direção é indicada pela seta inferior). Essa representação precedente reavivada apõe-se sobre a representação do triângulo, o que leva a esse curioso cruzamento.

O exemplo a seguir talvez seja ainda mais instrutivo. O doente deve desenhar um quadrado. Em vez disso, ele desenha um retângulo em pé ▯, depois um retângulo deitado ▭ e, por fim, uma mistura das duas formas ⌷. A imagem 3 é evidentemente um cruzamento de 1 e 2. O pensamento começou a se dirigir da representação 2 ▭ para a representação 1 ▯. O doente começa a desenhar o retângulo 1 ▯. Aqui, ele muda a direção, retorna ao desenho 2 ▭ abandonado, o qual, assim, "persevera", e apõe este último sobre a representação 1, que neste momento se torna manifesta.

Nós não podemos confundir o cruzamento com a justaposição mencionada por J. Piaget:[10] a criança justapõe os detalhes sem se preocupar com sua relação com o todo. Isso é indiscutível e pode ser comprovado pelos desenhos infantis, nos quais vemos casas com janelas fora das paredes, ou em desenhos de pessoas onde um olho está em seu devido lugar, mas o outro se encontra em algum lugar no espaço, totalmente independente do outro. J. Piaget pede a uma das crianças que desenhe um losango ◊. A criança, segundo

10 Piaget, J. Psychologischer Laboratoriumskurs. *Genf*, Winter 1921/1922.

J. Piaget, considera indubitavelmente o losango um quadrado com uma ponta. Consequentemente, ela obtém uma mistura especial dessas duas formas .

Sem dúvida. Mas o que levou a criança a considerar o losango um quadrado com uma ponta? Aqui há duas representações, a de uma forma quadrangular e a de um ângulo agudo. Essas duas representações poderiam estar ambas presentes na figura do losango se o pensamento da criança estivesse voltado apenas para sua atividade atual, ou seja, desenhar um losango. No entanto, a forma quadrangular lhe evoca a lembrança de uma forma quadrangular mais familiar, a de um retângulo. O pensamento volta para essa forma e se fixa nela, a representação do retângulo "persevera" e se cruza com a nova representação, a de um ângulo agudo, característico do losango. Assim, vemos na área do desenho o mesmo fenômeno que acabamos de examinar na afasia.

Nós encontramos mais uma semelhança entre a criança pequena e o afásico na grande importância atribuída aos momentos afetivos. Minhas observações pessoais confirmam as informações de outros autores: é mais fácil para o doente encontrar palavras perdidas se ele tiver uma relação emocional com elas.[11]

Concluindo, poderíamos resumir: tanto na criança quanto no afásico, a incapacidade ou o transtorno da fala não representa um defeito isolado, independente da inteligência. Nós encontramos nos dois, na criança e no afásico, as mesmas peculiaridades (no âmbito do desenho, por exemplo). Não se pode considerar a linguagem como algo independente da inteligência. A linguagem falada é, por excelência, uma linguagem socializada e, graças a ela, nosso pensamento pode ser lógico e adequado às demandas

11 Dr. Bruhn e dr. Minkowski também indicaram a importância do momento afetivo, a qual puderam constatar com base em suas observações de afásicos.

da realidade. A criança adquire a linguagem no momento em que começa a sair do estado autista, ao abandonar pouco a pouco os mecanismos de seu pensamento primitivo, o qual, ao mesmo tempo, se torna cada vez menos consciente.

A linguagem falada se desenvolve como linguagem lógica ou socializada antes de todas as outras, mas estas também se desenvolvem na mesma direção: a linguagem falada e a do desenho percorrem os mesmos estágios durante seu desenvolvimento na criança, primeiro a linguagem falada evolui, e só depois a do desenho.

Esses estágios primitivos nós encontramos no subconsciente onde, como Freud demonstrou, o princípio do prazer reina acima do princípio da realidade. Se o pensamento dirigido é atrapalhado por algum motivo, ocorre um "retrocesso" na medida em que o pensamento, de certa forma, volta a ser primitivo e infantil. Isso podemos observar na afasia, tanto na fala quanto em outras áreas.

Apesar de dar razão a Jackson, a Monakow e a outros cientistas quanto ao fato de que a afasia representa um fenômeno de "retrocesso" intelectual, por outro lado, eu devo destacar especialmente o papel das imagens verbo-motoras nesse "retrocesso" intelectual.

As imagens verbo-motoras representam apenas um subgrupo de imagens cinestésicas, as quais, como demonstrei em meu trabalho ainda não publicado sobre a origem do símbolo, estão na origem e na base de nosso pensamento. Nosso pensamento consciente é principalmente um pensamento verbal, nosso pensamento subconsciente conservou o caráter primitivo no sentido em que é principalmente cinestésico-visual. Nosso pensamento consciente é sempre acompanhado por um pensamento paralelo orgânico e alucinatório[12] que traduz o pensamento consciente em imagens. Esse pensamento paralelo é o subconsciente. Nós percebemos traços

12 Freud, S. *Totem e tabu.*

desse pensamento nos fenômenos de sinopsias[13] estudados por Th. Flournoy, mas podemos observá-lo principalmente em estados hipnagógicos (A. Maury, H. Silberer), ou seja, em estados de grande cansaço em que o pensamento não é mais suficientemente dirigido, de forma que nem todas as imagens subconscientes podem ser reprimidas: isso nos dá a possibilidade de observarmos concomitantemente o pensamento verbal e sua expressão imagética.[14]

Aqui dois exemplos: um jovem encontra-se diante do seguinte problema: decidir se deve se dedicar a um amor livre ou seguir as rígidas ideias de seu pai, que é pastor. Enquanto pensa nesse problema, ele recai em um estado hipnagógico, o qual não deve ser confundido com um sonho propriamente dito. Nesse estado, ele se vê em uma praça na qual se originam dois caminhos. Na manhã seguinte, conta-me o que viu. Eu lhe pergunto com o que a praça de seu sonho se assemelhava – era a praça onde ele conversara com a moça que o levara à ideia do amor livre. Um dos caminhos levava à região onde seu pai mora, o outro se assemelhava a um caminho onde tivera todo tipo de aventuras eróticas. O pensamento subconsciente, portanto, representa em imagens aquilo que o pensamento consciente teria expressado em palavras. Uma outra pessoa, uma senhora, pensa: "Não vale a pena lutar nessa vida, nós mal chegamos no alto, acontece alguma coisa, despencamos e temos de recomeçar o trabalho desde o início". Ela vai para a cama nesse estado depressivo e, ao adormecer, vê uma joaninha subindo

13 N.T. Forma de sinestesia em que certas cores são associadas a certos sons; audição colorida.

14 Spielrein, S. A destruição como origem do devir. In Cromberg, R. U. (org.). *Sabina Spielrein: uma pioneira da psicanálise*. Obras Completas, v. 1. São Paulo, Blucher, 2021, Capítulo 7.
Spielrein, S. O tempo na vida psíquica subliminar. In Cromberg, R. U. (org.). *Sabina Spielrein: uma pioneira da psicanálise*. Obras Completas, v. 2. São Paulo, Blucher, 2021, Capítulo 32.

por uma grade. Assim que o inseto chega ao alto, uma menininha segura sua perna, e ele despenca, tendo de recomeçar sua escalada. Não ocorreu logo à senhora que essa imagem hipnagógica era a expressão imagética de seu pensamento consciente da noite anterior. Ansiosa por memorizar a primeira coisa que lhe viera à cabeça ao pensar sobre essa imagem, ela diz: "Você quer avançar, e o diabo logo lhe dá uma rasteira". Nesse ponto, ela volta a se lembrar de seu pensamento.

As imagens subconscientes cinestésico-visuais dão força ao nosso pensamento consciente. Sem elas, nosso pensamento estaria desenraizado, "descorticado", ou seja, "descerebrado", como dr. Saloz sentiu depois de se recuperar de sua afasia. No caso da afasia motora, trata-se provavelmente não da perda das imagens verbais motoras, mas sim, como Saloz experimentou, da "perda da representação da palavra", ou seja, da perda da ligação, ou melhor, do enfraquecimento da ligação da representação com a imagem cinestésica correspondente. Assim enfraquecido, o pensamento verbal se atrofia no sentido em que passa por um "retrocesso" (Jackson) transformando-se de novo em um pensamento primitivo, ou seja, ele volta a ser – parcialmente – um pensamento infantil. Aquilo que observamos no nível da linguagem verbal ocorre também no campo de outras linguagens,[15] por exemplo, no campo do desenho.

Também nesses campos, podemos supor a influência da dissociação entre a representação consciente, de um lado, e sua expressão cinestésica subconsciente de maneira geral, de outro

15 A linguagem verbal não é nossa única linguagem. O sonho, por exemplo, se utiliza principalmente da linguagem visual (imagética) para expressar um pensamento. Há uma linguagem gestual, uma melódica etc. Cf., a respeito, Spielrein, "A origem das palavras infantis 'papai' e 'mamãe'".

(especialmente no caso da afasia motora, se trataria de um enfraquecimento da ligação entre a palavra e a imagem motora verbal).

Não pretendo, de forma alguma, afirmar aqui ter dito a última palavra neste complicado campo da afasia. Eu quis apenas chamar a atenção para a possibilidade de reunir duas teorias aparentemente antagônicas, partindo da suposição de que as imagens cinestésicas estão na origem de nosso pensamento e acompanham constantemente nosso pensamento consciente verbal. A perda ou o enfraquecimento de sua ligação com nosso pensamento consciente levaria consequentemente a transtornos que consistem no "retrocesso" de que Jackson fala: o pensamento se torna de certa forma mais primitivo e se assemelha, como demonstrei, ao pensamento infantil. Isso não exclui o fato de que o pensamento do afásico continua sendo superior ao pensamento infantil sob vários pontos de vista. O adulto possui uma rica experiência que a criança ainda não pôde adquirir; no afásico, apenas o mecanismo do pensamento volta a ser tão primitivo quanto nosso pensamento subconsciente o qual, ao mesmo tempo, também é o pensamento infantil.

Em suma, nós pensamos principalmente de forma subconsciente, pois apenas o início e o fim de nossos pensamentos são conscientes para nós, o resto decorre no subconsciente. Em vários casos, podemos nos convencer de que o pensamento subconsciente pode ser superior ao pensamento consciente, como quando aproveitamos suas habilidades para solucionar problemas da realidade consciente, ou seja, quando ele colabora com o pensamento consciente. Sozinho, o pensamento subconsciente é suficiente para uma certa adaptação a este mundo, mas logo perderia o caráter de pensamento criativo, pois a disposição para criar alguma coisa, para fazer alguma coisa no mundo, o direcionamento total e a concentração sobre as funções da realidade faltam ao pensamento subconsciente, o qual (como vimos) não precisa ser necessariamente um pensamento dirigido que, na verdade, é destinado a trabalhar mais para si mesmo do que para outros. Isso explica por que um afásico como dr. Saloz conserva sua inteligência a ponto de conseguir indicar com a mão o local em sua cabeça onde se encontra a lesão cerebral, enquanto a rigidez de suas representações e sua incapacidade de desenvolver representações originais próprias chamam a atenção daqueles que estão próximos.

Apenas por meio da colaboração entre o pensamento consciente e o subconsciente é possível se iniciar uma obra criativa neste mundo: o pensamento consciente precisa capturar e utilizar aquilo que o pensamento subconsciente nos oferece.

35. Ambiente Moscou

Renata Udler Cromberg

Sabina Spielrein de volta à U.R.S.S.

Sabina Spielrein deixou Genebra rumo a Moscou, em 1923, após entusiásticas cartas de seu pai argumentando que ela poderia desenvolver suas pesquisas e trabalhar sob o novo regime bolchevique sob o comando de Lenin, trazendo sua contribuição. Seu marido Pavel queria que ela se decidisse se voltariam a ficar juntos ou se separariam definitivamente. Embora Freud inicialmente tenha sugerido que ela fosse a Berlim, onde havia sido fundada uma nova clínica de psicanálise para crianças, ela acabou optando por Moscou por razões afetivas e pessoais e porque a sociedade psicanalítica local estava florescendo sob a direção de Wulff[1] e

1 Moshe Wulff (1878-1971) psiquiatra e psicanalista israelense, foi o primeiro médico a praticar psicanálise na Rússia, onde nasceu, praticou psicanálise, lançou a primeira revista em 1909, *Psychotherapia*, e iniciou a tradução das obras de Freud. Fundou junto a outros a Associação Psicanalítica Russa em 1923. Quando a radicalização do regime comunista levou à extinção do movimento psicanalítico, ele foi obrigado a emigrar para Berlim e, depois da ascensão do

Ermakov.[2] Ali ela poderia colocar suas ideias em prática no campo educacional, no ensino e na formação em psicanálise, bem como na construção de laboratórios psicanalíticos.

A última carta de Freud a ela foi escrita em 9 de fevereiro de 1923:

> *Cara Senhora,*
>
> *Recebi sua carta e acredito que tenha razão. Sua intenção de ir para a Rússia parece-me melhor que o meu conselho de que fosse para Berlim. Em Moscou poderá fazer um bom trabalho com Wulff, junto de Ermakov. E, enfim, estará em sua pátria. Duros são os tempos para todos. Espero logo ter notícias suas e peço, insistentemente, que coloque o seu endereço no topo de sua carta, o que pouquíssimas mulheres fazem.*

---

nazismo, para a Palestina, onde criou, em 1934, junto com Max Eitington, também exilado, a primeira sociedade psicanalítica do futuro Estado de Israel. (Roudinesco, E.; Plon, M. *Dicionário de psicanálise*. Rio de Janeiro, Jorge Zahar Editor, 1998, pp. 179-80).

2 Ivan Dimitrevitch Ermakov (1875-1942). A partir de 1913 voltou-se para a psicanálise e, com Moshe Wulff, criou em 1921 a Associação Psicanalítica de Pesquisas sobre a Criação Artística, na qual seus textos sobre arte e psicanálise introduziram o freudismo. Um ano depois, tornou-se presidente da Sociedade Psicanalítica da Rússia. Também participou com Vera Schmidt da instalação do famoso Lar Experimental para crianças. Foi gestor da Biblioteca de Psicologia e Psicanálise, junto com Otto Schmidt, que era seu diretor para as funções estatais, redigindo notas e prefácios para os livros de Freud traduzidos entre 1922 e 1928. Demitido de todas as suas funções entre 1924 e 1928, durante a stalinização do regime soviético, conseguiu traduzir ainda *O futuro de uma ilusão*, em 1930. Depois continuou a escrever, não publicou mais e abandonou todas as atividades psicanalíticas. Preso em 1940, foi deportado para um campo de internamento, onde morreu dois anos depois. (Roudinesco, E.; Plon, M. *Dicionário de psicanálise. Op. cit.*, pp. 179-80).

Cordialmente seu,

Freud.[3]

"Poucas mulheres põem seu nome no cabeçalho de uma carta": há aí o reconhecimento de que Sabina Spielrein, como mulher, havia conquistado um endereço no mundo intelectual e de trabalho maciçamente masculino, de forma que ele pediu a ela que assumisse isso. Esse endereço ela havia conquistado ao tornar-se psicanalista e autora de psicanálise como um destino sublimado de sua análise com Jung. Ela foi a primeira psicanalista de crianças na história da psicanálise e a primeira a escrever artigos sobre a psique infantil baseados em observações e tratamentos de crianças.

As universidades, os institutos científicos e as instituições psicanalíticas russas estavam subordinadas ao Narkompros, o comissariado do povo para a educação, que estava interessado no uso da psicanálise para a educação. Seu irmão Isaak obteve para Sabina um convite oficial do professor Grigori Rossolimo, diretor do laboratório de psicologia experimental e psiconeurologia infantil do Instituto de Neurologia da Universidade de Moscou I. Ela consegue então um visto de saída e regresso à Suíça, expressando seu desejo de retornar à Suíça. Ele teria motivado a entrega de seu baú com cartas, diários e documentos pessoais ao prof. Claparède, o achado arqueológico no Instituto de Psicologia em Genebra que, em 1977, promoveu a retirada de sua vida e obra do esquecimento. Provavelmente havia o temor de que esse precioso material pudesse ser roubado ou confiscado, uma vez que sua viagem até Moscou acompanhada de sua filha Renata fora cheia de baldeações e ameaças de ataques por bandos criminosos. A carta datada de 23 de abril de 1923 foi dirigida a "Monsieur le Directeur du Bureau du

---

3 Guibault, M.; Nobécourt, J. *Sabina Spielrein, entre Freud et Jung*. Paris, Aubier-Montaigne, 1981, p. 325. Tradução de Paulo Sérgio de Souza Jr.

Permis du Séjour", acompanhada de um certificado de Claparède confirmando suas excelentes realizações científicas:

> *Fui convidada pelo sr. Rossolimo para passar alguns meses na Rússia realizando atividades científicas. Eu gostaria de ir para lá, uma vez que toda a minha família, que não vejo faz oito anos, se encontra na Rússia, porém não desejo permanecer lá. Vivo na Suíça desde 1904 e estudei em Zurique. Em 1911 mudei-me para complementar meus estudos no exterior e retornei em 1914; desde então sempre residi na Suíça. Tenho comigo minha filhinha de 9 anos, que frequenta a escola em Berna. Trabalho com o prof. Claparède no Instituto J.-J. Rousseau. A carta anexada do prof. Claparède atesta a utilidade de meu trabalho, bem como o desejo do professor de que eu continue trabalhando no Instituto. O objetivo de minha viagem à Rússia é de natureza exclusivamente científica e pessoal: nunca me envolvi com política e não entendo nada do assunto. Tenho que trocar meu certificado por um passaporte bolchevique, sem o qual não poderia viajar para a Rússia. Isso não muda em nada o fato de que nunca tive nenhuma relação com política. Uma vez que passei quase toda a minha vida no exterior, a maior parte dela na Suíça, não conheço a Rússia e não desejo permanecer nesse país. Haja vista essas condições, ficaria infinitamente grata ao sr. Diretor se me pudesse conceder um visto que me permitisse retornar à Suíça após minha estada em Moscou.*[4]

4 Richebächer, S. *Sabina Spielrein entre Freud e Jung*. Rio de Janeiro, Civilização Brasileira, 2012, pp. 258-9.

Quando Spielrein voltou à U.R.S.S., era uma época de abertura para o Ocidente, da nova política econômica de Lenin e de importantes experimentos em todos os campos da vida russa. A psicanálise floresceu nesse clima e, entre muitos talentos que vinham ao Instituto Psicanalítico de Moscou, houve dois que viriam a ter lugar entre os maiores psicólogos do século por suas pesquisas inovadoras sobre linguagem e pensamento: A. R. Luria[5] e L. S. Vygotsky.[6] Por algum tempo Luria atuou como secretário do Instituto e seus relatórios periódicos no *International Journal of Psychoanalysis* prestam contas da participação de Spielrein em uma ampla gama de atividades, inclusive o ensino – por meio de conferências e seminários. Papéis recentemente descobertos relacionados ao *staff* do Comissariado Soviético do Povo para Educação Nacional (*Narkompros*) indicam que Sabina Spielrein-Schaftel ocupava três postos: o de colaboradora científica no Instituto Psicanalítico Estatal, o de consultora médico-pedagógica da Terceira Internacional (uma espécie de vila de crianças) e o de diretora do Departamento de Psicologia Infantil da Primeira Universidade de Moscou. Há, ainda, a direção da famosa creche psicanalítica, ou jardim de infância psicanalítico, ou simplesmente Casa Branca – devido ao edifício onde ficava instalada –, oficialmente denominada

---

5 Aleksandr Romanovich Luria (1902-1977), um psicólogo de Kazan que se mudou para Moscou em 1923, onde se tornou membro da APR. Durante vários anos ele praticou a psicanálise, mas depois afastou-se dela, quando ela se tornou controversa e depois proibida. Posteriormente Luria estudou medicina e seguiu uma segunda carreira como neurologista e neuropsicólogo de reconhecimento internacional.

6 Lev Semyonovich Vygotsky (1896-1934), um psicólogo bielo-russo, pioneiro na área de linguagem e pensamento. Criou o conceito pioneiro de que o desenvolvimento intelectual das crianças ocorre em função das interações sociais e condições de vida e atribuiu um papel fundamental ao professor e ao adulto. Sua obra foi censurada e proibida na U.R.S.S. no período stalinista de 1936 a 1956 e vem sendo descoberta e valorizada no campo da pedagogia no mundo ocidental nos últimos sessenta anos.

Lar Experimental para Crianças, criada em 1921. Ermakov convidou Spielrein para trabalhar ali imediatamente após sua chegada. Ela era a psicanalista com melhor formação na U.R.S.S. e por isso colaborou em todas as comissões importantes da Sociedade Psicanalítica. Corresponsável pelo programa de cursos científicos do Instituto Psicanalítico Estatal, seu Seminário de Análise Infantil – sobre problemas básicos da psicanálise para iniciantes – era o mais concorrido, com 30 participantes. Na área de cursos científicos de psicanálise para médicos, pedagogos, psicólogos e estudantes, dava aulas semanais de uma hora de duração sobre psicologia do pensamento subliminar.

A partir do início de 1924, Sabina Spielrein trabalhou também como assistente científica na Seção de Psicologia do Instituto de Filosofia Científica. Lá apresentou duas conferências fechadas aos membros: "O pensamento inconsciente e as leis do comportamento infantil" e "Os processos por trás do umbral da consciência e o comportamento da criança".[7]

A psicanálise em Moscou de 1919 a 1924

A Primeira Guerra Mundial interrompeu o desenvolvimento do movimento psicanalítico na Rússia. Ela foi seguida da revolução bolchevique de 1917, que provocou o abandono do país por alguns psicanalistas e uma fuga para o exílio que duraria até 1926, quando a emigração foi proibida.

Em 1919, Tatiana Rosenthal[8] se sobressaiu no campo da psicanálise e da educação como diretora da Policlínica para Tratamento

---

7 Richebächer, S. *Sabina Spielrein, de Jung a Freud. Op. cit.*, p. 274.

8 Tatyana G. Rosenthal (1885-1922) estudou medicina em Zurique. De 1911 a 1921, ela foi membro da Sociedade Psicanalítica de Viena. Depois de retornar

das Psiconeuroses, no Instituto de Pesquisas sobre Patologia Cerebral e das Funções Psíquicas, recém-fundado e dirigido pelo psiquiatra Vladímir Bêkhterev[9] – que se destacava, naqueles dias, no campo da neurologia e psicologia russas. Mesmo tendo muitas reservas em relação à psicanálise, isso não o impediu de confiar em Rosenthal e apreciar seu trabalho com crianças neuróticas. Ela fez uma série de conferências sobre psicanálise nesse instituto. Em 1920, dirigiu o Centro para Crianças Psiquicamente Debilitadas, ligado ao Ministério da Educação, onde se propôs a construir a nova instituição de acordo com os fundamentos curativos e pedagógicos da psicanálise. No primeiro congresso russo sobre o tratamento de crianças com incapacidades psíquicas, realizado em 1920, em Moscou, ela lutou com argumentos convincentes em prol da importância da psicanálise para a compreensão, profilaxia e tratamento das desordens mentais das crianças. Ela se suicidou inexplicavelmente em1922.[10]

Em março de 1921, um grupo psicanalítico composto de oito membros – entre eles Bernstein, Wulff, Ermakov e Vera Schmidt[11] – fundou o primeiro grupo de psicanálise após a Revolução, nomeado de Associação Psicanalítica para Pesquisa da Criação Artística. O nome apontava que o freudismo não era apenas um assunto para médicos e psicólogos, mas sim objeto de um discurso geral do

---

à sua cidade natal de São Petersburgo, ela inicialmente trabalhou como psicanalista em um consultório particular e, depois, Bekhterev a colocou como responsável pela policlínica para o tratamento de psiconeuroses.

9 De 1918 a 1927, Vladimir Mikhailovich Bekhterev (1857-1927), psiquiatra e neurologista, foi o diretor do Instituto para o Estudo do Cérebro e das Funções Mentais em São Petesburgo, Leningrado. Morreu envenenado uma semana depois de ser chamado para diagnosticar Stalin e ter-lhe atribuído o diagnóstico de paranoia.

10 Richebächer, S. *Sabina Spielrein, de Jung a Freud. Op. cit.*, p. 246.

11 Vera Schmidt (1889-1937) pedagoga e psicanalista russa. Pioneira da psicanálise na Rússia.

qual participavam poetas, filósofos da religião, pedagogos, teóricos da literatura e revolucionários profissionais. Nessa época, Ermakov lecionava em um curso de fundamentos da psicanálise no Instituto Psiconeurológico de Moscou. Ermakov e Wulff também estabeleceram um centro de cuidados para crianças com problemas psíquicos até a idade de 4 anos – semelhante ao de Rosenthal, em funcionamento em Petrogrado. Wulff dava também aulas na Universidade de Moscou, em 1919.[12]

Bernstein trabalhava ainda no *Narkompros*, o Comissariado do Povo para Educação – nessa época, um híbrido heterogêneo composto de um aparato administrativo e burocrático inchado e uma oficina de experimentos utópicos. Quando apresentou, em maio de 1921, o projeto de criação de um abrigo psicanalítico para crianças, recebeu prontamente autorização. O objetivo oficial dessa instituição especial era a criação de uma personalidade socialmente valiosa na coletividade.[13]

A ideia inicial do abrigo foi de Rosenthal. Ele se baseava em fundamentos da teoria desenvolvimentista da psicanálise e em elementos psicanalíticos de pedagogia social, tal como formulados por August Aichorn[14] e Siegfried Bernfeld.[15] A teoria foi logo posta

---

12 Richebächer, S. *Sabina Spielrein, de Jung a Freud. Op. cit.*, p. 267.

13 *Ibidem.*

14 August Aichorn (1878-1949), psicanalista vienense, a partir de 1922. Dedicado à pedagogia e aos problemas da delinquência infantil e juvenil, publicou um livro pioneiro sobre adolescentes *Juventude abandonada*, para o qual Freud escreveu um prefácio em que dizia que a criança havia se tornado o objeto principal da pesquisa psicanalítica. (Roudinesco, E.; Plon, M. *Dicionário de psicanálise. Op. cit.*, p. 9.)

15 Siegfried Bernsfeld (1892-1953), psicanalista de origem austríaca, militante sionista e socialista, pioneiro da análise leiga e da psicologia da adolescência. Em 1919, criou o Kinderheim Baumgarten, instituição especializada no acolhimento a crianças judias orfãs de guerra. Instalou-se como psicanalista em Viena, em 1922. Junto com Anna Freud (1895-1982), Willi Hoffer (1897-1967)

em prática em experiências com crianças do abrigo. O professor Ermakov, diretor da divisão de psicologia do Instituto de Neuropsicologia de Moscou, participou da fundação do laboratório psicanalítico do abrigo e foi nomeado seu diretor. Toda a responsabilidade prática e organizacional ficou a cargo de Vera Schmidt, com o apoio de seu marido Oskar Schmidt.[16] O Lar Experimental de Crianças foi fundado, em Moscou, em agosto de 1921. Nesse projeto educativo de ótica psicanalítica levava-se em conta o fenômeno transferencial no relacionamento entre as crianças e os educadores e tentava-se instaurar uma relação mais baseada na confiança e na afetividade do que na autoridade. Cerca de 30 crianças, filhas de dirigentes e funcionários do Partido Comunista, foram acolhidas ali a fim de serem educadas segundo métodos que combinavam os princípios do marxismo e da psicanálise. Acredita-se que o filho de Stálin lá tenha estudado. O sistema de educação tradicional fundado nos maus-tratos e nas punições corporais foi abolido, e o ideal da família patriarcal, severamente criticado – em proveito de valores educativos que privilegiavam o coletivo. As demonstrações afetivas, beijos e carícias foram substituídas por relações ditas "racionais"; as crianças tinham uma educação leiga e eram autorizadas a satisfazer a sua curiosidade sexual. Os educadores eram convidados a não reprimir a masturbação e a instaurar

---

e August Aichhorn (1878-1949), formou um grupo que se interessava pela infância e pela adolescência em situacão de dificuldade. Todos tinham como objetivo estender a doutrina freudiana às questões sociais. Exilado em 1937, fundou a Sociedade Psicanalítica de São Francisco, em 1941. (Roudinesco, E.; Plon, M. *Dicionário de psicanálise. Op. cit.*, pp. 60-1.)

16 Otto Schmidt (1891-1956), matemático e diretor de editoras estatais, casado com Vera Schmidt, depois da liquidação da psicanálise, continuou a servir a ciência soviética explorando o Ártico, desenvolvendo a partir de 1944 e até sua morte uma teoria cosmogônica segundo a qual a Terra e outros planetas se formaram a partir da poeira cósmica, numa época em que o sol atravessava, no espaço, uma nuvem de poeira. (Roudinesco, E.; Plon, M. *Dicionário de psicanálise. Op. cit.*, pp. 689-90.)

com as crianças relações igualitárias. Não havia punições, não se devia falar com as crianças sequer em tom severo. Não se devia realizar nenhum julgamento subjetivo das crianças, já que elas não o compreenderiam e ele serviria apenas para satisfazer a ambição e o amor-próprio do adulto. Não era a criança em si, mas sim os resultados de sua atividade que deveriam ser julgados. Quando as crianças brigavam, o agressor não deveria ser censurado, devendo-se descrever a ele a dor que causava no outro. As educadoras deveriam guardar recato. O programa previa que todos deveriam ser analisados. O ideal pedagógico preconizado era a manifestação viva do espírito novo dos anos 1920, em que se concretizava, depois da Revolução de Outubro, o sonho de uma fusão possível entre a liberdade individual e a liberação social: uma verdadeira utopia pedagógica que combinava paixão freudiana e ideal marxista. A experiência chegou ao fim em condições complexas de acusações e denúncias. Em novembro de 1924, o casal Schmidt encerrou as atividades do Lar e, em 1925, o Instituto Solidariedade Internacional, que sustentava a experiência, foi oficialmente liquidado. Vera Schmidt foi psicanalista de adultos e crianças em Moscou até depois de 1930. Em 1927, representou sua associação no Congresso da IPA em Innsbruck. Achava-se que ela havia morrido de pneumonia, mas recentemente soube-se que Vera Schmidt morreu em 1937, aos 48 anos, em uma prisão stalinista.[17]

Em 1922 foi formada a Sociedade Psicanalítica Russa, que reunia o grupo de criação artística, liderado por Ermakov; o grupo voltado para análise clínica, liderado por Wulff; e um terceiro

---

17 Roudinesco, E.; Plon, M. *Dicionário de psicanálise*. *Op. cit.*, pp. 689-90; e Movchovitch, J. Comunicação oral a Sabine Richebachër. Rostov-sobre-o--Don, maio de 2007. In Richebächer, S. Uma ligação perigosa com o poder: a psicanálise na Rússia bolchevique. *Lacuna, uma Revista de Psicanálise*, 2019. Disponível em: https://revistalacuna.com/2019/08/07/n-7-1/#_ftn25. Acesso em: 10 ago. 2019.

grupo voltado para a pedagogia, liderado por Schmidt. A pedagogia era o interesse especial do Partido Comunista no poder. A Sociedade estava procurando demonstrar os resultados benéficos da psicanálise aplicada ao sistema educacional, o que levaria seu trabalho para uma ordem social mais ampla. A esse grupo uniram-se pesquisadores que estavam trabalhando em problemas de psicologia educacional como Blonsky,[18] Chatsky[19] e Lev Vygotsky. A sua fundação foi anunciada no Congresso Psicanalítico de Berlim, provocando reações divergentes, com o apoio de Freud e Spielrein e a oposição de Jones.

A Associação Psicanalítica de Kazan foi fundada simultaneamente por Aleksandr Luria. Quatorze membros médicos e não médicos a compunham. Luria era a força motivacional agregadora e presidente da Associação de Ciências Sociais de Kazan. Ele comunicou a Freud da formação desse grupo, baseado no seu entusiasmo por suas ideias, e enviou relatórios de atividades a Viena – que incluíam discussões sobre literatura, psicologia e psicanálise, além de conferências de natureza mais clínica, que discutiam o conceito de narcisismo, análise dos sonhos e o papel da sexualidade na sociedade. Luria e seus colegas também exploravam outras psicologias. Ele aceitou um convite para se juntar ao Instituto Psicológico de Moscou e trabalhou com psicologia experimental. Seu salário pago pelo governo permitiu que se mudasse para Moscou, onde se tornou membro da Sociedade Psicanalítica. Em 1923 esse grupo se uniu à Sociedade Psicanalítica de Moscou.

Em 1922 Wulff e Ermakov formaram o primeiro Instituto de Psicanálise, sob autoridade comunista. Agora poderiam oferecer

---

18 Pavel Petrovitch Blonsky (1884-1941) fez parte da Associação Psicanalítica Russa.

19 Stanislas Theophilovitch Chatski (1878-1948) fez parte da Associação Psicanalítica Russa.

programas de treinamento psicanalítico. Só havia outros dois institutos de formação na Europa, o de Viena e o de Berlim. Para ter aprovação de Freud e do movimento psicanalítico organizado em torno dele como um novo instituto de formação, era necessária a presença de analistas didatas, um currículo de cursos de teoria e prática clínica psicanalíticas e uma clínica. Wulff e Sabina Spielrein, recém-chegada da Suíça, foram reconhecidos como analistas didatas capazes de dirigir um programa clínico. O currículo foi criado por Spielrein, Ermakov e Wulff. Spielrein ministrava os cursos de psicologia do pensamento subliminar e psicanálise de crianças, que se tornou a especialização da sua prática clínica. Ermakov ministrava um curso básico de princípios da psicanálise, um curso clínico sobre psicoterapia e um em sua especialidade: psicologia da criatividade artística. Wulff ministrava a introdução à psicanálise e outros cursos sobre medicina e psicanálise. Cursos de Luria sobre complexo de Édipo e de Averbuck sobre psicanálise e religião foram anunciados. Sobre a direção de Wulff, os três criaram uma Clínica Psiquiátrica especializada no tratamento psicanalítico de pacientes, o que era um ganho para a população e também permitia a analistas em treinamento a oportunidade de ver pacientes sob supervisão próxima dos analistas mais experientes. Uma clínica para crianças, criada por Ermakov e Wulff, ficou sob a guarda do Instituto. Ela foi uma de suas atividades profissionais, a mais experimental e original – já que tentava lidar, num contexto clínico, com o problema crucial de encontrar uma ligação entre o *ethos* coletivista de uma sociedade comprometida com princípios comunistas e o individualismo burguês inerente aos princípios psicanalíticos freudianos e que era considerado radical. Uma última atividade do Instituto foi o plano de promover um amplo projeto de publicação e tradução das principais obras de Freud, bem como de outros psicanalistas. O editor-chefe era Ermakov, e a maioria das traduções foi realizada por Wulff, em uma série denominada

Biblioteca Psicológica e Psicanalítica. A publicação inaugural foi a das *Conferências introdutórias de Psicanálise*, que foi lançada em dois volumes, em 1922. Quinze obras foram publicadas e financiadas pela Casa Estatal de Publicação, dirigida por Otto Schmidt. Nunca antes ou depois governo algum foi responsável por apoiar a psicanálise como aquele entre 1921 e 1923.[20]

Sabina Spielrein de volta a Rostov-sobre-o-Don

Sabina Spielrein voltou para sua cidade natal, Rostov-sobre-o--Don, no Cáucaso Setentrional, em 1924, após a morte de Lenin, onde reencontrou seu marido e deu à luz sua filha Eva, em 1926. Ela trabalhava em dois lugares: como pedóloga[21] no ambulatório escolar profilático de Rostov e na policlínica psiquiátrica, onde tratava de crianças e adultos. Continuou a pesquisar, dar palestras e publicar trabalhos resultantes dessas atividades. No ambulatório realizava exames em série para a detecção precoce de distúrbios de desenvolvimento em crianças nos jardins da infância. As autoridades disponibilizavam 30 minutos para cada criança. Os exames eram realizados *in loco*, nos jardins da infância e, posteriormente, era realizada uma reunião com os educadores sem a presença das crianças. Spielrein era livre para compor o conteúdo dos exames.

O ambiente em Rostov–sobre-o-Don e a luta de Sabina Spielrein pela psicanálise no norte do Cáucaso na União Soviética sob o governo de Stalin será apresentado no próximo capítulo pela

20 Richebächer, S. *Sabina Spielrein, de Jung a Freud. Op. cit.*, pp. 268-9; e Miller, M. *Freud and the Bolsheviks*. New Haven/Londres, Yale University Press, 1998, pp. 59-60.

21 O conceito de "pedologia" aparece em 1900, por meio de Stanley Hall. Era uma ciência prática e interdisciplinar do desenvolvimento infantil que se baseava em conceitos pedagógicos, psicológicos, psico-higiênicos e psicanalíticos.

escrita de Sabine Richebächer e pela carta de Sabina Spielrein a Max Eitington escrita em 1927.

Spielrein escreveu três textos em seu período russo, de 1923 a 1931, ano da proibição da psicanálise: "Alguns aportes sobre a vida infantil", texto escrito entre 1927-1928, em que ela traz exemplos de seu atendimento de crianças entre 8 e 13 anos em seu consultório no ambulatório. O único texto em russo é "Sobre a palestra do dr. Skalkovsky", de 1929, fruto de sua palestra no I Encontro de Psiquiatras e Neuropatologistas do Cáucaso Setentrional no mesmo ano, a partir de suas investigações clínicas e pesquisas resultantes delas na policlínica psiquiátrica onde trabalhava. "Desenhos infantis de olhos abertos e fechados: investigações sobre as representações subliminares cinestésicas", publicado em língua alemã em 1931, na revista *Imago*, graças à tradução para o alemão realizada por seu pai, foi o último ensaio sobre psicanálise a sair da União Soviética e é fruto de suas pesquisas e de uma conferência realizada no inverno de 1928 na Sociedade Pedológica na Universidade do Cáucaso Setentrional, em Rostov-sobre-o-Don, tratando da investigação das experiências cinestésicas sobre a estrutura do pensamento.

36. "Eu anseio por me reunir a todos vocês...": uma carta de Sabina Spielrein-Scheftel (Rostov-sobre-o-Don) para Max Eitingon de 24/08/1927[1]

Sabine Richebächer, Zurique, Suíça[2]

Atualmente, a vida da psicanalista e médica russa judia Sabina Spielrein (1885-1942) já foi amplamente estudada. Além de documentos oficiais de repartições e órgãos públicos, universidades e semelhantes, há principalmente inúmeros diários que ela já começou a escrever no outono de 1896, ainda menina em idade

---

1 A carta, que é impressa e anotada na sequência deste texto contextualizador, foi descoberta por Michael Schröter no espólio de Max Eitingon (volume 2972/9) e cedida gentilmente à autora para edição. Primeira publicação em: Luzifer-Amor. *Zeitschrift zur Geschichte der Psychoanalyse*, ano 21, caderno 42, 2008, pp. 65-74.

2 Nascida em Dusseldorf, Sabine Richebächer foi responsável durante muitos anos pela seção Novidades de Psicologia do jornal *Neue Zürcher Zeitung*. Em 1999, foi convidada a dar uma palestra sobre Sabina Spielrein. O tema mostrou-se tão interessante que logo surgiram outras palestras e vários artigos sobre o assunto. Uma vez que nos artigos muitas perguntas sobre a vida de Spielrein ficaram sem resposta, a autora acabou se aprofundando nas pesquisas em inúmeras fontes primárias e arquivos que resultaram numa biografia pioneira, publicada em alemão em 2005 e publicada em português pela editora Civilização Brasileira em 2012, como *Sabina Spielrein: de Jung a Freud*. Atualmente mora em Zurique, onde trabalha como escritora e psicanalista.

escolar, em sua cidade natal, Rostov-sobre-o-Don. Uma parte desses diários (1909-1912) foi publicada em 1986 junto com a correspondência entre Sabina Spielrein e Sigmund Freud (1909-1923), assim como entre Spielrein e C. G. Jung (1908-1919) no *Diário de uma Secreta Simetria*, de Aldo Carotenuto.[3] Essa publicação contribuiu decisivamente para que a vida e, cada vez mais, também a obra[4] de Sabina Spielrein não caíssem no esquecimento. Outras correspondências de Spielrein com psicanalistas de renome de sua época, como, entre outros, Otto Rank, Emil Oberholzer, Wilhelm Stekel, encontram-se em uma residência privada em Genebra, assim como a ampla troca de cartas, com centenas de páginas, com seus pais, Eva e Nikolai Spielrein, e com seus irmãos Jean, Isaak e Emil Spielrein. Todos os três se tornaram cientistas bem-sucedidos e fizeram carreira na jovem União Soviética.

Essa extensa documentação primária teve um final abrupto no verão de 1923. Sabina Spielrein voltou para a Rússia e passou a trabalhar, a partir de setembro de 1923, no Instituto Psicanalítico Estatal, em Moscou, e na Associação Psicanalítica Russa (APR). Nos registros de pessoal do órgão público superior, Narkompros (o Comissariado do Povo para Educação), e nos relatórios da APR, publicados regularmente na *Internationale Zeitschrift für Psychoanalyse* (IZ – *Revista Internacional de Psicanálise*), pode-se obter algumas informações sobre sua diversificada atividade profissional no Instituto em Moscou: ela trabalhou em todas as comissões importantes, fez palestras e deu aulas. No início de abril de 1924, Sabina Spielrein participou pela última vez de uma reunião da APR como presidente. Pouco depois, ela deixou Moscou para retornar à sua cidade natal, Rostov-sobre-o-Don. Nos relatórios cada vez

3 Spielrein, 1986; cf. 2002.

4 Spielrein, 2002; Ovcharenko, 1999, 2004; Ljunggren, 2001; Etkind, 1996; Richebächer, 2000, 2005, 2008, 2009a e 2009b.

mais escassos da APR, ela consta da lista de membros até os anos 1930 sob o endereço "Rostov s. Don, Puschkinskaja 97"[5] – trata-se do endereço da casa de seus pais que há muito fora transformada em Kommunalkas (apartamentos comunitários). Quando Spielrein, no entanto, escreveu a Eitingon em agosto de 1927, ela colocou no endereço do remetente "Dimitriewskaja 33" (a seguir neste mesmo capítulo) – após anos de separação, ela voltara a viver com seu marido Pavel Scheftel no antigo apartamento de sua família. Portanto, os endereços dos membros russos da *Internationale Zeitschrift* não eram mais atuais, o contato da central psicanalítica com a Rússia se tornara mais difícil. Em 1933, consta laconicamente: "Nos últimos anos, não recebemos notícia alguma da Rússia. A psicanálise provavelmente não condiz com a orientação dos Planos Quinquenais nos quais toda a atividade desse Estado singular se exaure veementemente".[6] A realidade soviética, porém, ia além dessas suposições: pois nesse ano a psicanálise fora proibida na União Soviética.[7]

Até agora não haviam sido encontrados nenhum registro privado ou quaisquer outros escritos pessoais de Sabina Spielrein relacionados a todo o período do fim de sua vida na União Soviética, do verão de 1923 até sua morte em agosto de 1942. Por esse motivo, a carta manuscrita de treze páginas que ela escreveu a Max Eitingon em 24 de agosto de 1927, no período que antecedeu o X Congresso Psicanalítico Internacional (de 1 a 3 de setembro, em Innsbruck), é uma descoberta especialmente feliz: ela foi formulada de forma ilustrativa e vivaz; relata novidades profissionais e, principalmente, nesta carta torna-se explícito, pela primeira vez, em um contexto privado, o posicionamento pessoal de Spielrein

5 Última referência na IZ, 1937, p. 593.

6 IZ, 1933, p. 260.

7 Kloocke, 2002; Miller, 1998.

quanto aos debates públicos sobre a relação entre a psicanálise e o marxismo na União Soviética.

Na Rússia, a psicanálise foi, desde o início, denominada segundo o seu fundador: como "freudismo"; seus seguidores eram "freudistas". Trótski conhecera a psicanálise durante seu exílio em Viena e, graças à sua proteção, o freudismo viveu um florescimento breve e espetacular no início dos anos 1920.[8] A peculiaridade mundial da psicanálise russa era sua ligação com o poder. O apoio da política cultural oficial bolchevista era um fenômeno singular e foi posto em prática parcialmente contra intensa crítica do ponto de vista psiquiátrico. Desde o princípio, a APR e o Instituto Psicanalítico Estatal estavam na área de conflito de controvérsias políticas e ideológicas, sendo vulneráveis a alterações nas relações de poder políticas, na ideologia dominante. Isso se mostra, por exemplo, nos debates em torno do Orfanato e Laboratório Psicanalítico fundado em 1921 em Moscou, os quais não silenciaram enquanto ele existiu.[9]

A psicologia na União Soviética era um campo sensível e ideologicamente significante cujos atores – psicólogos e psiquiatras – encontraram-se em uma situação de falta de legitimação perante a ideologia marxista dominante, no conflito entre os interesses de uma comunidade de pesquisadores plurarista e aberta e as demandas ideológicas de uma política que exigia cada vez mais soluções para os problemas teóricos das novas ciências comportamentais marxistas.[10] Assim como no Oeste, no círculo de convivência de psicanalistas de esquerda, como Otto Fenichel e Wilhelm Reich, também houve na União Soviética esforços por parte da própria psicanálise para esclarecer a relação entre o freudismo e o

8 Etkind, 1996[1993].

9 Etkind, 1996; Kloocke, 2002.

10 Cf. Lobner; Levitin, 1978; Richebächer, 2005.

marxismo e torná-los mutuamente frutíferos. Alexander Luria, o qual Spielrein menciona na carta a Eitingon, deu o primeiro passo em 1922 com palestras sobre "A situação atual da psicanálise"[11] e "Sobre direcionamentos atuais da psicologia russa".[12]

Quando, no final de 1923, Bernhard E. Bychowski, um jovem filósofo bolchevista, publicou um artigo "Sobre os fundamentos metodológicos da teoria psicanalítica freudiana" na revista *Pod znamenem markzisma* [Sob a bandeira do marxismo], iniciou-se uma intensa discussão pública. Com a morte de Lenin em janeiro de 1924 e a ascensão de Josef Stalin como autocrata e líder da URSS, o "judas" Trótski[13] caiu em desgraça e a psicanálise perdeu sua proteção.[14] Os conflitos em torno da psicanálise e marxismo se tornaram mais acirrados. Suas consequências foram graves e amplas. Na primavera de 1925, houve na "Casa da Imprensa" de Moscou uma discussão sobre "psicanálise e marxismo" que condenou severamente a psicanálise. Pouco depois, foi ordenada a "liquidação" do Orfanato e Laboratório. Em agosto de 1925, o Instituto Estatal de Psicanálise também foi fechado por decreto do Conselho do Comissariado do Povo da República Socialista Federativa Soviética da Rússia (RSFSR).

Já no primeiro caderno da edição alemã de *Unter dem Banner des Marxismus* [Sob a bandeira do marxismo] (1925), W. Jurinetz organizou uma ofensiva furiosa e polêmica contra a psicanálise freudiana com seu "esteticismo burguês", "seu wagnerianismo preparado ad hoc" e seu "idealismo restaurado".[15] Além de Sigmund Freud, um membro da APR também foi nomeado e atacado

11 IZ, 1922, p. 523.

12 IZ, 1923, p. 114s.

13 Cf. Nakhimovsky, 1992, p. 28.

14 *Ibidem.*

15 Jurinetz, 1970[1925], pp. 66 e 69.

pessoalmente: Sabina Spielrein.[16] Portanto, ela era alguém que as pessoas conheciam e com a qual contavam.

Alguns autores atuais – entre eles, o russo Alexander Etkind – interpretam a mudança de Spielrein de Moscou para Rostov como recuo: segundo eles, ela não teve interesse em participar dos debates de seus colegas moscovitas sobre "freudismo", "reflexologia" e "marxismo científico".[17] A carta impressa abaixo diz outra coisa. "Por fim, eu me senti obrigada a fazer uma palestra sobre reflexologia e psicanálise", consta na carta.[18] A relação entre a psicanálise e o marxismo era, sim, um tema importante para Spielrein e, junto com Luria, A. R. Reisner ou Moshe Wulff, ela estava entre os mais importantes psicanalistas soviéticos da época que consideravam uma ligação entre a psicanálise e o marxismo desejável, ou pelo menos parcialmente fértil. Em sua carta a Eitingon, Spielrein conclui: "as doutrinas de Freud e Marx não precisam ser excludentes e podem coexistir sem problemas".

Não é verdade que Spielrein ocupou-se das teorias socialistas e marxistas apenas na União Soviética. Já no colégio, no ginásio Katharinen em Rostov-sobre-o-Don, ela participou de uma organização juvenil revolucionária, e seu nome está em uma lista de meninas que receberam literatura e material de propaganda revolucionários e ilegais.[19] Nos textos teóricos de Spielrein, ademais, podemos observar um desenvolvimento que parte de um conceito de transferência precoce e radical, como é utilizado por exemplo no texto "A destruição como origem do devir",[20] e se de-

16 *Ibidem*, p. 97.

17 Etkind, 1996, p. 213.

18 Carta de Sabina Spielrein.

19 Cf. Movshovich, 2006.

20 Spielrein, 2002[1912].

senvolve na direção de questionamentos mais psicológico-sociais e educativos.

Rostov-sobre-o-Don fica a mais de mil quilômetros de Moscou, o centro das lutas pelo poder. A atividade de Spielrein permaneceu inicialmente diversificada. Ela trabalhou como pedóloga (pedologia é uma ciência prática e interdisciplinar voltada para o desenvolvimento infantil baseada em conceitos pedagógicos, psicológicos, psico-higiênicos e psicanalíticos) no ambulatório escolar profilático de Rostov-sobre-o-Don. Na policlínica psiquiátrica, ela tratou crianças e adultos, e continuou pesquisando com entusiasmo. Em palestras e cursos, em publicações e congressos, posicionou-se como defensora decidida da psicanálise nas controvérsias cada vez mais acirradas quanto à relação entre o freudismo e as ciências marxistas. Conforme mostra a carta a seguir, a confiança de Sabina Spielrein e sua crença no futuro valor de seu próprio trabalho e na capacidade de sobrevivência da psicanálise permaneceram – com todas as tensões e problemas profissionais e privados – intactas.

Temas privados também são abordados na carta. Até então, não se sabia que Spielrein estivera gravemente enferma, com malária. Ela própria relatou a Eitingon que tivera uma depressão reativa associada à doença, com a qual sofrera durante todo o ano anterior. Ano em que, além disso, também tivera de cuidar de um bebê, pois em 18 de junho de 1926 nascera a segunda filha de Sabina Spielrein e Pavel Scheftel, a pequena Eva. Ela explica, portanto, seu conflito, já que não poderia "deixar aqui e tampouco levar" a criança consigo. A filhinha foi o principal obstáculo que a impediu de participar do congresso que ocorreria em breve. Assim, o "pequeno relato sobre a psicanálise na região do Cáucaso do Norte" deveria criar uma ligação com os colegas, ajudar sua autora a sair de seu isolamento tão doloroso: "eu anseio por me reunir a todos vocês..."

Carta de Sabina Spielrein

Transcrição/ Spielrein para Eitingon Israel State Archives, Jerusalém

24/08/27

Meu [caro][21] Doutor,

se o senhor soubesse o quanto lamento não poder ver todos [os senhores] no Congresso de 1-3 de setembro![22] Meu principal impedimento é minha segunda adorável filhinha de um ano de idade, a qual não posso deixar aqui e tampouco levar comigo. No entanto, devo à nossa associação algumas satisfações a respeito de nossas atividades aqui, na região do Cáucaso do Norte. O interesse pela psicanálise é bastante difundido aqui, mas superficial. As pessoas "não têm tempo" para dedicar-se ao tema, pois interesses mais vitais e "práticos" estão em primeiro plano. De fato, o representante oficial da clínica psiquiátrica de Rostov-sobre-o-Don[23] aprecia os avanços da psicanálise, mas adverte contra "exageros" no campo da sexualidade. Os assistentes da clínica realizam análise por conta própria – mas, no fundo, todos são contra a análise.

Essa é a sina da análise – compreensível do ponto de vista da teoria pulsional –, sempre provocar resistência onde percebemos a mais intensa paixão. Assim, lidamos na Rússia com uma resistência totalmente infundada, a qual realmente desconhecemos no exterior: o temor de que a psicanálise, uma "criação da organização de Estado capitalista", possa contrariar os interesses da classe operária. A psicanálise é acusada de atribuir tudo à sexualidade,

21 O termo "caro", aqui inserido, não consta do original, mas supõe-se, pela lógica, que deveria constar. Em alemão, lê-se "Sehr Doktor".

22 O 10º Congresso Psicanalítico Internacional aconteceu em Innsbruck de 1 a 3 de setembro de 1927.

23 A pessoa em questão não pôde ser identificada.

o que arruinaria os avanços de Marx, o qual sabidamente deriva tudo das circunstâncias socioeconômicas. Há aqui um grande engano, o qual não podemos aclarar em algumas poucas linhas: as doutrinas de Freud e Marx não precisam ser excludentes e podem coexistir sem problemas. Alguns de nossos funcionários, como o prof. Reissner,[24] o jovem prof. Luria,[25] a falecida dra. Rosenthal[26] e outros, já falaram e escreveram a respeito. Uma segunda acusação segue uma vertente que alega que a psicanálise contém muitos elementos subjetivos e místicos, contrariando, portanto, a exigência de uma orientação biológica na nova psicologia russa, denominada "reflexologia" (Leningrado) ou "reactologia" (Moscou). Esse ponto de vista conquistou representantes também entre os grandes da ciência russa, de forma que tivemos de discutir com opositores como o prof. Bekhterev[27] em Leningrado, prof. Hackebusch em Kiev, entre outros mais. O professor Wullf[28] e prof. Luria tiveram

---

24 Mikhail Andreevich Reisner (1869-1929), um advogado e filósofo do direito e do governo que se ocupava primariamente da psicologia social e a sociologia da religião. Ele era membro do Partido Comunista e associou-se à APR em 1927.

25 Aleksandr Romanovich Luria (1902-1977), um psicólogo de Kazan que se mudou para Moscou em 1923, onde se tornou membro da APR. Durante vários anos ele praticou a psicanálise, mas depois afastou-se dela. Posteriormente, Luria estudou medicina e seguiu uma segunda carreira como neurologista e neuropsicólogo de reconhecimento internacional.

26 Tatyana G. Rosenthal (1885-1921, morte por suicídio) estudou medicina em Zurique. De 1911 a 1921, ela foi membro da Sociedade Psicanalítica de Viena. Depois de retornar à sua cidade natal de São Petersburgo, ela inicialmente trabalhou como psicanalista em um consultório particular e depois Bekhterev a colocou como responsável pela policlínica para o tratamento de psiconeuroses.

27 Vladimir Mikhailovich Bekhterev (1857-1927), psiquiatra e neurologista, de 1918 a 1927 foi o diretor do Instituto para o Estudo do Cérebro e das Funções Mentais em São Petesburgo, Leningrado.

28 Moshe Wulff (1878-1971) estudou medicina em Berlim, onde descobriu a psicanálise. De 1911 a 1921, ele foi membro da Sociedade Psicanalítica de Viena. Em 1914 ele retornou para a Rússia e foi um dos fundadores da APR, da qual foi eleito presidente em 1924. Em 1927 ele viajou para o Congresso IPA em

de lutar uma intensa batalha. No final das contas, também eu me vi obrigada a fazer uma palestra sobre reflexoterapia e psicanálise na Sociedade de Neurologia e Psiquiatria local. Nela, demonstrei o quão pouco subjetivas e místicas são as teorias de Freud e como boa parte de suas teorias já foi corroborada pela psicologia biológica ou "reflexologia".

Neste inverno, fui incumbida da direção de dois cursos sobre "O significado da psicanálise para o estudo da criança". Esses foram designados para o aprimoramento científico dos médicos das escolas e dos jardins de infância, um para os médicos da cidade de Rostov-sobre-o-Don, o outro, para médicos da região do Cáucaso do Norte de maneira geral. Cada um desses cursos teve 6 horas de parte teórica e, em seguida, uma parte prática. Na parte prática, demonstrei exames psicológicos de crianças baseados em fundamentos psicanalíticos, conforme costumava realizá-los no ambulatório escolar, na escola e no jardim de infância. Quando houve tempo, realizei ainda com os médicos participantes do curso o experimento junguiano de associações.

As preleções e demonstrações despertaram grande interesse. Não obstante, não pude esquivar-me das acusações habituais com que nos deparamos quando não queremos nos ater rigorosamente à escala de inteligência de Binet-Simon ao examinarmos crianças. Não vale a pena relatar aqui mais detalhes sobre o método de exame adotado por mim, pois em poucos dias entrego um trabalho sobre o tema a ser publicado em breve.

Já se passou mais de um ano desde que recebi o gentil convite do dr. Cronbach,[29] dos Estados Unidos, para uma cooperação lite-

---

Innsbruck e não retornou para a União Soviética. Ele inicialmente foi para Berlim e emigrou em 1933 para a Palestina (Kloocke, 2002).

29 Abraham Cronbach (1882-1965), filho de um imigrante da Alemanha, era um rabino em Ohio e Indiana e notabilizou-se como professor, pacifista e autor

rária. Até o momento devo uma resposta à sua carta, já que estive muito tempo doente, com malária, e não me sentia confiante para realizar qualquer coisa. Mas tacitamente aceitei sua sugestão: reuni o material necessário, processei-o e proferi uma palestra a respeito na sociedade pedológica da Universidade do Cáucaso do Norte em Rostov-sobre-o-Don. A palestra se intitula: "Os resultados do estudo de representações animistas em crianças em idade de 3 a 14 anos em Moscou e Rostov-sobre-o-Don". Não encomendo aqui a impressão da palestra, já que pretendo processar os resultados do estudo em um trabalho para o dr. Cronbach.[30]

Caso o senhor veja o dr. Cronbach no congresso, meu caro Doutor, por favor, faça-me a gentileza de lhe comunicar minha decisão. Quero escrever-lhe em breve. Nesse meio-tempo, porém, peço-lhe desculpas e prometo que entregarei o mais breve possível o trabalho para impressão (honorários – em prol da Revista Vienense de Psicanálise. Caso seja tarde demais, então eles devem ir para uma de nossas revistas analíticas.)

Infelizmente ainda não tenho nada a relatar sobre meus colegas em Rostov-sobre-o-Don. Aqui eu ainda sou a única analista capacitada, o que está relacionado à minha doença que me malogrou qualquer empreendimento. Eu não tenho nenhuma possibilidade material de assinar nossas revistas e outras bibliografias, de forma que somos aqui extremamente pobres em literatura. Porém,

---

de inúmeras obras, entre elas, *O estudo psicanalítico do judaísmo* (Cronbach, 1931-1932). Ele se correspondeu com analistas como Ernest Jones, Wilhelm Stekel e Fritz Wittels. Nenhuma correspondência com Sabina Spielrein ou com seu irmão Isaak foi encontrada entre seus documentos (Abraham Cronbach Papers) e tampouco foi mencionada em nenhum documento (segundo uma pesquisa de 7 de fevereiro de 2008 para o Marcus Center of the American Jewish Archives, Cincinnati).

30 Esta frase foi incluída posteriormente no pé da página. O estudo aqui mencionado ainda não foi encontrado.

pouco faltou para que eu pudesse encomendar a bibliografia para o ambulatório-escola profilático do Cáucaso do Norte. Contudo, em decorrência de minha enfermidade, estava tão irremediavelmente deprimida que não me senti capacitada a aceitar a vaga que me foi oferecida nesse ambulatório. Por conseguinte, a posição foi oferecida a um assistente (médico assistente) da clínica psiquiátrica local. Este não honra a psicanálise. Apesar de ter falado também sobre a psicanálise em sua preleção, o fez apenas a fim de incluir nela algo moderno. A aquisição de livros lhe parece totalmente inútil. – Já que somos tão pobres em literatura – eu seria grata a qualquer colega que queira me enviar uma impressão especial de seu trabalho.

Agora estou recuperada e, por isso, apesar de todas as dificuldades, não mais tão pessimista. Acredito que serei capaz de trabalhar na Universidade aqui em Rostov, assim como em Moscou, e que, se eu assim desejar, me será confiado um curso sobre psicanálise. O principal inconveniente a isso é que nosso professor de psiquiatria,[31] o qual me conhece bem, viaja depois de amanhã para o exterior e só retorna em novembro. Caso eu não tenha êxito na Universidade em breve, nem mesmo sei se devo me lamentar: sempre tenho ainda a possibilidade de oferecer palestras privadas a algumas pessoas qualificadas e introduzi-las à prática segundo todas as regras formais. Se tivermos mais funcionários, então minhas sugestões bibliográficas também serão mais bem-sucedidas.

Meu relatório sobre a situação da psicanálise em Rostov-sobre-o-Don trata desse semestre de inverno. Sobre o período de

---

31 Prof. A. Yustchenko (1869-1936) era catedrático de Doenças Nervosas e Mentais na Universidade de Rostov e, mais tarde, ocupou a cadeira de Psiconeurologia na Universidade do Cáucaso do Norte. Além disso, ele foi diretor da clínica de psiconeurologia, tendo ocupado também, de 1927 a 1929, a cadeira da Sociedade Pedagógica do Cáucaso do Norte (vide Movshovich, 2006).

trabalho anterior, eu enviei, por outro lado, um relatório completo ao doutor, agora professor universitário, Wulff.

Como o senhor também compreende russo, senhor doutor, recomendo-lhe a leitura de um livro intitulado 'V.N. Voloshinov. *Freidizm. Kriticheskii ocherk.* Moscou-Leningrado, Gosudarstvennoe izdatel'stvo, 1927'.[32] Neste, o senhor verá quão pouco somos compreendidos e as tolas objeções contra as quais ainda temos de lutar. Meu marido[33] trouxe-me o livro ontem. Com ele encerro meu pequeno relatório sobre a psicanálise na região do Cáucaso do Norte. Talvez o senhor possa comunicá-lo de alguma forma adequada nos relatórios das associações relacionadas?[34]

Além disso, tenho ainda um pedido aos colegas: eu gostaria de receber sonhos não complicados com representações de a) carro; b) aeroplano; c) sol ou estrelas; d) tempo; e) aranhas; f) sapatos; g) telefone, telégrafo ou rádio; h) chapéu; i) fio ou linha de costura.

É importante para mim reunir o maior número possível de sonhos dessa espécie; preferencialmente anotados pelo próprio sonhador antes da análise. A seguir, naturalmente seria interessante uma pequena análise. Entre as especificações sobre o sonho, solicito a idade, sexo, profissão e ainda um pequeno relato sobre a

---

32 Voloshinov, 1927 [*Freudismo: Um ensaio crítico.* Moscou-Leningrado, State Publishing House, 1927].

33 Pavel Naumovich Sheftel (1881-1937) nasceu em Kiev. Ele trabalhou como médico e pediatra em Rostov-sobre-o-Don, onde conheceu Sabina Spielrein no inverno de 1911-1912 durante uma de suas visitas à família. Em 1º de junho de 1912, eles se casaram em uma cerimônia presidida pelo rabino de Rostov. Sua primeira filha, Renata, nasceu em dezembro de 1913. A partir de janeiro de 1915, o casal passou a viver separado, ela na Suíça, ele na Rússia. Em 1923, Spielrein retornou à Rússia. Em 1924, ela chegou de volta a Rostov e continuou seu casamento com Pavel Sheftel (cf. Richebächer, 2005).

34 De fato, em seu relatório como presidente no Congresso de Insbruck, Eitingon mencionou a situação da psicanálise na Rússia, mas não citou em momento algum a situação na região do Cáucaso do Norte (cf. IZ 1927, p. 486).

situação pessoal do sonhador. Se não for possível, é suficiente a simples idade, sexo e indicação da profissão. Eu gostaria ainda de ter o nome e endereço da pessoa que enviar o sonho.

Para que essa coletânea de sonhos? – é difícil esclarecer em poucas palavras: estou interessada em saber como objetos isolados são representados por diferentes sonhadores. Agradeço antecipadamente.

E agora a parte pessoal.

Anseio por me reunir a todos vocês – e talvez por isso sinta-me extremamente constrangida em escrever. Foi bastante peculiar: assim que soube que o prof. Freud estava gravemente enfermo, não fui capaz de lhe dizer uma única palavra. Experimentei uma desolação à minha volta e senti-me como que agrilhoada. Agora que sei que o prof. Freud está recuperado,[35] sinto, no entanto, ainda certo embaraço em pensar que ele provavelmente ainda esteja fisicamente depauperado, talvez também psiquicamente deprimido. Não obstante: como vai o prof. Freud?

Eu tampouco pude reagir à notícia da morte do dr. Abraham.[36] Terrível demais. O que eu poderia dizer, tantas milhares de milhas longe de todos, mas ao mesmo tempo partilhando tão intensamente a sua dor?

Encerro com cordiais saudações a todos os participantes do congresso e com os mais sinceros desejos de que nossa associação floresça. Que este congresso seja especialmente bem-sucedido!

Dra. S. Spielrein-Scheftel

35 I.e. depois de uma operação devido a um câncer em out.-nov. 1923.

36 Abraham morreu em 25 de dezembro de 1925 aos 49 anos.

No momento: Rostov s/D. Dimitriewskaja 33.[37]

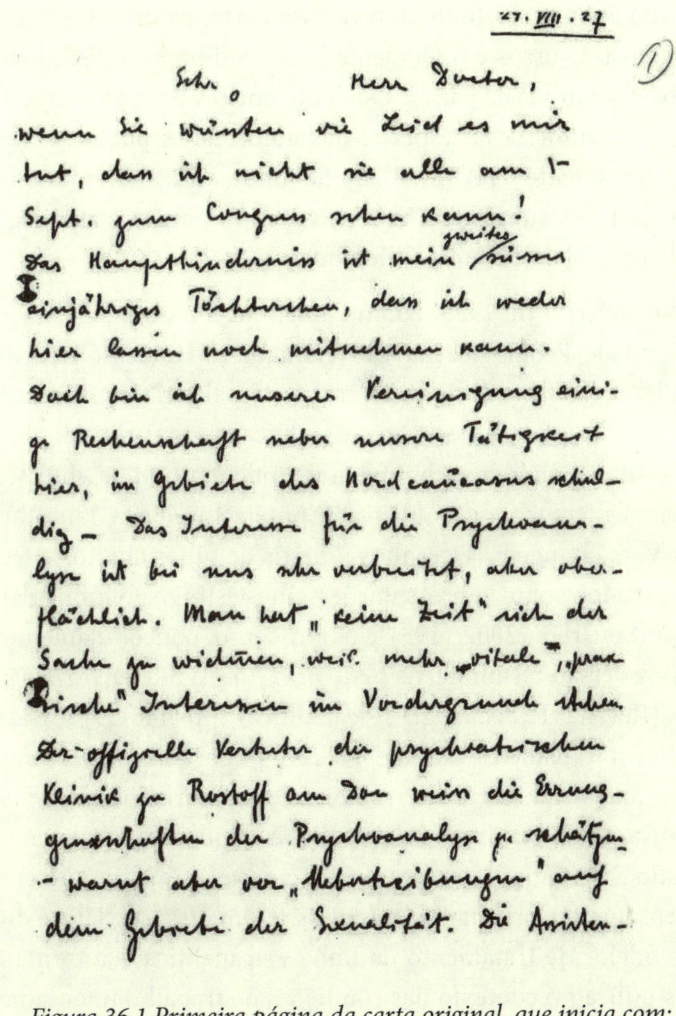

27. VIII. 27

(1)

Sehr ... Herr Doktor,
wenn Sie wüssten wie leid es mir tut, dass ich nicht wie alle am 1. Sept. zum Congress gehen kann!
Das Haupthindernis ist mein zweites einjähriges Töchterchen, das ich weder hier lassen noch mitnehmen kann.
Doch bin ich unserer Vereinigung einige Rechenschaft neben unserer Tätigkeit hier, im Gebiete des Nordcaucasus schuldig. – Das Interesse für die Psychoanalyse ist bei uns sehr verbreitet, aber oberflächlich. Man hat „keine Zeit" sich der Sache zu widmen, weil mehr „vitale", „praktische" Interessen im Vordergrunde stehen. Der offizielle Vertreter der psychiatrischen Klinik zu Rostoff am Don weiss die Errungenschaften der Psychoanalyse zu schätzen – warnt aber vor „Uebertreibungen" auf dem Gebiete der Sexualität. Die Assisten-

Figura 36.1 Primeira página da carta original, que inicia com: "Sehr... Herr Doktor, wenn Sie wüssten, wie leid es mir tut".

37 A rua atualmente se chama Shaumyana. Esse endereço era do apartamento de três cômodos de Sheftel no qual sua mãe morara anteriormente.

Posfácio

Quando Sabina Spielrein escreve essa carta, os contatos entre os psicanalistas russos e o Ocidente já estão limitados. Psicanalistas russos podem viajar para o Ocidente apenas em casos excepcionais, com autorização especial das autoridades públicas. Moshe Wulff, presidente da APR, e Vera Schmidt, antiga diretora do Orfanato e Laboratório de Moscou, viajaram para o congresso em Innsbruck. Wulff ficou no Ocidente.

No inverno de 1928, Sabina Spielrein fez uma palestra para a Sociedade Pedológica na Universidade do Cáucaso do Norte, em Rostov-sobre-o-Don. A interessante palestra, com inúmeros exemplos de casos e desenhos, é publicada em 1931 em alemão com o título "Kinderzeichnungen bei offenen und geschlossenen Augen. Untersuchungen über die unterschwelligen kinästhetischen Vorstellungen" [Desenhos infantis de olhos abertos e fechados. Estudos sobre representações cinestésicas subliminares] na *Imago* (Spielrein, 2002 [1931]) assim como, concomitantemente, em uma versão resumida, na *Zeitschrift für psychoalaytische Pädagogik* [Revista de Pedagogia Psicanalítica] (pp. 446-59) – trata-se do último trabalho de Sabina Spielrein publicado no Ocidente. A autora apresenta, entre outras coisas, seus variados métodos de pesquisa; ela relata os resultados de um estudo experimental relacionado à influência de experiências cinestésicas sobre a estrutura do pensamento em crianças e adultos. Além disso, esclarece diversos modelos de tratamento da linha psicanalítica – a forma que ela os utiliza no contexto das condições de trabalho intensamente regulamentadas na União Soviética. Já no início de sua exposição, ela declara que vai se ater à terminologia psicológica usual (ou seja, usual no Ocidente), a qual não esgotaria completamente todas as possibilidades, mas que seria pelo menos mais adequada que a "terminologia reflexológica" da escola reflexológica fundada por Iwan P. Pavlov e Bekhterev.

À medida em que a aceitação da psicanálise desaparece na União Soviética e a pressão política aumenta, os psiquiatras de orientação psicanalítica tendem também a se adaptar teórica e tecnicamente às demandas da época. G. A. Skalkovskij e Leonid Drosnes, um antigo membro da Associação Psicanalítica Vienense (APV), publicaram em 1925 um livro com o título *Fundamentos do processo de desenvolvimento individual e coletivo determinado pelo meio. Doutrina da homofunção.* Nele, os autores declararam-se marxistas convictos e procuraram sustentar sua "doutrina da homofunção" com resultados da reflexologia pavloviana. Na Primeira Conferência de Psiquiatras e Neuropatologistas da Região do Cáucaso do Norte em 1929, Spielrein utiliza o debate crítico sobre a "homofunção" de Skalkovkji e Droznes para explicar sua própria visão do surgimento da neurose e do desenvolvimento social deficiente ("Sobre a palestra do dr. Skalkovsky", Spielrein, 2002[1987], pp. 335-44; publicado no Capítulo 38 deste volume). "A doutrina de Freud é mais ampla que as doutrinas de todos os seus inimigos e seguidores", esta é a conclusão de Spielrein – (*ibidem*, p. 337) — essa é uma declaração arriscada!

Sabina Spielrein passou a colocar o lado crítico cultural dos textos freudianos em primeiro plano: há décadas Freud já havia definido a neurose como "inaptidão social" (S.E. 16, p. 378), como tentativa malsucedida de estabelecer contato com o entorno social. Em seu pensamento – na medida em que ela o torna público – o aspecto da transferência passou para o primeiro plano: segundo Freud, o destino da pulsão dependeria não apenas de fatores biogênicos e fisiogênicos, mas principalmente de circunstâncias sociogênicas e/ou da influência de condições socioculturais sobre o ambiente familiar da criança. Spielrein descreveu então desvios do desenvolvimento normal utilizando uma terminologia influenciada por Alfred Adler, mas que revelava também a influência de teóricos russos como Georgij V. Plechanow (1856-1918).

Com esses conceitos social-psicológicos, Spielrein adotou um direcionamento semelhante ao dos jovens psicanalistas da segunda geração do ocidente de orientação socialista ou comunista e fez diversas tentativas de estabelecer uma relação teórica entre Freud e Marx – como os trabalhos de Karen Horney, Erich Fromm, Otto Fenichel e Wilhelm Reich. Quando o texto de Spielrein "Desenhos infantis de olhos abertos e fechados" (1931) (publicado no Capítulo 39 deste volume) foi publicado, Otto Fenichel mencionou especialmente esse trabalho nas "circulares secretas" dos freudianos de esquerda (cf. Fenichel, 1998: p. 319s, 795).

Em 1930, iniciaram-se na União Soviética os debates sobre a introdução do marxismo-leninismo nas ciências. Paralelamente houve uma onda de medidas repressivas contra cientistas, engenheiros e trabalhadores culturais [= artistas]. No I Congresso da União de Psicologia em janeiro de 1930 em Leningrado, o "freudismo" foi denunciado pelo lado oficial como uma teoria especialmente reacionária. Em julho, a Associação Psicanalítica Russa foi dissolvida; em 1933, a psicanálise foi totalmente proibida. Em 1936, o partido bolchevista aprovou uma resolução contra "distorções pedológicas" do sistema educativo, o que levou Spielrein a perder seu emprego como pedóloga. Ela pôde trabalhar meio período como médica escolar, o que mal bastava para sua sobrevivência. Os irmãos de Sabina Spielrein, Isaak, Jean e Emil Spielrein, foram presos, fuzilados e jogados em valas comuns durante as "depurações" stalinistas em 1937/1938.

Na Segunda Guerra Mundial, Rostov-sobre-o-Don, estrategicamente importante como "porta para o Cáucaso", foi ocupada duas vezes por tropas alemãs no decorrer da "Operação Barbarossa". Na ofensiva de verão, em julho de 1942, unidades alemãs tomaram a cidade sob seu controle. Nos dias de 11 a 14 de agosto, Sabina Spielrein e suas duas filhas, Renata e Eva, foram levadas junto com todos os outros judeus da cidade pelo comando especial SS 10ª, sob o comando do "Obersturmbannführer"[38] Heinz Seetzen, para o *Zmiyevskaya Balka* [desfiladeiro das cobras] diante dos portões da cidade, onde foram assassinadas e lançadas em valas comuns.

Referências

Bykhovskii, B. E. (1923). O metodologicheskikh osnovaniyakh psikhoanaliticheskogo ucheniya Freida. *Pod znamenem marksizma*, 11-12: 158-77.

Cronbach, A. (1931–32). The psychoanalytic Study of Judaism. *Hebrew Union College Annual*, 8-9: 605-733.

Etkind, A. (1996[1993]). Eros des Unmöglichen. Die Geschichte der Psychoanalyse. In *Rußland*. Leipzig: Kiepenheuer.

Fenichel, O. *119 Rundbriefe (1934-1945): Band 1, Europa (1934-1938)* Hg. In R. Johannes & E. Mühlleitner. Stroemfeld Verlag, Frankfurt, 1998.

Jurinetz, W. (1970[1925]). Psychoanalyse und Marxismus. In S. Bernfeld *et al.* (1970). *Psychoanalyse und Marxismus.* Dokumentation einer Kontroverse, Einleitung von H. J. Sandkühler. Frankfurt a. M.: Suhrkamp, pp. 66-136.

Kloocke, R. (2002). Mosche Wulff. Zur Geschichte der Psychoanalyse. In *Rußland und Israel*. Tübingen: Diskord.

38 N.T. Algo como "comandante maior da unidade de assalto".

Ljunggren, M. (2001). Sabina and Isaak Spielrein. In F. Björling (ed.). *On the Verge. Russian Thought Between the Nineteenth and the Twentieth Centuries.* Lund, Lund University, pp. 79-95.

Lobner, H.; Levitin, V. (1978). A Short account of Freudism. Notes on the history of psychoanalysis in the UDSSR. *Sigmund Freud House Bulletin*, v. 2, n. 1, 1978, pp. 5-30.

Miller, M. A. *Freud and the Bolsheviks: psychoanalysis in Imperial Russia and the Soviet Union.* New Haven/Londres, Yale University Press, 1998.

Movshovich, E. V. (2006). Sud'ba Sabiny Shpilrein – pionera psikhoanaliza. In *Otcherki istorii yevryeyev na Donu.* Rostov na Donu, Donskoi izdatelskii dom, pp. 256-81.

Nakhimovsky, A. S. (1992). *Russian-Jewish Literature and Identity: Jabotinsky, Babel, Grossmann, Galich, Roziner, Markish.* Baltimore/Londres, The Johns Hopkins University Press.

Ovcharenko, V. (1999). Love, psychoanalysis and destruction. *Journal of Analytical Psychology*, v. 44, n. 3, July 1999, pp. 355--73. Trans. C. J. Wharton.

Ovcharenko, V. I. (2004). *Vekhi zhizni Sabiny Shpilrein* [Landmarks in the Life of Sabina Spielrein]. Disponível em: http://spielrein.ru/site/node/19. Acesso em: 14 maio 2015.

Richebächer, S. (2000). "Bist mit dem Teufel Du und Du und willst Dich vor der Flamme scheuen?". Sabina Spielrein und C.G. Jung: ein verdrängtes Skandalon in der frühen Psychoanalyse. In T. Sprecher (ed.). *Das Unbewusste in Zürich. Literatur und Tiefenpsychologie um 1900.* Zurique, NZZ Verlag, pp. 147-87.

Richebächer, S. (2005). *Sabina Spielrein: "Eine fast grausame Liebe zur Wissenschaft". Biographie.* Zurique: Dörlemann.

Richebächer, S. (2009a). Sabina Spielrein – eine Pionierin von Psychoanalyse und Kinderanalyse. *Psyche. Zeitschrift für Psychoanalyse und ihre Anwendungen*. 63. Jg., Caderno 6, jun. 2009 (Klett-Cotta), pp. 589-610.

Richebächer, S. (2009b). Sabina Spielrein. Un penseur moderne. *Le Coq-He'ron* 197, (Ere's), pp. 19-31.

Spielrein, S. (1986). I. *Tagebuch einer heimlichen Symmetrie – Sabina Spielrein zwischen Jung und Freud*. Ed. von A. Carotenuto. Freiburg i. Br.: Kore.

Spielrein, S. (2002 [Reprint von Spielrein 1987]). *Sämtliche Schriften*. Giessen: Psychosozial.

Spielrein, S. (2002[1912]). Die Destruktion als Ursache des Werdens [A destruição como origem do devir]. In S. Spielrein. *Samtliche Schriften*. Giessen: Psychosozial, pp. 98-143.

Spielrein, S. (2002[1931]). Kinderzeichnungen bei offenen und geschlossenen Augen. Untersuchungen über die unterschwelligen kinästhetischen Vorstellungen [Desenhos infantis de olhos abertos e fechados. Estudos sobre as representações cinestésicas subliminares]. In Spielrein (2002), pp. 345-82.

Spielrein, S. (2003). *Tagebuch und Briefe. Die Frau zwischen Jung und Freud*. Ed. von T. Hensch. Gießen: Psychosozial.

Voloshinov, V. N. [Bakhtin, M. M.] (1927). Freidizm. *Kriticheskii ocherk*. Moskva-Leningrad, Gosudarstvennoye izdatel'stvo.

37. Algumas pequenas comunicações da vida infantil[1]

Sabina Spielrein

I. Negação do desejo com sublimação incipiente

A menina Olietschka de 2 anos e meio não podia comer chocolate por atenção à sua saúde. Para que a criança aprendesse desde cedo a controlar seus desejos, a mãe fez questão de que as outras pessoas não deixassem de comer a iguaria proibida na presença da criança. Olietschka submeteu-se; não pediu mais chocolate para si, mas, em contrapartida, queria ter sempre sua pequena mão junto ao chocolate no bolso de sua mãe (pois a mãe costumava ter chocolate no bolso de seu sobretudo). Ademais, a pequena não queria seu chocolate para comer, mas apenas para brincar, momento em que amassava e picava o objeto invejado. O papel que embalava o chocolate a menina tratava com grande carinho e gostava especialmente de brincar com ele.

---

1 Spielrein, S. Einige kleine Mitteilungen aus dem Kinderleben Sabine Spielrein. In *Sämtliche Schriften*. Freiburg, Edition Kore, 2002, pp. 311-17. Tradução de Renata Dias Mundt.

Na medida em que devia renunciar a esse prazer, queria vivenciá-lo nos outros. Assim, pedia que a mãe comesse um chocolate e, enquanto o fazia, a menina abria bem sua boquinha imitando os movimentos da mastigação.

II. Tosse travessa

Kossia, a irmãzinha de 6 meses de Olietschka, tossiu. O pai, em um gracejo, exclamou assustado: “Oh!”. A pequena riu e tossiu mais algumas vezes propositalmente. Admirados, os pais repetiram algumas vezes o experimento da tosse, às vezes no mesmo dia, outras, alguns dias depois, sempre obtendo o mesmo êxito. Kossia porém, agora com mais de 1 ano de idade, manteve o mau hábito: a uma tosse ocasional ela sempre acrescenta algumas tossidas propositais, o que ocorre então sem qualquer estímulo por parte dos pais. A cada vez, a pequena olha para os pais e sorri, marota. A própria Olietschka sofreu, dos 2 aos 3 anos e ainda por um longo tempo depois, de acessos de tosse perseverantes, os quais, em grande parte, eram de origem “nervosa”.

“Por que tosses assim?”, perguntei à criança certa vez.

“Quando a pequena Olietschka tosse, então a mamãe fica com medo e então o médico vem” etc. foi a resposta.

“O que o teu papai faz?”, perguntei à menina em outra ocasião.

“Meu papai é médico.”

“O que ele faz então?”

“Ele cuida de meninas pequenas, faz toc-toc na barriguinha.”

O pai realmente é médico e também já tratou ocasionalmente de Olietschka. Quando a menina fez 1 ano, o pai viajou por alguns anos.

III. Sentimentos hostis primitivos e sua compensação afetiva

1. Carta de um pai e de sua filha de 4 anos Viera

Essas cartas foram escritas durante a espera e logo após o nascimento da pequena irmã. Após cada carta do pai, a pequena Viera ditou sua própria carta, a qual o pai anotou literalmente.

> *Carta do pai:*
>
> *"Viera espera o 'irmãozinho' com grande ansiedade, nós, no entanto, não pudemos impedir que ela participasse das tolices habituais, que colocasse açúcar diante da janela e cantasse 'cegonha, boa cegonha, traga-me um irmão'.*[2] *Ademais, ela se esforça por assegurar já agora certos privilégios em relação ao irmão, como empurrar o carrinho, dar banho etc."*
>
> *Carta de Viera (para sua priminha Olia):*
>
> *Querida Olia, como vais?*
>
> *Sabes, amanhã é Natal, e eu vou ganhar uma árvore e posso ir junto à cidade."*
>
> *(Viera diz, "agora basta, senão demora muito.")*
>
> *Carta do pai (após o nascimento do novo bebê):*
>
> *"Viera ficou muito decepcionada por ocasião da primeira visita, porque a irmãzinha (em vez do 'irmãozinho') não correspondeu em nada às suas expectativas.*

---

2 N.T. No original, *Storch, Storch, guter, bring' mir einen Bruder.*

> *— A senhorita (a cuidadora) caçoou dela com o bebê até que ela dissesse: 'Agora vou pegar uma faca e cortar a irmãzinha em pedacinhos', mas então pensou melhor e disse que seria uma pena, e que ela própria choraria com isso."*
>
> *Carta de Viera a Olia:*
>
> *"Querida boa e bela pequena Olia! Ainda não te curastes? E como vai tua tia U. (mãe de Olia)? E eu tenho uma mesa e tenho uma cadeira e outras coisas e ganhei uma irmãzinha, e ela tem um belo carrinho branco, e eu já a visitei duas vezes, e eu sou muito comportada e às vezes travessa e ganhei um belo presente de minha Mariazinha (a irmãzinha) onde podemos construir com imagens. Saudações e adeus – Vierazinha."*

O pai de Viera não é médico, não tem nenhum conhecimento de análise. Tanto mais nos interessa quando ele revela tão claramente coisas tão conhecidas dos analistas: a "decepção" primordial diante do surgimento de um novo irmãozinho ou irmãzinha, caso em que os sentimentos hostis primitivos de adultos são intensificados até o ódio consciente. O arrependimento a seguir ("mas seria uma pena" etc.), a supercompensação conseguinte: Viera tenta amar sua irmãzinha ao rememorar todas as vantagens associadas à posse dela. O sentimento amoroso tempestuoso revela-se em expressões efusivas. ("Querida boa e bela pequena Olia." Viera mal conhece sua priminha Olia, três anos e meio mais jovem, a viu apenas uma vez na vida.) Após a saudação amorosa, segue-se imediatamente a enumeração das posses, entre as quais a irmãzinha é incluída. Antes da "irmãzinha" mais carregada de sentimentos, há uma pequena hesitação denunciada pelas palavras "e outras coisas" ("E eu tenho uma mesa e tenho uma cadeira e outras coisas e ganhei uma irmãzinha"). Da irmãzinha em si, a pequena Viera tem apenas uma lembrança: o fato de que ela tem "um belo carrinho branco".

Os pais tiveram uma ideia psicologicamente correta ao darem à filha um belo presente da Mariazinha "recém-chegada".

2. A rivalidade com a mãe

Aos cinco anos e meio, Olietschka já sabe que uma criança é formada a partir da "sementinha" paterna e materna, sendo que o pai dá para a mãe sua "sementinha". A mãe não entrou em maiores detalhes anatômicos. A pequena também sabe que o pequeno ovo a partir do qual a criança surge se desenvolve na mãe. A pequena filha rivaliza constantemente com a mãe e frequentemente faz a pergunta carregada de desejo, por que ela não pode ser a mãe de sua mãe e por que a mãe não surge em uma pequena menina.

Esses dias, ouvi-a contar a si mesma em sua cama:

"Ela (quem?) disse para o menino e a menina, 'quando vocês falarem, homens vão sair de suas bocas, e eles vão matar as mães'. Quando as crianças então falaram, homens saíram de suas bocas e mataram suas mães. Então as crianças choraram e a menina (ou o menino?) disse: 'Não chora, assim que falares agora... a mãe vai sair de tua boca'."

A conversa foi interrompida por uma visita. Apesar de Olietschka saber muito bem que é a criança que surge dentro da mãe e que um menino nunca pode se tornar mãe, ela fantasia, como se não o soubesse, que os homens, e depois as mães, surgem tanto nas meninas quanto nos meninos. O modelo para a representação visual do ato da fala ela provavelmente tomou dos contos de fadas, os quais, por exemplo, transformam cada palavra de uma heroína em rosas.

Olietschka é ternamente apegada à sua mãe, mas também rivaliza constantemente com ela. Quer ser exatamente igual à sua mãe e ter também a mesma altura que ela, de forma que possa "abraçar a mãe pela cintura", não maior, mas tampouco menor.

IV. Alguns sonhos de crianças onanistas e que sofrem de enurese

Os poucos casos vêm de meu consultório no ambulatório-escola profilático em Rostov-sobre-o-Don. Aqui foram realizados por mim exames "pedológicos" ou, mais corretamente, "psicológicos" em uma série de crianças com predisposições patológicas. Perguntei a cada uma das crianças examinadas sobre seus sonhos. Não pude realizar nenhum tipo de análise, de forma que a suposição de qualquer influência sugestiva já pode ser descartada *a priori*. Essas poucas crianças me foram encaminhadas para um exame psicológico devido a enurese noturna detectada ou intenso onanismo.

Caso 1. Vassia, 10 anos. Enurese noturna

Sonho: "Eu sonhei com o tio e o avô, nós fomos para o jardim, andamos de barco, pegamos peixes. Eu quase me afoguei, mas fui salva" [isso aconteceu na realidade].

Caso 2. Fedia, 9 anos. Enurese noturna

O pai da criança morreu, era sapateiro.

Sonho: "Eu molho a cama. Eu sonho como se estivesse voando. Tudo corre, me perseguindo e eu voo".

Caso 3. Volodia, 12 anos. Enurese noturna

O pai morreu, era serralheiro.

Sono: "Eu durmo muito profundamente, as pessoas podem bater na porta o quanto quiserem, eu não acordo; as pessoas precisam arrombar a porta". Vai para a cama às 9 horas da noite, acorda à 6:30 horas.

Sonho: "Eu raramente sonho. Às vezes, como se andasse de trenó no inverno ou como quando eu ia bem longe para o tratamento; eu tinha de me banhar no mar, me banhava no mar".

Caso 4. Lisa, 13 anos. Enurese noturna

Sonho: Sonho raramente. Hoje sonhei que levava vários mortos para o sepultamento. Toquei em um deles. O pastor gritou: "Não toque nele, ele é contagioso".

(A menina tem muito medo de diversas doenças, quer se tornar médica para saber quais doenças existem, "talvez nós nos causemos algum prejuízo e não sabemos o que nos prejudica e o que não".)

Caso 5. Vania, 8 anos, pai morto na guerra

Sono – bom

Sonhos: "Eu sonhei que um pássaro veio voando e me comeu". (Neste momento, a pequena começa a se masturbar em minha presença.) "Eu tive medo."

V. Sonho de um masoquista

Esses sonhos são de um menino, Georg, de um jardim de infância. Eu tive de realizar um exame psicológico em todas as crianças desse jardim de infância. Inicialmente, não se observava nada anormal no pequeno. Somente o exame psicológico realizado por mim revelou as tendências masoquistas da criança. Desde então, as coordenadoras me relatam frequentemente que Georg não confia em suas forças, assume sempre papéis secundários, deixa que seus camaradas lhe batam etc. Georg tem 8 anos,[3] um pouco baixo, cabelos ruivos, frágil, aluno mediano. Seu pai trabalha em uma fábrica.

Sonhos: "Às vezes eu sonho que um tio negro vem, me agarra pela camisa e me carrega. Ele corta minhas pernas. Ocasionalmente eu sonho com ursos que rastejam".

Em um outro momento (durante o mesmo exame), faço a Georg três perguntas segundo Binet-Simon.

Primeira pergunta: O que fazes quando perdes um trem?

Resposta: Eu quero me cortar até morrer.

Segunda pergunta: O que fazes quando quebras involuntariamente algo de outra pessoa?

Resposta: Corto minha mão.

Terceira pergunta: O que fazes se teu camarada te magoa involuntariamente?

Resposta: Eu quero contar (denunciar).

A criança diz tudo isso sussurrando, desliza de um lado para o outro no banco e mastiga sua borracha.

As coordenadoras não puderam observar masturbação genital. Aqui também os fatos falam por si. Qualquer possibilidade de sugestão está excluída: todo o exame psicológico foi realizado em um

3 N.T. Inconsistência do original: o menino de 8 anos já estaria na escola e não mais no jardim de infância.

único dia, tendo durado meia hora. A conversa com as coordenadoras ocorreu após o exame sem a presença da criança.

Em resumo, devo mencionar que sonhos infantis com urina e onanismo (a enurese noturna é quase sempre a consequência da masturbação) são, na grande maioria dos casos, sonhos de angústia. Aqui temos também a conhecida simbólica da água, de banhar-se, pegar peixes, escorregar na neve e outras semelhantes. (Cf. o trabalho do dr. Federn "Sobre sonhos com voo" [Über *Flugträum*].)

38. Sobre a palestra do dr. Skalkovsky[1]

Sabina Spielrein

Na prática, o palestrante[2] aplica para o tratamento de pacientes o mesmo método empregado por Freud. Como todo freudiano, o palestrante recomenda que primeiro se dissequem as vivências

1 Tradução do alemão (Zum Vortrag von dr. Skal'kovskij [Tradução de M. Deppermann]. In Spielrein, S. [1987] *Sämtliche Schriften*. Gieben: Psychosozial-Verlag/Edition Kore, 2002, pp. 335-44) realizada por Renata Dias Mundt com a colaboração do cotejamento com o texto russo original realizado por Paulo Sérgio de Souza Jr. Esse texto integrou o volume *Psicanálise e os lestes* (São Paulo, Annablume, 2017), organizado por ele. A primeira publicação do original se deu em *Questões de psicologia social*, v. 1: Anais do 1º Encontro de Psiquiatras e Neuropatologistas do Cáucaso Setentrional]. Rostov-sobre--o-Don: Secretaria da Saúde do Cáucaso Setentrional; Associação dos Institutos de Pesquisa Científica, 1929, pp. 95-7. Na edição russa está escrito: "Da autoria de Sabina Spielrein, este artigo é, de fato, a única publicação conhecida preparada por ela em língua russa. O texto é reproduzido aqui com suas peculiaridades quanto ao uso de nomes próprios, à terminologia psicanalítica e à ortografia do original".

2 Teoria da homofunção e método de reeducação homofuncional da personalidade, *Questões de psicologia social*, v. 1. Rostov-sobre-o-Don: Secretaria da Saúde do Cáucaso Setentrional; Associação dos Institutos de Pesquisa Científica, 1929, pp. 88-92.

infantossexuais recalcadas. Isso é significativo porque, independentemente dos demais expedientes terapêuticos, segundo Freud, o sucesso da terapia nas neuroses de transferência (como a histeria) depende exclusivamente da dissecção mais completa possível das vivências recalcadas. Os freudianos também pontuam ao enfermo[3] o seu protesto inconsciente ou a sua dependência positiva[4] para com o pai ou a mãe. Isso se dá com base naquilo que diz o próprio enfermo. Se o enfermo, ao se lembrar dos seus sentimentos adversos para com o pai ou da sua relação adverso-crítica com o pai, não se recorda simultaneamente de nenhuma das vivências infantossexuais, um analista experiente tampouco sugerirá essas vivências ao enfermo. Geralmente os próprios enfermos, ao falarem sobre a sua fixação por um dos pais (dependência ou protesto), relacionam direta ou simbolicamente a dependência com vivências infantossexuais. Convenceram-nos disso os resultados em um grande número de psicanálises científicas, nas quais o analista não pronunciou uma única palavra sequer ao longo de muitas horas, a não ser: "E agora, o que você vê?". O que foi dito pelos analisandos foi então registrado palavra por palavra e pôde ser verificado posteriormente. Os freudianos, assim como o palestrante, pontuam ao enfermo como a criação e o meio contribuem

---

3 Em russo, *больной* ["enfermo", "doente"]. Embora traduções, como a alemã, tenham privilegiado aqui o uso do termo "paciente" – certamente mais palatável aos nossos olhos e ouvidos contemporâneos –, optamos por manter as marcas da época em que o texto foi escrito. Em tempo, cumpre notar que a língua russa dispõe do termo "*пациент*" [paciente]. (Nota de P. S. de Souza Jr.)

4 N.T. Da edição alemã: "Sabina Spielrein diferencia entre duas formas de fixação patológica pela autoridade dos pais: a dependência neurótica como 'variante mais' e o protesto neurótico como variante 'menos' de um desenvolvimento psíquico 'normal'. Isso remete ao contexto histórico da história russa que a influenciou; as duas formas polares de comportamento social eram características da estrutura de poder da autocracia: de um lado, a submissão extrema (ou seja, lealdade ao tsar e obediência cega); do outro, protesto extremo (ou seja, terrorismo ou a revolução organizada)".

para a constituição, nele, de uma dependência patológica ou de uma resistência. O palestrante, então, explica ao enfermo a sua teoria da dependência com estagnação[5] em diferentes fases do desenvolvimento. Em termos de interesse teórico, essas explicações não proveem nada, pois o efeito do tratamento consiste no paulatino desarraigamento do recalcado. Por isso as análises, principalmente com crianças, nas quais o analista geralmente não diz nada e dá ao paciente a oportunidade de, na sua presença, colocar em cena, por exemplo, impulsos adversos inconscientes contra o pai ou a mãe, frequentemente chegam a resultados idênticos. Essa colocação em cena do recalcado situa-se na base do método da análise em idade pré-escolar. Tal método foi apresentado e descrito pela primeira vez por Hug-Hellmuth.[6] Todos nós que lidamos com a idade pré-escolar o aplicamos. Ao mesmo tempo, eu pessoalmente, divergindo das opiniões de Hug-Hellmuth e Melanie Klein,[7] não considero necessário induzir a criança, como fazemos com adultos, a perlaborar conscientemente o recalcado. Em análises com crianças isso ocorre necessariamente apenas em casos excepcionais. Frequentemente o efeito terapêutico – como em um caso descrito por mim[8] – ocorre exclusivamente sob a influência da colocação em cena do recalcado sem uma única palavra sequer de explicação por parte dos analistas.

---

5 N.T. Nota da edição alemã: *остановка* [parada] (também utilizada como sinônimo de *застой* [estagnação]).

6 Hermine von Hug-Hellmuth [1871-1924]. *Novos caminhos para a cognição infantil:* conferências psicanalíticas para pais, professores, educadores, médicos escolares, diretores de orfanatos e de berçários. Leningrado: Сеятель, 1926.

7 Melanie Reizes Klein [1882-1960].

8 N.T. Nota da edição alemã: Cf. Spielrein, S. "Einige kleine Mitteilungen aus dem Kinderleben" [Algumas pequenas comunicações sobre a vida da criança]. *Zeitschrift für Psychoanalytische Pädagogik*, v. II, 1928, pp. 95-9.

Parte teórica

A doutrina de Freud é mais ampla que as doutrinas de todos os seus inimigos e seguidores. Há décadas, Freud definiu a neurose como uma inaptidão social e como uma tentativa malsucedida de contato com o meio ambiente.[9] Freud, por vezes, disse que seria possível resguardar várias pessoas da neurose caso fosse possível modificar o contexto social que estimula o recalcamento. Os impulsos originários do nosso comportamento são, segundo Freud, pulsões (não apenas sexuais, como os opositores do freudismo sempre expõem). Mas o destino da pulsão,[10] aquela forma da qual a pulsão se reveste — isto é, aquilo que, no fim das contas, é o mais importante –, depende, segundo Freud, não só de fatores bio e fisiogênicos, mas também dos sociogênicos. O próprio Freud não se dedica ao estudo dos fatores bio e fisiogênicos. Ele desloca toda a ênfase para os fatores sociogênicos, estimulando o estudo da influência das condições sociovitais sobre o ambiente familiar da criança e, desse modo, sobre a própria criança. O valor atribuído por analistas da escola freudiana aos fenômenos de dependência ou protesto é visível, por exemplo, no livro de Jung[11] (à época ainda exclusivamente freudiano): *O significado do pai para o destino do*

---

9 N.T. Nota da edição alemã: Sabina Spielrein projeta aqui claramente sobre Freud sua própria visão de uma psicanálise voltada para o social. Nota de Renata Udler Cromberg: Essa nota da tradução alemã não parece exata, uma vez que no início do texto *Formulações sobre os dois princípios do funcionamento psíquico*, de 1911, Freud escreveu: "Há algum tempo notamos que toda neurose tem a consequência, e provavelmente a tendência, portanto, de retirar o doente da vida real, de afastá-lo da realidade...os neuróticos dão as costas a realidade por considerá-la insuportável". Cf. Freud, S. *Obras Completas*, v. 10. Tradução de P. S. de Souza. São Paulo: Companhia das Letras, 2017.

10 Cf. Freud, S. As pulsões e seus destinos (1915). In *Obras incompletas de Sigmund Freud*. Belo Horizonte, Autêntica, 2013. Tradução de P. H. Tavares.

11 Carl Gustav Jung [1875-1961].

filho.[12] Ao mesmo tempo que Jung fala sobre o valor para a vida pessoal, ele próprio e outros analistas, em outros casos, explicam a inaptidão para o trabalho, as manifestações associais, antissociais etc., por meio da influência do pai ou da mãe (dependência ou protesto). Os freudianos explicam a dependência neurótica para com os pais, com o sinal de "mais" ou de "menos",[13] por meio de uma criação inadequada que agrava o sentimento originário de desamparo na criança (reflexo de defesa); uma criação que desvirtua, de igual maneira, o sentimento normal de afeição pelos pais. No protesto patológico, os freudianos também enxergam o resultado de uma criação inadequada, que não deu à criança a possibilidade de evidenciar a sua própria personalidade na forma – natural para qualquer criança – de um embate ou de um protesto em relação à autoridade originária do pai ou da mãe. Tanto num caso quanto no outro, os freudianos falam em "fixação" patológica. O interessante na palestra do dr. Skalkovsky reside na tentativa de associar os fenômenos de dependência e de protesto a uma determinada forma do desenvolvimento infantil. De fato, é bem conhecida dos ideólogos a fase originária de dependência na criança pequena, baseada no poderoso "instinto de imitação".[14] A imitação, inicialmente automática, no fim aventa o ideal ao qual desejaríamos nos

---

12 Trata-se do artigo de C. G. Jung Die Bedeutung des Vaters für das Schicksal des Einzelnen (1909). *Jahrbuch für psychoanalytische und psychopathologische Forschungen*, 1, Leipzig/Viena, 1909. Em português: "A importância do pai no destino do indivíduo". In *Obras completas*, v. 4: Freud e a psicanálise, 5. ed. Petrópolis, Vozes, 2011, pp. 299-318. Tradução de L. M. E. Orth.

13 Sabine Richebächer afirma que Spielrein diferencia duas formas principais da fixação patológica nas figuras paternas, ambas resultado de uma educação equivocada: a de tipo "positivo", de extrema dependência, e a de tipo "negativo", que se distingue por protestos extremos. Cf. Richebächer, S. *Sabina Spielrein: de Jung a Freud* (2005). Rio de Janeiro, Civilização Brasileira, 2012. Tradução de D. Martinenschen.

14 N.T. Nota da edição alemã: "O instinto de imitação foi estudado no pensamento político-social russo por G. V. Plekhanov, o mais importante teórico

igualar. Por outro lado, à medida que a personalidade da criança se desenvolve, desenvolve-se também o protesto já bem conhecido por todos nós; primeiro na forma de um negativismo generalizado, posteriormente a autoafirmação da criança requer a queda crucial da autoridade inicialmente ilimitada dos pais. É verdade que essas fases não foram muito corretamente desenvolvidas por Skalkovsky: dependência e protesto não se desenvolvem de forma linear, mas desigual, sendo que no período da puberdade – que, ao mesmo tempo, representa o período de amadurecimento sexual – advém novamente um intenso embate pela autoafirmação, e isso por meio do colapso da autoridade parental, em primeiro lugar. Bem sabem os pedagogos o quão difícil é uma criança nessa idade. No lugar da autoridade dos pais desponta a autoridade do círculo de camaradas. Somente com o início do período da adolescência é que advém, em um ser humano normal, um equilíbrio aproximado entre o apego pela avaliação crítica dos pais, de um lado, e a composição de um parâmetro social e científico-filosófico elaborado, de outro.

Para os analistas freudianos é totalmente plausível a asserção de que a criação e o meio podem ou estimular o desenvolvimento adequado daquilo que o dr. Skalkovsky chama de "homofunção", ou, ao contrário, refrear esse desenvolvimento, criando fenômenos como "estagnação" ou "regressão" (segundo a terminologia freudiana) em uma fase mais primitiva de desenvolvimento. Ora, a homofunção influencia as pulsões ou as pulsões influenciam a homofunção? A pergunta está feita de modo inadequado, pois uma influencia a outra – e tudo depende do lado pelo qual vamos observar o fenômeno. Em linguagem matemática, significa que podemos expressar a fórmula "b" por meio de "a" e a fórmula "a" por meio de "b". Decerto a homofunção não se trata do único aspecto

menchevique. Sabina pode ter tomado conhecimento dos textos de Plekhanov por meio do grupo de [Karl] Liebknecht e [Rosa] Luxemburgo".

da emergência da personalidade. Um professor de pedologia de Neuchâtel[15] – o psicanalista Piaget – acompanhou, por exemplo, o desenvolvimento do "plano de realidade"[16] por idade. O plano de realidade naturalmente não é idêntico no adulto e na criança: aqui também observamos, sob a influência de fatores bio, fisio e sociogênicos, uma estagnação ou um regredimento a fases mais primitivas do desenvolvimento. Certamente também poderíamos explicar todas as manifestações sob o ponto de vista do "plano de realidade". E isso certamente seria tão parcial quanto a tentativa de explicar tudo através do "protesto masculino" de Adler[17] ou

---

15 Em 1925 Jean Piaget [1896-1980] havia assumido a cátedra ocupada desde 1912 por Arnold Reymond [1874-1958] – que havia sido seu professor – na Universidade de Neuchâtel.

16 Cumpre notar que pode se tratar, aqui, de uma tradução do termo *plan de réalité*, empregado por Henri Paul Hyacinthe Wallon [1879-1962]. (Nota de P. S. de Souza Jr.)

17 No dia 1º de fevereiro do ano de 1911, Alfred Adler [1870-1937] havia apresentado, numa comunicação posteriormente publicada, o conceito de "protesto masculino" intitulada: "Verdrängung und «männlicher Protest»: ihre Rolle und Bedeutung für die neurotische Dynamik" [Recalcamento e "protesto masculino": seus papéis e significados para a dinâmica neurótica]. Questionando ali noções fundamentais da doutrina freudiana, este trabalho acabou por acirrar as divergências teóricas entre o autor e Freud, culminando na ruptura entre eles e na saída de Adler da Sociedade das Quartas-Feiras (da qual era então presidente) e da direção da *Zentralblatt für Psychoanalyse* [Folha Central de Psicanálise], bem como na posterior fundação do Verein für freie psychoanalytische Forschung [Associação de Pesquisa Psicanalítica Livre] – que pouco depois passaria a se chamar Verein für Individualpsychologie [Associação de Psicologia Individual]. Cf. Adler, A. Zur Kritik der Freudschen Sexualtheorie des Seelenlebens (1914) [Por uma crítica da teoria sexual freudiana da vida anímica]. In Adler, A.; Furtmüller, C. (orgs.). *Heilen und Bilden: Ein Buch der Erziehungskunst für Ärzte und Pädagogen. Frankfurt am Main.* Fischer, 1973, pp. 94-113 – capítulo que contém dois textos: "Die Rolle der Sexualität in der Neurose" [O papel da sexualidade na neurose] e o texto da comunicação em questão. (Nota de P. S. de Souza Jr.)

da "homofunção" segundo Skalkovsky. Apenas o compromisso[18] (Freud) ou a interação entre os aspectos singulares da personalidade e as pulsões produz essa resultante que controla as nossas ações, ao mesmo tempo que tanto as nossas pulsões básicas quanto diversas outras emergências da nossa personalidade ("homofunção", "plano de realidade" etc. etc.) encontram-se sob a influência mediata ou imediata de fatores bio, fisio e sociogênicos — dentre esses, a influência dos fatores sociogênicos se mostra, para o psicanalista, objeto de estudo cap[ital].[19]

Trabalho terapêutico em ambulatório (com base na doutrina de Freud e em minha própria experiência)

A exigência de Freud quanto a tratar o enfermo até o final da análise sem alterar, na medida do possível, a conjuntura que acarretou a enfermidade satisfaz-se justamente com o tratamento ambulatorial.

1. No tratamento das denom[inadas] "neuroses de transferência" em adultos, como foi dito, o resultado terapêutico é obtido por nós exclusivamente por meio da dissecação do recalcado. Aqui uma terapia mista somente é ditada pela inexperiência do analista ou pela falta de tempo. O resultado do tratamento será tanto mais duradouro quanto mais rematada for a análise.

---

18 Cf. Freud, S. *Obras completas*, v. 7: O chiste e sua relação com o inconsciente (1905). Tradução de F. C. Mattos; P. S. de Souza.

19 Na primeira publicação russa deste artigo, o adjetivo encontrava-se abreviado: *гл.* Na edição consultada, a abreviatura foi desdobrada: *гл[авный]* ("principal", "central", "chave"). A escolha de tradução por "capital", por sua vez, deve-se ao fato de *гл.* também ser a dição consultada: *наз[ываемые]*. (Nota de P. S. de Souza Jr.)

2. Na psicastenia,[20] combinamos a psicanálise com a "terapia ativa" de Ferenczi.[21]

3. Nas neuroses narcisísticas[22] nós, por enquanto, ainda não podemos falar em resultados definidos (excetuam-se apenas os neuróticos leves de caráter narcisístico). Aqui a psicanálise clássica pode até ser perigosa, sobretudo quando estivermos lidando com sintomas de obsessão ou psicastenia considerados por nós como sendo sintomas protetores.

---

20 Categoria médica utilizada no final do séc. XIX e início do XX, sobretudo pela psiquiatria francesa, o termo "psicastenia" foi cunhado por Pierre-Marie-Félix Janet [1859-1947] em sua obra *Les obsessions et la psychasténie* (1903) para designar o enfraquecimento da função psíquica com alteração da função do real. Seus sintomas seriam tanto obsessões, manias, dúvidas, tristeza, depressão e psicopatia quanto delírios – nesse sentido, às vezes sendo utilizada como sinônimo de "neurose" e, às vezes, de "psicose". Aqui, conforme aponta R. U. Cromberg, o termo parece se aproximar mais do âmbito da psicose, uma vez que Spielrein fala, acima, das "neuroses de transferência" e, abaixo, das "neuroses narcísicas" – classificação freudiana, até 1924, da melancolia. (Nota de P. S. de Souza Jr.)

21 Cumpre lembrar que, no ano anterior à escrita deste artigo por Spielrein, Sándor Ferenczi [1873-1933] havia publicado um trabalho intitulado "Elasticidade da técnica ativa" (cf. Ferenczi, S. *Obras completas*, Psicanálise IV, 2. ed. São Paulo, Martins Fontes, 2011. Tradução de A. Cabral.), texto em que o autor reelaborava suas formulações a respeito do assunto, presentes em publicações de anos anteriores como "Prolongamentos da 'técnica ativa' em psicanálise" (1921) e "Contraindicações da técnica ativa" (1926) – quanto às duas últimas, cf. *Obras completas - Psicanálise*, III, 2. ed. São Paulo: Martins Fontes, 2011. Tradução de A. Cabral. Ademais, como aponta R. U. Cromberg, vale notar que Ferenczi citava os conceitos e ideias de Spielrein e os fazia dialogar com os de Freud. Exemplo disso é seu artigo de 1926, "O problema da afirmação do desprazer: progresso no conhecimento do sentido de realidade" – uma espécie de resenha de "A negação", de Freud (1925) –, em que faz dialogar o conceito de destruição como origem do devir, de Spielrein, com o conceito freudiano de desintricação pulsional entre Eros e pulsão de destruição. (Nota de P. S. de Souza Jr.)

22 Nota da edição russa: Na terminologia atual: *невроз нарц иссический* [neurose narcísica]. (Nota de P. S. de Souza Jr.)

4. Na psicanálise com crianças aplica-se uma técnica especial a qual, por falta de tempo, é impossível explanar aqui.

5. Seria desejável ter a possibilidade de consagrar uma hora acadêmica[23] por dia, ao longo de vários meses, para cada enfermo adulto. Isso só nos é possível em casos excepcionais. Logo, devemos nos limitar, na maioria esmagadora dos casos, a uma psicanálise que eu chamo de "abortiva". Nesse caso, tendo se mostrado "significativos" para o paciente num dado momento, alguns grupos de representações recalcadas são dissecados. O restante se complementa com a educação da vontade. Uma análise como essa dura, em média, de 6 semanas a 2 meses – com sessões de ½ hora, três vezes por semana. Como na psicanálise "abortiva", por falta de tempo, é deixada ao médico a determinação do que é "significativo", é claro que não se exclui ali um subjetivismo, e o subjetivismo será tanto maior quanto menos experiente for o médico. Portanto, na psicanálise "abortiva" se requer, em um grau ainda maior, não só a familiaridade do médico com as mais recentes técnicas da psicanálise, mas também experiência psicanalítica suficiente.

6. Das 5 horas do trabalho diário no consultório, a meu ver, 3 deveriam ser concedidas ao atendimento terapêutico e 2 ao consultivo.[24] Nas 3 horas de terapêutica, o médico-analista pode receber em média 7 pess[oas],[25] calculando ¾ de hora para 1 enfermo e ½ hora para os restantes, além de alg[uns][26] minutos de pausa entre um enfermo e outro. A quantidade de enfermos que o

23 N.T. Nota da edição alemã: Ou seja, 45 minutos (em vez de 30 minutos).

24 N.T. "Consulta" [*консультация*], aqui, ao que tudo indica, denota atendimentos avulsos com pacientes diversos, sem a frequência requerida para o acompanhamento terapêutico psicanalítico.

25 Abreviado no original: *чел.* [*человек*]. (Nota de P. S. de Souza Jr.) [N.T. Nota da edição alemã: esse cálculo não está correto; ela provavelmente queria dizer no máximo 5 (em vez de 7) pacientes.]

26 Abreviado no original: *неск.* [*несколько*]. (Nota de P. S. de Souza Jr.)

psicanalista consegue abarcar dessa forma no atendimento terapêutico é de aproximadamente 15 pess[oas] em 6 semanas.[27] Se acrescentarmos a isso 4 casos de consulta por dia, teremos uma faixa de aproximadamente 100 pessoas por mês. É preciso acrescentar que a psicanálise esgota o médico como nenhum outro tipo de psicoterapia. Médicos-psicanalistas experientes relatam que não raro adormecem durante o atendimento. Daí resulta o médico-psicanalista necessitar de repouso prolongado, quiçá maior que o do pedagogo, ao qual são concedidos 2 ½ meses de pausa estival.

Considerando tudo isso, chegamos à conclusão de que a psicanálise é uma terapia que, apesar de cara, é a que mais resguarda o paciente de despesas ulteriores com tratamento, já que nessa terapia – mesmo na psicanálise abortiva – as recidivas são mais raras que em outros tipos de terapia. Além do mais, economizamos as despesas com a manutenção dos pacientes em sanatórios, hospitais; com hidroterapia, eletrificação etc. Deve-se considerar tudo isso.

27 N.T. Provavelmente 10 pessoas, em vez de 15, sendo atendidas três vezes por semana no decorrer de 6 a 8 semanas – conforme preconizado no item anterior.

39. Desenhos infantis de olhos abertos e fechados[1]

Sabina Spielrein

Estudos sobre representações cinestésicas[2] subliminares

Antes de adentrarmos a investigação da influência de experiências cinestésicas sobre a estrutura de nosso pensamento, eu gostaria de apresentar um pequeno panorama das considerações até agora convencionais a respeito das formas de pensamento. Para tanto, pretendo me ater à terminologia psicológica corrente, apesar de ela não esgotar todas as possibilidades. Ela é, contudo, em minha opinião, no mínimo mais adequada do que a terminologia "reflexológica", proveniente da escola reflexológica fundada por Pavlov e Bekhterev.

---

1 Spielrein, S. Kinderzeichnungen bei offenen und geschlossenen Augen. In *Sämtliche Schriften*. Freiburg, Edition Kore, 2002, pp. 345-83. Tradução de Renata Dias Mundt.

2 Cinestesia nomeia a percepção de movimento, peso, resistência e posição do corpo, provocado por estímulos do próprio organismo.

Como pensamos? Ao apresentarmos esta pergunta a um grande número de pessoas, a maioria costuma respondê-la baseada na auto-observação: "Eu penso com palavras, de forma verbal". Algumas delas, no entanto, vão dizer que o pensamento ocorre tendencialmente como uma representação imagética visual. Alguns cientistas, como o professor Vassiltschikov, afirmam que crianças pensam em imagens e adultos em forma de linguagem (cf. também as pesquisas da escola "eidética" de Marburg,[3] assim como as exposições de Freud sobre o caráter provavelmente alucinatório orgânico do pensamento da criança na primeira infância). A diferença de opiniões pode ser explicada pelo fato de que adultos pensam concomitantemente tanto verbalmente quanto em imagens, sobretudo em imagens cinestésico-visuais. Em auto-observações, percebemos, de acordo com nossa constituição e com as condições do momento em questão, algumas vezes a parte verbal, e outras, a parte imagética do processo do pensamento.

Provas da cooperação concomitante entre o ato de pensar verbal e imagético podem ser apresentadas tanto de forma teórica quanto experimental.[4]

---

3 Jaensch, E. R. "Über den Aufbau der Wahrnehmungswelt" [Sobre a construção do mundo perceptível]. 2. ed. 1927; "Die Eidetik und die typologische Forschungsmethode" [A Eidética e o método de pesquisa tipológico]. 2. ed. 1927. – Henning: "Das Urbild" [A imagem primeva] *Ztschr. F. Psychologie* 94. 1924; "Neue Typen der Vorstellungsbilder und die Entwicklung des Vorstellens" [Novos tipos de imagens representacionais e o desenvolvimento da representação] *Ztschr. F. angew. Psych.* 22. 1923. – Krager: "Die eidetische Anlage der Jugendlichen in ihrer Bedeutung für die Klinik und die Schulleistungen" [A predisposição eidética dos adolescentes em seu significado para a clínica e o desempenho escolar] *Klin. Wochenschr.* 1925, n. 47.

4 Cf. Spielrein, S.: Algumas analogias entre o pensamento da criança, do afásico e o pensamento subconsciente. *Archives de Psychologie*, Tome XVIII, maio 1923; O tempo na vida psíquica subliminar. *Imago*, v. IX, caderno 3, 1923. A destruição como origem do devir. Jahrbuch für psychoanalytische und psychopathologische Forschungen. 1912. Cf. também Varendonck: Über

I) Quando queremos atribuir um nome a algum objeto ou conceito, seja de natureza onomatopeica ou simbólica, associamos a atribuição do nome a uma representação consistente de percepções de movimento, cor, odor e outras sensações. Sendo assim, torna-se evidente que o nome em questão se apoia nas percepções internas de movimento, cor, odor e outras sensações que evocam essas representações imagéticas, sejam elas conscientes, pré-conscientes ou até mesmo "disposições para a representação".

II) Quando queremos tornar nossa linguagem mais compreensível, fornecemos "exemplos concretos", utilizamos "comparações visuais", ou seja, nós transformamos a forma verbal abstrata de nossa língua em uma linguagem visual originada a partir das sensações primárias e orgânicas e intimamente ligada a elas, a qual, portanto, é também denominada "linguagem orgânica".[5]

III) Acima de tudo, encontramos a linguagem visual ou orgânica claramente em nossos sonhos. Ali, o pensamento verbal fica totalmente em segundo plano. Em seu lugar, surge o pensamento imagético, ou o pensamento visual (pensamento imagético visualizado)[6] ou, mais corretamente, o pensamento imagético visualizado cinestésico ou simbólico. O problema da simbolização ainda não foi solucionado de forma satisfatória, embora vários pesquisadores

---

das vorbewußte phantasierende Denken [Sobre o pensamento fantasioso pré-consciente]. *Int. PsA*, Verlag.

5 Freud, S. *Interpretação dos sonhos*. Ges. Schriften, v. II-III.

6 N.T. A autora utiliza no presente texto dois termos diversos em alemão: *Sehdenken* e *Gesichtsbilddenken*, sendo que o primeiro termo se refere mais ao pensamento associado ao que foi ou está sendo visto (o qual foi traduzido como visual) e o segundo à imagem formada a partir da memória do que foi visto (o qual foi traduzido como visualizado). O par *Seh-* e *Gesichts-* surge constantemente no decorrer do texto caracterizando outros termos, como imagem visual ou visualizada, sentimento etc. Sempre que possível, adotamos termos diversos também em português, mas, quando não, optamos por colocar o termo alemão entre chaves.

já o tenham intentado. A psicanálise considera as imagens visualizadas, que dominam os sonhos, um ressurgimento do estágio do pensamento pré-verbal, segundo Freud, do pensamento orgânico alucinatório visual [*gesichtshalluzinatorisches Denken*][7] da criança pequena. Se essa definição for corretamente compreendida, ela parece irrefutável. Pois nem Freud nem seus discípulos consideram nosso pensamento onírico uma forma de pensamento infantil da primeira infância. Muito pelo contrário, nosso pensamento onírico está muito à frente do período da primeira infância, na medida em que empregamos no sonho todas as experiências complicadas da totalidade das áreas de nosso consciente temporário. Isso é incontestável. Freud apenas é da opinião que, em sonhos, adultos adicionam aos elementos de seu pensamento atuais e compatíveis com sua idade, os elementos do pensamento pré-verbal da primeira infância. Nós podemos esclarecer esse fato de forma anatômico-fisiológica, com base em observações objetivas, demonstrando que a função do córtex cerebral não é totalmente suspensa durante o sono, mas sim reduzida. Consequentemente, durante o sono, os elementos ontogênicos anteriores, do pensamento infantil da primeira infância, se transpõem até o pensamento compatível com nossa idade. Esses elementos transpostos do pensamento subcortical corresponderiam aos componentes do pensamento alucinatório visual [*gesichtshalluzinatorisches Denken*] do período pré-verbal do bebê. Nós deparamos com esse mesmo tipo de pensamento alucinatório característico em pessoas sob o efeito de anestesia, em diversos tipos de psicoses e no chamado estado hipnagógico, o qual foi descrito pela primeira vez pelo psicanalista Silberer.[8] Esses são estados em que a função do córtex cerebral

7 N.T. Mantivemos aqui o termo pensamento alucinatório visual, pois o termo já foi assim cunhado e utilizado em textos traduzidos de Freud.

8 Silberer: Bericht über eine Methode, gewisse symbolische Halluzinationserscheinungen hervorzurufen und zu beobachten [Relato sobre um método para

cede sua hegemonia parcialmente às funções subcorticais intensificadas. No entanto, eu não sei em que medida a psicanálise vai aderir ao pressuposto, em minha opinião, incontestável, de que, em sonhos, lidamos com uma atividade enfraquecida do córtex cerebral. Sabidamente, Freud explica o processo de simbolização no sonho como resultado da regressão e efeito da censura. Infelizmente não podemos nos ater aos detalhes dessa teoria, mas uma coisa é certa: o fato reconhecido por Freud de que, em sonhos, retomamos as vivências, desejos e mecanismos do pensamento de nossa primeira infância. Consequentemente, podemos supor que, no sonho, nos encontramos diante da excitação daquelas partes do cérebro que, naquela época, desempenharam um papel relevante durante o processo de desenvolvimento ontogênico. Considerando que Freud, afinal, fala em um pensamento "orgânico" alucinatório visual *[gesichtshalluzinatorisches Denken]* pré-verbal na idade infantil, então certamente não se pode negar tampouco que, nesse caso, estamos lidando com a atividade de regiões cerebrais mais velhas em termos ontogenéticos, muito provavelmente com a atividade de regiões subcorticais.

IV) Com isso, o pensamento hipnagógico é, para nós, de grande interesse, já que somos capazes de rememorar tanto a forma verbal simbólica quanto sua transição para as imagens, predominantemente para a linguagem imagética visualizada cinestésica. Esclareço por meio de um exemplo: um estudante universitário adormece com o seguinte pensamento: "Não faz sentido almejar algo. Eu mal me aproximo de minha meta, acontece algo que faz com que eu tenha de recomeçar tudo outra vez". Mergulhando paulatinamente no sono, o estudante vê um besouro escalando uma grade, mas ele pouco avançou quando uma menina toca seus pés, levando-o a

---

evocar e observar certas manifestações alucinatórias simbólicas]. *Jahrb. F. psa u. psychopathol. Forschungen*. I. 1909.

cair. O estudante acorda com as palavras: "Quando queres subir a montanha, o diabo te puxa pelos pés". Em seguida, o estudante se lembra de seu sonho e dos pensamentos que tivera pouco antes de adormecer sobre a vaidade da luta pela sobrevivência.[9]

V) A concomitância do pensamento verbal e do alucinatório imagético ocorre frequentemente em formas paranoides da esquizofrenia, quando o paciente alucina em voz alta e em seguida interpreta ele próprio seus devaneios. Tais casos comprovam que sequências de imagens originalmente não observadas, e que ocorrem simultaneamente ao pensamento corriqueiro, surgem de forma extremamente nítida e, eu diria, também autônoma após estados de violenta excitação ou esgotamento.

VI) A lei da irradiação também corrobora as sequências de imagens sincronicamente coexistentes.[10] Sabe-se que a citada lei diz que, em caso de excitação de uma determinada região do córtex cerebral, esta não se mantém localizada, mas se expande até as regiões do cérebro associadas às regiões originais da excitação. Isso significa, portanto, que, se uma determinada região do cérebro é excitada no momento da geração de um símbolo verbal, essa excitação se irradia ativando regiões homólogas do cérebro que estejam associadas de alguma forma ao pensamento imagético. Bleuler e Freud classificam o pensamento imagético como "orgânico", pois toda representação imagética, afinal, surge a partir de determinadas sensações, e uma sensação, por sua vez, está associada à excitação não apenas da parte centrífuga, mas também da parte centrípeta de nosso sistema nervoso central e vegetativo. Daí

---

9 N.T. Spielrein, S. "Algumas analogias entre o pensamento da criança, do afásico e o pensamento subconsciente", Capítulo 34 deste volume. Esse episódio é relatado com algumas pequenas diferenças neste texto e em uma carta que Sabina Spielrein escreveu a Jung.

10 N.T. Optamos por manter a redundância do texto original, pois o termo "sincronicamente" remete a Jung.

vem o efeito da sensação sobre nosso organismo. As sensações influenciam nosso organismo assim como justificam, com as representações imagéticas, nesse mesmo organismo correspondente, a denominação "pensamento orgânico".

Eu já disse anteriormente que Freud, ao estudar o pensamento imagético, deu-lhe o nome de "pensamento alucinatório visual" [*gesichtshalluzinatorisches Denken*]. Ele e seus discípulos, portanto, consideram esse pensamento principalmente como imagético visualizado. Isso não é totalmente correto. Em nosso pensamento imagético nós, sem dúvida, compreendemos melhor as imagens visualizadas porque as sensações visuais [*Gesichtsempfindungen*], as quais são a base das imagens, são mais claramente objetivadas. Sensações de calor e frio, por exemplo, nós sempre localizamos de forma indissociável a nosso organismo, assim como sensações musculares. O mesmo se aplica às sensações olfatórias e gustativas. Diferentemente, as sensações visuais[11] parecem estar claramente localizadas fora do organismo. Sensações visuais [*Gesichtsempfindungen*], na verdade, não são sensações, mas sim impressões que associamos ao objeto direto que as gerou. Nós podemos sentir um movimento, mas a cor azul ou vermelha não nos provoca nenhuma sensação física consciente.

As imagens cinestésicas são absorvidas por imagens visualizadas antes de todas as outras porque justamente essas imagens estão mais estreitamente associadas às cinestésicas. Durante o ato de ver, nós diferenciamos representações de luz e forma. Para a geração de representações de formas, além das sensações de luminosidade, as sensações cinestésicas também desempenham um papel relevante. (Desconsidero aqui propositalmente pessoas cegas). Eu gostaria de esclarecer a fusão quase indissolúvel de representações visuais

---

11 N.T. Ou seja, derivadas daquilo que foi visto, em alemão *Gesichtsempfindungen.*

[*Gesichtsverstellungen*] com as representações cinestésicas primitivas em pessoas videntes[12] por meio do caráter, em parte, cinestésico daquilo que denominamos ato de ver. Como consequência dessa fusão, o momento cinestésico não é percebido por nós. Podemos constatar essa fusão do elemento da visão com o cinestésico idealmente nos mais simples desenhos de linha esquemáticos. Uma linha pode ser considerada a mais simples imagem visualizada cinestésica. Ela é uma imagem visualizada na medida em que a imaginamos como um traço em estado estacionário. Por outro lado, ela se transforma em uma imagem cinestésica para nós quando a imaginamos como uma linha que surge a partir de um movimento com determinada duração e direção. A seguinte alucinação hipnagógica é um bom exemplo dessa imagem cinestésica de uma linha: uma estudante da faculdade de matemática e física pensa, ao adormecer, em diversas coisas que ainda precisa resolver. Em uma alucinação hipnagógica imediatamente subsequente, ela acredita estar se deslocando ao longo da periferia de um polígono. Em um dos ângulos desse polígono, ela é tomada por um sentimento pungente desagradável e acorda. Torna a fechar os olhos e procura retomar o movimento anterior sobre a linha rompida, mas na direção oposta. Ao chegar ao ponto de partida da linha, ela se lembra que, pouco antes de dormir, em seus pensamentos sobre o que tinha a fazer e aonde tinha de ir, sempre imaginava uma linha que partia de seu quarto e a levava a cada projeto intencionado. Assim surgiu uma linha rompida (polígono incompleto). O ponto do polígono no qual ela foi tomada por um sentimento pungente desagradável correspondia justamente a uma tarefa desagradável que teria de realizar.[13] Este caso mostra claramente que a imagem de uma linha interrompida na alucinação hipnagógica da estudante teve origem

12 N.T. Na acepção de pessoas "não cegas".

13 Spielrein, S. "Algumas analogias entre o pensamento da criança, do afásico e o pensamento subconsciente", Capítulo 34 deste volume.

na representação de um movimento, a representação de seu próprio movimento. Assim, uma representação puramente cinestésica gerou uma imagem clara, a imagem de uma linha interrompida.

É possível que nossos sonhos tenham um caráter cinestésico no processo de seu surgimento, mas que transformemos esses sonhos em uma forma de imagem visual ao despertarmos. A alucinação hipnagógica aqui citada é, no fundo, uma representação esquemática das ações intencionadas pela estudante. O pensamento esquemático é próprio de matemáticos. Portanto, não admira que uma imagem de caráter puramente cinestésico, esquemático, tenha sido criada justamente por uma estudante da faculdade de matemática e física.

Pode-se explicar também com facilidade o fato de que sempre pude observar imagens puramente cinestésicas em sujeitos esquizoides, ou seja, em sujeitos que sabidamente costumam tender ao pensamento abstrato. Em alguns casos isolados, pode até ser que estas nem mesmo se disfarcem necessariamente na forma de imagens visuais. Assim, por exemplo, um ouvinte contou-me certa vez no Instituto Rousseau em Genebra que tivera um sonho que lhe despertou um forte sentimento de angústia: o sonho não era composto de nenhuma imagem visualizada, apenas da sensação de um movimento que vinha em sua direção. Além disso, um médico contou que teria experimentado em sonho a sensação de ter se tornado maior sem ter identificado nenhuma imagem visualizada. Ele tivera este mesmo sonho várias vezes. Eu observei apenas alguns casos dessas imagens oníricas puramente cinestésicas. Em todos os casos tratava-se de sujeitos esquizoides.

Vários psicólogos que já se ocuparam do estudo dos conceitos de forma e espaço devem ter se deparado naturalmente com a questão das sensações cinestésicas. Stanley Hall e Beaunis, entre outros, consideram as sensações cinestésicas, ou seja, as sensações dos músculos, tendões e superfícies articulares, a base de nossas representações de forma e espaço. Sobre essa questão existe uma ampla e diversificada literatura. Até agora, a questão sobre a prioridade das sensações visuais [*Gesichtsempfindungen*] ou das cinestésicas nas representações de forma e espaço ainda não foi solucionada. Eu, de minha parte, dou prioridade às sensações cinestésicas, pois elas precisam surgir muito antes em termos ontogenéticos. Nós já vivemos experiências cinestésicas, precursoras das sensações cinestésicas posteriores, no ventre materno. Não há aqui nenhuma razão para se supor que as sensações cinestésicas em pessoas videntes não participem do surgimento posterior das representações de forma e espaço, simplesmente porque podemos determinar a relação mútua entre forma e espaço exclusivamente com o auxílio da visão apenas segundo a distribuição de luz e sombra. Independentemente das sensações (aqui refiro-me sempre também à "disposição para as sensações") que acompanham constantemente os movimentos de nosso globo ocular, nós temos ainda algumas provas de que a posição e a forma de diversos órgãos e partes de nosso corpo são reconhecidas em nós até mesmo na ausência completa da visão. Reporto aqui às anotações de Schreber a respeito.[14] As experiências compartilhadas por Katz, muito interessantes, com pacientes amputados sobre membros fantasmas também reforçam brilhantemente esta tese.[15] Revelou-se que os operados podiam indicar perfeitamente a forma e o local de seus braços fantasmas tanto em estado imóvel quanto em movimento. Os membros fantasmas foram apenas descritos com dimensões mais longas ou mais curtas. Se o amputado se encontrava próximo de um objeto, ele percebia o fantasma de seu braço como se

---

14 Schreber. *Denkwürdigkeiten eines Geisteskranken* [Memórias de um doente mental].

15 Katz. Ztschr. f. *Psychol. und Physiol.* der Sinnesorgane. Leipzig, v. 85, cad. 1-4, 1920.

estivesse inserido no objeto. O fantasma sempre foi percebido na posição que o membro teria assumido, se não amputado. Isso nos fornece uma nova prova de que também nós, videntes, obtemos as representações de forma e posição, em estado imóvel ou em movimento, fundamentalmente de forma cinestésica. Representações cinestésicas de forma se distinguem aqui pela pouca exatidão na reprodução de algumas dimensões (prolongamento ou encurtamento em todas as direções), o que faz com que surjam várias desproporções. Além disso, nós constatamos uma independência significativa de cada parte do corpo em sua relação de reciprocidade e localização no espaço. Esta independência vai tão longe que a forma representada (o braço fantasma) pode parecer inserido em um objeto, em total contradição com a lei da impenetrabilidade.

Em meus trabalhos sobre o problema das representações imagéticas cinestésicas associadas ao pensamento simbólico, eu procurei determinar as características básicas dessas imagens de forma experimental. Como nós supostamente derivamos os conceitos de forma e movimento das formas e movimentos de nosso próprio corpo, a forma do corpo humano me pareceu a mais adequada para esse fim. No início, dediquei-me ao estudo de desenhos de seres humanos. Para tanto, tomei como orientação as palavras de Leonardo da Vinci,[16] segundo as quais, ao pintar, a mão do ser humano sempre se esforça instintivamente para representar as formas e os movimentos do próprio corpo. Todo conhecimento sobre forma e movimento, na medida em que o adquirimos de forma cinestésica, nós criamos a partir da forma e do movimento do próprio corpo. Segundo essa suposição, reproduções dos próprios desenhos feitas de memória teriam de ser mais fiéis se fossem realizadas com base em vivências cinestésicas, sem controle visual.

16 Segundo Mereschkowski: "Leonardo da Vinci".

Os estudos de desenhos produzidos com olhos abertos e fechados confirmam isso de forma surpreendente.

Eu avaliei desenhos de aproximadamente vinte adultos e de algumas centenas de crianças entre 5 e 14 anos. A grande maioria das crianças estava em idade escolar, de 8 a 13 anos de idade e eram, com raras exceções, de origem proletária. Os sujeitos foram organizados por mim em quatro séries. Cada sujeito foi separado dos outros, submetido à prova sozinho e só pôde participar de uma série. Em todas as quatro séries, os sujeitos desenharam inicialmente imagens de pessoas segundo seu livre-arbítrio. Na primeira série, os sujeitos desenharam inicialmente apenas com controle visual, com olhos abertos. Em seguida, receberam a instrução: "Agora feche os olhos e tente desenhar exatamente a mesma pessoa a partir de sua memória." No segundo grupo de sujeitos, eles inicialmente desenharam de olhos fechados. Em seguida, mostramos o desenho realizado àquele que o realizou e pedimos a ele que desenhasse de olhos abertos, mas sem olhar o primeiro desenho, a mesma pessoa da forma que pretendera desenhá-la com os olhos fechados. No terceiro grupo, os sujeitos desenharam as duas vezes com olhos fechados. No quarto, por fim, as pessoas desenharam uma vez de olhos abertos e, mais tarde, tiveram de reproduzir o mesmo desenho de memória em uma outra folha de papel, também de olhos abertos.

Os resultados são bastante instrutivos, como se pode perceber em uma série de desenhos infantis aqui apresentados. Cada experimento é acompanhado de uma breve caracterização da criança pelo pedagogo, além da declaração do médico escolar e, por fim, do diagnóstico realizado por mim com base na avaliação pedológica geral.

Figura 39.1

Caso 1 (Figura 39.1). Aluno de 12 anos, filho de um encadernador. Comportamento nervoso, inquieto. Diagnóstico: histeria. Um garoto sensato e capaz. Tarefa da segunda série: desenhar primeiro de olhos fechados, depois, de olhos abertos. Inicialmente, o menino tentou desenhar conforme a instrução, mas não resistiu e abriu os olhos. Foi então instruído a fechar os olhos e desenhar uma pessoa como quisesse. Assim, obtivemos três desenhos: um iniciado com os olhos fechados, mas não terminado, então a reprodução de memória do desenho inicial completo e a reprodução realizada de olhos abertos. Para a realização da última variante, seu primeiro e segundo trabalhos lhe foram apresentados e depois ocultados. Contrariamente ao esperado, esses três desenhos nos convencem de que uma pessoa é capaz de desenhar uma pessoa de olhos fechados com a ajuda, pelo menos predominantemente, da memória cinestésica. Assim, a primeira reprodução de memória, a qual vamos chamar de "cega", mostra, exatamente como Katz descreve em representações observadas de pessoas que tiveram seus braços amputados, o seguinte: em traços gerais, na reprodução de memória os contornos e alguns traços característicos, inclusive a direção do movimento, foram mantidos. Em nossos desenhos cegos, alguns membros também são prolongados, encurtados ou deslocados em relação aos outros desenhos. É realmente espantoso quão exatamente o contorno do rosto do segundo desenho cego coincide com o do primeiro. Os dois certamente não são idênticos, mas o ângulo entre a fronte e o nariz, o comprimento do nariz, o ângulo do lábio superior, toda a linha do maxilar inferior, tudo isso é quase absolutamente idêntico nos dois desenhos cegos.

Percebemos, portanto, que um desenho cego se diferencia de um habitual, realizado sob autocontrole. A diferença mostra-se justamente naquelas características que coincidem com as representações de pessoas que tiveram membros amputados. Essas diferenças, de um lado, e a consonância simultânea, de outro, comprovam que os momentos característicos dos desenhos cegos remontam aos momentos comuns entre os desenhos cegos e as alucinações dos amputados. Assim percebemos que, nos desenhos cegos, de forma semelhante às alucinações dos amputados, lidamos com imagens obtidas com base em experiências cinestésicas.

O terceiro desenho vidente desse menino, realizado de acordo com sua memória visual, não é realmente convincente. Em primeiro lugar, a tarefa é diferente da inicial: desenhe uma pessoa como quisera desenhá-la de olhos fechados. Em segundo lugar, é difícil determinar que parte do desenho pode ser atribuída realmente à memória visual e qual, por outro lado, à reconstrução fundamentada pela experiência cinestésica anterior. Uma coisa é certa: quando os sujeitos da quarta série desenham primeiro de olhos abertos e depois voltam a desenhar "exatamente a mesma pessoa" de olhos abertos, obtemos uma representação inferior aos desenhos cegos de memória no que diz respeito à exatidão da reprodução de algumas formas e movimentos. O terceiro desenho de nosso caso também demonstra isso.

Figura 39.2

Caso 2 (Figura 39.2). Menina, 11 anos, queixa-se de inapetência nervosa e constipação intestinal. Histeria — constipações de origem histérica. A criança é egocêntrica, amaneirada. Funções intelectuais médias. Produção visual média segundo Binet-Simon. Primeiro desenho com olhos abertos, segundo, com olhos fechados. A própria menina desenhou a linha a-b, pois queria inicialmente fazer ali o pé. A linha d-e na reprodução cega deveria ser o braço. Aqui também vemos as peculiaridades da reprodução cega: os contornos de cada segmento do corpo foram mantidos como antes, mesmo que prolongados ou encurtados em diferentes direções. Algumas partes estão deslocadas umas em relação às outras; as linhas da saia estão separadas, as pernas estão enfiadas no torso (cf. o braço fantasma enfiado na mesa em Katz) etc. A direção das pernas em relação à linha inferior, a posição da cabeça, o ângulo formado pela linha da cabeça e a linha d-e do braço: tudo isso foi reproduzido de forma aproximadamente correta.

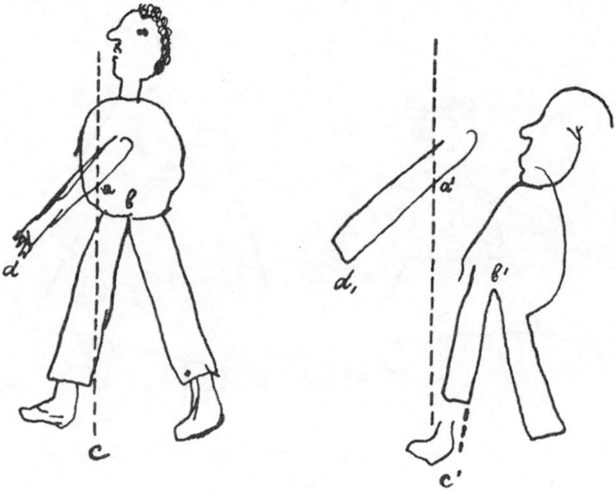

Figura 39.3

Caso 3 (Figura 39.3). Comportamento irrequieto durante a aula. Perguntas descabidas, como: "Como se pode transformar um navio em um ser vivo?" ou: "Um homem é um ser vivo?" Grande arruaceiro, gosta de bater em meninas. O pai, que morreu na guerra, era contador. Não tem mãe, mora com os avós já bastante idosos. O exame pedológico indica um tipo histérico no período de amadurecimento sexual. Negligenciado socialmente. Extremamente agressivo, viciado em atividade física. Grande aptidão mental. Pode-se ver que os desenhos do menino são agressivos e motores. Esse caso se destaca por uma boa reprodução cega da direção do movimento, especialmente da amplitude do movimento. Os ângulos d a c e d' a' c' são idênticos nas imagens vidente e cega. (Eu desenhei posteriormente as linhas pontilhadas a c e a' c' paralelamente à borda do papel.) Chama a atenção também quão bem a posição característica da perna foi reproduzida, até mesmo a leve flexão do joelho. Algumas partes do tronco, até mesmo alguns contornos característicos isolados foram mantidos, não obstante as desproporções das formas estáticas aqui serem significantemente mais acentuadas do que nas reproduções cegas precedentes. Aqui o movimento é mais bem mantido e reproduzido.

Figura 39.4

Caso 4 (Figura 39.4). Menina, 10 anos e meio de idade. Hábil. Não há queixas por parte das autoridades escolares. É considerada uma criança "normal". No entanto, o exame mais detalhado revela um vívido jogo de afetos e uma sensibilidade característicos de pequenos neuróticos do tipo histérico. O pai é médico. Infelizmente, recebi apenas um desenho cego dessa menina. Ele serve aqui como prova de que não se pode notar nenhuma diferença relevante entre desenhos cegos de crianças chamadas "normais" e daquelas notadamente histéricas. No caso presente, tanto as formas isoladas quanto todo o contorno foram reproduzidos de forma bastante razoável. Ao mesmo tempo, aqui a relação entre cada segmento do corpo também é deformada: os olhos fora da cabeça, as pernas enfiadas na parte superior do tronco etc.

Figura 39.5

Caso 5 (Figura 39.5). Desenhado por uma menina de 8 anos, levemente neurótica, presumivelmente histérica, extremamente acanhada, negligenciada pedagogicamente. Caso especialmente interessante: durante a reprodução cega, a criança teve repentinamente um acesso de timidez e baixou a cabeça apoiando-a no peito. Como se pode ver no desenho, ela reproduziu exatamente essa posição da cabeça no desenho. A reprodução cega, neste caso, não foi muito bem-sucedida. À primeira vista, temos um desenho totalmente novo, independente do desenho vidente, com todos os traços de um desenho cego. Em uma observação mais pormenorizada, no entanto, parece curioso como a direção do movimento dos braços coincide com o desenho vidente, tanto no que diz respeito à relação entre ambos os braços quanto em relação às linhas das pernas, mantidas abaixo da linha da saia. Até mesmo a distância entre as duas pernas é a mesma. Temos diante de nós um sujeito que reproduz melhor os movimentos e a posição de cada parte do corpo do que sua forma. A sua habilidade em reproduzir o movimento esclarece possivelmente a fixação da posição da cabeça da desenhista no desenho cego, ou inversamente: a boa reprodução do movimento favorece uma forte receptividade da criança para a própria posição da cabeça. Devido a esse caso, minha atenção voltou-se especialmente para fenômenos semelhantes e reuni uma grande quantidade dessas reproduções da posição do corpo do sujeito enquanto desenhava.

Figura 39.6

O Caso 6 (Figura 39.6) nos mostra um desenho vidente assim como sua reprodução cega de uma criança com paralisia no braço e na perna direitos. A leve inclinação para a direita de todo o desenho vidente é bastante nítida na reprodução cega.

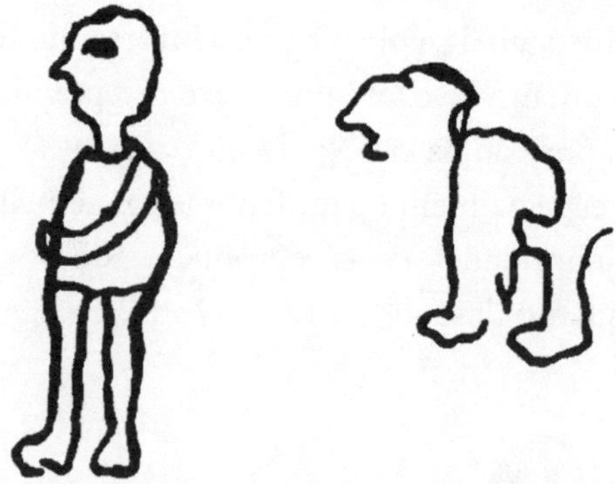

Figura 39.7

Caso 7 (Figura 39.7). Desenho de uma criança que apoiava a cabeça na mão esquerda enquanto trabalhava.

Figura 39.8a

Caso 8. Trabalho de um atleta adulto. Notei no desenho (Figura 39.8a) a pronunciada incongruência entre o lado direito e o esquerdo, com uma inclinação para a esquerda. Um questionamento mais detalhado revelou: profissão – predominantemente salto. A perna direita é forte. O perônio esquerdo é mais fraco, mais delgado que o direito. Assim como os músculos da tíbia. Ele sempre inicia o salto pelo lado direito com a perna direita, enquanto 95 por cento de todos os saltadores profissionais e de todas as pessoas, segundo declaração do próprio sujeito, sempre o iniciam pelo lado esquerdo com a perna esquerda. O homem tem habilidade em tiro ao alvo, mas o tiro sempre se desvia para a direita. A fim de evitar esse desvio para a direita, ele sempre curva o corpo propositalmente para a esquerda ao atirar.[17] Todas as dimensões do braço esquerdo são um pouco menores que as do direito.

Eu tentei também – por ora apenas com sujeitos adultos – indicar-lhes intencionalmente uma postura corporal artificial durante o desenho, por exemplo, com a cabeça pendendo fortemente para a esquerda e apoiada na mão esquerda. A imensa maioria dos sujeitos reproduziu a posição em que seu corpo foi artificialmente colocado no desenho cego, mas de maneiras diferentes: em alguns, o desenho se curvava como um todo para a esquerda ou para a direita, de acordo com a inclinação do próprio corpo, principalmente da cabeça, ou inversamente, outros curvavam apenas uma parte do corpo desenhado para um ou para o outro lado. Outros ainda, por fim, desenhavam apenas a cabeça curvada para o lado da posição artificialmente montada ou desviada do lado oposto. No último caso, a fixação da posição corporal gerada experimentalmente parece ter sido realizada da forma mais exata. No entanto, é possível que essas diferenças entre as reproduções se devam às condições experimentais realizadas de forma não totalmente idêntica: um

17 Nesse dia, recebi um desenho cego bastante análogo de um cirurgião. O colega também é habilidoso em tiro ao alvo e apresenta a mesma inclinação para desviar o tiro para a direita, a qual ele compensa curvando-se propositalmente para a esquerda (Figura 39.8a).

sujeito curva apenas a cabeça para a esquerda, segundo a instrução, enquanto o outro acompanha a posição inclinada da cabeça, conforme instruído, com a parte superior do tronco. Movimentos opostos imprevistos podem seguir-se a movimentos intencionais experimentais, o que talvez explique as inclinações opostas da cabeça, torso e outras nas reproduções cegas. Isso demanda ainda uma elaboração experimental mais rigorosa. Apesar dos erros inevitáveis nesses experimentos imperfeitos, nós apresentamos com eles – em associação com os estudos sobre desenhos cegos sem modificações da postura corporal geradas experimentalmente – mais uma prova do caráter cinestésico dos desenhos, nomeadamente dos trabalhos cegos.

Figura 39.8b

Assim que nos voltamos para a experiência originada na percepção cinestésica do corpo, esforçamo-nos inconscientemente, na falta do controle visual, para representar essa posição em desenhos cinestésicos. Portanto, os desenhos cinestésicos devem estar estreitamente relacionados à estrutura de nosso corpo, à nossa constituição e refletir suas características típicas de alguma forma. Isso legitima a questão sobre o valor dos desenhos cinestésicos para o estudo da constituição. Infelizmente, um dos desenhos mais interessantes de uma criança com constituição displásica perdeu-se, mas por meio dos dois próximos desenhos posso ilustrar suficientemente os tipos das crianças em questão.

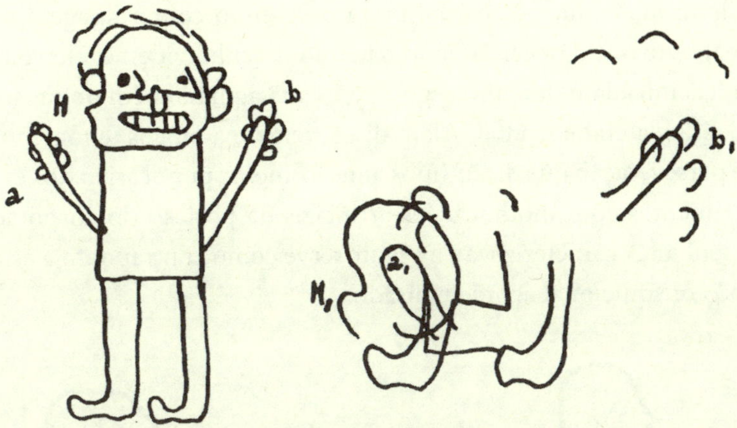

Figura 39.9

Caso 9 (Figura 39.9). O desenho é de um menino do tipo atletoide. O diagnóstico constitucional foi realizado pela assistente da clínica psiquiátrica do professor Justschenko, dra. Woronow. O pai da criança serve a milícia. Considerável é a forma quase quadrada da cabeça no desenho vidente, a mandíbula marcante, a grande boca com dentes enormes desenhados com linhas fortes, os olhos penetrantes, os braços elevados, as mãos com dedos como se estivessem fechados em punho. As orelhas também parecem igualmente grosseiras. A reprodução cega manteve quase tudo o que é essencial: linhas grossas, desenhadas de forma enérgica, formas pesadas de cada parte do corpo, sendo que todas se apresentam aqui ainda mais grosseiras, corpulentas e vigorosas do que no desenho vidente. Os movimentos são amplos e vigorosos, as direções dos movimentos são bem apresentadas de maneira geral, como no braço a. No braço b o movimento não aparece tão bem. As partes em posição vertical do desenho vidente também foram mantidas em posição vertical no desenho cego, como a cabeça, o torso e as pernas. Digno de nota é o ângulo H tanto no desenho vidente quanto no cego. O menino queria representar a figura de lado, refletiu mais uma vez e continuou o desenho com a imagem de frente. Apesar da decisão já tomada no desenho vidente, ele volta à ideia inicial no desenho cego e apresenta aqui também um misto de visão lateral e frontal. Além disso, remeto aqui aos fenômenos de perseveração que discutimos anteriormente por ocasião dos experimentos com modificações artificiais da posição do corpo ao desenhar. A caracterização a seguir serve como contraponto a este tipo constitucional agora analisado.

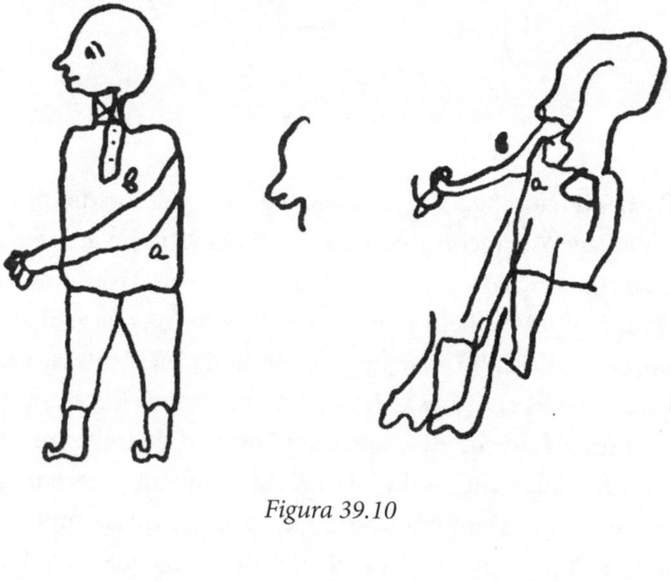

Figura 39.10

Caso 10 (Figura 39.10). Um desenho com formas estendidas, linhas suaves, inseguras, desenhado por um garoto do tipo respiratório. Aqui também encontramos no desenho cego peculiaridades mais nitidamente expressas, por exemplo, uma forte inclinação para a direita. No início, não prestei atenção à postura corporal do desenhista, portanto posso apenas fazer conjecturas. Não sei dizer com certeza se lidamos aqui com uma leve incongruência no desenvolvimento dos lados direito e esquerdo do corpo, talvez como consequência de uma deformação da coluna vertebral, ou se se trata de um simples hábito da criança de se sentar na escola inclinada para um determinado lado ou, por fim, se o menino assumiu essa posição curva "por acaso" no decorrer do estudo.

Como exemplos contrários ao anseio por cunhar a própria constituição no desenho, poderíamos citar, por exemplo, as criações de Michelangelo, do frágil Angelo que criou imagens divinas e humanas tão poderosas. Mas não nos enganemos: no caso de Michelangelo, trata-se de representações pensadas da imago paterna que compensam sua própria fraqueza. Em nossos desenhos cegos, por outro lado, lidamos com reproduções "instintivas". Também não se pode descartar que um de nossos sujeitos infantis eventualmente apresente no desenho vidente um tipo contrastante com o seu próprio. Nesse caso, seria, no entanto, interessante observar se o tipo do desenho vidente seria também mantido no desenho cego ou se esse tipo seria modificado também no sentido da constituição do desenhista.

A doutrina da constituição ainda é bastante deficiente. O que destacamos na classificação possivelmente não tem grande relevância, sendo que somente mais tarde se tornarão evidentes os princípios segundo os quais a classificação deve ser realizada. De qualquer maneira, porém, nós devemos imprescindivelmente aproveitar esses momentos sobremaneira importantes, como a representação de movimentos e formas em imagens cinestésicas, para fins de estudos da constituição.

Ao estudo dos desenhos cinestésicos deve-se atribuir um grande significado até então ainda imprevisto na determinação das "patologias da personalidade" (segundo Justschenko), assim como na neuropatologia. Pois observamos que paralisias e o desenvolvimento desproporcional de partes do corpo dos desenhistas são expressos em seus desenhos. Da mesma forma, a posição do corpo e a direção do movimento, assim como peculiaridades características do desenhista também são visíveis no desenho cego. No que diz respeito à força, no desenho cego, em relação ao desenho vidente, os movimentos são aumentados ou reduzidos, as linhas se tornam mais enérgicas ou, inversamente, mais tímidas, trêmulas, fragmentadas. Tais diferenças na reprodução poderiam ser utilizadas para fins diagnósticos, o que tentei fazer em parte. Em minha opinião, seria conveniente se iniciar o estudo em questão com distúrbios mais grosseiros na clínica psiquiátrica ou neurológica. Meu material do ambulatório infantil profilático em Rostov-sobre-o-Don apresenta, em geral, apenas casos de pequenos distúrbios do sistema nervoso. Eu já demonstrei que crianças histéricas produzem desenhos nos quais até agora não encontrei nenhuma diferença relevante em relação aos desenhos das crianças chamadas "normais". Crianças esquizofrênicas não são muito frequentes e eu, portanto, ainda não trabalhei com as mesmas no que diz respeito aos desenhos cinestésicos. Desenhos cinestésicos de esquizoides ainda não oferecem a possibilidade de alegações certeiras. Às vezes, eles se assemelham aos desenhos de pessoas com constituição displásica, frequentemente lhes falta constância, nós observamos esquecimento, desorientação, omissões, repetições e uma inquietação que reunimos em um grupo com o diagnóstico "instabilidade volitiva emocional" (*Emotionale Willensunbeständigkeit*).

Este diagnóstico deriva-se da classificação do prof. Bielski em Leningrado, sendo utilizado em exames pedológicos em nosso ambulatório escolar. De fato, o diagnóstico deixa a desejar, principalmente porque não é suficientemente diferenciado; nós apenas o utilizamos por considerações práticas, entre outras coisas, a fim de evitar possíveis diferenças nas classificações. Classificamos sob a designação IVE (instabilidade volitiva emocional)[18] crianças motoras, facilmente excitáveis, ruidosas, agitadas, cuja volição e atenção rapidamente se exaurem. Seus afetos são superficiais, parecem não penetrar a profundidade. Nessas crianças, uma exaltação é logo sucedida por outra, elas se deixam facilmente influenciar e instigar por camaradas a fazer diversos disparates. Como consequência de sua débil volição e excitabilidade, elas são facilmente extraviadas e assumem todo tipo de vício, como tabagismo, jogo de cartas, alcoolismo, mentiras, roubos. Nessas crianças, nós constatamos, além das influências hereditárias comuns, ainda consequências advindas de relações sociais intoleráveis, negligência social e pedagógica. Naturalmente, segue-se a essa IVE uma inibição do progresso escolar. Muitas vezes observamos o vínculo com um atraso mental, mas ainda mais frequentemente percebemos o inverso: a IVE se adiciona à insuficiência mental. As crianças com IVE cujos desenhos discutimos a seguir estão entre aquelas socialmente toleráveis.

18 N.T. Em alemão, EWU = *Emotionale Willensunbeständigkeit*.

Figura 39.11

O Caso 11 (Figura 39.11) nos apresenta o trabalho de um menino de 11 anos e meio que, na escola, faz parte do grupo dos "incapazes". Seu desenho cego reproduz muito bem formas isoladas e direções de movimentos (membros), mas se diferencia de minhas amostras anteriores por uma desordem das partes e várias repetições, de forma que à cabeça e às orelhas segue-se o torso, mas as orelhas ressurgem isoladas, depois segue-se mais uma vez o torso e, por último, os braços e pernas. Uma leve inclinação da cabeça nitidamente acentuada na reprodução.

Figura 39.12

Caso 12 (Figura 39.12). Comparemos este desenho de uma criança com atraso mental, mas totalmente normal no que diz respeito à IVE, com o caso anterior. Nós vemos aqui claramente que a desordem e a repetição de diversas partes no desenho cego não remetem ao atraso intelectual, mas sim à excitabilidade, desorientação, inquietação, transtornos afetivos e volitivos na criança, todos sintomas da IVE.

Figura 39.13

Caso 13 (Figura 39.13). Nós ilustramos aqui o trabalho de um menino com atraso mental que sofre de IVE. Ele é judeu, filho de um costureiro, tem 10 anos e meio, vida afetiva infantil, procura sempre safar-se de situações embaraçosas, é instável, ruidoso, "brigalhão", em constante movimento. Considerando o desenho vidente, observa-se apenas certa infantilidade. No trabalho cego, porém, vemos uma mistura desajeitada de linhas, quase sem forma, lembrando uma pilha de gravetos, como já descrito, indicativa do atraso intelectual. Além da desordem já conhecida, típica do caráter de uma criança com IVE, a repetição e a omissão de partes isoladas indicam esquecimento: olhos externos à cabeça, o nariz, um pequeno trecho do contorno da cabeça, sobre ele, contorno da cabeça, olhos de novo, o nariz e ainda um pequeno gancho indefinível. Então o torso com uma perna, para um desenho cego, nada mal reproduzida, a segunda perna foi esquecida. Por fim, vêm os braços (mãos). É interessante notar que, tanto no desenho vidente quanto na reprodução cega, há três dedos em uma mão, enquanto na outra foram desenhados todos os cinco. A direção do movimento dos braços está muito bem representada.

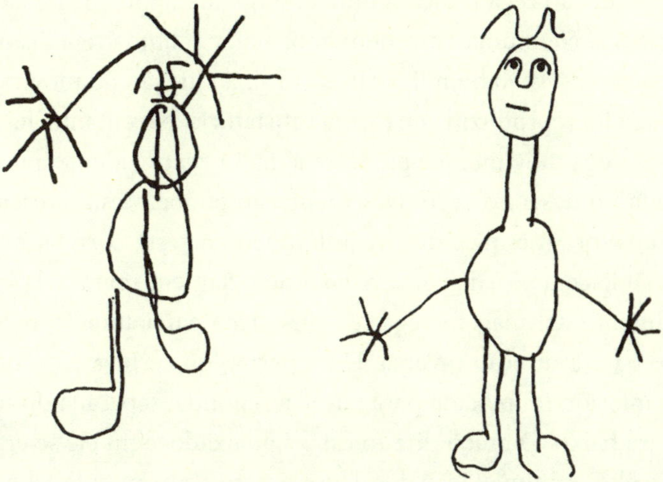

Figura 39.14

Caso 14 (Figura 39.14). Um menino de 11 anos do quarto grupo escolar. Anteriormente eram frequentes as reclamações pelo seu trabalho desmazelado, as quais agora se tornaram mais escassas. Antigamente insuficiente em todas as disciplinas, agora há carências ocasionais apenas em aritmética. A avaliação pedagógica revela que o menino é um pouco vagaroso em seu pensamento, mas certamente não sofre de atraso mental. Em seu caráter, apresenta alguma fidedignidade, senso prático, sutileza e minuciosidade, mas ao mesmo tempo também desconfiança, inquietação, movimentos desajeitados. Aqui o diagnóstico superficial de IVE, o qual tivemos de realizar devido à nossa convenção, é pouco apropriado. Para nossos fins momentâneos, no entanto, importa menos o diagnóstico acurado, mas sim a caracterização correta da criança. Eu não pude determinar o significado do ziguezague peculiar na cabeça, ou ao lado da cabeça. Será que a criança teve inicialmente a intenção de posicionar o nariz e as sobrancelhas? As formas bem mantidas, inclusive seu dimensionamento aproximado, na reprodução cega indicam uma grande fidedignidade no caráter da criança. Nenhuma desordem anormal, nenhuma repetição. Algumas partes estão bem ligadas entre si. A direção do movimento também foi reproduzida de forma satisfatória. No entanto, há uma agitação dos movimentos presente já na imagem vidente que é reforçada no desenho cego. Desorientação também está presente – os olhos foram esquecidos. A linha mediana está correta, mas as partes adjacentes se dispersam desordenadamente para os lados. O movimento na imagem cega se transforma parcialmente, dirigindo-se para a direção inversa. Uma perna, que estava em posição mais inferior, foi puxada para cima, a segunda, separada do torso, foi para baixo. O braço direito estava abaixado, aqui ele se ergueu para o alto. A inquietação dos dedos é significativamente reforçada na imagem cega. Tem-se a impressão de que o menino se perdeu completamente com a quantidade de movimentos que o invadem desordenadamente.

Figura 39.15

Caso 15 (Figura 39.15). Menino, 8 anos e meio, filho de um médico ferroviário que foi atropelado por um trem. Após a morte do pai, deflagrou-se na mãe uma patologia mental. O pedagogo encaminhou-me a criança com o diagnóstico: "suspeita de instabilidade psíquica e neurose". O exame revelou: IVE e histeria. Estados de ansiedade noturna, necessidade constante de movimento, desorientação, falta de atenção, facilmente irritável, pouca pertinácia, sem perseverança. Fácil fatigabilidade. Processos intelectuais medianos. Reprodução visual segundo Binet-Simon acima da média. A anamnese revela: o menino aprecia trabalhos manuais, lê, desenha, gostaria de costurar.

O desenho cinestésico mostra mobilidade, mas os movimentos são indistintos. Formas do corpo franzinas, não massivas, envoltas por linhas trêmulas e inseguras. Apesar de uma boa reprodução visual segundo Binet-Simon, o menino desenha, como crianças pequenas, roupas transparentes. Na imagem cega, nenhuma roupa, as linhas se tornam ainda mais fracas, mais trêmulas, inseguras, as formas, ainda menos nítidas. A direção dos movimentos não foi mantida em nenhum lugar. Todo o desenho está alongado, uma perna se desloca intensamente para baixo, cabeça e braço elevados para cima. Quantidade de dedos não foi mantida. Acima do braço há uma linha que pode ser tanto a linha do braço quanto a borda do chapéu.

Como já disse, não pretendo, nessas comunicações provisórias, criar critérios diagnósticos precisos. Procurei apenas demonstrar, de maneira geral, o quão essencial o desenho cego é para a determinação da pequena personalidade. A criança nos revela, por meio de formas e movimentos nos desenhos cegos, seu "ritmo de vida". Não há dúvida de que, em casos de diversas patologias da personalidade ("patologia psíquica"), podemos reconhecer, com a ajuda de novos estudos sobre esses desenhos, muitas coisas que contribuirão para a caracterização da patologia em questão. Naturalmente, seria especialmente relevante o estudo dos desenhos cegos em casos de distúrbios de origem central nas áreas sensoriais ou motoras.

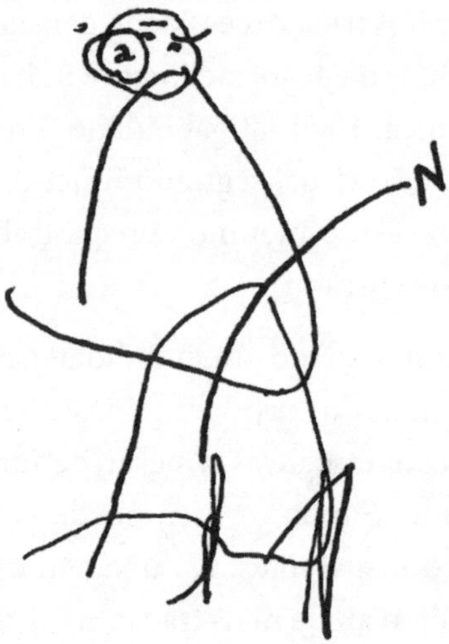

Figura 39.16

Caso 16 (Figura 39.16). Um menino normal de 2 anos e meio realizou o desenho com olhos abertos em minha presença. Ambos os pais são médicos. O tio é pintor. Para 2 anos e meio, um desenho acima do nível, mas ainda assim adequado à fase da primeira infância, a qual consideramos até os 4 anos de idade. Esse desenho remonta diretamente aos desenhos cegos aqui discutidos. De fato, observamos alguma desorientação e insegurança nas linhas, que podem ser facilmente explicadas pela baixa idade da criança e a correspondente falta de habituação motora, mas, de resto, percebemos também os contornos corretamente reproduzidos, em traços gerais, tanto da figura como um todo quanto de cada seção. Aqui há também uma deslocação relativamente pequena de partes isoladas umas em relação às outras: o torso está metido na cabeça, a parte inferior, na parte mediana, o braço voltado para baixo, as sobrancelhas externas à cabeça, as pernas separadas do torso.

Esse caso nos leva às seguintes conclusões: na primeira infância, desenhamos mais baseados em nossa experiência cinestésica do que naquilo que vemos. Em desenhos com olhos fechados, o adulto se aproxima mais desse estágio. Eu digo "mais", porque as crianças ainda em idade pré-escolar (entre 4 e 8 anos) apresentam nos desenhos videntes peculiaridades normalmente típicas de desenhos cegos. A maioria das pessoas que já se ocupou desses desenhos certamente já notou que crianças frequentemente desenham um rosto humano com apenas um olho, o segundo fica fora da cabeça, os membros são separados do torso e, se há um gorro, ele fica no alto, longe da cabeça. Se uma casa é desenhada, então não encontramos as janelas nas paredes, mas fora delas, no ar. Esses fatos também são bem conhecidos na literatura (Kerschensteiner, Levinstein, Ricci, Sölli entre outros).[19] Os desvios espaciais de algumas partes estão presentes não apenas em desenhos livres, mas também em desenhos realizados com base em outros desenhos apresentados e em modelos. Bülow[20] confirma esse fato em suas pesquisas e cita Kerschensteiner:

> *Em todo o período da escola elementar, os desenhos feitos de memória não ficam a dever qualitativamente nada aos desenhos realizados a partir de modelos.*

---

19 Kerschensteiner. Die Entwicklung der zeichnerischen Begabung [O desenvolvimento do talento desenhista]. 1905. Levinstein. Kinderzeichnungen bis zum vierzehnten Lebensjahr [Desenhos infantis até o décimo quarto ano de vida], 1905. Sölli: (iniciado: Die Psychologie der Kindheit [A psicologia da infância]). Ricci: L'arte dei bambini [A arte das crianças], 1887.

20 Büllow: Die geistige Entwicklung des Kindes (russische Übersetzung) – O desenvolvimento psíquico da criança (tradução russa).

> *Apenas nas turmas mais velhas, os meninos utilizam os modelos apresentados corretamente, mas as meninas, não.*

Isso comprova, segundo Bülow, que modelos não trazem vantagens relevantes para crianças, o que se aplica a crianças mais jovens em grau ainda mais alto do que para crianças em idade escolar. O desenho a partir de imagens apresentadas é uma modificação quase insignificante do desenho de memória. As amostras não impedem que algumas trivialidades do modelo sejam acuradamente reproduzidas no desenho. Pois a experiência mostra que nos desenhos infantis são representados momentos absolutamente inexistentes nos modelos apresentados. Diversos pesquisadores explicam esses fenômenos pela influência do "conhecimento". A criança "sabe" que um ser humano tem dois olhos, duas orelhas, duas mãos e duas pernas. Então desenha o que sabe, sem conferir se todas essas partes podem ser vistas no modelo apresentado. Aqui recordo-me de uma ocasião em que minha filha de 3 anos, segurando na mão a imagem de uma mulher de perfil, me perguntou: "Aqui a tia tem um olho. E onde está o outro?" Isso também prova que a criança não se baseia no modelo visto, mas julga segundo seu conhecimento. Nós compreendemos, porém, "conhecimento" como uma experiência que atingiu o consciente. Se, portanto, a criança, divergindo do modelo apresentado, desenha dois olhos, duas orelhas, dois braços e pernas, se apresenta corretamente cinco dedos e assim por diante, podemos falar, com razão, em "conhecimento". Se a criança coloca os olhos na barriga, desenha um gorro no teto em vez de sobre a cabeça, mete o pescoço na cabeça e coisas semelhantes, temos uma situação totalmente diversa. Então naturalmente não podemos falar em experiência consciente ou conhecimento, mas devemos procurar outra explicação. Com base no que foi dito até agora, inicialmente remontamos à influência das experiências cinestésicas. O caráter cinestésico dos desenhos infantis, a saber, dos desenhos cegos e dos desenhos da primeira infância, é corroborado pela peculiar esquematização, em maior ou menor grau, desses desenhos. Sölli manifesta-se a respeito da seguinte forma:

> *Nós não podemos crer que uma criança de três a quatro anos de idade não pode imaginar um rosto humano de melhor forma do que o desenha. Isso pareceria sem sentido. Afinal, já é fato que desenhos infantis de pessoas sem cabelos, sem orelhas, torso e braços estão bem aquém de seu conhecimento. Em minha opinião, isso tem seu fundamento no fato de que o pequeno artista apenas simboliza. Ele não é um naturalista preocupado com uma conformidade total e exata; mas faz apenas insinuações superficiais.*

Bühler alega perceber uma relação entre a esquematização nos desenhos e o pensamento lógico-abstrato que não trabalha com representações concretas, mas com esquemas conceituais. Ele afirma:

> *Se o desenvolvimento do pensamento concreto fica bloqueado de alguma forma e por algum motivo em pessoas psiquicamente saudáveis, então isso deve se expressar nos desenhos das pessoas que tenham alguma deficiência nesse sentido. Dos idiotas, nos quais logo pensamos, não devemos esperar a negação e tampouco a confirmação do que foi dito, pois eles são reconhecidamente incapazes de desenhar e de qualquer outra coisa que faça parte do universo representativo. E quanto às pessoas surdas-mudas antes de adquirirem qualquer habilidade de falar ou de algum substituto?*

> *Podemos também levantar a questão inversa: crianças com talento excepcional para o pensamento abstrato, matemático ou filosófico já apresentam, nos primeiros anos de vida, uma tendência acentuada a realizar desenhos esquemáticos ou simbólicos? Após pesquisa apropriada, acredito ter adquirido certa autoridade para uma resposta positiva a essa questão.*

Eu me ocupei oportunamente de questões análogas, a saber:

Primeiro: Uma esquematização extremamente acentuada em desenhos, principalmente quando a criança já superou a idade da esquematização, não indicaria uma tendência ao pensamento lógico-abstrato e vice-versa?

Segundo: A tendência a desenhos extremamente esquemáticos não seria perceptível em uma criança com pensamento lógico-abstrato?

Espero poder coletar em breve material suficiente para responder à segunda questão. Por enquanto, reporto às minhas declarações sobre a estudante da faculdade de matemática e física que relatou claras alucinações de caráter cinestésico esquemático. Além disso, relatei ainda sobre alucinações puramente cinestésicas que observei justamente em tipos esquizoides, ou seja, tipos com forte tendência ao pensamento lógico-abstrato.

No que diz respeito à minha primeira questão, remeto aos resultados de minhas pesquisas, nomeadamente: tanto crianças com atraso mental quanto aquelas com pensamento lógico-abstrato nos ofereceram desenhos que não correspondiam à sua idade em termos de esquematização. Essa semelhança aparentemente paradoxal é legítima. Pois o que compreendemos como esquematização? Ela é um procedimento no qual representamos a situação geral de um fenômeno em seus contornos principais, ou seja, atentamos apenas ao que é relevante deixando todo o resto de lado. Consequentemente, a esquematização deve andar lado a lado com o pensamento lógico-abstrato. A criança pequena, por sua vez, também pensa de forma tão abrangente, mesmo que não lógica. Ela também compreende um objeto inicialmente como um todo e habitua-se apenas paulatinamente ao desmembramento desse todo em seus componentes. Afinal, nós sabemos que, por exemplo, as primeiras palavras da criança têm um caráter geral. Diversos métodos educativos baseiam-se nesse fato, como o curso de leitura segundo Decroly, no qual partimos de frases completas e passamos pouco a pouco aos detalhes. Não admira, portanto, que os desenhos das crianças em seu período inicial de desenvolvimento também tendam à esquematização.

Como podemos, no entanto, conciliar o caráter esquemático geral do pensamento infantil com o conhecido concretismo das representações infantis? Um não exclui o outro, de forma alguma. As representações mais concretas, mais intimamente associadas às sensações orgânicas e subjetivas são justamente aquelas que fundamentam nosso pensamento lógico-abstrato. Elas são as representações cinestésicas. Já que manipulamos desenhos, podemos falar em um vínculo de experiências cinestésicas e visuais. Com efeito, é difícil determinar o quanto cabe às representações cinestésicas e o quanto às representações visualizadas. Uma coisa é certa: o elemento visível no desenho o priva de suas características abstratas. Isso deve ser compreendido na acepção de que tudo o que é desenhado sempre reflete até certo grau a realidade concreta. Mesmo uma linha desenhada tem sua largura, espessura, cor, tem os atributos de um objeto objetivamente presente e real. Assim, uma imagem desenhada com uma esquematização qualquer também vai mostrar objetos que lembram algo determinado, realmente existente. Puramente abstrata será apenas aquela linha ou aquela imagem que representamos cinestesicamente, ou seja, na forma de um movimento, duração, direção, em outras palavras, uma linha como a representaríamos matematicamente, omitindo os momentos subjetivos. Portanto, a abstração consiste na separação do subjetivo justamente no campo dos elementos subjetivos cinestésicos. A abstração pode ser mais ou menos completa em nosso pensamento, a mais completa abstração é a matemática. Nem todos os campos de nosso pensamento prestam-se à abstração. Portanto, o abstrato se subjetiva concomitantemente em algum ponto profundo do consciente, como na formação de uma alucinação hipnagógica, ou então no pensamento infantil. Assim compreendemos que o pensamento global ou esquemático, apesar de ter traços comuns, não precisa necessariamente coincidir com o pensamento abstrato. A criança pequena, que pensa de forma global ou esquemática, é plenamente subjetiva e concreta em seu consciente.

Como já mencionado, cada série abstrata de nosso pensamento corresponde a uma série cinestésica visualizada [*gesichts-kinästhetische Reihe*] sincrônica. Isso significa que uma linha imaginada de forma abstrata não continua sendo uma linha abstrata e tampouco puramente cinestésica, mas se torna uma linha cinestésica visualizada. As representações visualizadas, como já destacamos várias vezes, tornam-se dominantes em sua fusão com representações cinestésicas. Dessa forma, em adultos com pensamento lógico-abstrato, além das representações abstratas "matemáticas", nós também obtemos representações concretas, visuais [*visuelle Vorstellungen*]. Assim, obtemos aqui, por exemplo, em lugar de uma representação matemático-geométrica, uma linha ou um traço, e no lugar de um agrupamento de linhas pensado de forma esquemática, nos encontramos diante de uma imagem esquemática visível dessa relação. Por conseguinte, o pensamento matemático mais abstrato também deve produzir imagens esquemáticas visíveis. Assim, é bastante provável que indivíduos que dispõem de um grande número dessas imagens esquemáticas também manifestem essa tendência à esquematização em desenhos. A coincidência à primeira vista aparentemente paradoxal das tendências à esquematização em desenhos de pessoas com atraso mental e daquelas com pensamento perfeitamente lógico-abstrato nos parece agora bastante natural. Os desenhos esquemáticos de crianças com atraso mental se diferenciam, como já mencionado repetidamente, em primeiro lugar, pelas linhas desenhadas de forma desorientada, sendo que encontramos também em desenhos videntes de crianças mais velhas com atraso mental aspectos que consideramos característicos de desenhos cegos e de desenhos normais de crianças pequenas, por exemplo, a deslocação de partes isoladas, uma desvinculação do espaço e assim por diante. Por fim, o atraso mental manifesta-se, além da esquematização do subjetivismo e concretismo infantis, também pelo acúmulo concomitante de detalhes desnecessários e irrelevantes nos desenhos. Em contrapartida, os desenhos esquemáticos de crianças talentosas se destacam pela sua clareza, pelas linhas bem definidas e pela ausência de qualquer detalhe desnecessário. Afora isso, os desenhos de crianças talentosas não se diferenciam dos desenhos de seus coetâneos. Em desenhos cegos, nós temos, simultaneamente à esquematização, também os atributos habituais que caracterizam as imagens cinestésicas.

Eu observei, contudo, uma tendência à esquematização também em algumas crianças cuja produção visualizada [*Gesichtsreproduktion*] não estava abaixo da norma. Essas crianças também apresentavam um pensamento lógico-abstrato satisfatório. Mas nem todas as crianças com pensamento lógico-abstrato satisfatório apresentavam tendência à esquematização em seus desenhos. Como isso pode ser explicado? Será que é justamente um tipo de pensamento lógico-abstrato, um tipo de pensamento que, por exemplo, tende a construções geométricas, que fornece predominantemente desenhos esquemáticos? Ou talvez outras circunstâncias até então não suficientemente consideradas desempenhem aqui também um papel? Isso nos será demonstrado por outros estudos.

Figura 39.17

O Caso 17 (Figura 39.17) ilustra o que foi dito em desenhos vidente e cego de um menino de 12 anos com pensamento notavelmente claro, lógico-abstrato. Típica histeria do período da puberdade. Dificuldades sexuais. Autoconfiante. Suscetibilidade precisa. Reprodução visual abaixo da média segundo Binet-Simon. Talento musical. Infecção tuberculosa.

A seu tempo, Piaget[21] também foi surpreendido pelo caráter "global" dos desenhos infantis, com partes isoladas e desconexas. Esse fenômeno do isolamento Piaget denominou "justaposição", a qual esclareceu com base nas peculiaridades do pensamento infantil. A criança, diz Piaget, compreende os fenômenos em sua totalidade. Apenas mais tarde ela toma consciência dos diversos pormenores, cada um dos quais ela, por sua vez, considera como um todo especial, na medida em que ainda não é capaz de

21 Piaget, J. I. Le langage et la pensée chez l'enfant, 1924; II. Le jugement et le raisonnement chez l'enfant; III. La representation du monde chez l'enfant; IV. La causalité physique chez l'enfant; Une forme verbal de la comparaison chez l'enfant. *Arch. De Psychologie*, Tome XVIII, n. 69-70, maio-out. 1921.

percebê-los como parte integrante do quadro geral. Anteriormente, Freud fizera referência, em sua "Interpretação dos sonhos", a fenômenos de justaposição na linguagem alucinatória onírica sem dotar tal fenômeno de uma nomenclatura especial. Sabidamente, Freud compreende esses mecanismos do pensamento do sonhador como mecanismos da primeira infância.

Sem dúvida, o pensamento infantil tem seus próprios mecanismos, com os quais nos deparamos tanto em seus desenhos quanto na linguagem verbal, assim como em criações e condições de adultos que de alguma forma estão relacionados aos mecanismos do pensamento da primeira infância. No entanto, ainda não há uma opinião definida se devemos explicar o caráter peculiar das produções infantis, nesse caso especial, dos desenhos infantis, por meio dos mecanismos especiais infantis do pensamento, ou talvez, com efeito, de forma inversa, ou seja: se na primeira infância nosso pensamento surge, no início, exclusivamente e, mais tarde, predominantemente a partir das experiências cinestésicas, nós talvez devêssemos explicar a peculiaridade dos mecanismos infantis do pensamento por meio das peculiaridades da experiência cinestésica. Eu pessoalmente sou favorável ao segundo ponto de vista. "O ser determina a consciência"[22] (Marx):[23] as peculiaridades características do pensamento da primeira infância são devidas às primeiras (em termos ontogenéticos) experiências cinestésicas. Poder-se-ia objetar: mas uma criança que apresenta os mecanismos do pensamento cinestésico da primeira infância já utiliza há muito suas experiências visuais, auditivas e outras. De fato, a influência dos mecanismos do pensamento por experiências visuais, auditivas e outras também na primeira idade é incontestável. No

---

22 N.T. "*Das Sein bedingt das Bewußtsein*" em alemão: notem que há, no original, um jogo de palavras, visto que o verbo "sein" [ser, estar] está presente também na palavra "Bewußtsein" [literalmente: ser consciente].

23 N.T. Marx diz originalmente que "o ser *social* determina a consciência".

entanto, é necessário um tempo extremamente longo para modificar representações fundamentais, conceitos, todo o mecanismo do pensamento, o qual foi estruturado com base em experiências profundamente enraizadas e iniciadas muito antes do nascimento. Pois nós mesmos não sabemos o quão difícil é para nós, adultos, nos libertarmos de determinadas categorias conceituais fortemente arraigadas, mesmo quando reconhecemos pela lógica e com total consciência que precisamos renunciar ao legado da experiência primeva, pois ela nos impede de atentar a algo novo? Tanto mais intensa é a influência da experiência inicial na criança. Além disso, nós talvez sobrevalorizemos na criança, e possivelmente também no adulto, a dimensão da experiência visual em detrimento da cinestésica. Talvez, na criança, não se trate exclusivamente da "visão" como acreditamos (sabidamente diz-se que adultos devem três quartos de todo seu conhecimento às experiências visuais), pois, afinal, mesmo durante um processo de pura visão, nós temos concomitantemente impressões cinestésicas. Por fim, os desenhos infantis, tanto os copiados quanto os reproduzidos posteriormente, também nos mostram que entre aquilo que denominamos "visão" e o real uso das impressões visualizadas [*Gesichtseindrücke*] obtidas há ainda uma grande disparidade. A partir disso, chegamos a duas conclusões didáticas:

1) Devemos ensinar a criança não apenas a ver, mas educá-la para que também faça uso do que foi visto. Ou seja, devemos fornecer à criança experiências visuais [*Gesichtserfahrungen*] reais e específicas, as quais ela possa guardar na memória e, se necessário, reproduzir corretamente. Essa reivindicação já foi feita por vários pedagogos que salientam a vantagem do desenho feito de memória em relação à cópia durante a aula.

2) Resta desejar que as experiências cinestésicas passem a ocupar no ensino regular um espaço muito mais relevante do que até

então. Não apenas na educação física geral, ginástica, ginástica rítmica, em parte na aula de música, mas também para fins da formação de propriedades especiais de nosso intelecto, a formação de sensações cinestésicas deveria ter grande relevância. Em todos os campos nos quais pensávamos antes de mais nada em exercícios de acuidade visual, como na estimativa de distância e tamanho, na orientação espacial, na estimativa do tempo, a cultura das sensações cinestésicas poderia trazer contribuições. Ademais, eu considero bastante conveniente, especialmente para o desenvolvimento do pensamento lógico-abstrato, mais especificamente talvez no curso de geometria, que se procure fazer o desenho de esboços com olhos fechados. Pois sabemos o quão difícil é, no início, para o aluno que está acostumado à compreensão concreta e visível de doutrinas matemáticas, assimilar as representações abstratas. Com a álgebra isso ainda é tolerável, mas raramente um aluno é capaz de imaginar em sua cabeça um esboço planimétrico, que dirá a solução de uma tarefa geométrica. Ao desenhar um esboço planimétrico de olhos fechados, fixamos mais nossa atenção na imagem cinestésica e, assim, nos aproximamos mais facilmente, segundo o que discutimos anteriormente, de uma completa abstração matemática a qual, por sua vez, como sabemos, leva aos respectivos esquemas vistos.

Com isso, construímos a ligação que faltava entre o esboço planimétrico desenhado, sem significado para a criança, e o conteúdo matemático abstrato que ele deve representar.

O desenho de olhos fechados poderia finalmente ter uso nas aulas regulares de desenho.

Tudo o que foi dito pode ser resumido como segue:

1) Ao nosso pensamento lógico-abstrato, geralmente expresso de forma verbal, corresponde o pensamento "alucinatório imagético" ou "orgânico" que decorre sincronicamente a ele. Nós podemos

observar fragmentos desse pensamento nos casos em que, por algum motivo, a acuidade de nossa atividade mental consciente se reduz, como em sonhos, em estados de exaustão, doenças psíquicas, intoxicações e outros casos semelhantes.

2) O pensamento alucinatório imagético próprio da primeira infância, o único aqui ainda existente, tem sua origem inicialmente na experiência cinestésica. No decorrer do desenvolvimento ontogenético, as experiências cinestésicas se fundem com experiências posteriores originárias de outras áreas sensoriais, principalmente com experiências visuais [*Gesichtserfahrungen*]. Devido à estreita fusão das impressões cinestésicas com impressões visualizadas, pode-se explicar o caráter predominantemente cinestésico-visual [*sehkinästhetischer Charakter*] do pensamento alucinatório imagético.

3) As imagens cinestésicas ainda não receberam apreciação suficiente na literatura até agora. Ouvimos falar apenas sobre o pensamento alucinatório visual [*gesichtshalluzinatorisches Denken*]. Isso se deve ao fato de as imagens cinestésicas, via de regra, serem absorvidas pelas imagens visualizadas, mais fortemente objetivadas.

4) A partir de observações mais acuradas, no entanto, verifica-se que essa absorção é apenas aparente: nosso pensamento subliminar mantém várias peculiaridades originadas na experiência cinestésica.

5) As peculiaridades das imagens cinestésicas se tornam visíveis na observação de desenhos infantis, as quais se equiparam às dos experimentos de Katz com membros fantasmas de pessoas amputadas. Assim como nos fantasmas em amputados, nós vemos nas reproduções cegas infantis: a) a manutenção aproximada da forma de partes do corpo isoladas; b) o prolongamento ou encurtamento de partes do corpo isoladas em diversas direções; c) a manutenção parcial da direção do movimento, ou da posição de

partes isoladas, frequentemente reproduzida com impressionante pontualidade; d) a manutenção da relação mútua entre cada parte em traços gerais. Além disso, grande independência (justaposição de Piaget) de partes isoladas, a qual pode chegar a tal ponto que a lei da impenetrabilidade física não seja mais levada em conta.

6) As mencionadas peculiaridades dos desenhos cegos de crianças mais velhas são típicas dos desenhos videntes de crianças mais jovens. Disso decorre que a) os desenhos das crianças mais jovens, mesmo com olhos abertos, são mais cinestésicos do que derivados de imagens visualizadas [*sichtbildlich*], e que b) nos desenhos cegos nos aproximamos mais dos desenhos dos períodos da primeira infância.

7) Várias das peculiaridades do pensamento da primeira infância descritas por diversos pesquisadores, como a esquematização e a justaposição, podem ser explicadas pelo caráter cinestésico de nossas experiências primitivas, a saber: os desenhos infantis não são esquemáticos porque o pensamento infantil é esquemático, mas o inverso: o pensamento infantil é esquemático porque se baseia mais do que o pensamento consciente de adultos em experiências cinestésicas a partir das quais, como vimos, se origina a tendência à esquematização, justaposição e semelhantes.

8) O desenho cinestésico reproduz, por vezes, com grande exatidão a posição corporal do desenhista. O desenvolvimento com dimensões corretas ou incorretas de algumas partes do corpo, todo o "ritmo de movimento" do indivíduo se revela de forma muito mais evidente no desenho cego do que no desenho vidente. E, como a forma e o movimento corporais constituem a expressão direta de nossa "constituição", o significado dos desenhos cinestésicos para o estudo da constituição parece bastante óbvio. A grande vantagem do estudo justamente do desenho nesse caso consiste na fixação do objeto a ser estudado sempre na mesma forma, a qual

podemos voltar a examinar com toda tranquilidade sempre que quisermos.

9) O desenho cinestésico também explicita deficiências da estrutura corporal e dos movimentos devidas a patologias do sistema nervoso central, como nos casos de paralisia infantil espinhal, encefalite e outras. Isso nos permite fazer suposições sobre o possível valor diagnóstico dos desenhos cinestésicos em patologias do sistema nervoso central.

10) Nos desenhos cinestésicos refletem-se as particularidades do caráter da criança, inclusive alterações de personalidade nitidamente patológicas. Com isso, identificamos a importância do desenho cinestésico para o estudo da personalidade normal e anormal.

11) A psicotécnica se ocupa especialmente da compreensão da personalidade no que diz respeito às habilidades profissionais. O desenho cinestésico poderia gerar a possibilidade, concomitantemente à imagem somática e psicológica geral da personalidade, de um relato sobre talentos especiais.

12) Os desenhos cinestésicos devem ser também utilizados para fins didáticos, como para o desenvolvimento do pensamento lógico-abstrato, por exemplo, na matemática, especialmente para o estudo da geometria. A avaliação de tudo o que foi dito até agora poderia ter implicações não menosprezáveis também para um curso de desenho. Por fim, em todos os casos em que quisermos desenvolver em jovens alunos a pontualidade, habilidade, um sentido de proporção exato e, eventualmente, também uma estimativa exata do tempo, seria recomendável experimentar exercícios especiais com sensações cinestésicas, principalmente o desenho esquemático com olhos fechados.

40. Um arco histórico da psicanálise na Rússia[1]

Renata Udler Cromberg

Em 1979, o ressurgimento das cinzas da psicanálise na URSS pode ser comprovado pela realização do Primeiro Simpósio Internacional sobre o Inconsciente, com mais de mil e quatrocentos participantes. Mas foi apenas em 1987, a partir da *Glasnost* (a abertura cultural) e da *Perestroika* (o programa político de reestruturação), promovidos pelo líder soviético Mikhail Gorbachev, que esse campo de saber passou a ser legitimado novamente e o acesso a documentos que evidenciaram a ascensão e a queda da psicanálise no período soviético foi enfim liberado. Isso facilitou as pesquisas sobre a presença e a atuação profissional de Sabina Spielrein na URSS realizadas por vários pesquisadores, na medida em que a liberação dos arquivos estatais, sobretudo do tenebroso período stalinista, se deu paulatinamente.

Em 1927, o crucial momento de controvérsias e luta pelo qual passava a psicanálise na recém-criada União Socialista das

1 Versão modificada do ensaio publicado em Souza Jr., P. S. (org.). *Psicanálise e os lestes*. São Paulo, Annablume, 1917.

Repúblicas Soviéticas – como passou a se chamar a antiga Rússia Imperial após a revolução bolchevique –, o seguinte trecho de uma carta de Sigmund Freud para o pioneiro da psicanálise russa, Nicolai Ossipov – exilado desde 1921 em Praga –, escrita em 23 de fevereiro de 1927, ilustra bem o quanto ele estava informado sobre o processo de morte da psicanálise clínica na União Soviética.

> *A propósito, as coisas vão mal para os psicanalistas na Rússia Soviética. De alguma forma os bolcheviques colocaram nas suas cabeças que a psicanálise é hostil ao seu sistema. Você sabe que, na verdade, nossa ciência não pode ser colocada a serviço de nenhum partido, mas que, por outro lado, necessita de uma certa liberalidade*[2] *para seu próprio desenvolvimento.*[3]

Deu-se em 1927 o auge das controvérsias oficiais promovidas pelo governo stalinista, que visavam à crítica e à destruição do valor da psicanálise – enquanto teoria, prática clínica e concepção de homem – e à condenação da psicanálise como ideologia burguesa, o que ocorreu a partir de 1930. Voloshinov, citado na carta de Spielrein, escreveu *Freudianismo*, também em 1927, uma das críticas mais devastadoras da época aos freudianos soviéticos, a qual deu continuidade a uma crítica publicada dois anos antes em um artigo seu denominado "Além do social". Do lado de dentro do movimento psicanalítico, houve duas baixas importantes em 1927, contrariando o desejo de Spielrein de que Wulff e Luria lutassem juntos a favor da psicanálise. Moshe Wulff – um dos fundadores da

2 *Freiheitlichkeit.*

3 Citado em Miller, M. A. *Freud and the Bolsheviks: psychoanalysis in Imperial Russia and the Soviet Union*. New Haven/Londres, Yale University Press, p. 97 (a partir de Fischer, R. E. Psychoanalyse in Rußland. *Die Psychologie des 20. Jahrhunderts*, t. III: Freud und die Folgen (2), 1977, p. 124).

psicanálise na Rússia; presidente, desde 1924, da Associação Russa de Psicanálise – foi ao 10º Congresso da Associação Psicanalítica Internacional em Innsbruck, do qual Sabina gostaria de ter participado. Wulff não acreditava que fosse possível conciliar psicanálise e marxismo. Tendo viajado inicialmente a Berlim, emigrou para a Palestina em 1933, fundando a futura Sociedade Psicanalítica de Israel, à qual iria se juntar Max Eitingon, alguns anos mais tarde, fugindo do nazismo. Já Aleksandr Luria, que esteve entre aqueles que achavam ser possível conciliar freudismo e marxismo, renunciou à secretaria da Associação Psicanalítica Russa, de onde enviava relatórios anuais sobre o estado da psicanálise na Rússia para a publicação pela Associação Psicanalítica Internacional, sendo o seu último relatório enviado aquele relativo ao ano de 1927. Sua renúncia foi, em parte, uma decisão política em resposta ao coro antipsicanalítico crescente no Instituto de Psicologia onde trabalhava. Ele cursou então Medicina, especializando-se em neurologia, e tornou-se destacado cientista no campo da neurociência. Ainda em 1927, Lev Vygotsky[4] escreveu *A psicologia da arte na obra de Freud.*

Em 1925, Lev Vygotsky e Aleksandr Luria escreveram, no prefácio da tradução russa de *Além do princípio do prazer*, de Sigmund Freud: "Diante de nossos olhos, começa se delinear na Rússia uma tendência nova e original na psicanálise".[5] Eles tinham razão, pois desde a fundação da Associação Psicanalítica Russa, em 1921, a psicanálise penetrou diversos campos: a universidade, a formação

4 Lev Semenovitch Vygotsky (1896-1934) foi um importante pensador nas áreas de literatura, arte, psicologia, linguagem e pensamento. Criou o conceito pioneiro de que o desenvolvimento intelectual das crianças ocorre em função das interações sociais e condições de vida. Todavia, foi descoberto pelos meios acadêmicos ocidentais apenas muitos anos após a sua morte.

5 Vygotsky, L.; Luria, A. Introduction to the Russian translation of Freud's *Beyound the pleasure principle*. In Van der Veer, R.; Valsiner, J. (orgs.). *The Vygotsky Reader*, pp. 9-18. (cf. Miller, 1998, n. 50, pp. 53 e 90).

de psicanalistas, a educação infantil, a psiquiatria e associações de criação artística. Uma inédita parceria e apoio estatal permitiram uma expansão numérica e qualitativa do campo psicanalítico de então. No mesmo prefácio, escreveram que Freud era "um dos mais intrépidos entre as grandes mentes de nosso tempo" e que a maioria das objeções à popularidade da psicanálise na Rússia Soviética "não se sustentará mesmo perante o menor toque de pensamento crítico". Essas avaliações não foram mais impressas em outras edições.

Um arco histórico[6]

A ascensão, a queda, a morte e o posterior ressurgimento da psicanálise na Rússia estiveram relacionados diretamente com os fatos políticos que governaram a sociedade russa ao longo do século XX. O movimento psicanalítico iniciou-se ainda sob os tempos da Rússia Czarista. Sua ascensão e apogeu aconteceram sob o governo socialista bolchevique de Lenin, oito meses após a revolução de 1917, após as lutas que se seguiram à abdicação do czar Nicolau II. Nos anos seguintes, o novo regime devotou muito tempo à consolidação de seu poder e à legitimação de sua autoridade. Durante esse período, houve uma mistura inusual de forças conflitantes, aliada a uma terrível seca que acarretou em fome. Foram doze milhões de mortes por assassinato e inanição. Uma legião de órfãos surgiu,

6 Miller (*Freud and the Bolsheviks: psychoanalysis in Imperial Russia and the Soviet Union*. New Haven/Londres, Yale University Press, 1998) e Richebächer (*Spielrein de Jung a Freud*. Rio de Janeiro, Civilização Brasileira, 2012) são as referências bibliográficas utilizadas aqui. No entanto, Ovcharenko & Leybin, Belkin & Litinov e A. Etkind foram os pioneiros na pesquisa e na escrita sobre a história da psicanálise russa, quando os arquivos estatais foram abertos, a partir de 1989 – publicando em russo, a partir de 1992, e em outros idiomas, a partir de 1996.

demandando atenção das instituições do Estado prioritariamente para abrigo e educação, o que foi crucial para o interesse do Estado pela psicanálise. De um lado, a centralização de poder era concluída, o que incluía a eliminação dos partidos políticos adversários e a execução das decisões tomadas pelo comitê central do Partido, de maneira crescentemente autoritária. Por outro lado, como as fronteiras permaneciam fluidas em várias áreas da sociedade, certas formas de experimentação eram toleradas desde que pudessem ser justificadas como apoiadoras da revolução. Para que grupos profissionais e indivíduos privados sobrevivessem, ficava implícita a colaboração com os objetivos de Estado, até que a definição da legitimidade bolchevique fosse completada. Assim, a todos eram requeridos compromissos políticos para trabalhar. Os líderes bolcheviques deixaram abertas as aparentes possibilidades de participação na construção da nova sociedade com formas que competiam entre si para legitimação da nova ordem.[7] Era preciso empreender uma reforma profunda da natureza humana para a criação do "novo homem". "A capacidade de educar tudo o que vivia parecia infinita, tudo parecia poder ser reeducado pela modificação das condições do meio ambiente."[8] Em 1922, o partido bolchevique no poder era denominado Partido Comunista. O país já era denominado oficialmente União das Repúblicas Socialistas Soviéticas (URSS). Deram-se, em 1923, as últimas lutas e rebeliões políticas do Exército Branco dos mencheviques contra o Exército Vermelho. Tendo anunciado, no 10º Congresso do Partido, em 1921, o controle exclusivo sobre o poder político, a liderança dirigiu sua atenção, de uma maneira mais focada, aos outros setores da sociedade. Um conjunto de forças contraditórias foi novamente

7 Miller, M. A. *Freud and the Bolsheviks: psychoanalysis in Imperial Russia and the Soviet Union*. New Haven/Londres, Yale University Press, 1998, pp. 53-4.

8 Richebächer, S. *Sabina Spielrein de Jung a Freud*. Rio de Janeiro, Civilização Brasileira, 2012, pp. 263-4.

colocado em movimento: enquanto a Nova Política Econômica de Lenin permitia um retorno parcial a formas de economia capitalista – em um tempo em que a ajuda pedida para resolver o problema da fome foi atendida pelo Ocidente –, como adaptação a um longo período de transição para a nova ordem social, surgia ao mesmo tempo a política de Stálin, a difusão de um esforço por ideologizar a sociedade inteira e burocratizar o Partido e a sociedade por meio do clientelismo.[9]

Para a comunidade psicanalítica, que tinha aproximadamente dez anos de existência, essas novas condições eram um enorme desafio. A sobrevivência não era possível sem a aprovação e a tolerância do Partido. A prioridade mais urgente era descobrir como essa aprovação poderia ser obtida e quais concessões seriam necessárias para isso. De qualquer maneira, os seguidores de Freud – ou freudistas, como eram chamados (uma vez que a psicanálise era chamada de freudismo nesse período) – tinham de combater de bom grado os problemas cotidianos, tal como eram priorizados pelas autoridades vigentes, o que tirava a autonomia de uma agenda própria. Mas foi dessa maneira ambígua que, ao menos até 1927, muito trabalho sério e criativo em campos inéditos foi feito pelos psicanalistas em associação com várias instituições. Nesse período, o debate em torno da compatibilidade ou não entre a psicanálise e o marxismo deu-se por meio de conferências e artigos.[10]

Tudo mudou após a morte de Lenin – um ambíguo, mas tolerante, protetor do freudismo –, em janeiro de 1924. Somaram-se a esse acontecimento a queda de Trótsky em desgraça política, o grande apoiador da psicanálise (expulso do Partido Comunista, também em 1927), e a ascensão de seu rival, Stalin, ao poder. A

---

9 Miller, M. *Freud and the Bolsheviks: psychoanalysis in Imperial Russia and the Soviet Union. Op. cit.*, p. 54.

10 *Idem*, pp. 54-5.

partir do endurecimento do regime, que trouxe a supressão da liberdade de associação, e da stalinização do sistema soviético, o movimento psicanalítico russo se extinguiu progressivamente. Em 1930, pode-se dizer que a psicanálise fora erradicada da URSS, embora um punhado de clandestinos ainda a tenham praticado até 1936. Embora o interesse de Trótsky em manter a psicanálise como parte de um debate contínuo sobre o estabelecimento de uma Psicologia Marxista tenha ajudado os freudianos soviéticos durante a metade dos anos 20, sua associação com eles, por mais indireta que fosse, logo se tornou uma fatal vulnerabilidade. A ainda otimista carta de Spielrein, trazida no Capítulo 36 pela pesquisa de Sabine Richëbacher, que apontava os esforços de sobrevivência da psicanálise clínica na URSS, é contrariada pela publicação do último livro soviético de psicanálise clínica, também em 1927, escrito por Perepel, um freudiano de Leningrado. Ele não obteve aprovação para publicação pela Editora Estatal, mas publicou-o por iniciativa privada, em um tempo em que o governo tinha o monopólio legal da indústria de publicações. Chama a atenção o fato de que Spielrein tenha escrito e publicado no Ocidente o artigo "Desenhos infantis de olhos abertos e fechados", que pode ser considerado a última reflexão psicanalítica vinda da URSS.

As controvérsias tornaram-se uma guerra de condenação e morte do freudismo até a sua completa proibição – inclusive a do nome de Freud – no período de 1933 até a morte de Stalin, em 1953. A comunidade psicanalítica russa foi silenciada. O último relatório de Vera Schmidt[11] sobre as atividades da Sociedade Psicanalítica Russa apareceu em 1930, no qual ela conta que, em 17 de fevereiro, um psicólogo chamado Fridman discutiu as críticas à psicanálise feitas no Primeiro Congresso de Psicólogos de toda a

11 Vera Schmidt (1889-1937) foi uma pioneira da psicanálise na Rússia e uma das grandes figuras do freudo-marxismo.

União Soviética, realizado em Moscou. Entre os psicólogos que lá estavam não houve quem defendesse o nome de Freud. O último livro de Freud traduzido, publicado na série dirigida por Ermakov, um dos pioneiros da psicanálise russa, foi *O futuro de uma ilusão*, em 1930.

Esse silenciamento dos freudianos soviéticos, de suas instituições e de suas ideias, fazia parte de uma transição política mais ampla que todo o país estava vivendo. Os debates abertos sobre Freud e a psicanálise durante os anos 1920 serviram a seu propósito. A liderança do Partido acomodou a psicanálise como parte de um esforço de estabelecer uma psicologia marxista. O comunismo soviético foi, portanto, inicialmente receptivo ao pensamento de Freud como um dos modos possíveis de explicação do comportamento humano. Entre 1925 e 1930, contudo, a psicanálise foi sendo eliminada, junto com outras inaceitáveis orientações psicológicas que vinham de influências ocidentais consideradas antissocialistas, como a psicologia da *Gestalt*, a fenomenologia, a estatística e os testes psicológicos. O ataque à comunidade psicanalítica não foi um fenômeno isolado, mas sim parte de uma mudança intencional de um período criativo de teorias que competiam entre si para um período em que qualquer conceito ou organização poderia ser visto como ameaça à doutrina do stalinismo, cada vez mais endurecida. Stalin – ao contrário de Lenin e Trótsky, que defendiam a internacionalização do socialismo – defendia o socialismo em um só país. Assim, todos os aspectos das relações sociais tinham de estar subordinados ao todo governamental. Durante o final dos anos 1920, em nome da construção do socialismo, os modos de sobrevivência de negócios privados – como bancos, empresas, escolas ou a terra – foram nacionalizados ou abolidos. Com o colapso das políticas associadas à Nova Política Econômica e o estabelecimento do primeiro Plano Quinquenal em 1928, de coletivização forçada da economia no campo e na produção industrial, a distinção entre público e privado desapareceu. Tudo o que fosse percebido como algo externo ao reino público era considerado parte do domínio das forças contrarrevolucionárias. Tal conceito de socialismo de um país em guerra com o mundo capitalista fazia com que movimentos internacionalistas como a psicanálise, com seus institutos na América e Europa, fossem vistos como perigosa oposição.[12] Já no final da década de 1920, podia-se sentir a Revolução Cultural que se estabeleceria a partir de 1930, com o Congresso empoderado para estabelecer as linhas mestras dos futuros inquéritos sobre a natureza do homem e da sociedade, com novos limites ditados mais por razões políticas do que científicas ou intelectuais.[13] Agora não eram apenas as teorias a serem criticadas, condenadas e proibidas: ser publicamente identificado como teórico ou pesquisador que não estivesse trabalhando dentro do paradigma estreito estabelecido pelo Partido era um bilhete para o completo esquecimento profissional, ou ainda para possibilidades mais ameaçadoras.

A comparação entre os dois grandes congressos da área da psicologia e do comportamento humano é ilustrativa. O Congresso Psiconeurológico, em 1923, simbolizou o espírito de pesquisa e o pluralismo dos pontos de vista que caracterizaram os anos 1920, quando, com ampla repercussão para a população através da imprensa, apoiadores da psicologia introspectiva e da psicanálise freudiana competiam com aderentes ao behaviorismo, à reflexologia e à psiquiatria biológica, com 906 delegados que assistiram a apresentações que concerniam a problemas imediatos. Já o Congresso sobre o Comportamento Humano, de 1930, liquidou com a psicanálise – considerada ali como antissoviética e burguesa. Depois dele, todas as tentativas de unificar as teorias de Freud com Pavlov,

12 Miller, M. *Freud and the Bolsheviks: psychoanalysis in Imperial Russia and the Soviet Union. Op. cit.*, p. 94.

13 *Idem*, p. 100.

esforço iniciado com Trótsky (a partir de uma carta endereçada a Pavlov, depois de seu contato entusiasmado com a psicanálise de Viena), cessaram. A política trotskista e o trabalho de Freud foram considerados danosos ao marxismo-leninismo. Eles deveriam ser combatidos vigorosamente no *front* psiconeurológico. A partir daí, houve uma apropriação dos problemas definidos pelos freudianos como cruciais, sobretudo no campo do desenvolvimento da criança, ao mesmo tempo que seus conceitos foram repudiados. A psicanálise e Freud sofreram um ataque devastador sem poderem ser defendidos por ninguém nos anos que se seguiram ao Congresso. Ainda assim, a psicanálise persistiu subterraneamente, apesar de todos os esforços para eliminá-la, por ser considerada um inimigo antibolchevista. No entanto, o mesmo ocorreu a outras teorias psicológicas que começaram a ser trocadas em um fluxo que seguia as inconstantes posições dos líderes do Partido. Pesquisadores não psicanalíticos proeminentes como Bêkhterev e Kornílov foram criticados severamente e foi desencorajada a publicação de jornais e revistas especializados em psicologia. Diretores de institutos e suas equipes eram removidos e recolocados com a intensidade de um expurgo político partidário. A conexão entre investigação científica e ortodoxia política era tal que cada erro no campo da metodologia de uma pesquisa era transformado inescapavelmente em um erro político, porque enfraquecia o *front* da construção socialista e armava os inimigos.[14]

O edifício ideológico construído começou a rachar com a morte de Stalin, em 1953. Após décadas de um governo baseado no medo, as mudanças aconteceram gradualmente. Houve a reabilitação de muitos dos "inimigos do povo" que estavam no Gulag (nome dos desterros territoriais soviéticos para a Sibéria e Cazaquistão, para confinamento e trabalho forçado dos inimigos do povo);

14 *Idem*, p. 110.

houve o discurso secreto de Nikita Khrushchov no 20º Congresso do Partido, no qual denunciou os crimes de Stalin, e a publicação de novelas que mostravam o *ethos* do realismo socialista – como *Um dia na vida de Ivan Denisovich*, de Alexander Solzhenitsyn. Os três irmãos de Sabina Spierein, fuzilados por crime contra o Estado em 1937 e 1938, foram reabilitados. Um primeiro jornal devotado à psicologia foi publicado, após 25 anos, e nele apareciam críticas cautelosas ao pavlovismo monolítico. O freudismo começou a se levantar da tumba, embora de maneira ainda crítica. A primeira infância e o desenvolvimento infantil voltaram a ser discutidos, após anos de negligência desses temas, por sua associação ao freudismo. As neuroses e o inconsciente – temas banidos desde o final dos anos 1920 por serem inaceitáveis – começaram a retornar aos artigos; e pesquisadores respeitados que conheciam a psicanálise começaram a ganhar maior influência. Ainda que a psicanálise tenha retornado sob o viés da crítica, essa era a única maneira de se ter acesso aos textos freudianos.

A psicanálise de 1909 a 1919

A primeira tradução de "A interpretação dos sonhos" para o russo, em 1904, foi a primeira tradução feita para outra língua. Mas foi em 1908 que aconteceu a primeira publicação psicanalítica russa: um artigo de Nikolai Ôssipov na principal publicação de psiquiatria do país. Ele atuava como psiquiatra na Clínica Psiquiátrica de Moscou. Nesse escrito, ele enfatizou com entusiasmo a importância do método psicanalítico, apresentando um histórico a respeito de Freud e da invenção da psicanálise; apontando a importância do método catártico, do conceito de trauma psíquico e do novo método que envolvia o exame do inconsciente do paciente por meio da análise dos sonhos e das fantasias e das memórias das relações infantis com pais e irmãos que jaziam sob profundo recalque. Para ele, a tarefa da terapia psicanalítica era destrancar esses conflitos enterrados e libertar os pacientes da dor e da infelicidade que estes causavam em sua vida cotidiana. Seu pai, Evgraf Ôsipov, havia sido por vinte anos, de 1875 a 1895, um dos mais respeitados médicos administradores da Rússia; um dos pioneiros na reforma da saúde da metade do século XIX, que criou os *zémstvo*, comissões encarregadas de melhorar as condições de vida dos camponeses. Nikolai se formou médico na Basileia e depois retornou a Moscou. Em 1908, foi estudar com Freud em Viena. Após seu retorno a Moscou, ele organizou um pequeno grupo para ler e estudar psicanálise às sextas-feiras, que era presidido pelo chefe da Clínica da Universidade de Moscou, Sêrbsky. Ali ele apresentou seus primeiros artigos antes de serem publicados, os quais também enviou a Freud – que teceu comentários entusiásticos a seu respeito em suas cartas a Jung. Como Freud não entendia russo, se inteirava do conteúdo desses artigos por meio de resumos fornecidos a ele, provavelmente por Spielrein ou Drosnes, os primeiros russos a frequentarem os encontros psicanalíticos em Viena. Em 1909, Ôssipov publicou o primeiro estudo de caso clínico detalhado da história da psicanálise russa, "Sobre a neurose de angústia", artigo que desencadeou uma onda de crescente interesse por esse novo campo, apesar do ceticismo sobre a validade da psicanálise e do conceito de inconsciente em alguns rincões.[15]

O desenvolvimento da psicanálise como um movimento na Rússia começou em 1909. Aos artigos de Ôssipov, se somaram três artigos de Vyrubov – um professor de Medicina da Universidade de Moscou – e o importante artigo de Moshe Wulff, "O método psicanalítico de tratamento". Wulff estudou em Berlim e a leitura de *Estudos sobre histeria*, de Breuer e Freud, foi uma revelação para

15 *Idem*, pp. 3-29.

ele. Abraham, que havia retornado a Berlim após estadia em Zurique, na clínica Burghölzli, foi seu analista e professor; mas, devido a preconceitos contra a psicanálise no sanatório em que trabalhava, retornou à Rússia para praticá-la ali. Berg, um psiquiatra russo que estudou com Jung, publicou um relatório denominado "Impressões da clínica de Zurique", louvando o trabalho que viu lá e dizendo como estava convencido de que a psicanálise já tinha se tornado um meio terapêutico poderoso na luta contra as neuroses e psicoses, que daria resultados clínicos ainda maiores no futuro. No mesmo ano de 1909, Asatiani apresentou uma conferência à Sociedade Acadêmica para Psiquiatria e Neurologia, em Moscou, sobre a teoria e a prática da psicanálise de acordo com Jung. Também nesse ano, o prestigiado prêmio da Competição Kojévnikov – oferecido anualmente pela sociedade de Neurologia e Psiquiatria da Universidade de Moscou – trouxe, pela primeira vez, o tema "Psicanálise (Freud e outros) e as doenças funcionais do sistema nervoso", o que ilustra a penetração das ideias freudianas na medicina russa.[16]

O mais importante desses desenvolvimentos, contudo, em 1909, foi o estabelecimento da primeira revista psicanalítica – o que, mais do que tudo, foi responsável pelo alargamento e pela influência do trabalho de Freud na Rússia. O mais incrível foi o fato de que ela foi publicada no mesmo ano da primeira revista publicada por Freud, o *Jahrbuch für psychoanalytische und psychopathologische Forschungen*. A revista russa *Psikhoterapiia* foi resultado do trabalho de Ôssipov e Vyrubov. Originalmente ela seria um fórum de todas as ideias no campo da psicoterapia. Depois de um ano de existência, o melhor da pesquisa teórica e clínica feita pela comunidade psicanalítica russa dominava quase todos os artigos. Além disso, cada número continha resenhas detalhadas e informativas sobre as mais recentes publicações de Freud e Jung, além

16 *Idem*, pp. 32-4.

de discussões sobre artigos de pesquisa publicados nas revistas de psicanálise e de psiquiatria europeias.[17]

Em 1909, um outro projeto freudiano ainda foi iniciado por Ôssipov, ajudado por Wulff e Vyrubov: a Biblioteca Psicoterapêutica, que passou a publicar trabalhos de Freud traduzidos para o russo. Nenhuma tradução dos escritos freudianos havia sido publicada em outro país quando, nesse ano, surgiram as traduções de *Sobre os sonhos*, *Cinco conferências de psicanálise*, *Psicopatologia da vida cotidiana* e *Três ensaios para uma teoria da sexualidade*.

O primeiro relatório sobre a emergência da psicanálise na Rússia apareceu no *Jahrbuch* de 1910. Em 1911, foi publicado nessa revista o artigo de Wulff. Nikolai Ôssipov, que estava por trás do desenvolvimento da psicanálise na Rússia, foi a Viena em 1910. Em 1912, ele publicou um estudo de caso que foi sua mais importante contribuição para a formação da psicanálise russa, um caso similar a outro estudado e publicado por Vladímir Bêkhterev. Ele fez uma comparação sobre os dois casos e apresentou seus achados em um encontro da Sociedade de Neuropatologistas e Psiquiatras de Moscou, que foi publicado como "Sobre o sorriso compulsivo". Se para Bêkhterev o que estava em jogo era um mau funcionamento de um mecanismo fisiológico, para Ôssipov a própria resposta fisiológica era parte de um mecanismo de defesa por parte do paciente para conciliar seu embaraço devido à sua impotência. Ele defende então que o paciente sofria de doença mental, e não fisiológica, com sintomas somáticos.[18]

Em maio de 1911, Leonid Drosnes, um psiquiatra de Odessa com treino em psicanálise, vai visitar Freud e comunica a este que

17 *Idem*, p. 34.

18 *Idem*, pp. 37-9.

o grupo de Ôssipov fundou a Sociedade Psicanalítica Russa, em Moscou.

Em 1911, Sabina Spielrein tornou-se a segunda mulher a ser admitida como membro da Sociedade Psicanalítica de Viena, apresentando um resumo de seu ensaio "A destruição como origem do devir", publicado no *Jahrbuch* em 1912. Sua tese de especialização em psiquiatria, a primeira tese universitária sobre psicanálise, "Sobre o conteúdo de um caso de esquizofrenia", havia sido publicada no *Jahrbuch* de 1911, sendo o primeiro artigo de pesquisa realizado por um contribuinte russo a estar em um jornal freudiano. Entre 1911 e 1912, ela permaneceu no círculo freudiano, sendo reconhecida por sua originalidade e profundidade de aprendizado pela comunidade analítica europeia, produzindo artigos inovadores. Em 1921, Spielrein publica um artigo nomeado "Literatura russa"[19] – útil até hoje para a história da psicanálise russa –, em que apresenta ao Ocidente as principais contribuições da comunidade psicanalítica russa, enumerando e resumindo os artigos publicados antes da Guerra nas principais revistas daquele país, bem como conferências e discussões em grupos.

Tatiana Rosenthal, médica psiquiatra e psicanalista, também foi aceita na mesma época como membro da Sociedade Psicanalítica de Viena, sendo que continuou a frequentar muitos encontros, mesmo após seu retorno a São Petersburgo – onde começou sua prática analítica. Ela publicou, em 1911, seu principal e pioneiro estudo que explorava as relações entre psicanálise e literatura.

Alexander Bernstein, diretor do Instituto de Psiconeurologia de Moscou, teve um papel crucial na fundação de instituições

---

19 Spielrein, S. Russiche Literatur. Cadernos suplementares da *Internationalen Zeitschrift für Psychoanalyse*. Prof. dr. S. Freud (org.), n. III, Leipzig/Viena/Zurique, 1921, pp. 356-65. Capítulo 18, "Literatura russa", deste volume.

psicanalíticas. Ele se interessou muito pela psicanálise e, já em 1913, publicou um artigo sobre teoria e prática da psicanálise, "Questões de medicina científica", na revista *Woprosi Nautschnoi Mediziny*.

Os psicanalistas Moshe Wulff e Sabina Spielrein não publicaram nada em russo até a Primeira Guerra Mundial. Embora Wulff tenha retornado à Rússia em 1911 e praticado psicanálise em Odessa – e depois em Moscou, em 1914 –, ele publicou seus importantes artigos de pesquisa em alemão, como membro da Sociedade Psicanalítica de Viena. Ele era o russo que mais aceitava as teorias freudianas acerca das pulsões sexuais e era um mestre na narrativa freudiana.

Freud estava a par, de certa maneira, do que se passava na Rússia e disse algumas palavras sobre isso no seu texto de 1914, *História do movimento psicanalítico*:

> *Na Rússia, a psicanálise se tornou bem conhecida e se espalhou amplamente; quase todos os meus escritos, bem como de outros adeptos da psicanálise, foram traduzidos em russo. Mas uma compreensão de fato penetrante das teorias psicanalíticas ainda não aconteceu na Rússia.*[20]

Além da conexão com psiquiatras russos que vinham treinar com ele, Freud recebia ocasionalmente pacientes da Rússia. O mais famoso deles foi Serguêi K. Pankêiev, o Homem dos Lobos, como ficou conhecido após a publicação, em 1918, do caso clínico acompanhado por Freud entre 1910 e 1915.

---

20 Freud, S. História do movimento psicanalítico. In *Obras psicológicas completas de Sigmund Freud*, v. XIII. Rio de Janeiro, Imago, 1976, p. 45.

A morte da psicanálise na URSS de Stálin: de 1930 a 1956

Após o período criativo de 1919 a 1925 da psicanálise na URSS, no período leninista após a Revolução Russa e a Primeira Guerra Mundial, já abordado em capítulo anterior, ocorreram as Controvérsias entre 1925 e 1930.

Em 1929, Sabina Spielrein voltou de Berlim com seu marido, para onde haviam viajado para o enterro de sua sogra; e pouco tempo depois, em Rostov-sobre-o-Don, seus passaportes foram confiscados. Essa passou a ser a política stalinista para confinar ucranianos, e também caucasianos, em seus lugares de residência na época do Holodomor,[21] ou holocausto ucraniano: nome atribuído à fome de caráter genocidário ou Grande Fome da Ucrânia, causada por Josef Stalin, no comando da União Soviética, pelo bloqueio de alimentos – o que devastou principalmente o território da República Socialista Soviética da Ucrânia (integrada à URSS) e a região de Kuban, no Cáucaso do Norte, bem como o Cazaquistão (para onde fugiram ou foram exilados ucranianos e russos de outras regiões). Tendo se iniciado já em 1931, mas principalmente entre os anos de 1932-1933, esse genocídio por inanição gerou um enorme número de vítimas: quatro milhões e meio de vítimas estimadas na Ucrânia e mais três milhões nas demais regiões soviéticas, segundo as investigações realizadas após 1989 – quando se revelou o segredo de Estado referente a essa ação deliberada de extermínio pela fome do povo ucraniano enquanto entidade étnica social. Apesar da herança do Holodomor apresentar similitudes com as de outras regiões da União Soviética, ela tem a particularidade de ter transformado o Estado federal soviético em um

21 *Holod* [fome] e *moryty* [matar por meio de privações, esfaimar] – significando, por isso, "matar por inanição".

império despótico por meio da submissão da sua segunda república mais importante. A política da fome abriu caminho para o Grande Terror de 1937-1939 – grande expurgo, com centenas de milhares de assassinatos e desterros. A fome dizimou e deixou um legado de dor, com marcas físicas e psicológicas profundas e traumatizantes em numerosas famílias, que nunca tiveram o direito de expressar seu luto até 1989.

A batalha política dentro do Partido Comunista, já dominado inteiramente por Stalin desde 1927, que esmagou as fontes remanescentes de oposição, estendeu seus efeitos às organizações profissionais, e o Congresso sobre o Comportamento Humano de 1930 foi seu palco privilegiado, já que seu propósito era resolver as disputas entre as teorias psicológicas em competição e estabelecer de maneira autoritária a psicologia marxista, como mencionado anteriormente. O privilégio dado à consciência e ao estudo da psique em seu substrato materialista – no contexto de uma teoria evolucionária biológica e de uma ciência fisiológica – indicavam que Freud estava sendo "assassinado" e que a concepção da psique baseada no inconsciente estava desaparecendo. A psicanálise, entre outras teorias, não era mais criticada, mas condenada como desvio burguês antissocial e ultraindividualista, além de ideologicamente antiproletária. Por fim, ela foi proibida, em uma batalha contra a influência de Freud, uma técnica que acabou se provando eficaz, uma vez que atribuía consequências políticas a posições teóricas fora da política.[22] Os perigos apresentados pela teoria psicanalítica eram assuntos que preocupavam não apenas os psicólogos filiados ao Partido, mas sua própria liderança. Veio do Comitê Central do Partido a sentença:

22 Miller, M. *Freud and the Bolsheviks: psychoanalysis in Imperial Russia and the Soviet Union*. *Op. cit.*, pp. 100-10.

> *A psicologia soviética e a psicologia burguesa são opostas no que diz respeito ao que segue: a psicologia burguesa considera o inconsciente o ponto de partida, como se fosse o núcleo central da personalidade humana. A psicologia soviética promoveu explicitamente a teoria de que a consciência é o nível de desenvolvimento mais alto e especializado da psique e indicou o papel dominante desempenhado pelas influências conscientes quando comparadas às influências inconscientes.*[23]

Assim, a interpretação soviética das ideias de Freud explodiu em um mito negativo, cheio de imagens ameaçadoras de irracionalismo e caos, como o nervo central da psicologia ocidental. Esse mito foi usado para um maior controle sobre a sociedade, maior obediência a uma doutrina nascida em solo soviético e maior autoridade da liderança partidária sobre profissionais e intelectuais.[24]

Apesar de as notícias que chegavam da Rússia serem ruins, os psicanalistas de esquerda, como Otto Fenichel e Wilhelm Reich, mantinham ingenuamente as esperanças em um futuro para a psicanálise na União Soviética. Fenichel, exilado em Oslo, escreveu para seus amigos russos, recebendo destes respostas protocolares. Escreveu a Vera Schmidt, em 1934, colocando-a em perigo, ao que ela respondeu dizendo que só o Partido Comunista compreendia plenamente o marxismo e o leninismo e que, por isso, não poderia discutir questões metodológicas com pessoas que não eram nem marxistas nem comunistas. Uma médica ocidental, em viagem turística, procurou Schmidt para perguntar sobre o futuro da psicanálise russa e recebeu como resposta que

---

23 *Idem*, p. 112.

24 *Idem*, p. 113.

> *na União Soviética não havia neuroses, doença típica de países capitalistas; nem se considerava viável um método que se dedicava por anos a um só indivíduo. Um psicanalista não teria nada a buscar no novo mundo.*[25]

O ressurgimento da referência psicanalítica: de 1956 a 1989[26]

Entre 1956 e 1960 vemos a presença de "Freud sem Freud"[27] nos artigos de Miasiskchev – neuropsicólogo designado diretor do Instituto de Neuropsicologia de Leningrado após a morte de Stalin – e Uznadze, do Instituto de Psicologia da República da Geórgia, em Tbilisi. O primeiro escrevia clinicamente de forma psicanalítica sem uma única referência à literatura psicanalítica. Em vez de falar sobre os conflitos sexuais infantis traumáticos, falava sobre o papel do passado na situação patológica, mas o papel do inconsciente era sempre um motivo poderoso na descrição do paciente. Na recém-criada revista *Problemas de Psicologia*, pela primeira vez apareceu um extensivo tratamento do conceito de "inconsciente" – abandonado, junto com o conceito de "neurose" –, desde que as investigações psicanalíticas haviam se tornado inaceitáveis, nos anos 1920. Já Uznadze queria estabelecer uma prova empírica da existência do inconsciente na personalidade humana.

Mas ninguém poderia ter previsto o espantoso *revival* do interesse por Freud que surgiria nos anos 1960, em um estilo soviético peculiar, que não era a celebração, mas a renovação da condenação

---

25 Richebächer, S. *Sabina Spielrein de Jung a Freud. Op. cit.*, pp. 293-4.

26 Miller, M. *Freud and the Bolsheviks: psychoanalysis in Imperial Russia and the Soviet Union. Op. cit.*, pp. 114-52.

27 *Idem*, p. 120.

em um novo discurso crítico. Agora, a crítica era liderada por especialistas altamente sofisticados que estavam completamente familiarizados com os escritos de Freud. Mais intrigante ainda é o fato de que esse *revival* envolvia indivíduos verdadeiramente interessados em psicanálise, que aprenderam que a maneira de ganhar acesso ao trabalho censurado de Freud era se tornar crítico da teoria freudiana. Mas aprenderam também que já não havia linhas mestras de quão severo ou leve deveria ser esse criticismo. Com a Guerra Fria, no teatro de operações das profissões científicas, a ciência comunista deveria demonstrar, e não só afirmar assertivamente, que era superior à ciência burguesa. O grupo de Uznadze era o que estava em melhor posição de realizar a crítica à psicanálise, por ser o único grupo trabalhando no freudismo com apoio oficial. Criticava-se a psicanálise por considerar os processos psíquicos independentes do funcionamento fisiológico e por negar a essência social do homem. Na luta ideológica do marxismo-leninismo contra a psicanálise estava a preocupação com sua crescente influência no Ocidente, como produto da reação típica da ideologia burguesa na época do imperialismo. A psicanálise era agora vista como um movimento degenerado que ameaçava a sociedade soviética não interna, como nos anos 1920, mas externamente. A influência de Freud sobre a filosofia, a literatura, a psicologia, a psiquiatria e outros campos estava crescendo e era necessário um exército de especialistas soviéticos para combatê-la e desmascará-la no campo dos fenômenos político-sociais, afirmando as diferenças sem reconciliação entre os ensinamentos da doutrina dialético-materialista e fisiológica de Pavlov e as ideias anticientíficas de Freud. No entanto, mudanças significativas ocorreram ao longo da década de 1960, quando um genuíno interesse pela psicanálise estava presente na crítica e no meio intelectual soviético. O clímax dessa nova fase foi o aparecimento do livro de Bassin, *O problema do inconsciente*. Era a primeira vez que a palavra "inconsciente" aparecia no título de um livro científico soviético desde os anos 1920. Ele reconhecia a psicanálise como uma realização válida por ter devotado atenção ao papel do conflito psíquico inconsciente que afetava o comportamento, mas permanecia crítico quanto à decisão de Freud de ignorar a fundação neurofisiológica do inconsciente em favor de mecanismos puramente psíquicos.

Os anos 1970 trouxeram uma mudança substancial na atmosfera política, com Leonid Brezhnev consolidando seu poder, depois da saída de Khrushchov, em 1964. A Guerra Fria continuava a dominar os assuntos mundiais. A competição pública com os Estados Unidos pela supremacia global permanecia sendo o princípio de controle da política soviética para assuntos estrangeiros. Mas formas sem precedentes de resistência surgiram em relação à hegemonia do Partido Comunista. Ativistas de direitos humanos e advogados da cooperação pacífica e não competitiva com o Ocidente formaram grupos que o governo se recusava a tolerar. A liderança do Partido decidiu que os psiquiatras deveriam assumir um papel de punição judiciária. Os dissidentes eram rotulados como portadores de desordens psiquiátricas e mandados para tratamento no Instituto Serbsky de Psiquiatria Geral e Forense, em Moscou. Houve uma reação imediata no mundo da psiquiatria do Ocidente e a Associação de Psiquiatria Mundial liderou uma campanha contra seus colegas soviéticos para forçá-los a parar de internar dissidentes em hospitais psiquiátricos.

O discurso sobre Freud e a psicanálise publicado nos anos 1970 pode ser dividido em três categorias: 1) a área psiquiátrica, provando a contínua influência de Freud nessa área, ainda que houvesse confusão entre aceitação e avaliação crítica; 2) o paradoxal trabalho de reabilitar o conceito de inconsciente de Freud para, em seguida, desacreditá-lo em nome de um inconsciente demonstrado fisiologicamente pela teoria de Uznadze; 3) a literatura mais inovadora interessada pela psicanálise ocidental, em especial pelos trabalhos de Erich Fromm e Jacques Lacan, embora seus livros não pudessem ser adquiridos na União Soviética. O interesse por Fromm foi despertado pela tese de que a psicanálise, inicialmente uma teoria de crítica social, transformara-se em teoria conformista pelos sucessores de Freud, acomodando-a às demandas de uma nova sociedade técnica. Já Lacan aparece em 1973 em um artigo de Avtonomova intitulado "As concepções psicanalíticas de Jacques Lacan", que descreveu e avaliou seu trabalho em profundidade. A novidade desse artigo é que não interpretou Lacan como um antagonista burguês ao socialismo e não apresentou nenhum rótulo habitual marxista-leninista na discussão do complexo pensamento de Lacan.

O estado contraditório dos assuntos sobre psicanálise na União Soviética não podia mais ser sustentado. No final dos anos 1970, os trabalhos psicanalíticos podiam ser lidos, mas não publicados; discutidos, mas não aprovados; apresentados em uma conferência ou um encontro científico, mas não praticados em um consultório hospitalar ou psiquiátrico. Um número substancial de especialistas em filosofia, história e sociologia da psicanálise trabalhava com ela, mas ela não podia ser ensinada nos cursos das escolas médicas e nas universidades. O conceito de "inconsciente", apesar de ser central na teoria psicológica freudiana sobre a motivação humana, foi usado principalmente para avançar numa teoria soviética mais fisiologicamente embasada.

Por muitos anos, os seguidores de Uznadze trabalharam para estabelecer contatos na União Soviética e no estrangeiro com a intenção de realizar um encontro internacional e interdisciplinar sobre o conceito de "inconsciente". Havia apoio internacional para tanto, sobretudo de meios psicanalíticos franceses e meios psiquiátricos americanos. A resposta foi surpreendente. Mais de 1.400 pessoas compareceram ao Primeiro Simpósio Internacional sobre o Inconsciente, em 1979. Cento e cinquenta apresentações, dois terços vindo da União Soviética e de especialistas não apenas do campo da medicina e da ciência, mas da arte, da literatura, da música, da história, do teatro, da sociologia e da filosofia. Roman Jakobson, renomado linguista, apresentou sua conferência sobre a língua da Georgia. Apesar de convidado e esperado, Lacan não compareceu. O Simpósio foi considerado um triunfo entre os psicólogos na URSS que haviam lutado pela desmitologização da doutrina pavloviana e pela reabilitação do estudo da teoria psicanalítica. O trabalho realizado no simpósio foi um ponto de virada na história da psicanálise na União Soviética, apesar de ter tido uma resposta oficial de ataque e crítica a sua realização.

Conclusão – 1989

"De 1929 a 1989, Freud não foi publicado na URSS": assim terminava o primeiro documentário soviético sobre Freud, *Interpretação dos Sonhos*, dirigido por Andrei Zagdansky, em 1989.[28] O tempo da abertura cultural e da reestruturação política da União Soviética, a partir de 1985, foi o tempo da ressignificação. Tempo da reconstrução da memória pela abertura dos arquivos proibidos, do acesso a segredos de Estado; foi um tempo de assombro, de fim da negação; tempo de enxergar e registrar o que não se sabia antes, quando as coisas aconteceram. Não havia um dia sem que um crime da era de Stalin não fosse denunciado, bem como a estagnação, a corrupção e a duplicidade do Regime Soviético. Conversações pessoais e materiais não publicados – guardados por décadas em arquivos estatais, antes inacessíveis, ou mantidos em segredo em mãos privadas – eram agora discutidos na imprensa. Tempo de uma compreensão

28 *Idem*, p. 156.

mais verdadeira do passado que podia se confrontar com as prisões arbitrárias do sistema stalinista e com os livros de história falsificados por décadas, em que os retratos dos indesejáveis eram apagados. Escrevia-se sobre os aparelhos de controle do totalitarismo que haviam rigidamente governado e severamente julgado e punido membros do Partido Soviético e cidadãos comuns durante décadas. Segundo Miller, "era como se o inconsciente coletivo do passado reprimido do país tivesse sido libertado agora que a própria União Soviética estava sendo banida da história".[29]

Perguntava-se publicamente por que os trabalhos de Freud não puderam ser publicados, por que a psicanálise foi perseguida e por que se excluiu a psicanálise das práticas clínicas, de tal modo que as tentativas de usar métodos psicanalíticos eram punidas com medidas repressivas. Foram publicados escritos inéditos de Ivan Ermakov, uma das mais importantes figuras da comunidade psicanalítica dos anos 1920.

Um redespertar intelectual levou à busca de meios para compreender o passado e o compromisso de conduzir, em espaço público, o que até então era regrado pelas autoridades. Uma discussão aberta sobre os conceitos psicanalíticos pôde aparecer novamente nos jornais e revistas, livre do constrangimento ideológico imposto desde a década de 1930. Esses conceitos foram utilizados para reinterpretar o perturbado passado soviético de várias maneiras. Em 1989, dois psicólogos de Leningrado, Gozman e Etkind, publicaram em um jornal literário um artigo que utilizava conceitos psicanalíticos para postular que as condições de liberdade na União Soviética não poderiam se realizar sem que se fizesse uma dissecção psicológica da história desde 1917, e para argumentar sobre como a revolução bolchevique levou ao culto do poder e ao regime ditatorial mais bárbaro do século, com a cumplicidade profunda

---

29 *Idem*, p. 167.

da sociedade. Nela, o Estado totalitário achou aceitação e apoio, o que permitiu a ele uma rede vasta de controles de todo aspecto da vida cotidiana. Pela mistificação amorosa do líder, os cidadãos gradualmente renunciaram à responsabilidade política e o que fosse julgado oposição ao regime era considerado traição, com culpa automática, e punido com a negação do direito de viver. Para quebrar essa estrutura, os autores propunham uma nova psicologia política e uma mudança fundamental nos valores da sociedade. Os cidadãos soviéticos teriam de perceber as consequências de sua prévia subordinação à autoridade em todas as suas formas e desejar novas instituições e novas relações sociais baseadas nas regras da lei. Eles pediam uma reorganização da sociedade em instituições horizontais com plena participação dos cidadãos.[30]

Belkin – diretor do Centro Nacional de Psicoendocrinologia do Ministério de Saúde Pública, em Moscou, e editor da obra completa de Freud – escreveu em 1989 um prefácio de grande repercussão internacional, em que argumentava que a condenação da psicanálise nos anos stalinistas era um sintoma do comunismo soviético como sistema. Ele discute, em seu escrito, as consequências destrutivas da ideologia soviética e suas instituições totalitárias tanto para a psicanálise como para o país como um todo. Para ele, a ameaça não veio dos esforços de acomodação em relação à psicanálise nos anos 1920, mas da institucionalização do totalitarismo nos anos 1930, na Alemanha nazista e na União Soviética, sem protesto substancial dos membros da sociedade. Belkin acreditava ter encontrado uma explicação, por meio do conceito de Édipo social, para essa cumplicidade. Nele, os filhos se juntam ao pai para matar-se. O Eu estava recheado de valores totalitários do regime, e o papel de juiz do Supereu foi invertido para aceitar aquilo que, em condições normais, seria considerado moralmente inaceitável.

---

30 *Idem*, p. 159.

O processo, conclui Belkin, tende a afastar a relação do Eu com o Isso, destruindo a integridade psicológica da personalidade individual. Como resultado, o Supereu não sofre com os pecados do Eu. A partir disso, os cidadãos eram capazes de informar sobre colegas, amigos e família e cometer crimes em nome do Estado, livres de punição do mundo externo e de culpa no mundo interno. A própria consciência era erodida, e as pessoas viviam em um mundo de ilusões e irrealidade enquanto participavam da destruição da herança cultural do passado. Os perigos que os cidadãos soviéticos enfrentavam no resultado da experiência stalinista eram sérios, porque as promessas não realizadas do regime produziram formas extremas de comportamento. Rebelar-se contra o sistema era agir de forma criminosa, conforme definido pelos valores de Estado; comportar-se lealmente significava agir de maneira criminosa por meio da realização das demandas do regime totalitário. A única escolha além dessa, que foi feita por muitos, era se tornar apático e indiferente. Para o autor, o interesse por Freud poderia contribuir para a reversão desse estado de desrespeito às normas e leis na sociedade russa para transcender o passado totalitário.[31]

Nessa conjuntura, a teoria psicanalítica passou de objeto de escárnio e de ataque – ordenados pelas autoridades governamentais – a armadilha crítica contra o governo. A sensibilidade à liberdade que a psicanálise precisa para se desenvolver – como Freud havia escrito a Ôssipov – foi considerada, no final da década de 1980, um barômetro da liberdade no contexto da história soviética.

A partir daí, foi também o tempo das múltiplas interpretações desses crimes, desse novo velho passado, no momento de abertura para o futuro – em que 1991 marca o fim da URSS e o novo retorno da Rússia e dos países que a compunham. Na verdade, o regime colapsou em 1991 – em parte porque não podia mais controlar os

31 *Idem*, pp. 160-1.

ataques contra ele – e a psicanálise ocupou um papel significativo nessa última fase soviética, como uma metodologia para interpretar o passado e como parte da reafirmação de valores do individualismo e da singularidade na sociedade mais ampla.

Em nenhum outro lugar do mundo a psicanálise se estabeleceu institucionalmente tantas vezes. Podemos montar o arco histórico da psicanálise na Rússia em seis períodos:

1) Um tempo inicial de emergência da psicanálise como uma maneira inédita de abordar os sintomas de sofrimento mental, afirmando a existência de um aparelho psíquico e do inconsciente, em um campo que vinha sendo dominado pela neurologia e pela psiquiatria – primeiros saberes organizadores do campo da saúde mental na Rússia czarista. Foi o tempo da Sociedade Psicanalítica Russa que durou até a Primeira Guerra Mundial. A primeira geração de analistas estava engajada primariamente na tarefa de estabelecer um meio clínico psicoterapêutico no país por meio das linhas desenvolvidas por Freud e seus primeiros seguidores na Europa, tratando pacientes e publicando artigos. Ôssipov, Wulff, Spielrein, Ermakov e seus colegas não eram orientados exclusivamente pelas teorias de Freud, uma vez que procuraram treinamento ou se trataram com Jung, Adler, Stekel e o não psicanalista Dubois. Eles tentaram demonstrar aos colegas psiquiatras que a psicanálise era uma terapia médica legítima e que suas classificações diagnósticas eram aceitáveis no contexto médico. Preocupavam-se com a invasão do governo czarista no seu mundo profissional, embora isso fosse limitado à falta de apoio financeiro apropriado para expandir e melhorar hospitais e clínicas para os doentes mentais.

2) Um segundo tempo, inédito, em que a psicanálise era – pela primeira e talvez única vez – apoiada e sustentada pelo Estado, entre a consolidação da Revolução Russa de 1917 e a morte de Lenin, quando inúmeras abordagens criativas institucionais permitiram

experimentos psicanalíticos únicos no campo transdisciplinar institucional, da formação e do tratamento. Foi o tempo da fundação do Instituto Psicanalítico Soviético, o único instituto de psicanálise apoiado pelo Estado e financiado pelo governo no mundo. Isso significava uma dependência do Estado, que retinha o poder de encerrar suas atividades, o que de fato fez no final da década de 1920. Nesse período, os bolcheviques mantiveram o poder não só pela coerção, mas também pela participação voluntária de muitas pessoas que acreditavam na ideologia da revolução e que eram inspiradas pelas possibilidades de uma sociedade socialista pós-imperial e pós-burguesa. Ninguém sabia claramente como seria essa nova ordem. No entanto, muitos queriam confiar na liderança do Partido e contribuir em direção ao futuro, mesmo com o preço do sacrifício pessoal. Nikolai Spielrein, pai de Sabina, foi um dos que abriu mão – de bom grado – das suas riquezas, indo trabalhar voluntariamente na educação, chamando de volta seus quatro filhos da Europa Ocidental para ocuparem altos postos nas universidades, nos órgãos do governo e em centros de pesquisa. A efervescência criativa podia ser sentida não nas reuniões do Partido, mas nos espetáculos públicos, filmes, escolas literárias, clubes de criação teatral que se espalharam pelo país pelos entusiastas do Partido, onde a prioridade dos valores coletivos substituía as preocupações individualistas – colocadas como o inimigo burguês que ameaçava o sucesso da revolução. Os psicanalistas soviéticos foram forçados a confrontar um estreito espectro de escolhas cada vez mais difíceis.

3) Um terceiro tempo, de desaparecimento: após a ascensão de Stalin ao poder, controvérsias e acusações são feitas à psicanálise como ciência burguesa, até seu progressivo desaparecimento e proibição – até mesmo do nome de seu fundador, Freud, bem como da publicação de qualquer livro de psicanálise. Nenhum outro governo no século XX devotou tanta atenção crítica e ataque

à psicanálise e às ideias de Freud como fez o regime soviético. A psicanálise era considerada idealista, não empírica e não científica; era acusada de reducionismo fisiológico e biologizante, oposta à ciência neurofisiológica e psiquiátrica desenvolvida pelos soviéticos. Além disso, os escritos de Freud eram considerados pessimistas e pansexuais.

4) Um quarto tempo, de ressurgimento da psicanálise, mas de maneira crítica – tentando abarcar seus temas nos campos da neurofisiologia cerebral, da ciência pavloviana e da biologia.

5) Um quinto tempo, que traz um interesse multidisciplinar pela psicanálise, ainda que oficialmente de maneira crítica, mas que permite a leitura de obras psicanalíticas de Freud e de outros autores, inclusive contemporâneos. Esse período culmina na realização de um simpósio multidisciplinar e internacional sobre o inconsciente.

6) Um sexto tempo, de abertura política e cultural e de fim do socialismo como política única de Estado, entre 1987 e 1991, com a desmontagem do Estado Soviético em vários países – quando a Rússia volta a nomear o território russo da época czarista. Em 1989, após exatos 60 anos, a obra de Freud volta a ser publicada. Surgiram várias sociedades de psicanálise e institutos. Nas novas condições estabelecidas depois da queda do comunismo, a psicanálise foi capaz de funcionar como uma disciplina clínica sem as restrições impostas pelas autoridades soviéticas, mas também sem o apoio que teve do governo, por um breve tempo, na década de 1920.

41. Sabina Spielrein, pioneira da psicanálise com crianças

Renata Udler Cromberg

Sabina Spielrein foi a primeira psicanalista de crianças na história da psicanálise e a primeira a escrever artigos sobre a psique infantil baseados em observações e tratamentos de crianças. O artigo "Contribuições para o conhecimento da psique infantil" (1912) analisa o surgimento dos medos infantis, o sofrimento sintomático, relacionando-o à curiosidade sexual e às fantasias e teorias que esta gera, bem como às representações sexuais inconscientes e às raízes de angústia que suscitam, além de trazer uma rica ilustração da onipotência infantil. Demonstra sutilmente que o interesse pelo trabalho científico e intelectual é derivado da curiosidade sexual. Ela o faz a exemplo de três crianças: uma menina, ela mesma em suas recordações infantis, e dois meninos, provavelmente pacientes ocasionais em Berlim. Antes dessa obra, apenas Freud, com o caso do pequeno Hans, e Jung, com o caso da pequena Anna, haviam tomado essa iniciativa. Este texto colocou Sabina Spielrein no lugar de pioneira da análise com crianças, ainda que ela mesma, em um artigo de 1927, tenha citado Hermine Hug-Helmuth (1871-1924), a terceira mulher a se filiar à Sociedade Psicanalítica de Viena, como a primeira analista infantil. De qualquer maneira, com este artigo ela entra no campo científico ao qual vai dedicar grande parte de sua atividade profissional durante a vida. E ele já traz a formulação de sua ética clínica que lhe conferiria uma posição singular em Genebra, em Moscou e em Rostov-sobre-o-Don, suas futuras estações profissionais.

Na visão oficial da psicanálise, a filha de Freud, Anna Freud, ainda figura como a fundadora da psicanálise de crianças, Melanie Klein vem em seguida. Mas a primeira contribuição sobre análise de crianças na história psicanalítica foi de Spielrein com o texto "Contribuições para o conhecimento da psique infantil", publicado no terceiro número do *Zentralblatt*, em 1912. Somente dez anos depois apareceu a primeira comunicação de Anna Freud, que se tornou membro da Sociedade Psicanalítica de Viena em 13 de junho de 1922, apenas uma semana antes de Lou Andreas-Salomé. E, sete anos depois do artigo de Spielrein, houve a primeira comunicação de Melanie Klein. Nesse intervalo de tempo, foram publicados 25 artigos de Spielrein, onze deles sobre temas relacionados à análise com criança.

Desde que Sabina saiu de Viena, casou-se na Rússia e foi morar em Berlim, Freud havia pedido enfaticamente que escrevesse para as revistas de psicanálise, sobretudo exemplos de sonhos e análises infantis que confirmassem sua teoria sobre a sexualidade.

A contribuição de Spielrein para a análise com crianças aparece em três momentos que muitas vezes se interpenetram no tempo cronológico. Neste capítulo falaremos do primeiro momento. Já em seu artigo "A destruição como origem do devir", ela aborda a identificação primária, a identificação fusional com a mãe ao citar a fala de uma criança como expressão da ideia de que, quando a mãe morre, nasce uma menina, uma espécie de teoria infantil de surgimento a partir do desvanecimento e como aí está presente a possibilidade de uma representação de destruição, já que viver, em fantasia, a vida da mãe no lugar dela destrói a vida da mãe e a própria vida. Em "A Sogra", de 1913, uma reflexão sublimada dos tempos conflituosos internamente – na convivência com sua mãe, agora também sogra, e com sua própria sogra durante a gravidez de sua primeira filha – permitiu-lhe pensar sobre a diferença sexual e a especificidade da empatia na construção da maternidade. A questão da identificação agora aparece no sentido da criação do sentimento de empatia necessário para os cuidados com o bebê.

Agora, além do artigo já citado "Contribuições para o conhecimento da alma infantil", de 1912, temos também os pequenos artigos publicados entre 1913 e 1914: "Amor maternal" (1913), "Simbólica animal e fobia no caso de um menino" (1914), quando está em Berlim; um artigo escrito provavelmente em 1915 ainda em Berlim, mas só publicado em 1918, "As manifestações do complexo de Édipo na infância"; três artigos publicados em 1920, "A teoria de Renatinha sobre o surgimento do homem", "A mulher fraca" e "O pudor na criança", e um em 1921, "Análise rápida de uma fobia infantil".

Com exceção de "Análise rápida de uma fobia infantil", no qual ela relata a análise de um menino em contexto clínico de consultório (ainda que este fosse no ambulatório do Instituto Rousseau), ela parece citar trechos de análises e exemplos de crianças que não analisou em um contexto clínico de consultório, mas que observou e atendeu em situações determinadas, a pedido delas ou da mãe. No caso de "Contribuições", trata-se de Otto, de 10 anos, cujo primeiro contato espontâneo com ela deu-se em uma festa, e Valli, de 4 anos e meio, ao que parece trazido por sua mãe ao seu consultório. Em "Amor maternal", trata-se de uma menina de 6 anos e seus sentimentos maternais em relação ao irmão e sua sensação de contato físico agradável com o corpinho do irmão que a faz pedir: "Mãezinha deixa eu me deliciar com seu corpinho maravilhoso". Em "Simbólica animal e fobia em um menino", trata-se do menino Mischa, que ela vê raramente, mas pelo detalhamento, o caso parece ter sido relatado pela mãe associado a elementos de sua observação. Faz um longo preâmbulo sobre o significado de palavras e bichos na relação precoce entre ele e a mãe até relatar sua fobia de macacos aos 10 anos, quando diz que não encontra o menino com frequência.

Em todos eles vemos forjar-se uma postura clínica de escuta e respeito à fala infantil, não interferindo a não ser com perguntas que induzem à associação livre e elaboração psíquica de maneira simples e direta. Como analista, ela deseja interferir na situação clínica da manifestação do que foi recalcado. Ela não pressupõe o complexo de Édipo de saída, antes de ouvir, o que seria uma maneira defensiva de analisar, mas deixa que ele surja de maneira singular. Ela se utiliza de técnicas não verbais como o jogo espontâneo e ações, e sugere recortes para ter acesso a figuras internas no caso de "Análise rápida de uma fobia".

Os objetivos destes textos são:

1. Comprovar a sexualidade infantil por meio dos sintomas, inibições, sonhos e brincadeiras infantis, bem como das manifestações de linguagem.

2. Comprovar o papel das teorias sexuais infantis e da curiosidade infantil na aquisição sublimatória de conhecimento.

Assim, a observação de sua filha mostrou como ela se interessava vividamente, aos 4 anos e meio, por covas e buracos e forjou uma teoria sexual infantil sobre o nascimento, ainda que pudesse ter tido outras antes de comunicar essa última. Era cativada por histórias e inventava histórias onde buracos e covas aparecessem e seus jogos infantis e recortes eram inspirados no tema de cavar e fazer buracos. A criança criou "instintivamente" uma teoria do surgimento, a qual corresponde à teoria realmente existente da reprodução de seres inferiores, do desdobramento de si mesmo.

> *Como já era de se esperar, logo a criança já não se contentou mais com isso, seguiu-se uma enorme quantidade de perguntas cada vez mais claramente formuladas, de forma que, quando ela tinha cerca de cinco anos de idade, expliquei à Renatinha que a criança surge na mãe a partir de um ovinho, sendo que o pai ainda adicionava a ele sua "sementinha". Não quis entrar em mais detalhes. Consequentemente, Renatinha construiu também uma teoria "canibal" da fecundação e geração de uma criança.*

Certa vez, ela me disse: "Mamãe, engole-me sem me mastigar; então você vai morrer e eu saio de você". Essa fantasia inclui as moções de vingança naturais (matar a mãe) como negativo do amor pela mãe, com a qual a pequena rivaliza constantemente e cujo lugar ela gostaria de tomar, mesmo na ausência do pai. A menina me perguntou várias vezes por que uma menininha surge dentro da mãe e não o inverso, a mãe dentro da menininha. Esses dias, ela comentou: "Eu quero que a mãe (de quem?) morra, não – que ela nem viva, nem morra, eu quero que ela volte a ser uma menininha". Segundo suas observações, a criança sempre pensa na morte como um retorno à origem, renascimento, em suma, ao ato de fecundação. Mais uma prova de que nós, no fundo da alma, pensamos no surgimento qualitativamente como algo que se equipara ao desvanecer. O que hoje é carregado de não desejo amanhã será carregado de desejo, realmente segundo a lei da ambivalência de Bleuler.[1]

3. Observar e relatar a ocorrência de símbolos, gestos e brincadeiras que mostrem a presença de uma diferença sexual, construindo uma visão sobre o complexo de Édipo nas crianças e sobre a percepção por elas da masculinidade e da feminilidade.

Em "A mulher fraca",[2] de 1920, ela escreve sua observação:

> *O pequeno Claude (5 anos e meio) é bastante masculino, dominador e, apesar de gostar de brincar com a Renatinha, despreza as meninas "com fitas no cabelo". Ele não gostaria de ser menina por nada no mundo. Renatinha, por sua vez, já expressou várias vezes o desejo de ser um menino. Quando lhe perguntei por quê, recebi a resposta de que ela gostaria de ser papai, pois é tão bom ter uma mulher e filhos. Será um fenômeno generalizado que pequenas meninas gostariam de ser meninos, enquanto os meninos não abdicam de sua prioridade masculina?*

4. Mostrar a relação da sexualidade com as gônadas sexuais produtoras de hormônios em sua manifestação nos caracteres secundários.

Esses hormônios haviam sido descobertos recentemente por pioneiros da ciência médica e sexual e publicados em artigos aos

1 Spielrein, S. "A teoria de Renatinha sobre o surgimento do homem", Capítulo 28 deste volume.

2 Spielrein, S. "A mulher fraca", Capítulo 26 deste volume.

quais ela se refere em "As manifestações do complexo de Édipo na infância" (1914).[3] Ela quer apontar as irradiações da sexualidade e características sexuais secundárias ligadas à função das gônadas e faz referência a experimentos que ela considera bastante interessantes de feminilização de machos e masculinização de fêmeas. "Steinach[4] conclui, com razão, que o caráter sexual não é fixo e predeterminado, que a predisposição do embrião não é unissexual ou bissexual, mas sim assexual ou indiferente."

5. Comprovar a relação, mas também a diferença entre as manifestações sexuais na infância e na idade adulta.

Em "Amor maternal",[5] ela escreve:

> *Por que nos admira que essa sensação, como qualquer outra, deixe marcas em nossa psique? Por que nos parece improvável a afirmação de que o primeiro "amor físico" do adulto remonte a essas experiências infantis, na medida em que o contato afortunado com a mulher amada é comparado ao contato pregresso afortunado com a irmã, ao contato com a mãe. Uma vez que reconhecemos essa retomada das experiências infantis,*

---

3 Spielrein, S. "As manifestações do complexo de Édipo na infância", Capítulo 13 deste volume.

4 O austríaco Steinach (1861-1944) foi um fisiologista, pesquisador especialista em hormônios e professor de biologia que se tornou o diretor do Instituto Biológico da Academia de Ciências em 1912, ano no qual conduziu experimentos com o transplante de útero em um porco da Guiné macho, transformado em uma fêmea, e a castração do macho. Os testes da secreção agora conhecida como testosterona resultaram em que o porco da Guiné fêmea desenvolveu comportamento sexual masculino como montar o parceiro. Isso levou Steinach a teorizar que as secreções das glândulas são responsáveis pela sexualidade.

5 Spielrein, S. "Amor maternal", Capítulo 4 deste volume.

> *então manifestações neuróticas também deixam de parecer bizarras: quando há uma fixação mais intensa pelo modelo materno, surge uma forte resistência a qualquer objeto de amor sexual, pois perante qualquer imagem feminina, o antigo modelo materno se impõe consciente ou subconscientemente. Ademais, se a imagem da mãe não atinge o consciente mesmo sem análise, então surgem reações afetivas que correspondem à ideia corrente de amor incestuoso. São sentimentos de repugnância, pudor, medo.*

Já no artigo sobre complexo de Édipo: "As manifestações da sexualidade na infância são diversas de manifestações em adultos. Por isso, parece-me apropriado discutir o complexo de Édipo infantil em associação com a sexualidade infantil".[6]

> *Eu agora resumo: não podemos concluir que devido a órgãos sexuais externos insuficientemente desenvolvidos haja uma falta de sentimentos sexuais, pois, como mostra o caso publicado por E. Anders, pode haver uma libido* sexualis *normal em pessoas com órgãos sexuais precariamente desenvolvidos. Não temos nenhum motivo para negar o erotismo justamente em crianças se ele surge em jogos e gestos de meninos e meninas, e tampouco temos motivo para negar a priori os sentimentos sexuais na criança e derivarmos toda moção psíquica, mesmo o amor, da pulsão já existente de nutrição ou de autoconservação. Eu não pude observar em crianças uma predileção profunda pelo sexo oposto.*

---

6 Spielrein, S. "As manifestações do complexo de Édipo na infância", Capítulo 13 deste volume.

> *O complexo de Édipo infantil manifesta-se, geralmente, na forma de predileção por alguma pessoa, quase sempre o pai ou a mãe, nós queremos ficar sozinhos com essa pessoa e, portanto, desejamos que os outros membros da família desapareçam. [...] Eu acredito que entre crianças nervosas e saudáveis deve haver uma diferença apenas gradual, assim como a diferença entre o adulto normal e o neurótico é apenas gradual.*[7]

6. Mostrar os sentimentos de pudor, repugnância e medo que surgem em crianças, frutos do recalque de representações sexuais.

Spielrein escreve, em 1920, "O pudor na criança", "A mulher fraca" e, em 1921, "Análise rápida de uma fobia infantil". Esta é a única análise com uma criança realizada e relatada por ela que foi encaminhada pelo professor Claparède para exame psicanalítico e eventual tratamento.

Segundo momento

Seus trabalhos escritos realizados no período de Genebra demonstram uma consciência implícita da absoluta necessidade de enquadrar a teoria psicanalítica nas novas descobertas da psicologia do desenvolvimento e da linguística. Eles provam também que ela possuía as qualidades intelectuais necessárias para moldar tal síntese. Com a sua partida para a Rússia em 1923, a importante tarefa que ela apenas começara só viria a ser retomada décadas depois no campo psicanalítico.

---

7 *Idem.*

Ela foi a primeira analista a descrever e investigar o significado do ato de sugar do bebê como uma experiência fundamental na vida da criança. Ela antecipa as considerações que Melanie Klein[8] iria tematizar em uma conferência sobre "Desmame", de 1936, sem citá-la, da maneira como Winnicott falará da criação do seio como objeto exterior pelo bebê.

De 1920 a 1923, entre o estudo do *fort/da* de Freud, os estágios da linguagem de Spielrein e as hipóteses de Piaget, estudadas e desenvolvidas com plena liberdade no campo da psicologia experimental, foi formado o caldo original que deu origem às reflexões sobre psicanálise e linguagem que se desdobraram no conceito da psicologia genética como campo de saber separado da psicanálise. É o que veremos no próximo capítulo sobre esse segundo momento de Spielrein, em que ela pensa psicanaliticamente a origem da linguagem infantil e sua posição entre outros pioneiros do estudo do pensamento e da linguagem infantil.

---

8 Melanie Klein, em seu artigo de 1923, "Para uma análise precoce", interpretou a observação de Spielrein sobre o papel do ato de mamar na origem das palavras "papa" e "mama" como evidência da importância do investimento libidinal no desenvolvimento da linguagem. Klein, que se engajou na psicanálise após o Congresso de Budapeste em 1918, teve seu primeiro artigo publicado após uma apresentação em julho de 1919, levada por Sándor Ferenczi, diante da Sociedade Psicanalítica de Budapeste do seu primeiro estudo de caso, dedicado à análise de uma criança de 5 anos, que na realidade era seu próprio filho, Erich. Em 1920, Melanie Klein participou do Congresso Internacional de Haia, onde encontrou Hermine von Hug-Hellmuth e Karl Abraham. Certamente deve ter assistido à comunicação de Spielrein. Em dezembro de 1920, expõe na Sociedade Húngara contribuição à análise de crianças. Em 1921, instala-se na capital alemã e, um ano depois, torna-se membro da sociedade psicanalítica alemã, a DPG, assistindo ao VII Congresso da IPA em Berlim, onde certamente encontrou Spielrein e Piaget, além de participar da polêmica discussão sobre sexualidade feminina iniciada pela discordância de Karen Horney em relação às posições sustentadas por Freud.

42. A origem da linguagem e do pensamento: Spielrein, Piaget e Vygotsky[1]

Renata Udler Cromberg

Nós, humanos, falamos. E falamos em inúmeras línguas, dialetos e sotaques. Apoiada nos trabalhos de Freud, Sabina Spielrein foi pioneira ao refletir sobre a origem da linguagem e da noção de tempo na criança nos textos de Haia e Genebra, nesse segundo momento de seu devir psicanalista com crianças. Ela foi também a primeira psicanalista a se interessar intensamente pela linguagem e seus elos com o pensamento. Assim, ela esteve no inconsciente literário e criativo e influenciou as futuras produções de outros dois pensadores pioneiros sobre a origem da linguagem e do pensamento infantil: Jean Piaget e Lev Vygotsky. Com Piaget, entre 1921 e 1923, apesar de seguirem caminhos diferentes, houve um percurso de trocas e reciprocidades, um projeto compartilhado não realizado de elaborar uma teoria dos símbolos, amizade e simpatias mútuas, paralelismos e semelhanças teóricas, mas também diversidades

1 Dedico este capítulo a Zelia Ramozzi-Chiarottino, cujas geniais aulas sobre linguagem e pensamento segundo Jean Piaget, ainda pouco compreensíveis no terceiro ano da Faculdade de Psicologia da Universidade de São Paulo (USP) (1974), deixaram um enigma que este capítulo tentou resolver.

experimentais e conceituais. Piaget cita Spielrein em 1923 e 1926, em suas primeiras obras. Vygotsky formulou sua própria reflexão sobre a linguagem e o pensamento infantil, crítico às formulações piagetianas após ter sido aluno de Spielrein em Moscou, onde ela apresentou seus pensamentos e reflexões sobre a linguagem e o pensamento infantis, bem como os de Piaget. Ela não é citada em sua obra.

Sabina Spielrein: um resumo de suas ideias

A linguagem surge com a ajuda do outro, do adulto. A mãe ou a ama, a pessoa que amamenta, não oferece só o leite através do seio, mas o seio através do leite que vai se constituir num objeto que se opõe à boca da criança e dando-lhe, aos poucos, a primeira noção de objeto oposto a si e de um si separado do objeto. Esse seio, primeiro objeto investido de desejo, proporciona à criança, além de prazer, a oportunidade do exercício de mamar, precursor do que ela chama de primeiros fonemas, o "mamama" e o "papapa". O primeiro, quando a criança mama, o segundo, quando larga o peito. O balbucio revive a sensação da coisa. Não precisamos supor nenhuma imagem clara na cabecinha infantil, não é preciso que seja a imagem da mãe ou do ato de mamar, podem ser sensações bastante obscuras de algo quente, macio (no contato com o corpo da mãe), fluido, de saciedade etc. Naturalmente, a criança sempre vai querer ter essas sensações, assim ela instintivamente busca colocar sua pequena boca em uma certa posição que produz os sons acima mencionados. A ligação entre os sons "mã-mã" e as sensações correspondentes se torna, assim, cada vez mais profunda, ela se torna uma constante. A criança vai buscar gerar esses sons a fim de evocar um grupo de sensações conhecidas e já esperadas. Mas como determinados sons são vinculados a conteúdos bastante definidos, às sensações, e talvez já às representações, Spielrein afirma que já se pode falar em "palavras" que indicam ou significam esses conteúdos, ainda que em um estado autista, a palavra voltada para si mesma.

Aquilo que hoje em dia chamamos de *lalação* inicial da criança diz respeito principalmente ao desejo e o apelo à satisfação e à saciedade deste. E isso Spielrein tem como um universal, já que os fonemas emitidos a partir do mamar e deixar de mamar estão presentes em quase todas as línguas nas palavras que designam pai e mãe. Apesar da criança já conseguir dizer os sons mais difíceis K, G, R, ela prefere substituí-los por sons labiais e/ou dentais. Ela prefere esses sons porque eles foram especialmente estimulados em seu desenvolvimento pelo ato de mamar.

O outro que oferece o seio interpreta o que a criança quer e dirige-se a ela com uma forma de falar específica, o que hoje conhecemos com o nome de "*manhês*", que Spielrein enuncia muito bem como o adulto evocando de sua própria vida psíquica infantil, a partir de sua própria memória, da maneira como foi tratado pelo seu antepassado, o que lhe dá a entonação do "manhês" com que se dirige à criança. Esse é o primeiro sentido de sua constatação de que o antepassado mora na criança e a criança mora no antepassado. *Portanto, a linguagem só se instala pela convocação do outro adulto por meio do apelo da criança.* Spielrein marca o estado de desejo como impulsionador de formas linguageiras não verbais, ligadas ao choro. *A língua nasce do inconsciente.* Porque nasce do inconsciente das mães e amas que se adaptam à capacidade de criação linguística da criança, estimulando os mecanismos linguísticos herdados dos antepassados. A língua nasce, portanto, entre a criança e o outro, entre a criança e a criança redespertada no adulto. *A língua nasce da inter-relação entre o bebê e a mãe ou ama.*

Mas, antes mesmo dos fonemas "ma" e "pa", a linguagem se apresenta em suas formas não verbais, como melodia, ritmo, intervalos de silêncio, mímica, gestos, linguagem visual. *A linguagem verbal se instala na criança através do outro e posteriormente se torna predominante, mas traz em si sua origem não verbal.* Se ela for apenas linguagem verbal, será descorticada, ou seja, cindida de sua fonte cinestésica nos movimentos corporais e das imagens desses movimentos e do prazer que eles dão à criança. Mas, se a linguagem permanecer apenas nos seus primórdios como linguagem autoerótica destinada a si mesma, ela permanece autista, o estado inicial da linguagem. *A partir da articulação da linguagem com a abertura ao outro, ao mundo, momento em que a linguagem se torna heteroerótica, na percepção desse outro e do mundo por meio do princípio do prazer e do princípio de realidade, ela pode conceituar os três tipos de linguagem: a linguagem autista*, destinada a si mesma, *a linguagem mágica*, destinada ao outro, mas onírica, carregada de interpretação fantasística, de desejo do mundo, na qual a palavra recebe um supersignificado que conjura a realidade, e *a linguagem social*, destinada à comunicação com o outro, de quem se percebe a dependência, e capaz de suportar adiamento e frustração, levando em conta o mundo por meio do princípio de realidade. Somente com o advento da linguagem verbal, o homem se torna um ser social. *O pensamento de Spielrein permite recolocar algo sobre a origem do social: no início, era o verbo, diz a Bíblia, referindo-se ao verbo criador do mundo emitido por Deus. No início, era a ação, diz Freud ao substituir a palavra divina pelo assassinato do pai primevo como matriz de criação do social. Sabina Spielrein aponta que no início do verbo há uma ação específica: o mamar, origem do pensamento e da linguagem.*

Spielrein vai apontar também que o afastamento do outro enquanto objeto de prazer e a alternância entre presença e ausência, afastamento e aproximação, contribuem não só para o surgimento da linguagem, mas para a aquisição da noção de tempo pela criança, que, no início, se expressa espacialmente. Assim, a noção de espaço se torna primeira em relação à noção de tempo, a noção de causalidade a segue, e a noção de tempo é a última a ser adquirida pela criança. Spielrein mostra também pela primeira vez o papel crucial da repetição para a criança, que só adquire e assimila o novo passando pela repetição e a adesividade ao antigo, o que aparece também nos adultos afásicos por doença que danifica o aparelho de linguagem.

A língua é formada mais precisamente no pré-consciente e apresenta semelhanças com a imagem visual do sonho. O conceito de duração temporal é anterior ao de direção temporal tanto na língua como no pensamento onírico. A linguagem verbal, assim como o sonho, cria suas representações a partir de materiais pré-conscientes. A língua apresenta os mecanismos de representação do tempo por meio da ideia de espaço. Ela cita Charles Bally, o linguista, que diz que todos os prevérbios, assim como os advérbios temporais, são oriundos de representações espaciais. Assim, Spielrein afirma aqui que a representação de uma direção temporal tem como base, também na língua, a representação subliminar de um percurso no espaço.

Há também na organização da linguagem incipiente da criança o mesmo princípio da linguagem dos sonhos, em que o mais vivo da representação onírica é o mais valoroso afetivamente. A criança repete uma palavra (assim como uma frase) duas vezes como se fosse importante destacar aquilo que lhe é importante. Aqui surge a ligação com base no interesse, portanto, trata-se de uma relação de natureza psicológica e não biológica, ou seja, trata-se de uma relação afetiva. *Conclusão importantíssima. Não é o acaso que determina a linguagem incipiente, mas a vida afetiva, e psíquica, e não a biológica e epistemológica.* Há uma diferença em relação ao pensamento genético-epistemológico de Piaget, seu colega no Instituto Rousseau. Em suma, segundo Spielrein, nós pensamos principalmente de forma subconsciente,[2] pois apenas o início e o fim de nossos pensamentos são conscientes para nós, o resto decorre no subconsciente. Em vários casos, podemos nos convencer de que o pensamento subconsciente pode ser superior ao pensamento consciente, como quando aproveitamos suas habilidades para solucionar problemas da realidade consciente, ou seja, quando ele colabora com o pensamento consciente. Sozinho, o pensamento subconsciente é suficiente para uma certa adaptação a este mundo, mas logo perderia o caráter de pensamento criativo, pois a disposição para criar alguma coisa, para fazer alguma coisa no mundo, o direcionamento total e a concentração sobre as funções da realidade faltam ao pensamento subconsciente, o qual não precisa ser necessariamente um pensamento dirigido, na verdade, destinado a trabalhar mais para si mesmo do que para outros. Apenas por meio da colaboração entre o pensamento consciente e o subconsciente é possível iniciar uma obra criativa neste mundo:

---

2 "Para Sabina, o simbólico se encontra na essência do pensamento subconsciente – que chama também de subliminar – decalcando em símbolos mais arcaicos visuais, acústicos e dinâmicos o pensamento consciente. Há pensamentos que não são levados em consideração pelo pensamento consciente e pertencem ao consciente secundário ou subconsciente. A análise do subconsciente revela os mais interessantes problemas pessoais e de psicologia coletiva, problemas que devem ser transformados numa linguagem simbólica subliminar, devido à repressão exercida pelo pensamento dirigido. Para Spielrein, somos obrigados a deslocar muito dos nossos complexos para o subconsciente por razões afetivas pessoais. Há complexos que são removidos do consciente, mas que são inteiramente capazes de consciência porque não são condenados ou distanciados por provirem da pulsão. Nesse sentido, não foram separados do consciente pela censura". Cromberg, R. U. A elaboração conceitual psicanalítica de Sabina Spielrein: a carta a Jung de 20 de dezembro de 1917. In Cromberg, R. U. (org.). *Sabina Spielrein: uma pioneira da psicanálise*. Obras Completas, v. 1. São Paulo, Blucher, 2021, Capítulo 11.

o pensamento consciente precisa capturar e utilizar aquilo que o pensamento subconsciente nos oferece.

Spielrein e Piaget: cada um em seu caminho[3]

Piaget atraiu-se fortemente pela psicanálise no começo dos anos 1920, embora ambivalente em relação a ela. Em 1916, num encontro da Associação de Estudantes Cristãos em Zurich, ele ouviu Théodore Flournoy falar sobre psicanálise e religião e comparar as escolas de Viena e Zurique. Em 1918, na sua novela autobiográfica *Procura* (*Recherche*),[4] a psicanálise, como era entendida por Flournoy e os analistas de Zurique, lhe forneceu os instrumentos conceituais necessários para sua autoanálise por meio dos quais ele tentava se entender e mudar a si mesmo. Ele usou a ideia de complexos e nomeou suas tendências místicas e metafísicas como exemplos do pensamento autístico. No final de 1918, tendo terminado seus estudos de ciências naturais, Piaget deixou a sua nativa Neuchatel e foi para Zurique, na época a capital protestante da psicanálise. Mais tarde, durante sua estadia em Paris, de 1919 a 1921, ele deu uma conferência para uma audiência de educadores da corrente da pedagogia psicanalítica. A versão publicada dessa conferência, *Psicanálise e sua relação com a psicologia infantil*,[5] foi

3 Para compor esta parte, utilizamos, além das ideias acima expostas de Sabina Spielrein, Piaget, J. La pensée Symbolique et la pensée de l'énfant. *Archives de psychology*, T. XVIII, n. 72, maio 1923, pp. 273-304 e Vidal, F. Sabina Spielrein, Jean Piaget: chacun pour soi. *L'Évolution Psychiatrique*, v. 60, n. 1, 1995, pp. 1-7, revisto e republicado como capítulo: Sabina Spielrein, Jean Piaget – going their own ways. In Covington, C.; Wharton, B. *Sabina Spielrein Forgotten Pioneer of Psychoanalysis*. Nova York, Brunner-Routledge, 2003, pp. 271-83. Essa versão será utilizada aqui.

4 Piaget, J. *Recherche.* Lausanne, La Concorde, Archives Piaget, 1918.

5 Piaget, J. La psychanalyse dans ses rapports avec la psychologie de l'enfant.

o primeiro artigo de Piaget em psicologia. Em uma resenha desse artigo, o psicanalista de Zurique e pastor protestante Oskar Pfister escreveu que Piaget tinha energicamente se iniciado na teoria e na prática da psicanálise, ressaltou o valor da pesquisa pessoal detalhada e louvou o jovem estudante o qual, em sua opinião, ainda faria importantes contribuições para o movimento psicanalítico.

A cronologia dos fatos mostra que houve troca e reciprocidade na relação entre Spielrein e Piaget. Mas a estatura teórica que Piaget assumiu a partir da metade dos anos 1920 levou várias pessoas a assumirem que só ela havia sido influenciada por ele. Em 1923, Spielrein observou de maneira acertada que era fato conhecido que os conceitos de tempo, espaço e causalidade não eram categorias *a priori* kantianas, mas conceitos adquiridos durante o desenvolvimento individual. A ideia era básica para a psicologia e epistemologia que Piaget estava começando a desenvolver. As observações sobre o conceito de tempo relacionadas à sua filha de 2 anos remontam ao ano de 1915. Sua hipótese sobre a existência de linguagens que não fazem distinção entre direções temporais (e que, portanto, são análogas à linguagem do sonho), bem como sua incursão no campo da linguística com a ajuda do prof. Charles Bally, linguista de Genebra, mostra a sensibilidade ao fenômeno linguístico que é qualitativamente diferente da de Piaget. Além disso, Spielrein interpreta os resultados de seus estudos dos desenhos de um paciente afásico como um exemplo da falta de direção no pensamento. Essa falta é para ela consistente com o pensamento pré-consciente e com o pensamento da criança; do ponto de vista da noção de tempo, ela manifesta a deterioração da representação de direção temporal. Spielrein também usa o mesmo caso para ilustrar uma dificuldade geral que o paciente tem em manter uma

---

Bulletin mensuel/Société Alfred Binet, Année 20, n. 1, 1920, pp. 18-34; n. 2-3, pp. 41-58 (em duas partes).

direção fixa em seu pensamento. Ela aborda o problema do tempo à sua maneira.

Tanto para Spielrein como para Piaget, o pensamento infantil é essencialmente simbólico e ambos baseiam suas teorias nas similaridades com o pensamento pré-consciente (Spielrein) ou com o pensamento autista (Piaget). O discurso teórico de Spielrein pertencia a um espaço conceitual especificadamente psicanalítico, enquanto que, para Piaget – que no início dos anos 1920 estava ainda construindo seu próprio ponto de vista –, os dados e vocabulário da psicanálise tinham principalmente um valor heurístico. Vidal aponta como exemplo o fato de que ela considerava simplista que um fenômeno como a regressão pudesse ser explicado somente do ponto de vista da "construção da realidade", cujo desenvolvimento estava sendo estudado por Piaget. Para ela, ao invés disso, a construção da realidade entre os instintos e outros aspectos da personalidade era o fator determinante, estando sob a influência direta ou indireta de fatores bio, fisio e sociogenéticos, sendo essa influência o principal objeto da pesquisa psicanalítica.[6,7]

A influência junguiana está presente em Piaget e Spielrein no uso de termos como subconsciente, e os dois tipos de pensamento que postulam: o pensamento direto, ou pensamento da realidade, é lógico, verbal, consciente e adaptado à realidade, governado por uma capacidade representacional superior que dá acesso a um senso de direção. Já o pensamento não direto é indeterminado, subjetivo, simbólico e imaginativo, alimentado pelos afetos que emanam do *self* e formado por uma sucessão de imagens e sentimentos. Se ele toma uma forma patológica, especialmente na forma esquizofrênica, ou se ele se manifesta como sonho, fantasia,

6 Spielrein, S. "Sobre a palestra do dr. Skalkovski" [1929], Capítulo 38 deste volume.

7 Vidal, F. Sabina Spielrein, Jean Piaget: chacun pour soi. *Op. cit.*, p. 276.

mito ou criação artística, sempre traz um estado do pensamento infantil enraizado tanto na história individual da pessoa como no passado da humanidade. Para Vidal, Jung seguia com essas denominações as ideias de Freud sobre os princípios de prazer e realidade, embora não adotasse essa terminologia.[8]

Sabina apresentou as suas ideias sobre a origem da linguagem na criança na conferência no congresso de Haia em 1920, antes de seu encontro com Piaget e da publicação da pesquisa dele sobre linguagem e pensamento da criança. Mas o artigo escrito de Spielrein só aparece em 1922. Nesse intervalo, Spielrein assistiu ao curso de Piaget sobre pensamento autista em que, conforme ela relatou para a Sociedade Psicanalítica Internacional em 1922, ele fala das diferentes atitudes da criança em direção à realidade. Spielrein comentou nesse relatório que sua descrição da evolução do pensamento da criança do absoluto para o relativo corresponde à experiência psicanalítica. O trabalho de Piaget apoiou as hipóteses e observações de Spielrein em três pontos de correspondências: 1) a criança é um ser social dotado da necessidade de se comunicar. Este ponto aparece no texto sobre a origem da linguagem de Spielrein e em *Linguagem e pensamento da criança*, de 1923, de Piaget.[9] 2) As observações de Spielrein sobre a gênese das palavras "mama" e "papa" parecem mostrar, para Piaget, que expressões para as quais adultos dão um significado conceitual têm para a criança pequena um sentido mais afetivo e quase mágico que precisa ser estudado como tal. É o que Piaget tenta fazer afastando-se por um longo caminho da ideia comum de que a criança usa a linguagem para comunicar o pensamento. Spielrein é da mesma opinião.[10] 3) para Spielrein, o desenvolvimento da linguagem corresponde ao princípio da

8 *Idem*, p. 277.

9 Piaget, J. *Le Langage et la pensée chez l'enfant*. Neuchatel, Paris, Delauchaux et Niestlé, 1923.

10 Spielrein, S. "A origem das palavras infantis 'papai' e 'mamãe'". 1922, p. 278.

realidade em Freud. No estágio autista, uma palavra não significa ação: ela é a ação mesma. No estágio mágico, a palavra substitui a ação e é utilizada para conjurar a realidade. No estágio social, a palavra é utilizada para comunicar. Piaget faz conexões similares entre as transformações do pensamento da criança e o princípio de realidade. Durante a década de 1920, ele enfatizou o desenvolvimento do pensamento como um processo de socialização; sua concepção dos diferentes estágios concordava com a de Spielrein.

Em resumo, para Vidal, ambos concordavam na abordagem funcional, na interpretação da linguagem da criança e nos estágios de desenvolvimento. Eles tinham raízes intelectuais comuns na escola psiquiátrica e psicanalítica de Zurique e em visões correntes em psicologia, etnologia e filosofia. Compartilhavam ainda o interesse pela infância no desenvolvimento dos conceitos básicos do pensamento.[11]

A última área em que houve um solo em comum entre Spielrein e Piaget e em que eles mais progrediram juntos foi a teoria sobre o pensamento simbólico. Na sua conferência em Berlim, em setembro de 1922, Piaget falou sobre ideias que tinha em comum com Spielrein e anunciou uma publicação a ser lançada de uma teoria do símbolo, a qual nunca de fato aconteceu. Piaget citou as observações dela sobre as crenças infantis a respeito das origens dos bebês em seu livro de 1926 sobre as representações infantis do mundo.

Em 1923, Spielrein contou como, quando estava estudando o pensamento pré-consciente da criança, encontrou em Genebra "um pesquisador de grande porte" que também estava explorando o pensamento da criança. "Desde então, embora separadamente nós estamos essencialmente trabalhando na mesma área."[12] Eles

---

11 *Idem*, p. 278.

12 Spielrein, S. "Suíça", Capítulo 19 deste volume.

estavam no mesmo campo por razões diferentes, com um considerável consenso quanto às funções afetivas do símbolo e à aquisição das funções semióticas e cognitivas, mas também sérias divergências de atitude e objetivo.

Spielrein, ao distinguir o pensamento direto do não direto, espontâneo, aponta que a responsabilidade do psicanalista está concernida às leis do segundo tipo de pensamento, para estudá-las na associação livre, sonhos, doença mental e psicologia da criança. Em seu hábil método clínico, por meio do registro da linguagem espontânea da criança, ela descobriu os mecanismos de perseveração e convergência da linguagem para apontar que o pensamento da criança não é direto porque, quando lhe ocorre uma nova ideia, ela atravessa a velha ideia que persiste e produz um fenômeno de convergência pelo enxerto de uma ideia na outra. Isso ocorre também no afásico. Em ambos há uma incapacidade do sujeito em manter uma direção fixa no pensamento. *Para Spielrein, a linguagem, seja ela verbal, gráfica, musical, ou na forma de gesto, é sempre uma expressão do pensamento; o mecanismo de pensamento* ***é inferido pelo tipo de linguagem no qual ele é expresso. A inteligência e a linguagem estão, portanto, interconectadas.*** A afasia retorna a um tipo de pensamento dominado pelo princípio do prazer, retornando a um modo primitivo de pensamento do ponto de vista de seus mecanismos mais subconscientes, orgânicos, alucinatórios e cinestésico-visuais.

Piaget também teve a intenção de elaborar estas analogias em sua conferência de 1922, no Congresso Psicanalítico de Berlim, "Pensamento simbólico e pensamento da criança". Para ele, a psicanálise tinha o mérito de mostrar que diferentes fenômenos mentais (sonho, imaginação, demência) originam-se de um único tipo de pensamento simbólico ou autista. Contudo, Vidal aponta que Piaget enfatizava a continuidade entre o pensamento autista e o pensamento lógico. Para ele, a abordagem freudiana opunha as duas formas de pensamento enquanto, de fato, o pensamento autista constituía um começo, uma das formas primitivas do pensamento lógico. Ao tratar o pensamento simbólico como uma função, não como uma entidade que está dormente no inconsciente, para ele, a criança não é um ser antilógico. Seu pensamento é pré-lógico mais do que paralógico e é intermediário entre o simbolismo e a lógica, entre o autismo completo, com suas fantasias incomunicáveis, e a natureza social da inteligência adulta. Piaget denominou essa forma intermediária de egocentrismo e estudou suas similaridades com o pensamento simbólico. Como Spielrein, Piaget enfatizou a falta de diretividade e relativa inconsciência no pensamento infantil. Também como ela, ele explicou o autismo do sonho e o pensamento simbólico, bem como o egocentrismo da criança devido à falta de diferenciação entre si mesma e o não si mesma, entre o mundo das representações subjetivas e o mundo das representações externas. Nos sonhos, por exemplo, os limites do subjetivo estão turvos; da mesma maneira, a criança não está consciente de que seus pensamentos e sonhos são pensamentos subjetivos. Isso está alinhado com a teoria do símbolo de Spielrein, de acordo com a qual os símbolos orgânicos consistem de impressões cinestésicas objetivadas, que foram objetivadas porque não há sentimento de si mesma.[13]

Spielrein e Piaget estavam trabalhando essencialmente no mesmo campo, mas por diferentes razões. Piaget queria achar traços do pensamento simbólico na criança; enquanto estudava a linguagem, o julgamento e a maneira de raciocinar das crianças, ele percebeu as similaridades dos mecanismos que operam nos sonhos e no pensamento da criança. No seu enquadre epistemológico, o pensamento simbólico e egocêntrico eram formas primitivas

---

13 *Idem*, pp. 281-2.

destinadas a serem ultrapassadas e substituídas pelo pensamento objetivo, lógico e socializado. Segundo Vidal, o pensamento simbólico e autista, como modelo do egocentrismo infantil, fascinou o jovem Piaget, mas provavelmente porque era um perigo a ser neutralizado. Em seu artigo sobre o pensamento simbólico, ele definia como autista a maioria das ideias da adolescência e reconhecia especialmente no pensamento místico a ausência do sentimento de si e a projeção do si mesmo no mundo. Essa ideia não era nova, pois Bleuler já tinha subsumido as crenças, a mitologia, a poesia e a filosofia no pensamento autista. Spielrein claramente estabeleceu uma correspondência entre seus três estágios (autista, mágico e social) e os dois princípios freudianos do prazer e da realidade.

> *Embora Piaget tenha assistido a suas palestras, ele preferiu ficar com dois estágios, o da linguagem egocêntrica e o da linguagem social, seguindo sua compreensão dos dois princípios freudianos que expôs inicialmente em 1919/20 na sua conferência "A relação da psicanálise com a psicologia da criança".*[14]

Sabina Spielrein, ao contrário, pensava na fonte do simbolismo, o pensamento subconsciente, como o principal modo de pensamento. Para ela, para haver pensamento criativo é preciso a colaboração deste com o pensamento consciente. A diferença entre os dois pesquisadores é de natureza intelectual, já que Piaget nunca se pôs inteiramente no campo da psicanálise e perseguiu um objetivo epistemológico, mas também, de natureza afetiva, já que a desconfiança de Piaget em relação à subjetividade e ao inconsciente

---

14 Delefosse, M. J. S.; Delefosse, J. M. O. Spielrein, Piaget and Vygotsky, Three positions on Child Thought and Language. *Theory &Psychology*, Sage Publications, v. 12, n. 6, 2002, p. 732.

era oposta ao desejo de Spielrein de permitir que existissem "lado a lado, num discurso combinado, originalidade e perspicácia conceitual junto com poderosa sensibilidade poética e o desejo de entender as raízes do sofrimento".[15]

Para Jean Piaget, o foco era entender o progresso do pensamento objetivo caracterizado por uma crescente capacidade de assimilar a realidade sem gerar contradição, fixando sua epistemologia e psicologia na assunção da imanência das normas impessoais da razão. O pensamento autista (aqui incluindo a poesia, o misticismo e a metafísica) não poderia abrir caminhos legítimos para o conhecimento. Já Sabina Spielrein, por sua vez, não tinha medo em seus escritos pessoais e também em suas publicações de dar sentido e valor para a intuição, ou seguir os meandros de um pensamento que se desenhava na vida subliminar para sua nutrição. Ela fundia discurso e desejo.

Spielrein, Piaget e Vygotsky: três posições[16]

O trabalho de Spielrein pode ser o elo perdido entre Piaget e Vygotsky (1896-1934), contribuindo, portanto, para uma melhor compreensão dos problemas epistemológicos envolvidos nos debates entre esses autores concernentes à linguagem e o pensamento infantil e a socialização. Piaget, ao responder à visão crítica de Vygotsky sobre seu pensamento, não reconhece seu débito com a psicanálise, presente nos seus primeiros trabalhos, e não menciona

---

15 Vidal, F. Sabina Spielrein, Jean Piaget: chacun pour soi. *Op. cit.*, p. 282.

16 Esta parte foi composta com base nas leituras de Vygotsky, L. S. *Pensamento e Linguagem*. São Paulo, Martins Fontes, 2008; e Delefosse, M. J. S.; Delefosse, J. M. O. Spielrein, Piaget and Vigotsky, Three positions on Child Thought and Language. *Op. cit.*, pp. 723-47, além dos textos já mencionados de Piaget e Spielrein.

Spielrein, a qual foi a primeira analista a mostrar os elos entre o desenvolvimento infantil e a linguagem. Ao voltar para a Rússia em 1923, ela se encontrou com Luria e Vygotsky como membros da Sociedade Psicanalítica de Moscou, fundada em 1923: ambos assistiram seus seminários. Além disso, Spielrein deu uma série de conferências sobre psicologia do pensamento inconsciente, incluindo aquela sobre pensamento afásico e pensamento infantil. Vygotsky foi mais influenciado pelas suas teorias do pensamento do que as da linguagem. É provável que Vygotsky tenha conhecido não apenas o pensamento de Spielrein e sido influenciado por ele, mas que ela também tenha lhe apresentado os livros que expunham então o pensamento de Piaget. Outra oportunidade de encontro com ele foi por meio de seu irmão Isaac Spielrein, que foi diretor da Seção Psicotécnica do Instituto de Filosofia Científica no Comissariado para Trabalhadores. Sob a influência de Jakobson,[17] cujas conferências ele assistia, Isaac também se interessou

---

17 É surpreendente a semelhança de títulos entre o trabalho de Spielrein, "Quaisquer analogias entre o pensamento da criança, o do afásico e o pensamento subconsciente" (*Einige analogien zwichen dem denken de kindes, dês aphasikers und dem unterbewussten denken*), de 1923, o de Jakobson, "A linguagem infantil, afasia e leis fonéticas gerais" (*Kindersprache, Aphasie und allgemeine Lautgesetze*), de 1942. Nesse ensaio, ele diz: "Essa dissolução apresenta uma ordem temporal de grande regularidade. A regressão afásica se revelou um espelho da aquisição da fala pela criança; ela nos mostra o desenvolvimento da criança ao inverso" (p. 36). "A comparação entre a linguagem infantil e a afasia nos permite estabelecer diversas leis de implicação. A pesquisa sobre a ordem das aquisições e das perdas e sobre as leis gerais de implicação não pode ser limitada ao sistema fonológico, mas deve estender-se também ao sistema gramatical" (pp. 36-7). Para ele, é a análise estrutural da língua no processo de desenvolvimento – a análise da linguagem das crianças e suas leis gerais e da linguagem no processo de desintegração – linguagem afásica – que nos permite iluminar na seleção de fonemas os traços distintivos e suas relações mútuas e nos aproximar dos princípios fundamentais dessa seleção e dessa interdependência para estar numa posição de estabelecer e explicar as leis universais que subjazem à estrutura fonológica das línguas mundiais. Numa nota final da

pela linguística. Vygotsky, a partir de 1924, destaca-se como um importante psicólogo e passa a criticar as teorias piagetianas e a sugerir experimentos que pudessem refutá-las.[18]

Vygotsky foi um estudante brilhante e culto, tornou-se professor do Instituto Psicológico da Universidade de Moscou depois da Revolução de Outubro. Ele devotou suas energias ao estudo das funções mentais superiores, o desenvolvimento intelectual da criança, educação e psicologia. Mas sua teoria sobre o papel da linguagem no desenvolvimento mental certamente representa sua maior contribuição ao campo. Suas asserções, baseadas em contraexperimentos, partiram fortemente dos conceitos piagetianos, uma vez que ele descreve os processos cognitivos como sendo determinados pelas interações do sujeito com seu meio social, mais do que emanando do seu próprio funcionamento interno. Vygotsky antecipou os enfoques mais recentes sociogenéticos e interacionistas. Do seu ponto de vista, a linguagem é o instrumento central sobre o qual a cooperação social repousa; por meio da integração do papel social da linguagem o pensamento consciente é construído e outras funções psíquicas se tornam reguladas.

---

tradução francesa do texto "A origem das palavras infantis 'papai' e 'mamãe'" (Guibault; Nobécourt, 1981, p. 342), os editores dizem que, no momento em que a obra estava sendo impressa, Julia Kristeva lhes contou que Roman Jakobson testemunhou ter encontrado em 1915 um M. Spielrein, a quem iniciou em fonética no Instituto de Psicologia da Universidade de Moscou. Em 1929, Jakobson publicou na Slawische Rundschau, da qual foi editor depois de 1929, um artigo de Spielrein com o título de "A linguagem do soldado do exército vermelho". Spielrein desapareceu em seguida nos expurgos stalinistas, nos anos 1930, por conta de seus escritos. De sua família, Roman Jakobson só sabia da existência de sua mãe e de uma irmã.

18 Henry Wallon (1879-1962), na França, foi também um pioneiro do estudo da linguagem e pensamento da criança cujo pensamento foi influenciado pela psicanálise freudiana e foi crítico das teorias piagetianas à mesma época que Vygotsky.

As teorias de Spielrein prefiguraram os conceitos piagetianos como o uso dos termos autista, mágico e social para descrever a linguagem. Este tipo de conceitualização da linguagem serviu para estabelecer o elo entre os fenômenos individuais e os sociais necessários para explicar a estrutura do pensamento, como será apontado por Vygotsky dez anos depois. Para Delefosse e Delefosse, como o pensamento e os escritos de Spielrein permaneceram essencialmente empíricos e intuitivos e ela não propôs modelos formalizados baseados em experimentação, tanto sua vida como sua obra caíram no esquecimento inclusive dentro da comunidade psicanalítica.[19]

Em seu trabalho sobre linguagem, ela demonstra um interesse intenso pelos processos da linguagem não verbal, como ritmo e melodia, os mesmos processos que Vygotsky referiu como "melodia autônoma" da linguagem interna, a qual ele considerou como a mais íntima função do pensamento. Como Piaget, ela identificou duas funções da linguagem, o discurso individual e o social, e como Vygotsky, três estágios sucessivos de aquisição da linguagem, o autista, o mágico e o social.

De uma perspectiva longitudinal, os três estágios da linguagem, autístico-melódico, mágico e social compartilhado, permanecem presentes e conectados bem de perto. Por isso, Spielrein enfatiza o papel social das rezas, lamentos e canções. De acordo com ela, a importância da associação da palavra com a melodia na poesia indica a existência de duas linguagens independentes, cada uma com sua característica singular: a linguagem autístico-melódica é mais geral, enquanto a linguagem social-verbal é mais concreta. Segundo Delefosse e Delefosse, essa noção de duas funções de linguagens distintas, mas ainda assim conectadas, uma interna

19 Delefosse, M. J. S.; Delefosse, J. M. O. Spielrein, Piaget and Vigotsky, Three positions on Child Thought and Language. *Op. cit.*, p. 729.

e outra criando uma ligação com o mundo exterior, também é encontrada nos escritos de Vygotsky.[20]

Spielrein afirma o elo entre palavra e ato de falar, e Vygotsky, mais tarde, desenvolveria a mesma noção de um elo entre o dizer e o falar. Spielrein evitou a armadilha solipsista do pensamento de Freud e Piaget, uma vez que introduziu uma explicação da criação social do mundo por meio da linguagem mágica. Essa realidade social aparece precocemente, mas é o produto da convergência de criações psíquicas internas e a realidade externa. Embora seu pensamento permaneça freudiano no sentido de que a criança é vista como inicialmente internalizada, ela antecipa Vygotsky ao propor intuitivamente uma linguagem verbal que é orientada social e comunicativamente desde o início. Spielrein sugere que, embora a criança seja o ser social, ela conquista o mundo por meio do seu investimento de prazer. Por isso a linguagem não é necessariamente uma linguagem verbal. Assim que ela se torna verbal, deve ser considerada social.

Em 1923, Piaget[21] postulava que a função da linguagem não poderia ser reduzida à comunicação de pensamentos. Falar com alguém envolve prazer e excitação, um papel mágico das palavras e da verbalização. A palavra está primeiramente ligada à ação, já que é suficiente para evocar a ação. Nesse texto, Piaget acha inspiração nas palavras de Spielrein e na cultura psicanalítica que não reconhece mais. Em sua resposta às críticas feitas por Vygotsky, em 1962,[22] ele não baseia sua defesa nos argumentos psicanalíticos que estavam instalados nele e que iriam organizar de maneira útil

---

20 *Idem*, p. 732.

21 Piaget, J. La pensée symbolique et la pensée de l'énfant. *Arquives de psychologie*, v. 72, may 1923, pp. 273-84.

22 Piaget, J. Comments on Vigotsky's critical remarks concerning The language and thought of the child and Judgement and reasoning in the child. Suplement to L. S. Vigotsky, *Thought and language*. Cambridge, MIT Press, 1962.

sua concordância com muitas das críticas de Vygotsky, mas enfatizava a natureza internalizada do pensamento simbólico, enquanto Vygotsky enfatizava a natureza externa da socialização. Para Delefosse e Delefosse, Piaget parece não levar em conta o fato de que o balbucio da criança desperta aquele que a ouve e que a criança é capaz de atrair a atenção de outra pessoa para si desde os primeiros meses de vida.[23] Em seu texto, ele descreve a linguagem da criança como egocêntrica, ancorada no princípio do prazer, tendo o brincar como atividade primária (termo que empresta de Spielrein). As crianças não ouvem uma à outra, sua linguagem é mágica (termo também emprestado de Spielrein). A fala tem apenas uma função estimulante, sem função social, e serve para acompanhar ou reforçar a ação. Egocentrismo seria então a proporção de linguagem egocêntrica em relação à soma da conversação espontânea infantil. Esta linguagem egocêntrica, cuja função é prazer e jogo, está destinada a desaparecer à medida que a linguagem socializada se desenvolve. Serão as atividades da criança que permitirão o desenvolvimento da linguagem externalizada por meio de movimentos sucessivos de assimilação e acomodação. As várias funções da linguagem socializada explicitamente envolvem um princípio de adaptação à realidade. Nesse estágio, a criança é bem-sucedida em atender e agir sobre seu ouvinte e influenciá-lo. Essa função cognitiva parece ser a base do diálogo. Esse tipo de aproximação teórica não leva em conta as reações do ouvinte, o diálogo segue essencialmente regras lógicas. As conversações das crianças caracterizadas por uma ausência de lógica causal são egocêntricas por natureza e não são trocas diretas. Em suas investigações precoces, Piaget parece não se lembrar do fato de que as crianças são seres falantes para quem se fala algo, não leva em consideração o outro em seu "laboratório", embora na vida cotidiana a criança esteja

---

23 Delefosse, M. J. S.; Delefosse, J. M. O. Spielrein, Piaget and Vigotsky, Three positions on Child Thought and Language. *Op. cit.*, p. 733.

constantemente estimulada por seu ambiente. Piaget mostrou que uma criança é uma criança e não um adulto e que, como tal, tem menos autonomia em relação aos convites sociais para falar, o que vai de encontro com o ponto de vista de Vygotsky. "Mas ele confundiu liberdade de falar com linguagem/pensamento, fazendo um salto teórico não justificado."[24]

Já Vygotsky, enquanto foi influenciado pelas ideias de Spielrein, foi muito menos influenciado pelas de Freud, ainda que tenha sido tradutor de *Além do princípio do prazer*, um trabalho de Freud que recolocava em outro patamar os princípios do prazer e da realidade, influenciado pelo trabalho de Spielrein "A destruição como origem do devir". Ele chegou à conclusão de que a criança adquire o princípio de realidade internalizando o mundo externo por meio da identificação, em um movimento de individuação dos outros. Spielrein não é citada por Vygotsky.

Vygotsky acreditava que a criança é um ser social desde o início (embora ainda não socializada), sendo que a diferenciação, a socialização e a individualização ocorrem em um estágio tardio. Ele clama que a linguagem egocêntrica se desenvolve a partir da fundação social inata da criança. Mais do que destinado a desaparecer, esse tipo de linguagem contribui, ao contrário, para a estruturação do pensamento e é transformado em linguagem interna por meio de um processo de crescente complexidade (como no estágio da linguagem mágica de Spielrein). Ele atribui três características a essa linguagem egocêntrica enquanto reconhece a pertinência de várias observações feitas por Piaget; ela preenche as funções intelectuais, tem uma estrutura similar à da linguagem interna, representa uma forma transicional da linguagem que prepara a linguagem interna. Suas funções incluem expressão, descarga de energia psíquica, apoio da ação e elaboração de estratégias de

24 *Idem*, p. 734.

resolução de problemas. A linguagem está, portanto, diretamente ligada ao pensamento. A linguagem egocêntrica de Vygotsky assemelha-se ao estágio mágico de Spielrein no modo de expressão e na forma como advém: conversação internalizada e integração parcial nas linguagens socializadas. Mas é distinta da de Spielrein, uma vez que prepara o solo da linguagem internalizada. A estrutura fundamental da linguagem egocêntrica (condensação, omissão, pequenas quebras nas associações etc.), se assemelha à linguagem interna que se desenvolve com a escolaridade. Ela não é a manifestação de um pensamento egocêntrico: ela não é egoísta, mas, ao contrário é inteiramente voltada para a realidade, e a ação é adaptada para a implementação do pensamento orientado a um objetivo.

Para Vygotsky, a criança é um ser social desde o momento que nasce, isto é, pertence a um mundo de inter-relações ao qual tenta se adaptar e com o qual ela estabelece comunicação. No curso do desenvolvimento da linguagem, a criança atravessa um movimento centrífugo dual (socialização) no qual essa linguagem é crescentemente adaptada ao diálogo e trocas verbais interativas, e um movimento centrípeto (internalização, tradução e integração em uma linguagem abreviada privada, criando um diálogo íntimo mais curto e simples, que é mais facilmente adaptado ao fluxo de pensamentos).

Essa linguagem interna converge com as hipóteses de Spielrein que incorporam as funções biológica, cognitiva e afetiva. O dialeto íntimo permanece enraizado na história biopsicossocial da pessoa, e a linguagem comunicacional não pode ser reduzida a uma forma de pensamento lógico que está fora da interação social. Vygotsky também ecoa Spielrein quando diz que a satisfação das necessidades e a adaptação à realidade não podem se opor. Para Piaget, a única função do pensamento autista é trazer satisfação imediata e sem controle para as necessidades e interesses de alguém, adaptando a realidade a si mesmo. Para ele, o pensamento realístico é a única forma de pensamento puro. No entanto, é preciso apontar que o mundo social não está ausente da teoria de Piaget, mas é um constrangimento que orienta o pensamento da criança. A linguagem externalizada não é uma mera adição de som à linguagem internalizada, mas representa uma transformação dinâmica derivada de uma reestruturação da linguagem, uma transformação singular das estruturas sintáticas, semânticas e fonéticas da linguagem. "Portanto, para Spielrein, Piaget e Vygotsky, pensamento e linguagem estão intimamente ligados, as funções da linguagem sendo representativas das estruturas de pensamento."[25]

Com relação à estrutura do pensamento, Delefosse e Delefosse colocam que é mais difícil afirmar a primazia das ideias de Spielrein sobre as de Piaget. Em publicações do mesmo ano, 1923, ambos distinguiram duas formas de pensamento: uma que responde à lógica interna subconsciente indireta, outra que reflete um tipo de lógica que está consciente da realidade externa e se volta para ela. Piaget acreditava que essa última forma deveria suplantar a primeira, enquanto Spielrein acreditava que os dois modos de pensamento eram articulados. Vygotsky é o único que sugere um processo de integração por meio da linguagem interna.[26] A própria Spielrein enfatiza o fato de que os psicólogos e lógicos estão interessados primariamente nas leis que regulam o pensamento consciente, enquanto, como psicanalista, ela estava interessada no pensamento espontâneo subconsciente. O pensamento indireto é típico da associação livre, dos sonhos e das produções da criança. E ela acreditava que esse modo de pensamento não desaparece: na medida em que é fortemente marcado por influências afetivas, ele mantém sua função também no mundo adulto. O pensamento

25 *Idem*, p. 737.
26 *Ibidem*.

espontâneo indireto persevera, é lento, tem poucas associações e é fragmentado e sujeito a condensações. A criança persevera e repete para si mesma quando quer expressar algo que é importante para si, de onde ela conclui que a persistência do pensamento está intimamente ligada ao afeto. Para ela, a linguagem adquirida vem do mundo de fora, enquanto o pensamento e a linguagem inicial que estão associadas a ele vêm do mundo interno, afetivo e sensorial, muito antes de o indivíduo conhecer as palavras para descrevê-las.

O pensamento consciente é essencialmente verbal enquanto o pensamento subconsciente permanece primitivo em sua forma essencialmente cinestésico-visual. Spielrein foi uma valiosa precursora das reflexões de Vygotsky sobre o papel do afeto e das emoções ao reivindicar que o pensamento consciente está sempre associado a uma forma paralela orgânica de pensamento alucinatório, o qual traduz o pensamento consciente em imagens e é de natureza subconsciente. Spielrein coloca que as imagens cinestésico-visuais constituem a fundação do pensamento consciente. Sem essas imagens, os pensamentos não teriam raízes e morreriam, regressando à sua forma primitiva. Ambos, o pensamento consciente e o subconsciente, precisam colaborar para alcançar o pensamento maduro. De acordo com isso, o pensamento espontâneo não desaparece, mas se torna internalizado e mais complexo. Vygotsky também afirma que a linguagem egocêntrica não desaparece. Ambos os pensamentos, direto e indireto espontâneo, estão ligados, um sendo a fonte da criatividade, enquanto o outro canaliza esse fluxo de criatividade para dar forma à ação real. De fato, Spielrein descreve essa forma de pensamento como mais rica e com maior energia criativa do que o pensamento consciente, mas com falta de capacidades orientadas para a realidade como atenção e concentração. Ela concordaria com Vygotsky que escreveu depois dela que esse tipo de pensamento está destinado ao trabalho interno.

Já em Piaget, segundo Delefosse e Delefosse, a lógica egocêntrica pode ser descrita como uma pré-lógica, destinada a desaparecer no curso do desenvolvimento de uma pessoa. Suas características são muito parecidas com as do pensamento espontâneo de Spielrein. No entanto, não tem o mesmo destino, uma vez que ela desaparece ao invés de se tornar mais articulada. A lógica comunicável, ou pensamento direto, precisa substituir essa forma precoce de lógica em um processo de assimilação e acomodação que torna a linguagem egocêntrica obsoleta. O produto final é o pensamento por si, um pensamento adulto consciente e orientado para a realidade, ou seja, que age na realidade. O pensamento então se torna dedutivo e procura explicar apoiando-se em provas tangíveis e verificáveis. A lógica comunicável segue o pensamento egocêntrico no desenvolvimento da criança e é equivalente ao pensamento formal que se desdobra no tempo da adolescência.[27]

Vygotsky não diferencia estágios específicos de pensamento em relação aos diferentes tipos de linguagem. À medida que a criança desenvolve individuação, o pensamento como um processo interno é progressivamente construído. Convergindo com Spielrein, ele argumenta que as formas de pensamento são uma unidade biopsicossocial que é o produto do pensamento egocêntrico internalizado. O que costumava ser externo e social torna-se internalizado, criando pensamento no sentido verdadeiro do termo, com suas próprias características e modalidades operacionais singulares. Nesse ponto do desenvolvimento, o pensamento mescla suas descrições com a linguagem interna, cujas especificidades mostram que o pensamento é único e indivisível. Seus componentes derivam da internalização da linguagem egocêntrica, cuja transformação constitui os blocos de construção do pensamento. Descrever o pensamento é, portanto, equivalente a descrever a

27 *Idem*, pp. 740-1.

linguagem interna. A forma autista do pensamento interno não é a forma dominante de pensamento, uma vez que o pensamento é social e externo desde o princípio.

Como Spielrein, Vygotsky não esqueceu os componentes emocionais e afetivos do pensamento. Assim, ele coloca que a verdadeira compreensão do pensamento de outra pessoa só acontece se o sujeito é capaz de capturar sua sustentação real afetiva e volitiva. Porque o pensamento não pode ser exclusivamente lógico, não pode ser pensamento puro, desligado das necessidades, interesses e desejos. Esse tipo de pensamento é o produto de uma hipótese filosófica e idealista. Necessidades e adaptação à realidade estão necessariamente ligadas e, por isso, os caminhos de desejo e afetivos criam um *background* para o pensamento. O pensamento está profundamente ancorado no desejo e no afeto: a verbalização sem o envolvimento afetivo e volitivo não é mais do que desincorporação humana. O que é similar à ideia de Spielrein de pensamento descorticado, e ambas em desacordo à concepção de Piaget.

Para Delefosse e Delefosse, é surpreendente o apagamento por Piaget das influências psicanalíticas de seu trabalho, uma vez que o que ele postulou sobre o pensamento egocêntrico está embebido da psicanálise do ego como era entendida no começo do século XX e se referia a) a uma teoria dual do funcionamento psíquico (princípio do prazer e de realidade), b) ao conceito de narcisismo, c) a um eu solipsista ou autista, d) a um mundo levado em conta por meio de relações de objeto. Seu domínio incompleto dos conceitos psicanalíticos e seu interesse exclusivo pela dimensão lógica do pensamento levaram seu laboratório a colocar a criança em uma situação rara e não natural, que excluía os momentos sociais quando a criança estava sendo endereçada com linguagem espontânea. Essa aproximação experimental facilitou um salto teórico das manifestações de linguagem para o pensamento egocêntrico.[28] Em 1963, Jacques Lacan aprofundou essa crítica a Jean Piaget em seu seminário sobre a angústia.[29]

---

28 *Idem*, p. 743.

29 Lacan, J. A torneira de Piaget. In *O seminário, livro 10: a angústia*. Rio de Janeiro, Jorge Zahar, 2005, pp. 304-19. Freud marca muito pouco interesse pelo método da linguística científica, o que é um enigma da história das ciências, uma vez que a psicanálise e a linguística moderna foram criações quase simultâneas. No entanto, há nele um interesse muito grande pelas eventuais propriedades da linguagem, enquanto esclarecedoras de propriedades do inconsciente. Temos, por exemplo, o estudo de Freud sobre os sentidos opostos nas palavras primitivas. É surpreendente que Freud tenha enterrado seu estudo seminal sobre as afasias ("A interpretação das afasias", 1891), nunca mencionado por ele e revalorizado por Jacques Lacan, e que ele não tenha falado desse estudo a Sabina Spielrein, que o ignora na bibliografia de Freud por ela citada. Já Jacques Lacan proclama um interesse muitíssimo grande pela linguística na sua forma pós-saussureana e, mais especialmente, estruturalista. Lacan se interessa somente do fato geral de que a linguagem tem propriedades que foram estabelecidas pela linguística estruturalista. Sua famosa formulação "O inconsciente é estruturado como uma linguagem" pode ser interpretada como, admitindo que uma linguagem tem propriedades de estrutura e que isso é demonstrado pela linguística, o inconsciente tem as mesmas propriedades, pouco importando os procedimentos pelos quais essas propriedades são estabelecidas. O inconsciente estruturado como linguagem é aquele que funciona por meio da cadeia significante, cujas propriedades são a metáfora e a metonímia. Só há cadeia de significantes, só há organização de significantes em cadeia. Assim, não é enquanto ele é uma língua que o inconsciente conhece a metáfora e a metonímia, mas enquanto ele é estruturado. Deixo aqui apenas apontados esses elementos, que precisam do aprofundamento da articulação original que Lacan fez da linguística com a psicanálise e com a antropologia por meio do estruturalismo comum a elas. De qualquer forma, o que é muito surpreendente para mim é a percepção de que a origem psicanalítica da linguagem que Spielrein tenta explicitar em três textos não apenas faz a ligação entre psicanálise e linguística já em 1920 como traz algumas das respostas às problemáticas apontadas apenas em 1939 por Jakobson. Ela antecipa a ligação entre psicanálise e linguística que Lacan faria a partir do final dos anos 1940. Certamente, trabalhando em 1919, em Genebra, no principal centro do mundo em estudo de distúrbios de linguagem, ela deveria conhecer o *Curso de*

Para Spielrein, criatividade e afetividade são um feixe de energia que torna possível a dinâmica entre linguagem e pensamento. Segundo Delefosse e Delefosse, as ideias de Spielrein estão de acordo com estudos conduzidos nos anos 1990 e podem ser creditadas por terem endereçado questões específicas de intencionalidade da linguagem da criança e interações, bem como o papel do afeto na criação de um elo entre pensamento e ato. Ela coloca a criança de volta em seu meio e no centro do mundo adulto que a estimula e lhe dá as energias culturais para moldar o pensamento. Ela também não esquece a origem corporal do pensamento ao ligar o prazer pulsional e sentido na relação com o mundo circundante. Vygotsky, que era mais desligado da psicanálise, adotou de Spielrein somente os pontos de que tomou conhecimento na Sociedade Psicanalítica Russa. Ele formalizou, sintetizou e desenvolveu os aspectos originais do pensamento de Spielrein, enquanto formulava suas próprias hipóteses e construía desenhos experimentais especificamente direcionados para desaprovar as hipóteses de Piaget. O desligamento necessário das teorias psicanalíticas das teorias piagetianas e a distância benéfica da psicanálise por um Vygotsky já exposto à perseguição interna da psicanálise na URSS, assim como o fato de ele discordar dos objetivos da psicanálise, embora não questionasse o conceito de inconsciente, foram fatores da política da teoria e do social que explicam o esquecimento de Sabina Spielrein como interlocutora de Jean Piaget e Lev Vygotsky.[30]

---

linguística geral, recentemente editado em Genebra. Sendo russa e tendo seus irmãos, intelectuais de destaque, morando lá, certamente ela também já teria ouvido falar de Roman Jakobson e das inovações que trazia.

30 Delefosse, M. J. S.; Delefosse, J. M. Spielrein, Piaget and Vigotsky, Three positions on Child Thought and Language. *Op. cit.*, p. 743.

43. Considerações sobre a teoria sobre a formação do símbolo de Sabina Spielrein

Renata Udler Cromberg

O terceiro momento da trajetória de pioneira da psicanálise com crianças se dá entre 1923 e 1931 na União Soviética. O seu último artigo publicado na *Imago*, em 1931, chama-se "Desenhos infantis de olhos abertos e fechados. Estudo sobre as representações cinestésicas subliminares". Ele sequer foi publicado originalmente em russo, nessa época de construção da crítica e proibição da psicanálise. Podemos nos perguntar por que seu pai insistiu em traduzi-lo em uma versão mais extensa e outra mais resumida, tornando-o o último artigo de psicanálise a sair do território russo por quase sessenta anos.

Este capítulo contém a elaboração final das reflexões de Spielrein sobre a origem do pensamento e do símbolo e permite, *a posteriori*, retomar nas etapas anteriores de sua elaboração uma possível teoria sobre a formação do símbolo que ela nunca escreveu como tal, apesar de anunciá-la desde 1920. É verdade, como vimos Delefosse e Delefosse afirmarem no capítulo anterior, que sua pesquisa era clínica e empírica, mais do que formalizada, mas talvez essa escolha metodológica seja inspirada em suas próprias concepções teóricas de que o pensamento lógico-abstrato não é um estágio superior do pensamento que elimina os estágios anteriores, mas é acompanhado em paralelo por um pensamento orgânico, imagético, cinestésico-visual, enraizado no corpo e em sua percepção por meio da psique que impede uma desconexão corpo/mente, mundo interno/mundo externo. Aquilo que ela diferencia entre pensamento corticado e pensamento descorticado, tomando emprestados termos que evidenciam sua vocação transdisciplinar para integrar a psicanálise com alguns conhecimentos da neurociência disponíveis então. O pensamento corticado une o córtex, sede do pensamento consciente lógico-racional, pensamento direto que lida com a realidade exterior ao subcórtex, sede do pensamento não consciente, subliminar, não direto, cinestésico-visual, ligado às sensações e afetos e ao inconsciente.

Nesse derradeiro ensaio, ela faz estudos sobre representações cinestésicas subliminares, tentando detectar a influência das experiências cinestésicas sobre a estrutura de nosso pensamento por meio de dezessete exemplos de desenhos de crianças de olhos abertos e fechados. Ela formula a sua teoria da formação do símbolo e da representação e reafirma a terminologia psicológica corrente como superior à terminologia reflexológica que tentava se impor como hegemônica. A partir da pergunta "Como pensamos?", ela mostra o papel fundamental do pensamento cinestésico visual e o papel da imagética no processo de pensamento. Ela traz exemplos de cooperação do ato de pensar verbal e imagético e fala da importância do desenho e do desenho de olhos fechados tanto para diagnóstico como para prevenção de sofrimento psíquico, bem como seu uso pedagógico. Para ela, o fato de as imagens cinestésicas serem absorvidas pelas imagens visuais que são mais fortemente objetivadas fez com que a literatura psicanalítica trabalhasse somente com a presença do pensamento alucinatório visual. Freud fala em um pensamento orgânico alucinatório pré-verbal na idade infantil, o qual ela diz ser ligado à atividade das regiões subcorticais. Para ela, na primeira infância nosso pensamento surge, no início, exclusivamente e, mais tarde, predominantemente a partir das experiências cinestésicas, o que traz a peculiaridade dos mecanismos infantis de pensamento, influenciados por experiências visuais, auditivas e outras. No entanto, é necessário um tempo extremamente longo para modificar representações fundamentais, conceitos, todo o mecanismo do pensamento, o qual foi estruturado com base em experiências profundamente enraizadas e iniciadas muito antes do nascimento. Os desenhos infantis, tanto os copiados quanto os reproduzidos posteriormente, também nos mostram que entre aquilo que denominamos "visão" e o real uso das impressões visuais obtidas há ainda uma grande disparidade. Devido à estreita fusão das impressões cinestésicas com impressões visuais, pode-se explicar o caráter predominantemente cinestésico-visual do pensamento alucinatório imagético. Ao nosso pensamento lógico-abstrato, geralmente expresso de forma verbal, corresponde o pensamento "alucinatório imagético" ou "orgânico" que decorre sincronicamente a ele. Nós podemos observar fragmentos desse pensamento nos casos em que, por algum motivo, a acuidade de nossa atividade mental consciente se reduz, como em sonhos, estados de exaustão, doenças psíquicas, intoxicações e outros casos semelhantes. Ela propõe uma educação não apenas da visão infantil, um "ensinar a ver", mas também a educação da criança no sentido de que ela faça uso do que foi visto. Devem-se fornecer à criança experiências visuais reais e específicas, as quais ela possa guardar na memória e, se necessário, reproduzir corretamente. Pedagogos corroboram esta ideia ao salientar a vantagem do desenho feito de memória em relação à cópia durante aulas regulares de desenho.

Essas reflexões diferenciam o pensamento cinestésico-visual de Spielrein do pensamento alucinatório visual de Freud, o qual ele descreve em "O Eu e o Id".[1] Ao mesmo tempo, podemos ver o quão original e atual é o texto de Spielrein. Seu pensamento teórico-clínico fundamenta e antecipa conceitos que aparecerão alguns anos mais tarde no campo da psicanálise, como a imagem inconsciente corporal, integração somato-psíquica e mentalização.

A atualidade do ensaio e da reflexão sobre a importância do cinestésico e do visual e da função de ensinar as crianças a ver se sobressai quando pensamos no contexto atual, em que há uma revolução tecnológica devida ao surgimento da internet em computadores e celulares que trouxe a questão da imagem virtual – e os riscos de desconexão com a visão do mundo externo e da diminuição da interação com o outro não virtual – ao primeiro plano, trazendo à tona a discussão da mudança do modo de pensar, do pensamento por imagens e a discussão do quão regressivo ou progressivo seria este fenômeno e suas consequências, quando o visual se sobrepõe às interações em presença, em que se sente a presença corporal do outro.[2]

---

1 Freud, S. O Eu e o Id (1923). In *Obras Psicológicas de Sigmund Freud*, v. III. Escritos sobre a Psicologia do Inconsciente. Rio de Janeiro, Imago, 2006.

2 A importância dessa reflexão se acentuou com o isolamento físico social imposto pela pandemia do coronavírus a partir de 2020, quando a comunicação pela internet se tornou crucial para suplantá-lo e permitir contato virtual entre seres humanos. Belitame, em texto inédito (comunicação durante aula de meu doutorado, em 2006), apresenta a ideografia dinâmica de Pierre Levy como uma nova e insinuante tecnologia intelectual, apontando para as mudanças que a realidade virtual abre, apregoando a possibilidade de um manejo que possa dispensar a linearidade significante do alfabeto e estabelecer a possibilidade de comunicações que não necessitem tanto da fala e do alfabeto. Levy diz que, até o presente momento, os computadores têm sido para seus usuários o suporte eficaz de antigas tecnologias intelectuais (escritas, alfabéticas, grafismos diversos, signos matemáticos, imagens animadas etc.), acrescentando-lhes um toque de conforto e interatividade em tempo real. Em vez disso, a ideografia dinâmica funcionaria muito bem como nova tecnologia intelectual, pois, intrinsecamente relacionada à informática, se imbricaria diretamente

A representação, a palavra e a formação de símbolos a partir da esquizofrenia nos primeiros ensaios de Spielrein

Spielrein parte das pulsões de conservação e de conservação de espécie, como ela denomina a pulsão sexual. A questão da linguagem e da formação de símbolos já era uma preocupação em seu primeiro artigo publicado, a partir de sua tese de medicina, no qual analisa todos os grupos verbais carregados de valor pulsional do discurso de sua paciente esquizofrênica[3] e interpretações simbólicas possíveis a fim de mostrar sua coesão racional em uma linguagem que, apesar de aparentar desconexão, utiliza os mecanismos presentes no sonho e no pensamento mitológico. Os sistemas de demência dos doentes não são sem sentido. Para Spielrein, o ser humano tem duas vivências: uma vivência consciente e uma vivência inconsciente. Dentre as duas, a vivência inconsciente tem a função de criar a tonalidade afetiva. Somente com a união do inconsciente à vivência consciente, esta última se torna uma vivência real. O inconsciente acrescenta a ela todo o material de memória constelado

---

com o sistema cognitivo de seus usuários. Para ele, essa nova tecnologia informacional estaria mais próxima da escrita chinesa do que da ocidental (que toma por modelo a dupla articulação da linguagem falada), tendo ainda essa ideografia virtual a imensa vantagem de não estar presa a um suporte estático e a um sistema de memória limitado – com a possibilidade de articular diretamente os órgãos dos sentidos à própria significação, traduzindo diretamente "um modelo mental com a mediação da imagem e do movimento". Segundo Belitame, Levy acha que a ideografia dinâmica poderá ser a primeira escrita a adquirir um estatuto equivalente ao de uma língua, já que poderá contar com uma imediatidade sensório-motora.

3 Spielrein, S. Sobre o conteúdo psicológico de um caso de esquizofrenia (*Dementia praecox*). In Cromberg, R. U. (org.). *Sabina Spielrein: uma pioneira da psicanálise*. Obras Completas, v. 1. São Paulo, Blucher, 2021, Capítulo 5.

correspondente.[4] A memória não é estática e fixa, mas aparece organizada em pontos de constelações. Esses pontos de constelação já haviam aparecido em seu diário de 1906/1907, em que, a partir da noção de complexo de Jung, complexo de associações em torno de um núcleo afetivo, como os testes com palavras mostravam, ela diz que os símbolos são aquilo que permite que o complexo venha à tona. Um símbolo é uma associação lateral que transporta apenas um pouco da associação principal. A análise persegue essas associações laterais até chegar à principal. A amnesia não faz desaparecer a cadeia principal de associação porque os símbolos permanecem. Esses símbolos são o que se pode usar e são úteis na progressão da análise. O símbolo deixa um traço que pode ser seguido por meio de suas cadeias de associação.[5]

Em sua tese de psiquiatria publicada, ela diz que a esquizofrenia gosta de se servir de conceitos abstratos vagos porque um conceito abstrato é um extrato de várias representações concretas unitárias adquiridas por meio de longa experiência e, portanto, é muito mais significativo do que uma designação concreta exata. Durante a elaboração (*Verarbeitung*) consciente exata de um objeto, muitas vezes conceitos abstratos são incômodos, pois cada um o compreende à sua maneira, com o que ele perde toda a sua especificidade. Mas é justamente esta falta de especificidade que torna os conceitos gerais tão adequados para a vida onírica (alucinoide) da esquizofrenia. Quanto menos exatamente circunscrito é um conceito, menos ele indica algo determinado concreto, mas mais conteúdos representativos pode incluir. Assim, um símbolo deve

4 *Idem*, p. 213.

5 Michael Plastow associa o símbolo ao conceito lacaniano de significante e define o deslizamento da cadeia de associação lateral para a cadeia de associação principal como o deslizamento do S2 para o S1 na álgebra lacaniana. In Plastow, M. G. *Sabina Spielrein and the poetry of Psychoanalysis – writing and the end of analysis*. Londres/Nova York, Routledge, 2019, p. 39.

sua origem apenas ao anseio de um complexo pela sua multiplicação, pela diluição na totalidade geral do pensamento. O menor grau de multiplicação é a representação do próprio complexo projetado em outra pessoa: em vez de dizer eu vivencio, a pessoa diz: ela vivencia. Dessa forma, a pessoalidade é eliminada do complexo. Essa tendência à diluição (transformação de cada complexo) é o impulsor para a poesia, pintura, qualquer tipo de arte. Altamente adequados para essa diluição são os vagos conceitos gerais recém-mencionados. O inconsciente dilui o presente no passado. E o futuro também é transformado em passado, pois os conflitos são representados por símbolos ancestrais. Assim, o inconsciente também subtrai do futuro seu significado autônomo: o futuro pessoal se torna passado filogenético generalizado, e este último mantém para o indivíduo ao mesmo tempo o significado de futuro. Dessa forma, nós vemos no inconsciente algo que está fora do tempo ou que é, ao mesmo tempo, presente, passado e futuro. Sendo assim, o inconsciente nos oferece indícios sobre os conflitos pessoais no presente, sobre conflitos do passado filogenético a partir do qual se originam as vivências pessoais e, eventualmente, sobre o desenvolvimento futuro das coisas, já que o futuro surge do passado, na verdade ele é apenas uma forma do passado.[6] A autora ressalta a enorme importância da representação pelo oposto, descoberta por Freud, para a compreensão do surgimento das imagens da demência. Aqui ela faz referência, além da *Interpretação dos sonhos*, a esse conceito no texto freudiano de 1910, *Sobre o sentido oposto das palavras primitivas*, texto o qual ela utilizará e citará em suas elaborações sobre a origem da linguagem. Mas podemos perceber por que Freud se entusiasmou com esse "grandioso trabalho", tão antecipador de seu conceito da esquizofrenia de 1915[7] em relação à palavra: os esquizofrênicos tratam a palavra como se fosse coisa.

6 *Idem*, pp. 215-6.

7 Freud, S. *Lo inconsciente*. Madri, Biblioteca Nueva, 1973, pp. 3061-82.

Há uma tentativa do complexo inconsciente se imiscuir no pensamento todo por meio do símbolo.

Em um segundo momento,[8] Spielrein passa a pensar a palavra enquanto representação e símbolo. A palavra é uma mediação entre algo estritamente individual e aquilo que é comum aos homens. As palavras são símbolos que servem justamente para formatar o que é pessoal de forma humana e compreensível de maneira geral, ou seja, para eliminar a estampa pessoal. O pensamento representacional por meio das palavras se dá por um trabalho que visa a uma generalização, à compreensão e à acessibilidade aos outros homens, e quer, ainda, manter sua singularidade.

> *Tudo o que nos comove quer ser comunicado, compreendido e igualmente sentido: cada representação que transmitimos a nossos semelhantes diretamente ou na forma de uma obra de arte é produto da diferenciação das vivências primevas que compõem nossa psique.*[9]

Spielrein parte de um núcleo, de um si mesmo, um magma absolutamente incomunicável, aquilo que chamou de experiência arcaica ou Coisa. A linguagem engana a nós mesmos e aos outros. Mas, mesmo com esse engano, a linguagem e qualquer forma de expressão, artística ou não, traz o real alívio do processo sublimatório que dissolve o individual no comum a toda espécie, trazendo à tona o típico, mais que o individual. Pode-se dizer, a partir da comparação da expressão artística ou do pensamento e da linguagem comum com os fenômenos alucinatórios esquizofrênicos, que

8 Spielrein, S. A destruição como origem do devir (1912). In Cromberg, R. U. (org.). *Sabina Spielrein: uma pioneira da psicanálise.* Obras Completas, v. 1. São Paulo, Blucher, 2021, Capítulo 7.

9 *Idem.*

o artista é bem-sucedido onde o esquizofrênico fracassa. Porém pode-se dizer que o esquizofrênico evidencia que a linguagem não é a origem, não expressa diretamente a origem, ela é transformação de um magma de sensações, percepções e imagens em pensamento e palavras a partir do encontro com algo comum a toda a espécie. Chama a atenção em sua reflexão o movimento regressivo de diluição na fonte original das mães e a fragmentação inconsciente arcaica para nova diferenciação. Assim, o outro é necessário com seu psiquismo individual para a recepção artística e da palavra. Spielrein afirma que sentimos alívio ao nos pronunciarmos quando criamos uma representação da espécie à custa de nossa representação do eu, e o artista também se alegra com seus produtos de sublimação quando cria, ao invés do individual, o típico. Toda representação busca também um material não idêntico, mas semelhante, no qual ela possa ser diluída e transformada. Esse material semelhante é a compreensão baseada nos mesmos conteúdos de representação com a qual a outra pessoa recebe nossa representação. A recepção artística se baseia nessa comunidade. Há, já neste artigo de Spielrein, as sementes para a posterior elaboração dos três estágios da linguagem, autista, mágico e social, a partir da qual continuará sua reflexão sobre a formação do símbolo.

O simbólico na metapsicologia de Spielrein em 1917[10]

Neste texto, ao diferenciar seu pensamento do de Jung e de Freud, ela delineia uma teoria tópica na qual distingue várias áreas psíquicas: inconsciente recalcado, consciente, censura e subconsciente ou

10 Spielrein, S. Carta a Jung de 20 de dezembro de 1917. In Cromberg, R. U. (org.). *Sabina Spielrein: uma pioneira da psicanálise.* Obras Completas, v. 1. São Paulo, Blucher, 2021, Capítulo 12.

subliminar. É nesta última área que se dá a representação simbólica dos afetos e a representação da cultura. O pré-consciente, ligado ao inconsciente recalcado, à vida pulsional infantil em conflito, é uma parte do subconsciente. Para ela, o simbólico se encontra na essência do pensamento subconsciente ou subliminar, decalcando o pensamento consciente em símbolos mais arcaicos visuais, acústicos e dinâmicos. Os problemas pessoais e da psicologia coletiva, trazidos pela análise do subconsciente, são transformados em uma linguagem simbólica subliminar devido à repressão exercida pelo pensamento dirigido (consciente). Para Spielrein, somos obrigados a deslocar muitos de nossos complexos para o subconsciente por razões afetivas pessoais. Há complexos que são removidos do consciente, mas inteiramente capazes de consciência porque não são distanciados por provirem da pulsão. Nesse sentido, não foram separados do consciente pela censura. Já os desejos sexuais infantis sobreviventes devido à censura se utilizam da linguagem simbólica subliminar. Mas eles teriam a sua linguagem subliminar mesmo sem a censura, porque o consciente é somente o centro de um plano visual que pode apreender muito pouco. Tudo o que não está no centro do plano visual do consciente é subconsciente. A vida psíquica individual se estende à psique coletiva; quanto mais se aprofunda, mais se estende. A parte inconsciente desenvolve a sua esfera de ação tanto embaixo quanto lateralmente, ou seja, emana dos impulsos ativos do ponto de vista psíquico e é capaz de formar representações. Os sentimentos do corpo são representados simbolicamente na vida subconsciente e os impulsos infantis também levarão a representações simbólicas. O subconsciente elabora o impulso e frequentemente o sublima.

A formação do símbolo no sonho envolve conteúdos psíquicos conscientes e subconscientes, sentimentos do corpo, o recalcado e outros desejos condenados pela censura. O consciente se serve de símbolos, mas muito raramente forma-os com intenção determinada, servindo-se quase sempre daqueles que estão radicados no subconsciente. O símbolo é uma formação de compromisso, como uma constelação formada por processos que se desenvolvem no subconsciente e no inconsciente, os quais, por sua vez, recebem elementos do resto da vida consciente e das sensações orgânicas subconscientes. Enquanto o consciente e o subconsciente, em relação ao ato de sentir e pensar até uma certa profundidade, têm muito em comum, formando, portanto, um consciente continuado, o inconsciente é muito mais heterogêneo. O subconsciente tem uma linguagem psíquica subliminar que expressa problemas, preocupações e complexos suprimidos pelo pensamento dirigido (consciente).

Há uma reversibilidade dos símbolos entre subconsciente e inconsciente. Do ponto de vista do inconsciente, a imagem subconsciente/pré-consciente simboliza um desejo recalcado; do ponto de vista do subconsciente não recalcado, o mesmo símbolo representa o problema de pensamento em que estamos conscientemente focados e os pensamentos subconscientes inerentes a eles. Do ponto de vista das sensações corporais, o símbolo e a dificuldade experienciada durante o trabalho consciente expressam um estado orgânico. Os pensamentos conscientes seriam, então, meramente ramificações simbólicas do símbolo original. Spielrein sugere aqui um processo hierárquico de simbolização e uma origem composta dos símbolos: orgânicos, inconscientes, subconscientes.

Essa ideia de uma origem composta dos símbolos perpassa o trabalho posterior de Spielrein sobre o desenvolvimento simbólico, seja em 1923, seja em 1931. Ela afirma, neste trabalho, que as imagens verbo-motoras são apenas um grupo de imagens cinestésicas que estão na origem e na base de nosso pensamento. Segundo ela, enquanto o pensamento consciente é principalmente verbal, o pensamento subconsciente que sempre o acompanha mantém seu caráter primitivo, permanecendo primariamente cinestésico-visual. O pensamento subconsciente expressa em imagens aquilo que o pensamento consciente expressa em palavras. As imagens cinestésico-visuais nutrem nosso pensamento consciente.

A origem da linguagem e do pensamento na criança

O encontro dos corpos da mãe e do bebê no momento da amamentação e do mamar e seus efeitos transformadores, presentes na origem da linguagem e do pensamento infantil, ocupam desde 1920 o foco de Spielrein como originários, aquilo que ela antes havia designado como o magma originário, a mãe das origens. A Coisa é essa percepção de sensações de calor, cheiro, tato em que não se distinguem dois corpos, magma inicial em que o bebê está imerso. Pouco a pouco, pela percepção da exterioridade de um seio que se opõe à boca, um outro que sempre esteve lá se delineia e o bebê convoca a repetição dessas sensações prazerosas repetindo sonoramente a posição da boca ao mamar, "mamama". Assim que a criança produz seus primeiros balbucios, ela o faz porque, por diversas razões fisiológicas, esta lalação associa o prazer à respiração em uma certa detenção dos músculos. Esta linguagem destinada a si mesma repete o prazer pulsional e, ao mesmo tempo, convoca o outro que amamenta, que responde, a partir de sua própria experiência ancestral inscrita em seu inconsciente, com uma linguagem melódica de interação com o bebê. Inicialmente, a linguagem nasce do inconsciente do outro e da experiência pulsional que se inscreve no ato de mamar. A linguagem é, no início, repetição da ação, mimetização da ação de mamar, destinada a si mesma, sem sentido para o outro. Na origem, a linguagem é destinada a si mesma e só *a posteriori* ela se desenvolve, transformando-se em uma linguagem destinada aos outros homens. A melodia e a linguagem são linguagens autônomas. A melodia é o mais geral e a linguagem o mais concreto, adaptado ao presente. Fundamentalmente, a linguagem é inventada a partir do inconsciente que nos conduz sempre às experiências e aos mecanismos do pensamento infantil. As mães têm a intuição da pequena psique, elas encontram no outro o material pré-formado na profundeza de sua própria psique, no estado precoce de desenvolvimento pessoal, e é esse material que as leva a falar à criança a partir dos impulsos inconscientes. Em Spielrein vemos a predominância do psíquico na origem da linguagem. De início, o estado autista, em que a linguagem é determinada por si mesma; em seguida o estado mágico, em que uma palavra recebe uma sobressignificação que conjura a realidade e, enfim, o estado da linguagem social destinada aos outros homens. Eles correspondem à série do desenvolvimento do princípio de realidade, segundo Freud, embora ele considere os dois primeiros um único estado. Nele, o desejo prevalece sobre a realidade, a imaginação sobre a efetividade, em que predomina ainda a onipotência do pensamento. Os motivos que incitam a fazer a magia são os desejos. O homem primitivo tinha, verdadeiramente, uma enorme confiança na potência de seus desejos. Para a criança e para ele, desejar é provar. Aqui ela se inspira nos três primeiros ensaios freudianos de *Totem e tabu* (1913). Freud também a inspira ao dizer, em *Duas formulações sobre os dois princípios do acontecer psíquico*, que a criança age de maneira análoga e ainda é incapaz de agir no plano motor, por isso satisfaz seus desejos de maneira alucinatória, produzindo a situação que a satisfaz, pelas excitações centrífugas de seus órgãos do sentido. Em *Totem e tabu*, Freud dirá que as relações pressupostas entre as representações são pressupostas entre as coisas. Ela diz que essa sorte de crença mágica se encontra na esquizofrenia. É suficiente pensar qualquer coisa para que ela aconteça; este pensamento mesmo é expressão de um desejo ou de uma crença.

Citando Stern, o pioneiro na observação da linguagem infantil, ela diz que a evolução na linguagem progride do desejar afetivo ao intelectual-objetivo. Porque certos sons são ligados a conteúdos psíquicos já determinados, às sensações, talvez já às representações, nós podemos nesse ponto já falar em "palavras" que mostram esses conteúdos, ou seja, os significam. No primeiro estágio da linguagem, as palavras são autistas, determinadas por elas mesmas. No segundo estágio da linguagem, já há a crença na onipotência da palavra e especialmente do nome. O nome aparece magicamente no lugar da pessoa. Ocorre com o nome o mesmo que com a imagem tanto no pensamento do homem primitivo como na criança. A representação, ou o pensamento, é aqui supervalorizado em face da realidade; originalmente todo desejo é realizado de forma alucinatória; apenas *a posteriori* a criança aprende que há uma realidade que torna as coisas impossíveis e que ela deve, em princípio, conquistar na realidade aquilo que é possível do seu desejo.

Ela encontra no próprio cerne da origem da palavra a razão da transformação de um estado a outro; a palavra, no início, é um ato, uma ação, um fato positivo ao qual a magia retorna em sua crença. A palavra pode substituir uma ação, porque, na origem, a primeira palavra era uma ação; quando a criança não conhece ainda o mundo separado de si e deve conquistá-lo, a palavra é pura e simplesmente destinada a seu próprio prazer. No sentido de um objeto separado, a palavra *mö-mö* só se diferencia *a posteriori* de um grupo de sensações determinadas que se formam no ato de mamar. A criança percebe a diferença essencial entre a satisfação aparente que sente ao pronunciar as primeiras palavras e a satisfação real do mamar. As primeiras experiências nesse sentido se devem à fome que não se deixa enganar por uma falsa pista. Esse é um dos fatores que deixa a criança atenta à oposição do desejo e da resistência (obstáculo), esse é o núcleo do começo de centramento do eu diante de qualquer coisa, que mais tarde se torna o mundo exterior. Ao pressionar na boca o seio materno, a criança adquire a primeira noção confusa de exterioridade. A partir daí, Spielrein dirá que a resistência da parte do corpo materno, a resistência que se opõe a todo movimento, nos faz, sobretudo, sentir o movimento. Mas esse mundo exterior que opõe uma resistência é, ao mesmo tempo, carregado das mais agradáveis sensações. Os adultos vêm instintivamente ajudar o jovem psiquismo ao repetir com amor os sons da criança, ligando então os sons da criança ao gesto de nutri-la com um seio. Conforme as experiências que provêm dos tempos obscuros da infância, os sons "mö-mö" remetem à mulher que nutre, esses sons são repetidos com amor, e o seio materno, pleno da bebida desejada, vem à pequena boca que procura impacientemente. De sorte que na cabecinha se forma "a ideia" de que pode provocar a realidade autêntica por uma ação aparente. Agora, é suficiente nomear a palavra "mö-mö" para recriar o grupo de sensações correspondente, que é reconhecido como situado no exterior e nem sempre disponível.

Spielrein passa a falar, então, da constituição do conceito de objeto, do primeiro objeto, a mãe. Quando, com o tempo, o conceito de um objeto, a mãe, se diferencia a partir de um grupo de sensações indistintas, a partir do desenvolvimento psíquico posterior, a ligação originalmente constituída entre o binômio ação = palavra e o objeto bastante diferenciado "Ma-ma" (mais tarde: mamãe) que esta palavra designa se torna constituída. Ao pronunciar o nome, pode-se realmente evocar um grupo determinado de sensações que, mais tarde, é representado por uma pessoa. Se esse nome é mudado ou prejudicado de alguma forma, se lesa o conteúdo psíquico que está ligado a ele (uma pessoa). Vê-se, então, como o nome representa, na magia, a própria pessoa, e o que advém do nome se produzirá igualmente com a pessoa. Esse é o segundo estado do desenvolvimento das palavras, o estado mágico. Ele pressupõe percepção da ausência do objeto. A separação entre a palavra (nome) e o acontecimento é um processo secundário; na origem, eles eram uma unidade.

Aquilo que os adultos compreendem correntemente como linguagem só surge quando a realidade é reconhecida ao lado da imaginação, quando os outros seres são discernidos ao lado da própria pessoa e as palavras recebem uma significação que não é constrangida, mas facultativa. Esse é o terceiro estágio, o de uma linguagem social destinada aos outros seres. Nele, as sensações são elementos de percepções posteriores e, finalmente, de representações (talvez tenhamos desde este primeiro estado as percepções e as representações). A relação tornada constante entre o som e um grupo determinado de elementos intelectuais e afetivos nos permite dizer que este grupo sonoro se torna uma palavra. Afetivo quer dizer ligado à sensação, com a reação própria do sentimento que a acompanha. A partir das sensações surge a ideia por meio da abstração do essencial.

Ao pensar sobre a construção da noção de tempo,[11] Spielrein contribui para sua concepção do símbolo ao mostrar como as noções de espaço, causalidade e tempo vão sendo construídas pela criança em várias etapas. Primeiro a noção de espaço, depois o pensamento da causalidade, o tempo contaminado pela noção de espaço, como duração, e só depois a noção de tempo direcionado. Por isso o pensamento lógico-abstrato surge após um percurso da linguagem e do pensamento.

Finalmente, a vemos trazer os conceitos que recuperará e aprofundará em seu texto russo com o qual iniciamos este capítulo, em uma primeira síntese de seu percurso sobre a formação do símbolo, em 1923:[12]

11 Spielrein, S. "O tempo na vida psíquica subliminar", Capítulo 32 deste volume.

12 Spielrein, S. "Algumas analogias entre o pensamento da criança, do afásico e o pensamento subconsciente", Capítulo 34 deste volume.

a) A palavra não é algo isolado e independente da inteligência. A linguagem falada é uma linguagem socializada por excelência pois, graças à palavra, nosso pensamento pode ser um pensamento lógico, adaptado às exigências da realidade. A criança adquire a palavra no momento em que começa a sair do estado autista, abandonando pouco a pouco os mecanismos do pensamento primitivo que se tornam menos conscientes. A linguagem falada evolui antes das outras linguagens, mas estas passam pelos mesmos estágios no seu desenvolvimento (a linguagem do desenho, por exemplo). Esses estágios estão no subconsciente (o não consciente, para ela), onde, como Freud demonstrou, o princípio do prazer sobrepuja a função do real.

b) As imagens cinestésicas estão na origem do símbolo e são a base do pensamento. Por isso, nosso pensamento consciente é principalmente verbal e nosso pensamento subconsciente é, sobretudo, cinestésico-visual. Nosso pensamento consciente é sempre acompanhado de outro pensamento paralelo orgânico, alucinatório, que traduz o pensamento consciente em imagens.

c) As imagens subconscientes cinestésico-visuais fornecem a seiva de nosso pensamento consciente. Sem elas, nosso pensamento será desenraizado, "descorticado". Por isso, o pensamento subconsciente é nosso pensamento principal. Só temos consciência do começo e do fim de nosso pensamento. O resto se desenvolve no subconsciente. Isso não quer dizer que ele é superior ao pensamento consciente. Abandonado a si mesmo, ele é suficiente para uma certa adaptação ao mundo, mas perderá seu caráter de pensamento criador, pois o élan de criar qualquer coisa, de fazer qualquer coisa no mundo, a direção absoluta e a concentração em direção às funções do real faltam ao pensamento subconsciente, já que ele não é necessariamente dirigido, pois destina-se a trabalhar mais para si mesmo do que para os outros. Somente a partir da colaboração do pensamento subconsciente com o pensamento consciente se pode engendrar uma obra criadora no mundo: o pensamento consciente deve apoderar-se do que nos oferece o pensamento subconsciente e utilizá-lo.

Conclusão

Tentemos compreender o tamanho da novidade expressa no contexto da comunicação inicial do Congresso Internacional de Haia, de 1920. Simultaneamente a ela, Freud apresenta "Além do princípio do prazer".[13] Nesse texto, além de se inspirar nas próprias concepções de Spielrein de 1911/1912, ele também chega a uma importante observação sobre a origem da linguagem que se tornará paradigmática: o *fort/da* emitido por seu neto de 1 ano e meio simultaneamente com o jogo do carretel para longe e para perto, para dominar as sensações desprazerosas provocadas pela partida da mãe à sua revelia, quando ele ludicamente, ou seja, magicamente, passa a controlar, de maneira criativa, esse movimento da mãe, que está fora de seu controle, substituindo-a pelo carretel. Poderíamos imaginar o desconcerto de ambos. Freud elabora uma teoria negativa da origem da linguagem, na qual a palavra emerge para simbolizar o objeto ausente, a mãe, e tentar controlar ativamente o desprazer, que age como traumático, advindo do fato de não poder controlar os movimentos de aproximação/afastamento, presença/ausência da mãe. Spielrein parte do próprio Freud para dialogar com teorias de outros campos, psicologia, biologia e pedagogia sobre a origem da linguagem, tentando afirmar sua origem psíquica. Utiliza o próprio caminho freudiano de acesso ao princípio de realidade, por meio de dois textos seus, "Formulações sobre os

---

13 Freud, S. Além do princípio do prazer (1920). In *Obras Psicológicas de Sigmund Freud*, v. II. Rio de Janeiro, Imago, 2006, pp. 123-98.

dois princípios do suceder psíquico"[14] e especialmente *Totem e tabu*,[15] e vai além deles. Se Freud termina seu *Totem e tabu* após falar do assassinato do pai primordial e da sua proibição geradora de cultura, com o tabu do incesto, afirmando: "No início era o ato", em uma paródia à formulação religiosa: "No início era o Verbo", Spielrein diz, à sua maneira: "No início do verbo, era a ação". Spielrein vai além de Freud partindo do próprio Freud, ao afirmar que há um longo caminho positivo antes que a linguagem substitua a coisa. Um caminho sensório-motor e perceptivo, caminho da positividade do corpo. Mas, de maneira semelhante a Freud, conclui que, a partir da tensão entre outro corpo, o seio, corpo da mãe e as próprias sensações corporais, se constrói a concepção de objeto (ob-jeto), o que é posto diante, atirado adiante, que está colocado fora de si. Somente a partir daí, a linguagem como apelo dirigido ao outro pode se originar. Há todo um complexo caminho antes disso acontecer. Mas a linguagem social não suprime as outras linguagens, elas apenas se tornam menos conscientes, colaborando, porém, com a linguagem social para que ela se enraíze na subjetividade, ou seja, no corpo sensorial perceptivo erótico e afetivo, que afeta e é afetado, que produz pensamentos de desejo e sensações de prazer/desprazer.

---

14 Freud, S. Formulações sobre os dois princípios do funcionamento psíquico (1911). In *Sigmund Freud, Obras Completas*, v. 10. São Paulo, Companhia das Letras, 2010.

15 Freud, S. Totem e tabu (1913). In *Edição Standard Brasileira das Obras Psicológicas Completas de Sigmund Freud*, v. XIII. Rio de Janeiro, Imago, 1980, pp. 13-193.

44. Considerações sobre a Ética da Psicanálise de Sabina Spielrein

Renata Udler Cromberg

Em março de 1914, Spielrein apresentou uma conferência sobre Ética e Psicanálise na Sociedade Psicanalítica de Berlim, em meio a um clima tenso de debate sobre as ideias de Jung que se estendeu por várias sessões e terminou com o aniquilamento científico dele no campo psicanalítico. Ela certamente enviou a conferência para Jung, que elogiou sua coragem em uma anotação encontrada atrás de uma carta sua devolvida por ele – conforme ela lhe pedira, para que pudesse estar de posse de suas reflexões, para seu processo de construção de pensamento. O grupo de Zurique se retirou da Sociedade Psicanalítica Internacional em 10 de julho de 1914. Podemos ter uma ideia do clima tenso pela enumeração das palestras do primeiro semestre de 1914, tal como aparecem na correspondência sobre as atividades científicas das sociedades pertencentes à Associação Psicanalítica Internacional no número de 1914 da *Internationale Zeitschrift für Ärtzliche Psychoanalyse*, tal qual aparece no Capítulo 2 deste volume.[1] Essa conferência,

1 Richebächer, S. *Sabina Spielrein de Jung a Freud*. Rio de Janeiro, Civilização Brasileira, 2012, p. 241.

ainda hoje perdida, e o fato tão significativo de seu tema ter se dado após Spielrein ter enfrentado o término da relação transferencial amorosa com Jung, que a levou a tornar-se autora e psicanalista freudiana, inspiram este último capítulo em que se delineia a ética clínica e teórica de Spielrein por meio do destaque e agrupamento de comentários que faz em seus escritos.

Sabina Spielrein estava convencida do valor do método psicanalítico, mas não desconhecia seus problemas e limites. A respeito do medo difundido entre os leigos de que a psicanálise roubaria a individualidade, ela escreve em uma carta a Bovet: "Uma psicanálise bem executada não cura ninguém e preserva a individualidade de todos". Ela dá como exemplo Piaget, que permaneceu um místico apesar da psicanálise. E Madame W, outra paciente, que continuava sendo realista. E ela mesma, Sabina, seguia "respeitando" os andaimes e o número 13: "Portanto, ela não é tão perigosa".[2]

Para a prática psicanalítica, importava mais a compreensão intuitiva da pessoa adoecida que a classificação nosológica, porque ela pensava a psicoterapia como arte da cura na qual a experiência científica seria apenas um guia.[3]

Em Genebra,[4] ela trabalhava com o divã com seus pacientes adultos e pedia que o paciente relaxasse para eliminar os estímulos externos. Depois pedia-lhe que evitasse toda tentativa consciente de controlar seu pensamento. Ela explicava a regra básica

---

2 Richebächer, S. *Sabina Spielrein de Jung a Freud. Op. cit.*, p. 241.

3 Spielrein, S. Carta a Jung de 20 de dezembro de 1917. In Cromberg, R. U. (org.). *Sabina Spielrein: uma pioneira da psicanálise.* Obras Completas, v. 1. São Paulo, Blucher, 2021, Capítulo 12.

4 As explicações de Spielrein em "Quem é o autor do crime?" e no artigo "Algumas analogias entre o pensamento infantil, do afásico e o pensamento subconsciente", de 1923, contêm indicações sobre como ela conduzia os tratamentos analíticos em sua passagem por Genebra e qual postura terapêutica básica ela assumia.

da psicanálise: dizer tudo o que vem à mente sem a menor crítica consciente. No que diz respeito a interpretações, Spielrein era muito cuidadosa: aguardava, não falava muito e tentava não se apressar para não atropelar o paciente com interpretações prematuras. Nesse aspecto, se diferenciava substancialmente de Melanie Klein, que confrontava inclusive seus pacientes pequenos – crianças de menos de 3 anos – com interpretações profundas e precoces de seus medos e fazia rapidamente interpretações transferenciais. Apesar de Klein acreditar que dessa forma aliviava os medos infantis, seus colegas a criticavam por considerarem que a conscientização do inconsciente poderia causar danos ao desenvolvimento da criança.

Spielrein evitava perguntas sugestivas às crianças e tomava cuidado na análise para não corrigir as palavras do analisando arbitrariamente. Analisava o ato falho e o lapso de linguagem para perceber que havia uma justificativa para eles nas representações inconscientes da criança.[5]

> *No caso do menino Valli, não abordo o papel do pai, mas me informo de onde vem o pai. O pai de Valli viaja e a mãe fica bastante entristecida. "Me chame de pai, assim você não sente tanta saudade dele", o menino a consola. A mãe acha que o menino se expressou mal: ele queria dizer: "Me chame pelo nome do pai". Isso é bastante provável, pois já vimos que o menino rivaliza com o pai: ele quer ser mais velho que o pai para a mãe. Mesmo assim, nós devemos tomar cuidado na análise para não corrigirmos as palavras do analisando arbitrariamente. Pelo contrário, devemos analisar o ato falho (neste caso, um lapso de fala) e assim percebemos*

5 Spielrein, S. "Contribuições para o conhecimento da alma infantil", Capítulo 3 deste volume.

> *que há também uma justificativa para ele nas representações inconscientes da criança. Hoje ele perguntou à mãe como as crianças surgem e ela prometeu explicar-lhe em breve. A mãe, que observou seu pequeno por conselho meu, ficou admirada com a quantidade de representações sexuais em seu filho único, o qual ela acreditava ser totalmente assexual. Ela me confessou que somente agora compreendia suas conversas, às quais ela nunca atentara antes, porque as considerava, como a maioria das mães, fantasias sem sentido.*

Em todos os casos ou observações, vemos forjar-se uma postura clínica de escuta e respeito da fala infantil, não interferindo a não ser com perguntas que induzissem a associação livre e elaboração psíquica de maneira simples e direta. Como analista, ela desejava atuar na situação clínica da manifestação do que foi recalcado. Ela não pressupunha o complexo de Édipo antes de ouvir, o que para ela seria uma maneira defensiva de o analista agir, mas deixava que ele aparecesse de maneira singular, não o pressupondo de saída. Utilizava técnicas não verbais, como o jogo espontâneo, ações e sugeria recortes para ter acesso a figuras internas.[6]

A atenção à conexão entre os distúrbios do pensamento e os núcleos de representações recalcadas não era, para ela, sinônimo de uma psicanálise pedagógica, muito pelo contrário: havia uma renúncia a explicações verbais, concentrando-se na manifestação do que foi recalcado, que por si só influencia o tratamento.[7] Em termos de interesse teórico, as explicações não proveem nada, pois

---

6 Como no caso do menino de "Análise rápida de uma fobia infantil", Capítulo 29 deste volume.

7 Spielrein, S. "Sobre a palestra do dr. Skalkovsky", Capítulo 38 deste volume.

o efeito do tratamento consiste no paulatino desarraigamento do recalcado.

> *Convenceram-nos disso os resultados em um grande número de psicanálises científicas, nas quais o analista não pronunciou uma única palavra sequer ao longo de muitas horas, a não ser: "E agora, o que você vê?". O que foi dito pelos analisandos foi então registrado palavra por palavra e pôde ser verificado posteriormente.*[8]

Por isso as análises, principalmente com crianças, nas quais o analista geralmente não diz nada e dá ao paciente a oportunidade de, na sua presença, colocar em cena, por exemplo, impulsos adversos inconscientes contra o pai ou a mãe, frequentemente chegavam a resultados idênticos. Essa colocação em cena do recalcado situava-se, para ela, na base do método da análise em idade pré-escolar.

Segundo ela, tal método foi apresentado e descrito pela primeira vez por Hug-Hellmuth. Ela divergia das opiniões de Hug-Hellmuth e Melanie Klein e não considerava necessário induzir a criança, como se fazia com adultos, a perlaborar conscientemente o recalcado. Em análises com crianças, isso ocorria necessariamente apenas em casos excepcionais. Frequentemente o efeito terapêutico ocorria exclusivamente sob a influência da colocação em cena do recalcado sem uma única palavra sequer de explicação por parte dos analistas.

Em relação à atuação do psicanalista em vários contextos, vemos a sua atuação clínica em consultório particular em Berlim e Genebra, sua participação nas experiências ambulatoriais e educa-

8 *Idem.*

cionais em Genebra, sua participação nas experiências clínicas e educacionais estatais em Moscou e suas invenções metodológicas e clínicas em Rostov-sobre-o-Don, onde atuou em um ambulatório estatal com diversas patologias, para cada uma das quais prescrevia uma abordagem clínica, justificando-a teoricamente.[9]

> *No tratamento das denom [inadas] "neuroses de transferência" em adultos, como foi dito, o resultado terapêutico é obtido por nós exclusivamente por meio da dissecação do recalcado. Aqui, uma terapia mista somente é ditada pela inexperiência do analista ou pela falta de tempo. O resultado do tratamento será tanto mais duradouro quanto mais rematada for a análise. Na psicastenia, combinamos a psicanálise com a "terapia ativa" de Ferenczi. Nas neuroses narcisistas nós, por enquanto, ainda não podemos falar em resultados definidos (excetuam-se apenas os neuróticos leves de caráter narcisista). Aqui, a psicanálise clássica pode até ser perigosa, sobretudo quando estivermos lidando com sintomas de obsessão ou psicastenia considerados por nós como sendo sintomas protetores.*

Em Rostov-sobre-o-Don, ela também criou um método clínico de psicanálise breve, a psicanálise abortiva, que detectava um núcleo patológico principal e focava nele. Com isso, ela se adaptava inventivamente à disponibilidade ofertada pelo Estado de atender cada paciente três vezes por semana por trinta minutos em até dois meses.

---

9 *Idem.*

> *Seria desejável ter a possibilidade de consagrar uma hora acadêmica por dia, ao longo de vários meses, para cada enfermo adulto. Isso só nos é possível em casos excepcionais. Logo, devemos nos limitar, na maioria esmagadora dos casos, a uma psicanálise que eu chamo de "abortiva". Nesse caso, tendo se mostrado "significativos" para o paciente num dado momento, alguns grupos de representações recalcadas são dissecados. O restante se complementa com a educação da vontade. Uma análise como essa dura, em média, de 6 semanas a 2 meses – com sessões de ½ hora, três vezes por semana. Como na psicanálise "abortiva", por falta de tempo, é deixada ao médico a determinação do que é "significativo", é claro que não se exclui ali um subjetivismo, e o subjetivismo será tanto maior quanto menos experiente for o médico. Portanto, na psicanálise "abortiva" se requer, em um grau ainda maior, não só a familiaridade do médico com as mais recentes técnicas da psicanálise, mas também experiência psicanalítica suficiente.*[10]

Atuando nos ambulatórios escolares e nas escolas, ela também criou um exame detector de patologias precoces nas escolas, trabalhando com observação das crianças, entrevista com a criança e com o professor separadamente, além de desenvolver o método de desenhos com olhos abertos e fechados, que detectava patologias, vocações e uma estimulação para um aprendizado mais eficaz.

Ela não deixa de alertar o aprendiz de psicanálise que a psicanálise é exaustiva para o psicanalista e sugere que o Estado lhe conceda férias mais prolongadas. Argumenta que, para este, o método psicanalítico, embora aparentemente mais caro, pouparia o custo

10 *Idem.*

da internação e demais terapias e as recidivas seriam mais raras do que nestes outros tipos de terapia.[11]

Mas o que chama atenção nesse escrito é a maneira singular com que Sabina Spielrein afirma a importância da escuta do paciente e da não intervenção do analista, sobretudo na análise de crianças, em que estar atenta à conexão entre os distúrbios do pensamento e os núcleos de representações recalcadas não significava que a psicanálise fosse pedagógica, muito pelo contrário. Há uma renúncia a explicações verbais, concentrando-se na influência da atuação da manifestação do que foi recalcado. Além disso, é de grande atualidade a maneira com que a autora aborda diferentes patologias com combinações de técnicas diferentes, reunindo diferentes pioneiros da psicanálise, recriando abordagens clínicas e conceitos a partir disso. Aponta, por fim, toda uma flexibilidade da psicanálise ao se adaptar a restrições de tempo e espaço, a diferentes patologias, a diferentes idades e ambientes institucionais.

Em meu trabalho de reflexão, a história de vida de Sabina Spielrein em seu percurso psíquico, emocional, profissional e social, e as condições históricas, sociais, institucionais e culturais de seu tempo, que contribuíram para o esquecimento de sua obra e de sua importância para a psicanálise, proporcionaram a moldura daquilo que pretendo destacar: a importância de sua obra pioneira. Tornar-se autora, ser escritora da própria vida, implica uma transformação da pulsão e das marcas erógenas: deixar de ser corpo-objeto da escrita do pai para ser escritora da própria vida. A função abstrata do pai pode aparecer quando se pode escrever em nome próprio, assumindo a própria vida, ecoando a própria palavra internamente e para as gerações seguintes, possibilitando subjetivação, diferenciação e singularização. Sabina Spielrein nos deixa um devir pela maneira com que foi força instituinte, três

---

11 *Idem.*

vezes guerreira de maneira transdisciplinar com a psiquiatria, com a educação e com a neurociência, campos nascentes que ela pôs em contato de maneira inédita, preservando a psicanálise como a força imanente central dos desdobramentos de suas criações, trazendo compreensões inéditas da loucura, da linguagem e do pensamento infantil, formulando uma teoria da simbolização entre o corpo e o pensamento para torná-lo vivo, simultaneamente singular e universal, inventando formas terapêuticas, criando, na atualidade renascida e renovada de sua obra, novos devires.

Referências

Bibliografia

Aldridge, J. The intelectual property of women as it relates to the role of Sabina Spielrein in the lives and Works of 20th century male psychologists. *International Journal of Psychology and Counseling*, v. 6, n. 5, 2014, pp. 59-65.

Carotenuto, A. *Diário de uma secreta simetria*. Rio de Janeiro, Paz e Terra, 1984.

Cifali, M. Sigmund Freud: Une lettre à Edouard Claparède. *Le bloc--notes de la psychanalyse*, n. 3, 1983, pp. 143-6.

Cifali, M. Entre Genève et Paris. *Le bloc-notes de la psychanalyse*, n. 2, 1982, pp. 91-130.

Covington, C.; Wharton, B. *Sabina Spielrein, Forgotten Pioneer of Psychoanalysis*. Nova York, Brunner-Routledge, 2003.

Cromberg, R. U. (org.). *Sabina Spielrein: uma pioneira da psicanálise*. Obras Completas, v. 1. São Paulo, Blucher, 2021.

Cromberg, R. U. Psicanálise na Rússia. In Souza Jr., P. S. *A psicanálise e os lestes*, v. 1. São Paulo, Annablume, 2017, pp. 91-141.

Delefosse, M. J. S.; Delefosse J. M. O. Spielrein, Piaget and Vygotsky, three positions on child thought and language. *Theory & Psychology*, v. 12, n. 6, 2002, pp. 723-47.

Freud, S. História do movimento psicanalítico (1914). In *Obras Completas de Sigmund Freud*, v. XIII. Rio de Janeiro, Imago, 1980, p. 38.

Freud. S. Para introduzir o narcisismo (1914). In *Obras Completas de Sigmund Freud*, v. XIII. Rio de Janeiro, Imago, 1980, pp. 95-131.

Freud, S. Além do princípio do prazer (1920). In *Obras Psicológicas de Sigmund Freud*, v. II. Rio de Janeiro, Imago, 2006, pp. 123-98.

Freud, S. Formulações sobre os dois princípios do funcionamento psíquico (1911). In *Sigmund Freud, Obras Completas*, v. 10. São Paulo, Companhia das Letras, 2010, pp. 108-21.

Freud, S. Totem e tabu (1913). In *Edição Standard Brasileira das Obras Psicológicas Completas de Sigmund Freud*, v. XIII. Rio de Janeiro, Imago, 1980, pp. 13-193.

Freud, S. *Lo inconsciente*. Madri, Biblioteca Nueva, 1973, pp. 3061--82.

Freud, S. O eu e o id (1923). In *Escritos sobre a Psicologia do Inconsciente, Obras Psicológicas de Sigmund Freud*, v. III, 1923-1938. Rio de Janeiro, Imago, 2006.

Guibault, M.; Nobécourt. J. *Sabina Spielrein, entre Freud et Jung*. Paris, Aubier Montaigne, 1981.

Jakobson, R. *Lingüística e comunicação*. Cultrix, São Paulo, 1969.

Jung, C. G. *Memórias, sonhos e reflexões*. Rio de Janeiro, Nova Fronteira, 2006.

Kerr, J. *Um método muito perigoso*. Rio de Janeiro, Imago, 1997, p. 525.

Lacan, J. A torneira de Piaget. In *O seminário, livro 10: a angústia*. Rio de Janeiro, Jorge Zahar, 2005, pp. 304-19.

Launer, J. *Sex versus survival – The life and ideas of Sabina Spielrein*. Nova York/Londres, Duckworth Overlook, 2014.

Macguire, W. *A correspondência completa de Sigmund Freud e Carl G. Jung* (1974). Rio de Janeiro, Imago, 1993, p. 252.

Miller, M. A. *Freud and the Bolsheviks: psychoanalysis in Imperial Russia and the Soviet Union*. New Haven/Londres, Yale University Press, 1998.

Nechio, M. *Sabina Spielrein, Vera Schmidt e o lar experimental de Moscou: um resgate histórico*. Monografia apresentada à Faculdade de Saúde Pública da USP/NUPSI para obtenção do título de Especialista em Psicopatologia e Saúde Pública, São Paulo, 2015.

Ovcharenko, V. Love, psychoanalysis and destruction. *Journal of Analytical Psychology*, n. 44, 1999, pp. 355-73.

Piaget, J. *Recherche*. Lausanne, La Concorde, 1918.

Piaget. J. La psychanalyse dans ses rapports avec la psychologie de l'enfant. *Bullein mensuel/Société Alfred Binet*, année 20, n. 1, 1920, pp. 18-34; n. 2-3, pp. 41-58.

Piaget, J. *Le Langage et la pensée chez l'enfant*, XIV. Neuchatel, Paris, Delauchaux et Niestlé, 1923.

Piaget, J. La pensée symbolique et la pensée de l'énfant. *Archives de psychologie*, 72, may 1923, pp. 273-84.

Piaget, J. Comments on Vigotsky's critical remarks concerning The language and thought of the child and Judgement and reasoning in the child. In Vigotsky, L. S. *Thought and language*. Cambridge, MIT Press, 1962, pp. 1-14.

Piaget, J. La pensée Symbolique et la pensée de l'énfant. *Archives de psychology*, t. XVIII, n. 72, may 1923, pp. 273-304.

Piaget, J. *La representation du monde chez l'énfant*. Paris, F. Alcan, 1926.

Piaget, J. La psychanalyse dans ses rapports avec la psychologie de l'enfant (1919). In Volkmann-Raue, S. (org.). *Jean Piaget drei frühe Schriften*. Freiburg, Kore, 1993, pp. 23-82.

Piaget, J. La psychanalyse et le développement intellectuel (1933). In Volkmann-Raue, S. (org.). *Jean Piaget drei frühe Schriften*. Freiburg, Kore, 1993, pp. 147-53.

Plastow, M. G. *Sabina Spielrein and the poetry of psychoanalysis: writing and the end of analysis*. Nova York, Routledge, 2019.

Plastow, M. G. Sabina Spielrein ou la transmission par letres. *La Cèlibataire*, n. 3, 2016, pp. 1-5.

Rabello, S. *Dizeres de crianças, jogos de repetições e modulações tonais entoando jogos subjetivos*. Tese de doutoramento apresentada na Pós-Graduação de Psicologia Clínica da PUC-SP, 2004.

Richebächer, S. *Sabina Spielrein, de Jung a Freud*. Rio de Janeiro, Civilização Brasileira, 2012.

Richebächer, S. Uma ligação perigosa com o poder: a psicanálise na Rússia bolchevique. *Lacuna, uma Revista de Psicanálise*, 2019. Disponível em: https://revistalacuna.com/2019/08/07/n-7-1/#_ftn25. Acesso em: 10 ago. 2019.

Roudinesco, E.; Plon, M. *Dicionário de psicanálise*. Rio de Janeiro, Jorge Zahar Editor, 1998.

Schepeler. Piaget, J. Autobiography. In Boring, E. G. (ed.). *A history of Psychology in Autobiography*, v. 4 (1993). Worcester, Clark University Press, 1952.

Spielrein, S. A destruição como origem do devir. In Cromberg, R. U. (org.). *Sabina Spielrein: uma pioneira da psicanálise*. Obras completas, v. 1. São Paulo, Blucher, 2021.

Spielrein, S. *Sämtliche Schriften*. Freiburg, Kore, 2002.

Spielrein, S. Sobre a palestra do dr. Skalkovsky (1929). In Souza Jr., P. S. *A psicanálise e os lestes*, v. 1. São Paulo, Annablume, 2017.

Vidal, F. Sabina Spielrein, Jean Piaget – going their own ways. In Covington, C.; Wharton, B. *Sabina Spielrein, Forgotten Pioneer of Psychoanalysis*. Nova York, Brunner-Routledge, 2003, p. 273.

Vidal, F. Piaget et la psychoanalyse: premières rencontres. *Les bloc--notes de la psychoanalyse*, v. 6. 1986, pp. 171-9. (Citado em Launer, J. *Sex versus survival, the life and ideas of Sabina Spielrein*. Londres, Duckworth Overlook, 2014, p. 193).

Vidal, F. Sabina Spielrein, Jean Piaget: chacun pour soi. *L'Évolution Psychiatrique*, v. 60, n. 1, 1995, pp. 1-7. (Revisto e republicado como capítulo: Sabina Spielrein, Jean Piaget – going their own ways. In Covington, C.; Wharton, B. *Sabina Spielrein Forgotten Pioneer of Psychoanalysis*. Nova York, Brunner-Routledge, 2003, pp. 271-83).

Schepeler. J. Piaget, Autobiography. In Boring, E. G. (ed.). *A history of Psychology in Autobiography*, v. 4. Worcester, Clark University Press, 1952, p. 256.

Vygotsky, L. S. *Pensamento e linguagem*. São Paulo, Martins Fontes, 2008.

Tryphon, A.; Vonèche, J. (eds.). *Piaget – Vygotsky, The Social Genesis of Thought*. Londres, Psychology Press, 1996.

Outras referências

Archives Institut J.-J. Rousseau. Disponível em: http://www.unige.ch/aijjr. Acesso em: 2015-2017.

Archives Jean Piaget. *Bonjour Monsieur Piaget – Images d'une vie – Images of a life*. Genebra, Somogy, Editions d'Art, 2010. Livro nascido da exposição *Bonjour Monsieur Piaget*, sobre o biólogo e psicólogo suíço Jean Piaget, realizada na Faculdade de Psicologia e das Ciências da Educação da Universidade de Genebra em setembro de 2009, por ocasião do 450º aniversário da universidade.

Faculté de psychologie et des sciences de l'éducation de Genève. *De l'Institut Rousseau (1912) a la FPSE*. Publicação de comemoração dos 30 anos da Faculdade de Psicologia e Ciências da Educação de Genebra (1975-2005).

Fondation Archives Jean Piaget. *Bibliographie Jean Piaget*. Genebra, 1989. Livro compilativo que reúne a obra completa de Piaget em todas as línguas por ano de publicação.

Série Psicanálise Contemporânea

Adoecimentos psíquicos e estratégias de cura: matrizes e modelos em psicanálise, de Luís Claudio Figueiredo e Nelson Ernesto Coelho Junior

O brincar na clínica psicanalítica de crianças com autismo, de Talita Arruda Tavares

Budapeste, Viena e Wiesbaden: o percurso do pensamento clínico-teórico de Sándor Ferenczi, de Gustavo Dean-Gomes

Clínica da excitação: psicossomática e traumatismo, de Diana Tabacof

Do pensamento clínico ao paradigma contemporâneo: diálogos, de André Green e Fernando Urribarri

Do povo do nevoeiro: psicanálise dos casos difíceis, de Fátima Flórido Cesar

Expressão e linguagem: aspectos da teoria freudiana, de Janaina Namba

Fernando Pessoa e Freud: diálogos inquietantes, de Nelson da Silva Junior

Heranças invisíveis do abandono afetivo: um estudo psicanalítico sobre as dimensões da experiência traumática, de Daniel Schor

Histórias recobridoras: quando o vivido não se transforma em experiência, de Tatiana Inglez-Mazzarella

A indisponibilidade sexual da mulher como queixa conjugal: a psicanálise de casal, o sexual e o intersubjetivo, de Sonia Thorstensen

Interculturalidade e vínculos familiares, de Lisette Weissmann

Janelas da psicanálise: transmissão, clínica, paternidade, mitos, arte, de Fernando Rocha

O lugar do gênero na psicanálise: metapsicologia, identidade, novas formas de subjetivação, de Felippe Lattanzio

Os lugares da psicanálise na clínica e na cultura, de Wilson Franco

Metapsicologia dos limites, de Camila Junqueira

Os muitos nomes de Silvana: contribuições clínico-políticas da psicanálise sobre mulheres negras, de Ana Paula Musatti-Braga

Nem sapo, nem princesa: terror e fascínio pelo feminino, de Cassandra Pereira França

Neurose e não neurose, 2. ed., de Marion Minerbo

A perlaboração da contratransferência: a alucinação do psicanalista como recurso das construções em análise, de Lizana Dallazen

Psicanálise e ciência: um debate necessário, de Paulo Beer

Psicossomática e teoria do corpo, de Christophe Dejours

Relações de objeto, de Decio Gurfinkel

Sabina Spielrein: uma pioneira da psicanálise – Obras Completas, volume 1, 2. ed., com organização, textos e notas de Renata Udler Cromberg

Sabina Spielrein: uma pioneira da psicanálise – Obras Completas, volume 2, com organização, textos e notas de Renata Udler Cromberg

O tempo e os medos: a parábola das estátuas pensantes, de Maria Silvia de Mesquita Bolguese

Tempos de encontro: escrita, escuta, psicanálise, de Rubens M. Volich

Transferência e contratransferência, 2. ed., de Marion Minerbo